グローバル化とアジアの現実

滝田 賢治 編著

中央大学出版部

装幀　道吉　剛

発 刊 の 辞

　本シリーズは中央大学法学部政治学科開設50周年を記念して刊行される．

　中央大学法学部に政治学科が開設されたのは1954(昭和29)年4月1日のことである．それ以来2004(平成16)年4月で満50年を迎えるが，この間に政治学科を卒業した学生は29,000名を超え，また大学院法学研究科政治学専攻修士課程を修了した大学院生は320名を超える．開設50周年を迎えるにあたり，まずこの間の経緯を簡単にたどってみよう．

　中央大学法学部の政治学科の開設が，学生の要望から始まったことは意外と知られていない．1951年秋，法学部を中心とした学生の間から政治学科新設運動が起こった．当時の『中央大学新聞』によれば，法学部有志約20名が「政治学科設置委員会」を結成し，学科内容，教室使用状況，他大学との比較調査，学生の世論調査をふまえて，「升本法学部長，川原経済学部長，海野学務課長と交渉相談したところ，賛成の意を得たので」法学部学生に強く呼びかけ，積極的に活動することになった，と述べられている (1951年11月30日号)．その背景に当時の政治の激変，戦後社会科学の興隆があったことはいうまでもあるまい．そして，その約2年弱後の1953年9月30日に「中央大学法学部法律学科政治学科設置認可申請書」が文部大臣宛に提出され，先述のように翌年4月1日の開設となったのである．この間の経緯について，当時政治学科設置委員会の委員長であった長田繁氏は「政治学科の誕生は，学生の学問への情熱とその主張に対する，大学当局の理解と英断による結論でありました」と回顧している (『中央大学学員時報』2003年9月25日号)．

　こうして開設された政治学科50年の歴史を，ここでは便宜的に，(1)開設から1960年前後までの時期，(2)その後大学紛争までの時期，(3)紛争後多摩移転までの時期，(4)多摩移転後1990年前後までの時期，(5)それ以降現時点まで，の5つの時期に分けて，その経緯をたどってみたい．

まず，第1期である．1953年秋の開設決定以前にすでに法学部には助手も含めて3名の政治学専門の専任教員がいた．その後開設が決定されると，当時経済学部に所属していた政治学専門の教員が法学部に所属変更となり，政治学科は4名の専任教員でスタートすることとなる．出発時の学生定員は200名，受験倍率はほぼ5倍であった．こうして学科として自立したものの，当時のカリキュラムはなお法律色の強いものであったし，講義担当の多くを兼任講師に依存せざるをえず，その意味で揺籃期といいうる状況にあった．そのなかで1958年に日本行政学会を開催している．

　つづく第2期．この期に入って政治学科の受験生は増えつづけ，1965年には4,000人台，翌々年の67年からは5,000人台に突入した．この時期の学生定員は250名であるから20倍を超える競争率である．これに対応して政治学科の新任教員も60年代に9人増加し，専任教員数は前期に比して2倍強に拡充された．1967年に日本政治学会を開催することができたのも，こうした拡充が基盤となっている．またこの前後から社会科学概論，社会思想史などの科目新設，政治学と社会学を核とした研究所の検討といった研究・教育体制の改革が進み出した．だが，これらの改革も大学紛争によって中断されざるをえなかった．以上のような動向は総じて拡充期と呼ぶことができよう．

　第3期は大学紛争後，中央大学の多摩移転までの時期である．紛争後も政治学科の受験生は5,000人台を維持し，1970年には6,700人を記録する．しかし，1975年からは4,000人台となり，この傾向は多摩移転後もしばらくつづくことになる．また，専任教員の拡充もつづき，多摩移転前までにはさらに4人増え，20人前後の教育体制が整備された．こうした紛争の経験と教育体制をふまえて，1971年からカリキュラムの大幅な改正が着手された．その内容はこれまでの法律色の強いカリキュラムから政治学関連科目を基本としたそれへの移行というものであった．同時にこの時期には大学院法学研究科政治学専攻の改革も着手された．すでにこの時期の末までに政治学専攻の修士修了者は146名に達している．以上の諸点をふまえるとき，この時期を自立への離陸期とみることができよう．

つづく第4期の起点は多摩移転におくが、その影響はさしあたり4つある。1点目は研究体制の充実である。かねてからの研究所構想は中央大学研究・教育問題審議会における検討を経て、移転と同時に社会科学研究所として発足することとなった。これによって政治学科の専任・兼任の教員および大学院生を包含した研究体制は飛躍的に向上した。このことと関わって国際交流が研究、教育両面において活発化したことが2点目であり、その成果は1989年の「フランス革命シンポジュウム」、1993年から95年にかけて行われた「欧州統合に関する『国際共同研究』」などに示されている。3点目は新しい多摩キャンパスで1980年に日本国際政治学会、82年に、日本政治学会、90年には日本行政学会、95年に再び日本国際政治学会、と集中的に全国学会を開催したことである。そしてこれらの3点は大学院教育に多くの刺激を与えることとなった。以上の3点が前進面であるのに対して4点目は後退面であり、それは受験生の減少である。これは移転の影響のみとはいい難いが、18歳人口の減少とも連動して、4,000人前後を保っていた政治学科受験生の数が1983年からはっきりと3,000人台に移行した。こうした後退は学科運営に危機感をもたらし、85年から学科のあり方の検討が開始され、政治社会、公共行政、国際関係の3コース制を含むカリキュラム改正が行われる。このようにみてくると、この時期は自立の流れがひとつの結実をみせると同時に、後半にはそのかげりも現れた時期といえよう。

第5期の起点を確定するのは難しい。1990年から93年にかけて4人の専任教員が退職ないし死亡し、ほぼ同じ時期に揺籃期からの約30年間を支えてこられた2人の名誉教授も亡くなられた。ある意味では専任教員の世代交代期だったのである。この時期に政府による研究・教育全般にわたる改革も打ち出されて、政治学科はさまざまな転換の位相を経験することになる。受験生はいまや2,000人台となった。それとともに90年代末には受験生の偏差値低下も起こった。幸いこの点は回復しているが、前期後半からのかげりの進展に対応する教育体制改革は緊急かつ自明のことであった。この事態への対応として、前期後半以来の改革の延長上に、法務研究科の開設、公共政策研究科の開設準備にと

もなう政治学科の位置づけ，その下でのカリキュラムの大改正という今日の転換の位相がある．まさに転換期なのである．この位相において政治学科は中央大学法学部の1学科であることを確認し，法務研究科開設に対応するための法律科目の充実，法政策，国際関係，政治コミュニケーションの3コース制への再編，導入演習など小人数教育の充実などの対策を講じ，将来への展望を切り開きつつあるのである．

中央大学法学部政治学科はこうした大きな転換の節目に50周年を迎える．

さて，以上のような経緯をふまえて，50周年を記念するための企画の検討が始まったのは，2001年度の政治学科担任者会議からであった．この検討のなかで出版計画については当初から合意があったが，記念論集4巻の刊行という構想がまとまったのは翌年の3月のことである．この構想をまとめる過程でもさまざまな案が検討されたが，基本的には現在の政治学の動向と専任教員の研究関心をにらみあわせたものに落ち着いた．それが「公共空間とデモクラシー」「都市政府とガバナンス」「世界システムとヨーロッパ」「グローバル化とアジアの現実」という4巻シリーズの構成である．以下，それぞれの巻の狙いと特徴について簡単に触れておこう．

まず，『公共空間とデモクラシー』の巻では，古典的民主主義から現代民主主義への移行のなかでの公共空間の変容が探られる．すなわち，その移行過程でハーバーマスのいう「政治的な公共空間」は民主主義的エリートである政治家の独占する「限られた空間」に完全に移行したものの，いままた，政治権力と経済権力によるシステムの支配を受けない生活世界を公共的なコミュニケーションの空間として位置づけようとする動きが生まれてきている．このような認識にもとづき，他者性，共和主義，公共哲学，ジェンダー，自己実現，環境，eデモクラシー，地球市民社会といった問題が考察されているのである．

つぎの『都市政府とガバナンス』の巻では，都市政府におけるガバナンスのあり方が論ぜられる．ガバナンス改革が市場志向と参加志向の改革であることをふまえて，分権改革，自治基本条例，ガバナンスの手法，コミュニティ・ガバナンス，都市内分権，自治体議会のあり方など制度に関する総論的検討が展開

される．ついで都市計画，環境，福祉，教育，コミュニティなどの個別事例が紹介され，最後に都市政府，とりわけ都道府県政府研究への視点が提示される．

さらに『世界システムとヨーロッパ』の巻では，世界システムの史的展開を念頭に置きながら，3つの角度からヨーロッパ政治の諸問題が論ぜられる．その第1は帝国，権威主義体制，近代同盟の歴史的意味であり，その第2はスウェーデン，フランスでの福祉国家の変容であり，その第3はニュー・リージョナリズム，人権保障，安全保障といった国際政治の新しいイッシューとヨーロッパとの関わりである．これらの検討を通じてヨーロッパ政治の特質に迫るのが狙いである．

最後に『グローバル化とアジアの現実』の巻では，グローバリゼーションを「ヒト・モノ・カネ・情報が以前の段階より，より速く，より大量に国境を越え移動しあうようになる過程」との暫定的な定義をふまえて，1990年前後の冷戦終結を一大契機として発生した現代グローバリゼーションがアジア諸国にいかなる影響を与えたかが明らかにされる．とりわけ安全保障・経済のあり方への影響，アジア地域の国際協力体制構築への動きとの関連に焦点があてられる．

本シリーズは以上のような内容をもって，中央大学法学部政治学科の「大きな節目」に刊行される．そしてその「内容」が本学科の力量の一端を示すものであれば，それはこの「大きな節目」を乗り切る活力をも予示するものであろう．だが，その判断は読者とこれからの本学科の未来に委ねるしかない．

なお，本シリーズの刊行にあたっては，本学出版部の平山勝基，星野晃志両氏のお世話になった．記して謝意を表したい．

2004年1月10日
中央大学法学部政治学科50周年記念論集編集委員会

委員長　古　城　利　明
　　　　星　野　　　智
　　　　武　智　秀　之
　　　　滝　田　賢　治

目　次

発刊の辞

総説　グローバル化とアジアの現実……………………滝田賢治　1
　　はじめに　1
　1　現代グローバリゼーション　3
　2　グローバリゼーションとアジアのリージョナライゼーション　7
　　おわりに　10

1章　グローバリゼーションと東アジアの共生
　　　──東アジア安全保障共同体の構築をめぐって──
　　　　……………………………………………臼井久和　13
　1　はじめに　13
　2　グローバリゼーションと国際政治の変容　15
　3　グローバリゼーションのなかの東アジア　17
　4　東アジア安全保障共同体──新しい地域主義を求めて　24
　5　おわりに　31

2章　投資と貿易にみるグローバル化時代の東アジア
　　　──「相互依存」と「階層化」──　……………岩崎育夫　35
　　はじめに　35
　1　分析概念と視点の整理　36
　2　東アジア経済の相互関係の実態，構造，特徴　39
　3　東アジア経済のグローバル化に影響を与える要素　51
　　おわりに──グローバリゼーションの深化が
　　　東アジアに意味するもの　57

3章　貧困対策としてのマイクロファイナンス
　　　──フィリピンのカード・グループのケース──
　　　　　　　　　　　　　　　　　　　　　　………………………近藤健彦　61
　　1　はじめに　61
　　2　背景として国内制度化──金利の自由化・中銀のモニターに
　　　　よる健全性確保　62
　　3　カード・モデルの実態　64
　　4　若干の考察　74

4章　グローバリゼーションの進展と北東アジアの歴史的位相
　　　──持続可能な21世紀社会の「理念と構想」──
　　　　　　　　　　　　　　　　　　　　　　………………………前田利光　79
　　1　分析方法と理論構築の視座──論点開示　79
　　2　グローバリゼーションの展開と国際政治経済危機の構造　87
　　3　グローバリゼーションと北東アジア──危機における
　　　　歴史的位相　100
　　4　グローバリゼーションと国際安全保障──アジアの中の日本と
　　　　平和・人権・国家・テロ　107

5章　グローバリゼーションと中国外交の展開
　　　──銭其琛著『外交十記』を手がかりに──……李　廷　江　129
　　はじめに　129
　　1　改革開放外交の道程　131
　　2　鄧小平外交の理論と実践　139
　　おわりに　149

6章　グローバリゼーションとタイ国家論
　　　──分裂する社会，対立する言説──　…………高橋正樹　157
　　はじめに　157
　　1　市民社会論　159

2　ローカヌワット論　170
　　　　むすび　178

7章　グローバル化する米軍と日米同盟……………川上高司　187
　　　はじめに　187
　　　1　帝国のジレンマ　189
　　　2　グローバル化する米軍——前方展開の再編成　192
　　　3　米軍のトランスフォーメーション　194
　　　4　日米同盟の変質　197
　　　5　日米同盟の今後　201

8章　中台関係とアメリカ
　　　——グローバル化と米中関係の変容——…………滝田賢治　207
　　　はじめに　207
　　　1　アメリカ外交の変容と中国政策——冷戦終結と
　　　　　9・11テロのインパクト　210
　　　2　米中関係と台湾問題　216
　　　3　ブッシュ政権と台湾問題　219
　　　おわりに　222

9章　日米が両岸関係に与える影響と台湾の
　　　安全保障………………………………………楊永明　231
　　　1　日本の対台湾政策　231
　　　2　米国の台湾政策と米中関係　236
　　　3　日米安保と東アジアの安全保障　243
　　　4　台湾民主化と両岸関係　252
　　　5　結び——台湾安全保障の三大戦略　257

10章　グローバリゼーション時代のロシアの
　　　　　アジア太平洋政策 …………………斎藤元秀　267
　　序　　論　267
　　1　グローバリゼーションから取り残されるロシア極東　269
　　2　米国主導のグローバリゼーションとロシアの対中政策　273
　　3　ロシアの朝鮮半島政策とグローバリゼーション　277
　　4　ロシアの対日政策とグローバリゼーション　281
　　5　ロシアの東南アジア政策と地域主義　286
　　結　　論　288

11章　グローバリゼーション下の言説をめぐる戦い
　　　　　――カシミール問題と印パ対立――　………伊藤　融　293
　　1　西側の政治的価値観のグローバリゼーション　293
　　2　インドの攻勢――「反テロ」言説の援用　296
　　3　パキスタンの新しい反撃　303
　　4　グローバリゼーション下のカシミール問題と印パ関係　308

12章　イスラーム世界とグローバリゼーション
　　　　　――イメージの相剋――　……………………鈴木規夫　317
　　1　ワールド*world*とグローブ*globe*――性格としての空間　317
　　2　世界の唯一性　321
　　3　グローバリゼーションはアメリカニゼーションか
　　　　　――グローバリゼーションのパラドクス　324
　　4　イスラーム世界のロケーション　329
　　5　グローバリゼーションのイスラーム化
　　　　　――〈ヴァーチャル・ウンマ〉の新たな可能性　332

総説　グローバル化とアジアの現実

滝　田　賢　治

はじめに

　本書は「グローバリゼーションがアジアにいかなる影響を与えつつあるのか，そしてアジア諸国がそれにどのように対応しようとしてきたか」を主命題に編まれたものである．しかし実際には執筆者の専攻領域や問題関心によって，この命題への視角やアプローチは必ずしも同一ではなく，冷戦終結後にアジア地域やアジア各国がいかなる変容をとげたかについて分析・考察したものも含まれる．視角やアプローチの違いはグローバリゼーションをどうとらえるのか，また冷戦終結とグローバリゼーションがどのような関係にあるのかとも関わる問題であるので，総説ではまずグローバリゼーションについての議論を整理した上で，現代グローバリゼーションが進行しつつあるアジアの国際関係を概観する．

　グローバリゼーションそのものの定義を巡る議論の前に，グローバリゼーションを巡る問題点をまず確認する．すなわちグローバリゼーションとグローバリズムとの関係，グローバリゼーションとリージョナライゼーションとの関係——これはグローバリズムとリージョナリズムとの関係でもあるが——である．これらの関係は本書の諸論文の中でしばしば言及されているが，必ずしも執筆者の間で統一的理解はなされておらず明確になっていない．コヘインやナイはグローバリゼーションとグローバリズムを同義に用いているが，やはり本来は区別すべきものである．グローバリゼーションそのものをどう定義しようが，これは条件や状態が変化する「過程」として理解すべきであり，グローバ

リズムはそのような変化する過程に対応すべきであるという主張やその主張に基づく政策あるいはこの政策に基づいて形成される枠組みであると理解すべきであろう．

グローバリゼーションは地球的規模での（といっていいくらいの）変化の過程であるとすると，その対概念となるべきリージョナライゼーションは地球上の一地域全体に関わる条件や状態が変化する「過程」を意味することになる．問題は地球上の一地域とは何を指すのかということであるが，一応，地理的近接性と自然条件の類似性を基礎とした地理学上の地域を基礎としつつ政治・経済的相互依存性をも加味した国際関係総体ということになる．典型的にはEU地域があるが，ASEAN地域やAPEC地域における条件や状態の変化の過程はリージョナライゼーションということになり，リージョナリズムはこれらの地域の政治・経済・文化各レヴェルの自律性を高めようとするリージョナライゼーションを促進すべきであるという主張や政策，この政策によって形成される枠組みや制度ということになる．

ここで問題になってくるのはグローバリズムとリージョナリズムとの関係である．グローバリゼーションを促進しようとするグローバリズムは，リージョナライゼーションを推し進めようとするリージョナリズムとどのような関係にあるのかという問題である．協働・協調関係にあるのか，逆に拮抗・対抗関係にあるのかという問題である．具体的にはグローバリズムの表現であるWTOはEUやASEANその他の地域機構とどのような関係にあるのか，あるいは国連を中心とした集団安全保障体制と集団的自衛権の具体化としての同盟体制との関係についての問題であるが，必ずしもこの議論は整理されて一定の結論が出ているわけではない．しかし現実には，アジアとりわけASEANと日中韓を中心とした東アジアの各国は，一方でグローバリゼーションに対応するための国内政治体制の再編に呻吟しつつ，他方でリージョナライゼーションの具体化として重層的な多国間枠組みを形成するとともに，東アジア共同体構想を打ち出しつつある．

本稿では以上の問題意識に基づき，このグローバリゼーションがアジアの諸

国と国際関係に如何なる影響を与えたかを考察していく．まずグローバリゼーションなる現象を素描し，次に現代グローバリゼーションの発生原因とアジア地域への効果の相関関係を概観することにする．

1 現代グローバリゼーション

今日，グローバリゼーションに相当する言葉は世界の主要言語全てに存在しているものの，このグローバリゼーションの定義を巡る議論は百家争鳴的状況にある．

百家争鳴的状況の中で，デイヴィッド・ヘルドとアンソニー・マグルーはグローバリゼーションを巡る議論を，ハイパーグローバリスト，懐疑論者，転換主義者の3学派に分類し比較分析した上で，グローバリゼーションを定義しようとした．

大前やグエヘノなどのハイパーグローバリストは経済的要素を最も重視し，一物一価の原則が行き渡り利子率が同一の完全に統合された世界的規模で経済が成立するようになる現象であると理解し，グローバリゼーションが進行する中では伝統的国民国家が不自然でその存在が不可能であると主張する．それに対しハーストやトンプソンのような懐疑論者は，各国政府が極めて強力な権能を持ち続けている3つの主要な地域ブロック──EU，アジア太平洋，北アメリカ──に世界経済がますます分断化されていく現実を覆い隠す神話こそがグローバリゼーションであるとして，グローバリゼーションはせいぜいのところ，国際化すなわち優れて国民的な経済の間の相互作用が高まったものに過ぎないと主張する．この立場に立つ懐疑論者にとって，国家は越境的な経済活動を規制したり意欲的に促進したりする上でますます中心的存在になっていく国際化の主要な設計者なのである．ギデンズやローズノウなどの転換主義者は，近代社会と世界秩序を再編しつつある急速な社会的政治的変化の背後の駆動力こそがグローバリゼーションであると確信し，国際問題と国内問題の区別が最早できないような世界，すなわち「新しいフロンティア」（ローズノウ）に自己を適

合させていかなければならなくなっていると主張する．しかし転換主義者はハイパーグローバリストや懐疑論者のように，グローバリゼーションの方向性について明確な展望は示さず，グローバリゼーションをいくつもの歴史的事件によって意味を与えられた矛盾に満ち満ちた長期にわたる歴史的過程であると説明するに止まっている．

　これら3学派の定義を踏まえつつヘルドやマグルーは，グローバリゼーションを「社会関係や取引のための組織で生じる変容を具体化し，大陸間・地域間における活動・相互作用・パワーの流れとネットワークを生み出すプロセス」「世界の異なった地域間の，文化から犯罪，金融から環境問題までの結合関係と，その結合関係が時間が経つにつれ変化・増大していく状況」と定義している．相互依存概念が国家間の対称的な力関係を前提にしているのに対し，このようなグローバリゼーションは階層性と不均等性（hierarchy and unevenness）という概念を体現し，地球的規模での階層化（global stratification）の過程であるため，単一の地球社会を想定したものではないと考える．そして増大する相互関連性（growing interconnectedness）は共通の恐怖心や根深い憎悪を生み出すばかりか，協力よりも激しい紛争を生み出す源泉となる可能性を指摘している．

　以上概観したように3学派やヘルド・マグルーなどの論者のグローバリゼーション概念は異なっているが，①時空構造が圧縮されていったため，②遠隔地相互の社会関係が政治・経済・文化・環境などすべてのレヴェルで関連性を強め，③世界のある地点の出来事が世界中の人々にほぼ同時に認識されるようになり直ちに反応が起こるようになった，という点では共通しているように思われる．

　問題はこのような概念で説明される現象としてのグローバリゼーションがいつごろから発生したのかという点である．ハワイ大学のM.テヘラニアンはグローバリゼーションを3つの時期に区分し，第1波はBC2000年からAD1500年までの3500年にわたりシルクロードに沿って発生し，第2波はヨーロッパ諸国がアジア・アフリカの広大な地域を植民地化することによって始まり，第3波は情報技術を生産・権力の正当化・規制・通信などに適用することにより地

球的規模で展開し始めた新しいタイプの資本主義としての pan-capitalism が登場したことによって発生したと主張する．

　基本的にはローズノウやギデンスと同じ立場に立っているといえるジェームズ・ミッテルマンは，グローバリゼーションを経済的には生産形態が変容していき，政治的には主権国家が独占してきた統制力の度合いが低くなって政治権力が徐々にではあるが割合を変化させながらも主権国家の「上方と下方」に移動していき，文化的には集団で協同して達成した業績やこれに対する認識が価値を低下させていく歴史的変容過程であると定義した．この定義に基づいてグローバリゼーションを3つの時期に区分している．16世紀以前の歴史的変容過程としてのグローバリゼーションを「初期グローバリゼーション（incipient globalization）」，西欧において資本主義が発生してからブレトンウッズ体制が崩壊する1970年代初頭までの歴史的変容過程としてのグローバリゼーションを「架橋期グローバリゼーション（bridging globalization）」，そしてそれ以降のグローバリゼーションを「加速期グローバリゼーション（accelerated globalization）」と分類している．

　両者が規定するグローバリゼーションの3段階は，「時空構造の圧縮過程」「遠隔地相互の社会関係における相互関連性が強化される過程」という意味では同一概念で把握することができるが，「資本主義の成立とその国際的展開」という要素を入れたグローバリゼーション概念は第1段階には適用されず，第1段階は優越的文明・文化の対外的拡大であって人類史そのもの，世界史そのものということになる．この資本主義という要素を内包するグローバリゼーション概念は第2・3段階にのみ適用され，さらに情報技術の飛躍的発展を背景とした「同時性と即時性」という要素を加えるとそれは第3段階にしか適用されないことになる．「時空構造の圧縮過程」「相互連関性の強化過程」としてのグローバリゼーションは極めて広義のルースな概念規定である．本書が対象とすべきは現代グローバリゼーションとしての第3段階のものであり，情報技術の飛躍的発展を背景とした「同時性と即時性」を広義の2つの要素に付け加えたものであるべきである．

では「時空構造の圧縮過程」「相互連関性の強化過程」に「同時性と即時性」という特徴を付け加えた現代グローバリゼーションはいつ始まったといえるのであろうか．テヘラニアンは情報技術の発展という要素を第3の基準としてはいるが，具体的な時期については触れてないし，ミッテルマンはブレトンウッズ体制が崩壊した1970年代初頭としている．ウェブスター英語辞典にグローバリゼーションあるいはグローバリズムという言葉が現れたのは1960年代であるが，政治学・経済学・国際政治学などの社会科学分野でグローバリゼーションやグローバリズムという概念が広く使われ始めたのは1990年代に入ってからのことである．このことはグローバリゼーションなる現象が鋭く冷戦終結と密接に結びついて認識され始めたことを意味している．それは冷戦終結が，「人・物・金・情報・サーヴィス」をそれ以前の段階よりも「はるかに短時間で大量にかつ低いコストで」移動させることを可能にしたからである．

では冷戦終結がなぜこのような事態を引き起こす契機となったのであろうか．冷戦終結は第1に，情報の世界的同時化・即時化を引き起こしたからである．「人・物・金・情報・サーヴィス」の移動は通信手段と運輸手段によって行われることはいうまでもないが，アメリカでは冷戦終結により軍事技術が民生用に開放・解放され情報手段が短期間で高度化・高性能化した．すなわち，冷戦期，軍事用に独占使用されていたインターネット・暗号技術・通信衛星・GPS（Global Positioning System＝全地球測位システム）などが商業用に開放・解放され，コンピューター本体および周辺機器・ソフトウェア・通信機器を中心とするIT産業が急速に成長し始めたのである．情報通信手段は人・物のあり方に影響を与えるものの，人・物そのものを移動させるものでないことはいうまでもなく，情報通信技術の発展にも支えられた運輸手段の高度化・高容量化こそがより大量の人・物をより短時間かつ低コストで移動することを可能にしたのである．

冷戦終結は第2に，分断されていた世界市場の統合化の動きを加速させるとともに資本主義間競争を激化させたからである．すなわちソ連と東欧の社会主義国の崩壊は，一方でこれら地域の市場経済化を促して先進資本主義国の進出

ラッシュを引き起こし，他方で社会主義の脅威の消滅により拡大しつつある世界市場での資本主義国間のハイパーコンペティションを発生させたのである．1990年代の10年間だけで，世界貿易の増加量は過去200年の増加量を凌駕したことが1990年前後に起こった冷戦終結の結果としてのグローバリゼーションの現実を如実に物語っている．

　冷戦終結を契機にアメリカが主導した情報通信手段と運輸手段の高速化・高容量化は，これまた冷戦終結を契機に激化した世界経済統合化の疾風怒濤の中で，大量の「人・物・金・情報・サーヴィス」を短時間でグローバルに移動させ始め，政治（主権性のあり方），経済（生産・流通・金融のあり方），軍事（軍事革命＝RMAの展開，大量破壊兵器＝WMDの拡散の危険性の高まり，テロ集団のグローバルな活動，宇宙防衛構想の具体化など），環境（市場経済化やハイパーコンペティションによる排気ガス・CO_2の増大や大量のエネルギー消費による地球温暖化），文化（民族文化の短時間での変容，アイデンティティ・クライシスなど）各レヴェルに短時間で大きな変化・変容を迫ってきたのである．

2　グローバリゼーションとアジアのリージョナライゼーション

　冷戦終結を一大要因とした現代グローバリゼーションの急展開は，アジア諸国ばかりか世界の多くの国々にグローバル，リージョナル，ナショナル各レヴェルでの政策や対応の変化を促した．すなわちこの急展開は各国に「地球的問題群」解決のためのグローバルな協力の重要性を痛感させるとともに，地理的近接性で結ばれたリージョン(国際地域)内での様々なレヴェルでの協力体制を強化していく有効性を認識させ，より根本的には各国内部での政治・経済システムの再編を余儀なくしている．本書のテーマは「アジアの現実」であり，本書に収められた諸論文はリージョナル，ナショナルなレヴェルに焦点を当て分析を行っているが，グローバリゼーションがアジアとりわけ東アジア地域全体に与えた影響について分析を行っているものは皆無といっていいので，本稿で

はこの点に絞って考察する．

(図1) グローバリゼーションと(東)アジア

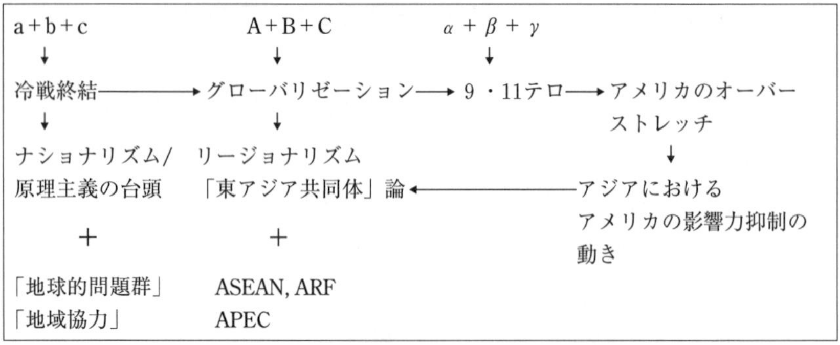

```
a＋b＋c              A＋B＋C              α＋β＋γ
  ↓                    ↓                    ↓
冷戦終結──────→ グローバリゼーション ──→ 9・11テロ ──→ アメリカのオーバー
  ↓                    ↓                                    ストレッチ
ナショナリズム/       リージョナリズム
原理主義の台頭       「東アジア共同体」論 ←──── アジアにおける
                                                アメリカの影響力抑制の
    ＋                   ＋                      動き
「地球的問題群」      ASEAN, ARF
「地域協力」          APEC
```

　グローバリゼーションが東アジアに与えた影響はこの地域におけるリージョナリゼーションの急展開であり，その明確で巨大な具体化は何よりもまず経済に現れていることはいうまでもない．1985年に東アジア (ASEAN＝タイ・マレーシア・インドネシア・フィリピン, NIES＝韓国・台湾・香港・シンガポール, 中国, 日本の10カ国) の域内輸出貿易依存度は43.2％であったが，2001年には51％となり，46.3％のNAFTAを抜き61.9％のEUに迫っている．また1985年から2001年の7年間のASEAN地域に対する投資額は，アジアNIES 978億ドル，日本903億ドル，アメリカ430億ドルで，日本とアジアNIES合計は1,881億ドルに上り，アメリカのそれの4倍強となっている．また同時期，中国に対する対外直接投資額3,924億ドルのうち62.8％に当たる2,466億ドルがアジアNIESからのものであり，冷戦終結後，東アジア地域において「域内循環メカニズム」（渡辺利夫）が形成されてきており，「東アジアの東アジア化」（渡辺）が進んできていることが観察される．

　「東アジアの東アジア化」が進んでいるとはいえ，この地域の「伝統的弱点」は対米貿易依存度が大きくてアメリカ経済の動向に左右されるという脆弱性があることである．しかし1980年代以降，アメリカの太平洋貿易は大西洋貿易の

1.5倍となり，その中で米中貿易の占める割合が急拡大している．1986年31億ドルであったアメリカの対中輸出が2000年に163億ドルへと5倍増になったのに対し，中国の対米輸出は48億ドルから1,076億ドルへと22倍にも激増して中国はアメリカ対外貿易の最大の赤字国となっている．

　グローバリゼーションが東アジアに及ぼした政治的影響の第1は，いわゆる朝鮮半島危機であり，第2は米中関係の「協商化」である．冷戦終結期に中ソ，韓ソ，中韓が国交を正常化させたため（中ソ：1989年5月，韓ソ：90年9月，中韓：92年8月）東アジアの軍事的緊張は一挙に緩和したが，朝鮮民主主義人民共和国（以下，北朝鮮）は東アジア国際関係の中で政治的孤立感を深めていった．米韓同盟と対峙していた北朝鮮は，同盟国＝中国が市場経済化に邁進する一方，もう1つの同盟国＝ソ連は崩壊してその後継国家ロシアはグローバリゼーションに対応するための政治・経済的再編の混乱の只中にあり，いずれの国からも以前のような経済援助は期待できなくなった．その上冷害・旱魃に見舞われ極度の経済的困難に陥った北朝鮮は瀬戸際外交によって苦境を打開しようとし，1993年から94年にかけ第2次朝鮮戦争の勃発も危惧させるアメリカとの軍事的危機を引き起こすに至った．グローバリゼーションの軍事的効果としての性格も持った第1次湾岸戦争におけるアメリカの軍事的圧勝とその過程で明らかになったアメリカの軍事革命（RMA＝Revolution in Military Affairs）の威力を認識した中国指導部は，冷戦後の国際政治構造を「一超多強」と規定し，アメリカとの協調的関係の維持を至上命題とした．この対米政策の原則は経済成長を共産党独裁政権の正統性の根拠とした中国が，アメリカの圧倒的影響力のあるWTO加盟を実現するためにも堅持すべきものであった．この対米政策の原則を表現したものが1998年6月クリントン大統領が訪中した際発表された「戦略的パートナーシップ」であり，この米中関係の緊密化あるいは「協商化」がグローバリゼーションが東アジアに与えた第2の影響といえる．この米中関係の緊密化は，9・11テロを契機に形成された「反テロ同盟」に中国も参加することによって少なくとも表面的には強化されつつある．このような米中関係の中で中国がイニシアチブをとってきた外交政策こそが，第1の朝鮮半島危機を

解決するための「6者協議」であり，このイニシアチブによって中国は東アジア国際政治における影響力を増大させている．

グローバリゼーションの展開をも重要な要因として発生したと考えられる9・11テロは，「封じ込め戦略」と「核抑止戦略」を基本としてきたアメリカの軍事戦略に大きな修正を迫り，非国家主体＝テロ集団との非対称の戦争（「テロとの戦争」）や大量破壊兵器による「新しい脅威」に対応することを余儀なくしている．その具体的結果がアメリカ軍の再編（「トランスフォーメーション」）であり，冷戦期のように固定的に前方展開軍を配備するのではなく，状況に応じて柔軟かつ迅速に部隊展開できるような態勢・体制を構築し，特に東アジアから中央アジア・中東に至るユーラシア大陸の「不安定の弧」を中心的に防衛しようとしている．

おわりに

「域内循環メカニズム」を発展させつつある東アジアで，米中両大国の影響力をコントロールしながらEUやNAFTAに対抗して，さらなる「東アジア化」を進めるために構想され徐々に具体化しつつある枠組みが「東アジア共同体」である．グローバリゼーションが急展開して「人・物・金・情報・サーヴィスが大量かつ短時間で国境を越える」現在，国民の安全と福祉は伝統的な領域的主権国家だけでは保障することができなくなっている．多国間(協調)主義による協力体制あるいは分野別・機能別のレジーム構築が不可欠になるのである．グローバリゼーションの(東)アジアへの影響は以上考察してきたように多面的ではあるが，その中でも未来志向の観点から重要なものがリージョナリズムの具体化としての「東アジア共同体構想」であろう．

本書に収められた論文はもちろん「東アジア共同体」について論じたものではない．しかしいずれの論文もグローバリゼーションがアジア地域あるいはアジアの個別の国家に与えた，あるいは与えつつある影響を考察する中で，この地域の人々の共存・共生の道を探る上で極めて有益な示唆を与えてくれるもの

である.

　本書は中央大学法学部政治学科の研究・教育に何らかの形で関わってきた者によって執筆されたものである．編者および第8章の滝田賢治，第1章の臼井久和，第5章の李廷江は政治学科の専任教員であり，第9章の楊永明先生（台湾大学副教授）は客員教授として研究・教育に貢献して下さり，その際の成果をその後の状況の変化に合わせ大幅に書き換えて下さった．第2章の岩崎育夫先生（拓殖大学教授）は「国際地域論（東南アジア）」を担当されている．第3章の近藤健彦先生（浜松学院大学学長）は「日本対外行動論」を，第4章の前田利光先生（東海大学名誉教授，元日本大学教授）は「世界経済論」を兼任講師として，共に長年にわたり講義された．第6章の高橋正樹先生（新潟国際情報大学助教授）は本学大学院法学研究科を修了され2005年度兼任講師として「第3世界論」を担当される予定である．第7章の川上高司先生（2005年4月より拓殖大学教授）は「アメリカ政治論」を，第10章の斎藤元秀先生（杏林大学教授）は「ロシア政治論」を兼任講師として，共に長年にわたり担当して頂いている．第11章の伊藤融先生（2005年4月より島根大学助教授）は本学大学院法学研究科を修了され，兼任講師として「第3世界論」を担当された．第12章の鈴木規夫先生（愛知大学教授）も長年にわたり兼任講師として「国際地域論（イスラム）」を担当されている．

　最後になったが本書の編集過程において中央大学出版部の平山勝基氏と星野晃志氏には言葉では言い表せないほどのご理解とご協力を頂いた．ここに記して深甚の謝意を表したい．

2005年3月31日

参 考 文 献

滝田賢治，「グローバリゼーションとアメリカナイゼーション」『アメリカ太平洋研究』Vol. 1，東京大学アメリカ太平洋地域研究センター，2001年3月．
―――，「グローバリゼーションと国際関係」『中央評論』No. 238，中央大学，2001年12月．

────，「イラク戦争の歴史的文脈―中東とアメリカ外交」『中央評論』，中央大学，2003年10月．

────，「グローバリゼーションと東アジア国際関係の変容」川崎・滝田・園田編『グローバリゼーションと東アジア』，中央大学出版部，2004年7月．

五味俊樹・滝田賢治編『9・11テロ後のアメリカと世界』，南窓社，2004年7月．

渡辺利夫「東アジアのダイナミズムと経済統合」『問題と研究』第33巻3号，問題と研究出版社，2003年12月．

山本吉宣「国際システムの変容―グローバリゼーションの進展」『国際問題』489号，日本国際問題研究所，2000年12月．

NIRA・E Asia 研究チーム編著『東アジア回廊の形式』，日本経済評論社，2001年9月．

木村・丸屋・石川編著『東アジア国際分業と中国』，ジェトロ，2002年8月．

谷口誠『東アジア共同体』，岩波新書，2004年11月．

David Held, Anthony McGrew and et al. ed., "Global Transformation" Polity Press, 1999(『グローバル・トランスフォーメーション』中央大学出版部，2005年5月).

Jan Aart Scholte, "Globalization : a critical introduction", St. Martin's Press, 2000.

William T. Tow, "Asia-Pacific Strategic Relations", Cambridge University Press, 2001.

Ulrich Beck, "What Is Globalization", Polity Press, 2000.

1章　グローバリゼーションと東アジアの共生
——東アジア安全保障共同体の構築をめぐって——

臼　井　久　和

1　はじめに

　世界は急速に「圧縮」されてきた．技術の発展が地球を小さくしている．産業革命以後，科学技術の発展，とりわけ航海術や造船技術の進歩によりイギリスを中核としたヨーロッパ国際社会は徐々に非ヨーロッパに放射状に膨張し，アジア，アフリカの多くの国々はヨーロッパ文明の恩恵を受けるとともに，他方でその植民地と化してきた．またそれは，シルク・ロードを通じて東西交流にも影響を与えた．ジョセフ・ナイ（J. Nye）は，「グローバル化は，世界的な相互依存関係の発達という意味では事実上，人類の歴史と変わらぬほど長い歴史がある．最近のグローバル化が新しい点は，関係が厚みを増し，複雑になり，関与する地域と階層が増えたことである．中世のヨーロッパとアジアを結んでいたシルク・ロードは『薄い』グローバル化の一例であり，ごく少量の贅沢品が取引され，支配層を顧客にしていた」[1]と書いている．
　国際社会は，1648年の30年戦争の終結とともに成立した．国際舞台の役者（actor）は主権国家であり，ウェストファリア体制は第一次世界大戦まで続き，イギリスが覇権国として世界をリードした．いわゆる「パックス・ブリタニカ」である．第一次世界大戦は，「ベルサイユ体制」と「国際連盟」を創出し，「アメリカの時代」の開幕を告げた．この大戦を契機に，国際政治の中心は，イギリスからアメリカに，そして基軸通貨はポンドからドルへと移っていった．同

時に世界に初めて異質の社会体制を持つ「ソ連」がロシア革命によって成立した．

ベルサイユ体制に異議を唱えたドイツとイタリア，そして日本は第二次世界大戦に突入し，体制の異なる米英ソは協調し，ファシズム勢力と闘い勝利を収め，「ヤルタ・ポツダム体制」と「国際連合」を発足させた．1945年，戦争に終止符が打たれた時，アメリカは世界のなかで一国でほぼ半分のGNPを保有していた．いわゆる「パックス・アメリカーナ」の謳歌の時代である．このようななかで「トルーマン・ドクトリン」によって米ソ冷戦が華々しく展開されてきた．冷戦の最中，朝鮮戦争，ベトナム戦争，アフガン戦争が過酷にも戦われ，米ソはその体力を消耗してきた．アメリカは，ニクソン・ショックやオイル・ショックに象徴されるように，1970年代以降，国際公共財を提供する力を失い，第三世界の国々は，「資源ナショナリズム」を鼓舞し，国際政治経済の決定に参画を求め，世界は多極化の途を歩み始めた．

第二次世界大戦後，世界の領土の8割以上が植民地で占められていた．その植民地から民族独立の名のもとに非常に多くの国々が独立を達成した．この新興独立国は，政治的に独立したが，経済的には自立できなかった．南北格差は拡大の一途をたどり，それは現在も解消されていない．

冷戦は，1989年マルタで終焉した．奇しくもそれは，フランス革命200年であり，この歴史上の大転換の主役は同じく「民衆」であったことは国際政治的に見ても重要な視点である．東欧の民主化もソ連の崩壊も，「民衆革命」と「情報革命」の合体であったということができるからである．これによってグローバルなレベルでの冷戦体制は崩壊した．武者小路公秀は，次のように記している．冷戦の「決定的な近因になったものがゴルバチョフの新思考政策であること，さらにそれが，単に冷戦の論理を否定したばかりでなく，ついでに覇権の論理も主権国家の論理さえも乗り越え，民衆のアイデンティティーや発言権を認めたということである．」[2]

アジアでも中韓の国交正常化（1992年）により冷戦構造の解体を見ることができるようになったが，依然として北朝鮮問題が暗い影を落としている．その

ようなかにあっても東アジアでは，アセアン（Association of South East Asian Nations: ASEAN　東南アジア諸国連合）に見られるように，経済的相互依存関係は深化し，域内を超えて域外に目をむけるようになり，政治・安全保障の問題にも大きな進展が見られるようになってきている．

　国際政治の世界は，このようにしてグローバリゼーション，つまり地球化してきたのである．国際政治の舞台と背景は，ウェストファリア会議後のヨーロッパ国際社会から地球規模の世界社会，グローバル・ビレッジに変容し，国際的相互依存は紛れもない現実であると言うことができる．この世界村での役者はいまや，国家に止まらず，戦後のさまざまなレベルにおける「国際組織（IO）」，冷戦解体に大きな役割を演じた「民衆」，そして NGO（非政府組織），多国籍企業（MNC あるいは TNC）など多元化したことを忘れるべきではない．国際政治の性格は「力の政治」システムから「相互依存」システムへと転換してきた．すなわち，グローバリゼーション（globalization，グローバル化）[3]が進展することによって，国際政治は大きく変容したのである．

2　グローバリゼーションと国際政治の変容

　グローバリゼーションはいまや，グローバル政治分析の重要なキーワードになっていると言っても過言ではない．グローバリゼーションは国際政治にどのようなインパクトを与えているのだろうか．またグローバリゼーションは21世紀を通じて意味を持つのであろうか．他方でグローバリゼーションの終焉やグローバリゼーション批判を唱える研究者もいるし，世界では反グローバリゼーションの運動が各地で展開されている[4]．

　ギデンス（A. Giddens）は，グローバリゼーションを，次のように定義する．つまり「ある場所で生ずる事象が，はるか遠く離れたところで生じた事件によって方向づけられたり，逆に，ある場所で生じた事件がはるか遠く離れたところで生ずる事象を方向づけていくというかたちで遠く隔たった地域を相互に結びつけていく，そうした世界的規模の社会関係が強まっていくこと」[5]と定義

している．そしてこのような結びつきが世界的規模で網の目のように拡張していくことを意味している．

このようにギデンズが規定したグローバリゼーションには，さまざまな意味合いがあるといってよい．ショルテ（Jan Aart Scholte）は，グローバリゼーションの5つの意味を明らかにしている[6]．

① 国際化（internationalization）

ヒト，モノ，資本，そして情報が国境を超えて移動し，国家間の相互依存関係が国際社会に伝播，浸透している．しかし，国家主権の問題は大きな問題として残る．

② 自由化（liberalization）

日本には世界各国の自動車が走っているし，日本車も世界各地を走行している．海外の大規模店が日本にも進出してきている．国際的な交流に対する政府の規制緩和は世界の流れであり，規制が撤廃されていく．

③ 普遍性（universalization）

世界の平準化を意味する．人権や人道などの価値が地球的に共有されている．マイクロソフトのWindowsは世界の会社・大学・家庭で使われ，ハリウッドの映画は世界各地で見ることができる．若者は，ジーンズをはき，闊歩している．この社会的・文化的な現象は，各地の伝統や文化の多様性との衝突も危惧されている．

④ 西欧化（westernization）

グローバリゼーションは西洋化，あるいはアメリカナイゼーションの同意語であるとよく言われてきた．西欧生まれの資本主義や合理主義の考え方が世界大に拡散することを意味する．

⑤ 脱領土化（deterritorialization）

脱国家，脱国境，つまりトランスナショナリズムを意味する．国民国家という領域性の崩壊を意味する．領域や領土的な繋がり，領土的な境界が徐々にその意味を喪失するプロセスが重視される．ギデンズは，ヒト，モノ，資本が特定の場所から切り離されることであると説明している．

このようなグローバリゼーションは，科学技術の飛躍的な進歩と情報通信革命に負っている．そして，それは政治，経済，文化のあらゆる側面にプラスとマイナスの影響を与えてきている．グローバリゼーションの進展は，統合と分化の複合的なプロセスであり，国家の問題解決能力を減じ，グローバリゼーションとローカリゼーションの表裏一体の関係を明らかにし，ボーダーレス化をもたらし，さらに南北問題，南南問題を先鋭化させた．その結果，貧困が世界大に拡大・再生産されていった．つまり，グローバリゼーションとは，世界の均質化と差異化のプロセスと呼ぶことができ，上記のさまざまな要因が含む混合形態であると言えよう．

3　グローバリゼーションのなかの東アジア

　グローバリゼーションは，先進国のみならず途上国をも包み込んできた．グローバリゼーションの推進力は，多国籍企業であると言っても過言ではない．多国籍企業は，資本と技術を持ち，それを使って海外に投資をし，工業化をはかっていく．アジアも，グローバリゼーションの波及を免れることはできなかった．アジアの新興独立国は60年代以後，徐々にではあるが経済成長を遂げていく国も存在した．アジアの国々は，世界のなかで地域の振興をはかるために協力体制を築いていくことになる．つまり地域主義（regionalism）やサブ・リージョナリズム（subregionalism）の動きである[7]．本論では，東アジアを1つの地域として考察する．

　ヨーロッパは，地域主義，判りやすく言えば地域協力機構の宝庫である．それは，経済的なもの，政治的なもの，社会的なもの，そして軍事的なものなどさまざまである．それらの地域機構が網の目のように重畳的に張りめぐらされていることによって，ヨーロッパは1つの協力システムを作り上げ，合意形成に大きな役割を果たしている．ヨーロッパ安全保障協力機構（OSCE），北大西洋条約機構（NATO），ヨーロッパ連合（EU），西欧同盟（WEU）などを挙げることができる．このような地域的機構や枠組みによって紛争の解決のシステム

表1　ASEAN＋3と北朝鮮の現状（2001年）

国　名	面　積 (万平方キロ)	人　口 (万人)	政　体	GDP (10億ドル)	一人あたりGDP (ドル)	貿易総額 (10億ドル)
インドネシア	191.93	21,484	共和制	145.1	675	87.3
マレーシア	32.98	2,380	立憲君主制	87.5	3,676	162.1
シンガポール	0.06	413	共和制	85.6	20,726	237.7
フィリピン	30.00	8,010	共和制	71.4	891	61.7
タ　イ	51.31	6,310	立憲君主制	114.7	1,818	127.1
ブルネイ	0.58	34	立憲君主制	4.3	12,647	4.7
ベトナム	33.17	7,869	共産党独裁	33.3	423	31.2
ラオス	23.68	538	共産党独裁	1.8	335	0.8
ミャンマー	67.66	5,114	軍事体制	7.5	147	5.2
カンボジア	18.10	1,331	立憲君主制	3.4	255	2.9
日　本	37.79	12,729	立憲君主制	4,175.7	32,805	752.3
中　国	956.10	12,627	共産党独裁	1,159.0	908	467.0
韓　国	9.93	4,734	共和制	422.2	8,918	290.9
北朝鮮 (2002年韓国 銀行推定)	12.23	2,254	人民共和制 (労働党独裁)	17.0	762	2.2

（出所）　荒川利明（2003）『ASEANと日本』10-11頁に加筆．

が保証されている．エッチオーニ（A. Etzioni）の言うように，紛争の「カプセル入り（encapsulation）」のシステムができあがっているのである[8]．

　アジアは，地理的に大きく分けて東アジア，南アジア，さらに中央アジアがあり，東アジアのなかは東南アジアと北東アジアに分けることができる．東南アジアにはアセアンを中核に多数の地域的枠組みが存在する（表1　ASEAN＋3と北朝鮮の現状，表2　ASEAN関連の地域的枠組み，参照）[9]．

　ちなみにアセアンの来歴を記すと，次のようになる．

　　1967年8月　　アセアン発足，「バンコク宣言」
　　1971年11月　　中立地帯化宣言
　　1974年1月　　田中首相アセアン訪問，反日運動激化
　　1976年2月　　初の首脳会議，協和宣言と東南アジア友好協力条約調印
　　1977年8月　　第二回首脳会議，福田ドクトリン

表2　ASEAN関連の地域的枠組み（2003年現在）

ASEAN	ASEAN + 3	ASEM （アジア欧州 首脳会議）	APEC （アジア太平洋 経済協力会議）	ARF （ASEAN地域 フォーラム）
インドネシア※	インドネシア	インドネシア	インドネシア	インドネシア
マレーシア※	マレーシア	マレーシア	マレーシア	マレーシア
シンガポール※	シンガポール	シンガポール	シンガポール	シンガポール
フィリピン※	フィリピン	フィリピン	フィリピン	フィリピン
タ　イ※	タ　イ	タ　イ	タ　イ	タ　イ
ブルネイ	ブルネイ	ブルネイ	ブルネイ	ブルネイ
ベトナム	ベトナム	ベトナム	ベトナム	ベトナム
ラオス	ラオス	―	―	ラオス
ミャンマー	ミャンマー	―	―	ミャンマー
カンボジア	カンボジア	―	―	カンボジア
	日　本	日　本	日　本	日　本
	中　国	中　国	中　国	中　国
	韓　国	韓　国	韓　国	韓　国
		EU	―	EU
			米　国	米　国
			カナダ	カナダ
			オーストラリア	オーストラリア
			ニュージーランド	ニュージーランド
			パプアニューギニア	パプアニューギニア
			メキシコ	―
			ペルー	―
			チ　リ	―
			香　港	―
			台　湾	―
			ロシア	ロシア
				北朝鮮
				モンゴル
※原加盟国				インド

（出所）　荒川利明（2003）『ASEANと日本』12-13頁に加筆．

1984年1月　　ブルネイ独立，アセアン加盟
1989年11月　　APEC（アジア太平洋経済協力会議）発足
1990年12月　　マハティール「EAEG（東アジア経済グループ）」提案

1991年5月	海部首相アセアン訪問,歴史問題謝罪
1992年1月	自由貿易地域(AFTA)設立合意
1993年11月	APEC初の非公式首脳会議(シアトル)
1994年7月	ARF(アセアン地域フォーラム)発足
1995年7月	ベトナム加盟
1995年12月	東南アジア非核地帯条約締結
1996年3月	ASEM(アジア欧州首脳会議)第一回首脳会議
1997年7月	ミャンマー・ラオス加盟,東アジア経済危機
1997年12月	アセアン+3初の首脳会議,「ビジョン2020」
1999年4月	カンボジア加盟(「アセアン10」の完成)
2000年11月	中国・アセアンにFTA(自由貿易協定)締結提案
2002年1月	日本とシンガポール,FTA締結
2002年11月	中国・日中韓のFTAを提案
2003年10月	「協和宣言Ⅱ」採択,中印が東南アジア友好協力条約に加入
2003年12月	日本・アセアン特別首脳会議(東京)

　アセアンは,1967年にタイ,マレーシア,フィリピン,シンガポール,インドネシアの5カ国が創設したアジアで最初の地域協力機構である.設立条約はなく,組織は緩やかなものである.創設宣言の「バンコク宣言」では,経済,社会,文化での地域協力の強化が謳われたが,実質的には加盟各国の相互不信の解消,信頼醸成を目的としていた.冷戦の最中の70年代半ば以降,インドシナ諸国の共産化を背景に,共産主義の浸透を防ぎ,東南アジア諸国の政治的安定のために善隣友好外交の制度化を活動の全面に打ち出した.76年には,アセアン協和宣言,つまり政治協力とアセアン共同体を目指すことが宣言され,同時に相互信頼醸成を謳った東南アジア友好協力条約が調印され,域内の団結が強調された.他方で,日本やアメリカ,ヨーロッパとの対話も行われ,域外への関心も高まっていたことを忘れるべきではないだろう.

　70年代のベトナム戦争の終結,80年代末の冷戦の終焉はグローバリゼーションを加速し,国際政治構造の激変を促した.このようななかでアセアンは,地

域全体で経済発展を志向し，89年にはAPEC（Asian Pacific Economic Cooperation Conference）に参加し，92年にはAFTA（ASEAN Free Trade Area）に合意した．これらを背景にアセアンは，90年代に大きく変貌し，アセアンの来歴に示されているように拡大を続け，99年には「アセアン10」が完成する．この間，93年には有名な『東アジアの奇跡（*The East Asian Miracle*）』[10]を世界銀行が公表した．この報告は，第二次世界大戦後の東アジア諸国（日本，香港，韓国，シンガポール，台湾，インドネシア，マレーシア，タイ）の高度成長の要因を分析したものである．そのなかで経済発展の基礎的条件の整備における政府の役割を高く評価した．

グローバリゼーションの波は，アジア経済にも大きな影響を与えてきた．『東アジアの奇跡』に示されているように豊かさをもたらす一方，加盟国間の格差の拡大，つまりアセアン・ディバイドを生み出した．このような背景のなかで，93年からアセアン諸国はAFTAの形成により域内の経済協力の促進，地域経済統合の動きを強めた．97年のアジアの経済危機は，その動きを鈍化させることとなった．東アジアの経済危機は，諸国が資本の自由化を進め，海外の短期資金の流入に依存する構造を持ち，国内の金融制度が未整備であったこと，さらに経済危機と各国の政治体制の問題が大きな要因である．

しかし，アセアン諸国は，97年にアセアンの未来像「ビジョン2020」を実現するためにハノイ行動計画に合意し，アセアンは域外の中国や日本などとFTA（Free Trade Agreement）の締結に積極的に動き始め，さらにARF（ASEAN Regional Forum）や「アセアン＋3」などにより経済のみならず政治および安全保障への取り組みを強化し始めた．それは，サブ・リージョナルなアセアンから北東アジアを包括する広域の地域主義の実現を目指そうとするものである．

ARFは，アセアンを核にしてアジア太平洋地域の政治・安全保障問題について多国間で協議することを目的に94年（バンコク）に発足した．毎年夏に開かれる閣僚会議を中心に運営されている．予防外交や信頼醸成や紛争解決を目指しているが，その制度化は必ずしも十分ではない．これまでの会合では，南

シナ海の領土紛争,朝鮮半島問題,印パの核実験などが議題となってきた.2003年まで10回の会議が開かれた.2003年の閣僚会議(プノンペン)では,議長は朝鮮半島の非核化とNPT(核不拡散条約)への復帰を求める声明を取りまとめたが,北朝鮮はそれを拒否したものの,北朝鮮との直接対話の意義は大きいと言わざるをえないだろう.

「アセアン+3」は,アセアン諸国と日中韓3カ国の経済関係強化を目指して97年のアセアン創設30周年を節目に創られた.アセアン諸国と北東アジア諸国との対話,相互理解促進を目的に始められた.97年第一回会合ではアジア通貨危機への対応から通貨問題を中心に議論されたが,その後はより幅広い協力の推進が論議されている.2003年まで7回の会議が開催された.第二回会合(98年,ハノイ)では「東アジア・ビジョン・グループ」設立に関する合意がなされ,第四回会合(2000年,シンガポール)では,金大中韓国大統領の提案により「東アジア・スタディ・グループ」の設置が合意された.第五回会合(2001年,ブルネイ)では,「東アジア・ビジョン・グループ」の報告書(「東アジア共同体をめざして―平和,繁栄,進歩の地域」)が提出され,その冒頭は,次のようになっている.「われわれ,東アジアの民 the people of East Asia は地域内のすべての諸国民の全面的な発展に基礎をおく平和,繁栄,進歩の東アジア共同体 East Asian community を創造することを希求する.」これは,首脳により歓迎され,「東アジア・スタディ・グループ」でその提言が各国関係者で検討し,次回会合に報告することになった.次の第六回会合(プノンペン)では,東アジアにおける経済連携への取り組みや「東アジア・スタディ・グループ」の26の提言が議論され,歓迎され,そして東アジアFTAの設立を中長期的課題と位置づけた[11].

このことに関連して付言すれば,政府間の公式の対話であるトラック・ワンとは別に民間主導の対話,つまりトラック・ツーがある.政府関係者も個人の資格で参加する.「もっとも野心的なトラック・ツーの会合はアジア太平洋安全保障協力会議(CSCAP)である」「CSCAPは,地域のすべての国の参加を認め,地域外にも開放された安全保障対話プロセスをつくることを目的としてい

る.」他にも北東アジア協力ダイアローグ（NEACD）のもとでトラック・ツーの対話が開催され，ARF もいくつかのトラック・ツーの対話が開催されている[12]．

さらにアセアンは，地域を超えてヨーロッパとの交流にも主導権を取った．アジアとヨーロッパの対等のパートナーシップを基にした新たな協力関係を模索する ASEM（Asia Europe Meeting）である．2 年に一度の首脳会議の他に，外相，蔵相，経済閣僚会議が 1 年に一度のわりで開催され，地域的・国際的問題，貿易問題などについて話し合われる．96 年 3 月にバンコクで第一回会議が開催された．

北東アジアを見てみることにしよう[13]．東アジアのサブ・システムとしての北東アジアは依然としてローカルな冷戦の残滓を残している．北朝鮮が核開発や拉致事件を抱え，イデオロギーの異なる大国・中国が大きな力を持っている．また先進国・日本が歴史認識や教科書問題を抱え込んでいる．この北東アジアには独自の地域の協力の枠組みが存在していない．地域的協力機構の存在しない地域は世界でも珍しい．北東アジアを包括する地域機構には，前期のアセアン絡みがほとんどである．すなわち，「アセアン＋3」，ASEM，APEC，ARF である．この意味において東南アジアと北東アジアの連結器として重要な役割を果たすのが，アセアンであると言っても過言ではない．山影進によれば，APEC の仕掛け人は日本の通産省であり，「APEC はいくつかの重要な点で ASEAN を核とする協力形態」である[14]．

日本では東アジア共同体をめぐって，さまざまな構想が提示されている．いくつか挙げると，次のようになる．まず，森嶋通夫の「東北アジア共同体」構想である[15]．次は，和田春樹は「東北アジア共同の家」構想を主張し[16]，最後は，姜尚中の「北東アジア共同の家をめざして」である[17]．これらの構想は，21 世紀を生きる日本の選択の有りようを提示したものである．いずれにせよアジアにおける新しい地域主義の模索であると言うことができよう．

4 東アジア安全保障共同体——新しい地域主義を求めて

「双方は，北東アジア地域の平和と安定を維持，強化するため，互いに協力していくことを確認した．双方は，この地域の関係各国の間に，相互の信頼に基づく協力関係が構築されることの重要性を確認するとともに，この地域の関係国間の関係が正常化されるにつれ，地域の信頼醸成を図るための枠組みを整備していくことが重要であるとの認識を一にした．」

この文言は，2002年9月の日朝首脳会談で合意された日朝平壌宣言の4項である．このなかには北東アジアの地域協力構想が具現化されている．姜尚中は，このことに関連して，次のように述べている．「宣言を敷衍して言えば，朝鮮半島の平和的な共存と統一は，北東アジア地域の多国間的な信頼醸成を通じて実現されること，そして地域的な保安と平和は，朝鮮半島の安定なしにはありえないことを，内外に明らかにしたことになる．」さらに続けて「こうした二国間，多国間の，複合的な相互交渉のプロセスと積み重ねを通じて北東アジアのゆるやかな地域的安全保障の枠組みが形成され，さらに地域統合への気運が広がっていく先には，トランスナショナルな（超国家的な）地域主義の構想が浮上してくるに違いない．」[18]と書いている．このなかには，多くの示唆が含意され，冷戦終焉後の北東アジアの平和と地域主義あるいは地域統合の実現をめざすロード・マップが暗示されていると言えよう．

地域統合（regional integration）の理論には連邦主義，多元主義，機能主義など多様である[19]．機能主義は，伝統的なものと新機能主義に分けることができる．そこでの重要なキーワードは，社会の政治的側面と非政治的側面を分離し，非政治的領域の交流の増大が政治的領域の国際協力に波及すると言うものである．いわゆる「スピルオーバーの理論（spill-over theory）」である．ハース（E. Haas）によれば，社会的・経済的な統合は政治的統合に自動的に結びつくという．自動的な波及はともかくとして，政治的統合が可能になるためには，

1章　グローバリゼーションと東アジアの共生　25

Tier One
Precipitating conditions
・Change in technology, demography, economics, the environment
・Development of new interpretations of social reality
・External threats

↓

Tier Two
Factors conducive to the development of mutual trust and collective identity

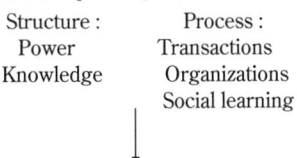

Structure :　　Process :
Power　　　Transactions
Knowledge　　Organizations
　　　　　　Social learning

↓

Tier Three
Necessary conditions of dependable expectations of peaceful change
Mutual trust　　Collective identity

↓

Dependable expectations of peaceful change

（出所）　Emanuel Adler and Michael Barnett (1998) *Security Communities*, p. 38.

図1　安全保障共同体の発展

そこにいたるプロセスにさまざまな要因が存在することは確実であろう.

もともと「安全保障共同体（security community）」の考え方は，ドイッチュ（K. W. Deutsch）らによってヨーロッパの統合のために編み出されたものである[20]．1998年に，社会構成主義の立場から『安全保障共同体（Security Communities）』という本がアドラー（E. Adler）とバーネット（M. Barnett）によって編まれた[21]．彼らによれば，共同体の創設には三段階を要する（図1参照）．第一段階は凝結段階で，関係国が相互の利益を調節する段階である．次の段階は，相互の信頼と集合的アイデンティティの形成・発展段階である．そして最後の段階は，信頼できる平和的変更への期待に応えられる条件を整える段階である．こうして信頼醸成を積み上げることによって「不戦共同体」を構築することで

ある．この考え方は，地域的枠組みに示唆を与えるもので北東アジアにも当てはめることができよう．

4.1 北東アジアにおける環境レジームの形成

東南アジアのアセアンと類似の「東北アジア諸国連合」(Association of North East Asian Nations, ANEAN) の設立には，非政治的な国際協力の促進が不可欠である．アドラー／バーネット・モデルの初期の段階を意味する．冷戦後，それまでの経済協力の試みに加え，にわかに環境保護をめぐって北東アジアでは地域協力が具体化した．アジアの環境悪化は，加速している．中国の近代化・工業化は酸性雨問題や海洋汚染をもたらしている．1992年に環日本海環境協力会議 (Northeast Asian Conference on Environmental Cooperation, NEAC) が発足した．参加国は，日本，中国，韓国，モンゴル，ロシアの5カ国から中央政府の環境担当機関，地方自治体，研究機関などの専門家，また国連環境計画 (UNEP)，国連開発計画 (UNDP)，国連アジア太平洋経済社会委員会 (ESCAP) からも専門家が参加している．これらの参加者により環境保全への取り組み，北東アジアにおける環境協力のあり方などについて情報交換や政策対話が進められ，各国が環境情報を共有し，自国の環境政策の推進に役立てることであり，二国間・多国間の公式な協力関係を促進することである．また，この会議では環境協力における地方自治体の役割が高く評価されている．

NEAC は，1992年（新潟市）から毎年開催され，2003年までに12回に及んでいる．さらに ESCAP のイニシアティヴのもと，北東アジア地域環境プログラム (Northeast Asian Subregional Programme on Environmental Cooperation) が発足し，それは前記5カ国の環境省庁の関係者からなる高級事務レベルの会議である．さらに海洋汚染や酸性雨に関しても行動計画（1994年）やモニタリング・ネットワーク（1998年）が動き出している．このようにして北東アジアでは，環境共同体への前進，つまり環境レジームの形成が遅々としてではあるが見られている．

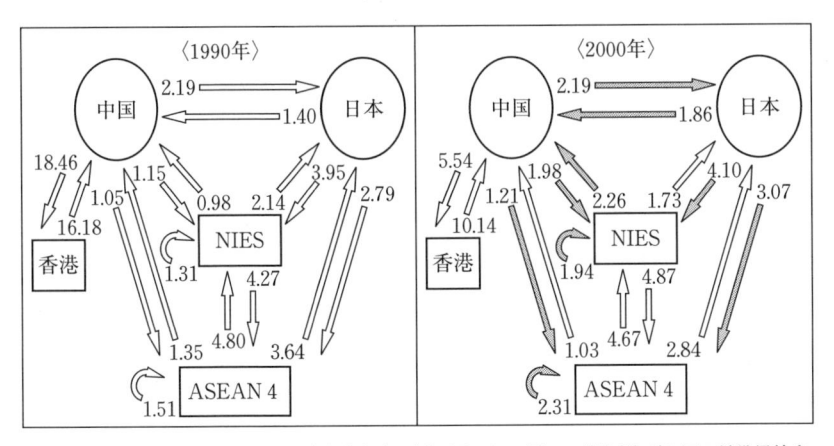

1章　グローバリゼーションと東アジアの共生　27

(注)　1．A国からみたB国の輸出結合度＝｛(A国からB国への輸出額)/(A国の対世界輸出額)｝÷｛(B国の対世界輸出額)/(世界全体の輸入額)｝．
図中における出発点の数値．
2．輸出結合度は1を基準とし，これを上回る場合に両国間の貿易は緊密であるとされる．
3．2000年の矢印のうち，黒塗り部分は結合度が90年に比べて増加したことを示す．
(資料)　経済産業省『通商白書2002』
(出所)　みずほ総研アジア調査部編『アジア経済2003』31頁．

図2　東アジア諸国の輸出結合度

4.2　日本とアジアの経済的相互依存の拡大

アジアを経済的に見ると，それは1つのまとまりとは言えなかった．GDP1つをとっても，日本とカンボジアやラオスを比較したら，その経済格差はあまりにも大きい．民族，宗教，気候，政治システム，社会構造などを見ても多様と言わざるえない．しかしいまや域内協力や経済圏形成構想が出始めた．東アジア諸国の輸出結合度（図2参照）を見ると，1990年と2000年の変化がよくわかる．アジアと日本の貿易関係は様変わりしてきた．日本は輸出のみならず輸入においてもアジアへの依存を強め，アジアの輸出入全体に占める日本向けの割合は，この10年間にそのシェアを下げている．日本の地位が低下しているのは，1つは日本経済の低迷，もう1つはアジア域内間の貿易の増大によると言われている．2001年度の『通商白書』は冒頭の章を「東アジアを舞台とした大競争時代」と銘打った．その大きな要因は90年代に年10%の高成長を遂げた

中国経済と中国脅威論の台頭である.

　第二次世界大戦後,世界の貿易が大きく拡大した.それは,ガットやWTOを通じて多角的に展開されたが,近年巨大化したWTO(144ヵ国)は合意形成が困難となり,行き詰まることが多くなった.このようななかで二国間や地域間で経済連携の強化をはかるFTAが注目されるようになっている.アセアンや中国は,FTA締結に向けて動き出した.この点,日本は遅れをとっている.日本は,『通商白書』(1999年)のなかで「多角的(マルチ)主義は堅持しつつも,近隣諸国との地域統合や二国間協定を利用してアジア域内の地域統合・連携を強める必要性がある」ことを初めて表明した.その結果2002年に日本はシンガポールと最初のFTAを締結した.

4.3　北東アジアにおける非核レジームの形成

　世界には,これまで南半球を中心に非核兵器地帯(Nuclear-Weapon-Free Zone)条約が締結されている(図3参照).北朝鮮の核疑惑が喧伝されるなか,北東アジアの安全保障をグローバルな観点から考えることにしよう.

　非核兵器地帯[22]とは,ある地域の諸国が条約を締結し,その地域に核兵器の存在しない地域を設置し,核兵器の保有,製造,配備の3つを禁止することである.さらにこの概念には,核兵器保有国がその地域の締約国に核兵器を使用しないことの約束も含まれる.図に示されているように冷戦期には1967年にラテンアメリカを中心にしたトラテロルコ条約が結ばれ,1985年には南太平洋を対象にラロトンガ条約が締結された.冷戦終結後には1995年に東南アジアを対象にバンコク条約が署名され,1996年にはアフリカでペリンダバ条約が調印された.

　南極など人々が居住していない地域についても,条約によって非核地帯化が実現している.それらのなかには南極条約(1959年署名),宇宙条約(1967年署名),月協定(1979年採択),海底核兵器禁止条約(1971年署名)が含まれる.また別の形の非核地帯もある.モンゴルは,冷戦後非同盟中立に移行し,1992年に自ら非核国であるとし,一国非核兵器地帯を宣言した.国連総会は,1998年

1章　グローバリゼーションと東アジアの共生　29

ラテンアメリカ核兵器禁止条約
（トラテロルコ条約）
（67年2月14日調印、68年4月22日発効）

南太平洋非核地帯条約（ラロトンガ条約）
（85年8月6日調印、86年12月11日発効）

南極条約
（59年12月1日調印、61年6月23日発効）

モンゴル一国非核兵器地位

東南アジア非核兵器地帯条約（バンコク条約）
（95年12月15日調印、97年3月27日発効）

アフリカ非核兵器地帯条約（ペリンダバ条約）
（96年4月11日調印・未発効）

西経115度

東経115度

南緯60度

図3　世界の非核兵器地帯等

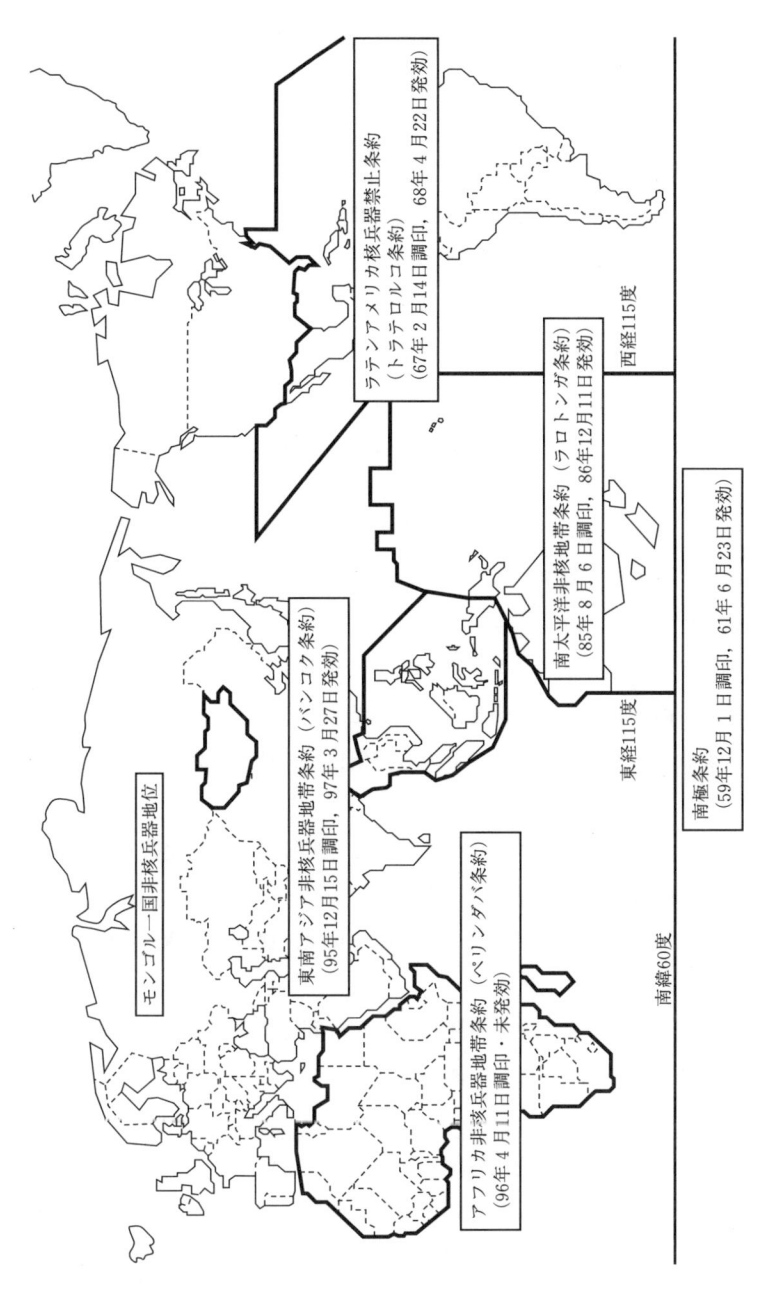

（出所）『ジェンダー未来への課題―』（2003年秋号）

にモンゴルの非核兵器地位を承認し，加盟各国に協力するよう要請した．すべてがうまくいった訳ではない．中東や南アジア地域などの非核化は失敗した．

　北東アジアにおける非核兵器地帯の設置に関して言えば，日本の「非核三原則」，朝鮮半島非核化共同宣言（1991年署名）と北朝鮮の核開発について言及しなければならない．まず，日本の「非核三原則は」は，沖縄の核抜き返還に伴い1967年に佐藤首相が衆議院予算委員会で表明し，1971年には国会で決議され，国是とされている．その内容は「核兵器を持たず，作らず，持ち込ませず」というものであるが，法的拘束力を持たせることに，これまで政府は消極的である．その理由は，米軍の核兵器搭載鑑の寄港や領海通航に関して微妙な問題をはらんでいるからである．アメリカは「核兵器の搭載は肯定も否定もせず」という政策をとっている．現在日本では，北朝鮮の核問題に絡めて「非核三原則」の見直しが取り沙汰されているが，これまで日本の国是として維持されてきたもので東アジアの平和と安定ためにもさらに強化し，環日本海をめぐる非核兵器地帯の設置へと繋げていくべきであろう．日本は，植民地支配に鑑み，また唯一の被爆国として積極的にイニシアティヴを発揮することが求められよう．また環境協力の面でも大きな役割を担ってきた地方自治体も重要なアクターであると言えよう．世界的に展開されている非核自治体運動を見れば，明らかであろう．

　それに対して朝鮮半島には1992年に発効した「朝鮮半島非核化共同宣言」が存在する．その内容は，次の通りである．

1．南と北は，核兵器の試験，製造，生産，接受，保有，貯蔵，配備，使用を行わない．
2．南と北は，核エネルギーを平和目的にだけ利用する．
3．南と北は，核再処理とウラン濃縮施設を保有しない．
4．5．6．(略)．

　設置されるはずだった「南北核管理共同委員会」はいまだ作られず，査察の手続きと方法も合意されていない．93年には北朝鮮の核疑惑が発生した．いま求められていることは，北朝鮮の核開発を明らかにし，北朝鮮の非核を確保す

ることであり，それを基にしてまず，日本，韓国，北朝鮮で非核条約化を試みることである．当然のこととして核保有国は，この3国に対して核を使用しないことを誓約することになる．ちなみに，1981年，社会党訪問団が訪朝した際，金日成は「北東アジア非核平和地帯」創設の共同声明を出し，86年には北朝鮮は，朝鮮半島非核・平和地帯創設を提唱していた．

　北東アジアには2つの核保有国，つまり中ロである．この中ロに対しても積極的に北東アジアの平和のために部分的にであれ非核条約に引き込むことが緊急の課題となろう．こうすることによって，1995年に締結された東南アジア非核兵器地帯条約と連結することができ，東アジアに地域的ながら非核レジームが完成することになる．

5　おわりに

　グローバルゼーションが進むなか東アジアの共生と平和をもたらすためには，東アジアに安全保障共同体を作り上げることである[23]．そのために必要なことは，地域的な枠組みを北東アジアに作り上げ，それを東南アジアの地域的枠組みと繋ぎ合わせ一体化することである．地域主義は，地域の国々が連携を強め，何らかの地域協力体を生み出し，紛争や対立をカプセルにいれることである．

　グローバリゼーションは，「光」と「影」を持っている．それは，技術の革新と繁栄をもたらす反面，貧富の格差や環境破壊を世界的規模で生み出してきた．したがって，グローバリゼーションを何らかの形でチェックすることが必要である．西川潤は，反グローバリゼーションまたはそれを進める思想としての反グローバリズムの1つの流れとして地域主義を挙げている．そして「地域主義は本来，第三者に対して差別的にはたらくので，グローバリゼーションと矛盾する．しかし，地域主義は，グローバリゼーションが今日のようにいくつかの理由から行き詰まりを見せるときに，そこからの出口として強まる面もある．WTO（世界貿易機関）の場での貿易自由化交渉が行き詰まると，各国が

FTA (自由貿易協定) に走るのはその一例である.」[24]と書いている.

　北東アジアはグローバリゼーションが進んでも必ずしも「均一の世界」とは言えない. ヨーロッパのように一律でないなかで, 政治, 経済, 文化, 軍事・安全保障というさまざまな領域で2国間あるいは多国間での秩序形成, 非政府レベルでの関与などを重層的に構想することが望まれる. 北東アジアに新しい地域主義ないし国際的な安全保障レジームを確立するためには, そのレジームを推進する「主導国 (lead state)」[25]が必要となる. 日本は, 歴史的観点からみて積極的にその役割を担うことが肝要であろう. そして東アジアにおける新しい秩序形成に貢献し, 新しい地平を切り拓く義務がある.

1) ナイ, 山岡訳 (2002)『アメリカへの警告』日本経済新聞社, 134頁.
2) 武者小路公秀 (1996)『転換期の国際政治』岩波新書, 10頁.
3) グローバリゼーションの文献はあまりにも多い. 伊豫谷登士翁 (2002)『グローバリゼーションとは何か』平凡社新書, コーエン/ケネディ, 山之内監訳 (2003)『グローバル・ソシオロジー』I・II, 平凡社, 星野昭吉・臼井久和編 (1999)『世界政治学』三嶺書房, などが有益である. 翻訳で読めるものについても, 沢山ある. 例えば, S. Strange, S. Sassen, J. Tomlinson, J. H. Mittelman, R. Robertson, D. Held などの本を挙げることができる. 最近のものとしては, J. Michie, ed. (2003) *The Handbook of Globalisation,* Edward Elgar Publishing, D. Held & A. McGrew, eds. (2003) *The Global Transformations Reader,* 2nd ed., Polity. などがある.
4) 代表的なものとして M. A. Bamyeh (2000) *The End of Globalization,* University of Minnesota Press. また貿易に関してはグローバリゼーションは存在しないことを指摘した Hirst, P. and G. Thompson (1996) *Globalization in Question,* Polity. 両者の最近の論文としては 'The Future of Globalization', *Cooperation & Conflict,* 2002. がある.
5) ギデンス, 松尾・小幡訳 (1993)『近代とはいかなる時代か?』而立書房, 85頁.
6) Jan Aart Scholte (2000) *Globalization : a critical introduction,* Martin's Press. 山本吉宣 (2000)「国際システムの変容—グローバリゼーションの進展」『国際問題』12月号を参照.
7) 猪口孝編 (2003)『日本のアジア政策—アジアから見た不信の期待』NTT出版, 菅・フック・ウェストン編 (1999)『アジア太平洋の地域秩序と安全保障』ミネルヴァ書房, フォーセット/ハレル, 菅・栗栖監訳 (1999)『地域主義と国際秩序』九州大学出版会, Solingen, E. (1998) *Regional Orders at Century's Dawn,* Princeton

U.P., Buzan, B. and O. Waever (2003) *Regions and Powers : The Structure of International Security,* Cambridge U. P. などを参照.
8) Etzioni, A. "Social Psychological Aspects of International Relations", in Lindzey, F. and F. Aronson, eds. (1969) *The Handbook of Social Psychology,* Vol. 5, Addison-Weslley.
9) 日本のアセアン研究をリードする山影進の, 次の業績に多くを負っている. 山影進 (1991) 『ASEAN―シンボルからシステムへ』東京大学出版会, 同 (1997) 『ASEAN パワー―アジア太平洋の中核へ』東京大学出版会, 同編 (2001) 『転換期の ASEAN』日本国際問題研究所, 同編 (2003) 『東アジア地域主義と日本外交』日本国際問題研究所, 末廣昭・山影進編 (2001) 『アジア政治経済論』NTT 出版. また荒井利明 (2003) 『ASEAN と日本』日中出版, も参照.
10) 世界銀行 (1993) 『東アジアの奇跡』東洋経済新報社.
11) Final Report of the East Asia Study Group (ASEAN + 3 Summit, 4 November 2002, Phnom Penh, Cambodia) を参照.
12) 日本国際問題研究所 (平成11年 3 月) 『アジア太平洋の安全保障』(中間報告), カピー/エバンス, 福島安紀子著・訳 (2002) 『レキシコン アジア太平洋安全保障対話』日本経済評論社, 221-225頁を参照.
13) 宇野重昭編 (2003) 『北東アジア学創成に向けて』を参照. 特に宇野執筆の序論および第 1 章を参照.
14) 山影 (1997), 246頁.
15) 森嶋通夫 (1995) 『日本の選択―新しい国造りにむけて』岩波書店, 同 (1999) 『なぜ日本は没落するか』岩波書店, を参照.
16) 和田春樹 (2003) 『新地域主義宣言 東北アジア共同の家』平凡社, を参照.
17) 姜尚中 (2001) 『東北アジア共同の家をめざして』平凡社, 同 (2003) 『日朝関係の克服』集英社新書, を参照.
18) 姜尚中 (2003), 175頁.
19) 大隈宏 (1973) 「地域統合の研究動向」『国際社会の統合と構造変動』(国際政治 48号) 有斐閣, 鴨武彦 (1985) 『国際統合理論の研究』早稲田大学出版部, Haas, E. (1958) *The Uniting of Europe,* Stanford U. P. などを参照.
20) Deutsch, K. et al. (1957) *Political Community and the North Atlantic Area,* Princeton U. P.
21) Adler, E. and M. Barnett, eds. (1998) *Security Communities,* Cambridge U. P., Part I を参照.
22) 黒沢満 (1999) 『核軍縮と国際平和』有斐閣, 第 5 章, 同 (2003) 『軍縮国際法』信山社, 第 5 章, ゴールドブラット, 浅田正彦訳 (1999) 『軍縮条約ハンドブック』日本評論社, 第 9 章, および藤田久一 (2001) 「北東アジア非核地帯化の条件」『軍

縮問題資料』12月号，を参照．
23) 武者小路公秀監修（2003）『東北アジア時代への提言　戦争の危機から平和構築へ』平凡社，日本国際政治学会編（2003）『東アジアの地域協力と安全保障』（国際政治135）有斐閣，を参照．
24) 西川潤（2004）「21世紀の市民社会（上）」『軍縮問題資料』2月号，51頁．
25) ポーター/ブラウン，細田衛士監訳（1998）『入門地球環境政治』有斐閣，第2章参照．

(2004年4月30日脱稿)

2章　投資と貿易にみるグローバル化時代の東アジア
―――「相互依存」と「階層化」―――

岩崎育夫

はじめに

　グローバリゼーションの定義は様々にあるなかで，広義には「世界的規模の相互連関様式の広範化と強化および加速化」(ヘルド編　2002：188) のことである，という定義が分りやすい．ただ，これは政治・経済・社会・文化などあらゆる領域を含んだ一般的なものなので，経済領域に絞ると，「財とサービスの貿易や資本移動の，また技術移転のダイナミックな動きによって，違った国々の市場と生産が相互依存を深める過程」(ヘルド編　2002：102) という定義が役に立つ．グローバリゼーションとは，ある国の政治や経済や文化の形態や活動が世界へと拡大する動きを意味するが (グローバル化)，同時に，それによって地域諸国間の緊密化が促される動きのこと (リージョナル化) でもある．換言すれば，グローバル化は世界の国々を地球規模で一つに繋ぐだけでなく (単一化)，地域諸国が相互関係を深めること (ブロック化) でもある．1990年代の東アジアでも，この二つの意味でのグローバリゼーションが確認できる．

　現代グローバリゼーションの原動力がアメリカにあることから，グローバル化とは世界の「アメリカ化」のことに過ぎないとの指摘がある．確かに，東アジアでも政治 (民主化の進展)，経済 (市場経済の拡大と深化)，社会 (アメリカ消費文明の拡散) のあらゆる領域でアメリカ化が著しい．しかし，世界をアメリカ化しようとするアメリカの意思は，グローバル化の一方の要因を説明するも

のでしかなく，もう一方の要因が，それを受容する他の国々の意思，およびグローバル化を促進する地域要因である．東アジアのグローバル化を促進した地域要因も様々あるが，そのなかで，政治領域では冷戦の終焉，経済領域では中国経済の台頭が最も重要な要因として挙げられる．冷戦終焉要因は，それによって東アジアの反共資本主義国と社会主義国との政治イデオロギー対立が終焉し，社会主義国が資本主義的経済開発へと歴史的転換を行って，両タイプ国家の間に地域経済圏という形態の経済協調体制が出現したことである．中国要因は，1990年代に膨大な資源と巨大な市場を持つ中国が高度成長を遂げると，中国を軸にする地域経済体系が出現したことである．

かくして東アジアで経済のグローバル化が進展したが，グローバル化は地域諸国の「相互依存と統合の深化」をもたらすと同時に，「階層化」も促進すると指摘されるように（ヘルド編　2002：27），二義的な側面を持っている．小論の目的は，過去10年間の東アジア経済のグローバル化にともなう地域諸国の構造実態について，アメリカとの関連ではなく，東アジアの域内視点から検討することにある．具体的には，グローバル化の進展による地域諸国の「相互依存と統合の深化」と「階層化」の実態について，とりわけ前者に焦点をあてて，中国を軸にした投資と貿易関係をもとに検証することである．これにより，グローバル化が東アジア経済に与えたものが何か，その一端が明らかになるであろう．

構成は，最初に小論が使う概念と視点を明らかにする．次いで，投資と貿易における中国と東アジア諸国の関係構造の実態と特徴を，統計資料をもとに分析・考察する．最後に，東アジアのグローバル化の行方に影響を与える幾つかの要素を検討する．

1　分析概念と視点の整理

1990年代に東アジア諸国が高度成長を遂げただけでなく，域内諸国の経済相互関係が深化したことは，様々な経済概説書や統計資料が明らかにしている

（例えば，通商白書 2003, 2002, 2001）．この過程で，世界の直接投資や銀行融資が中国を先頭にする東アジア諸国に集中し，東アジアが世界経済と繋がっただけでなく，東アジア内部でも相互関係が高まった．現在，世界経済の軸は，北米・EU・東アジアの三極構造からなるが，東アジア内部でも一つの「自律的」経済圏が形成されたのである．東アジアのグローバル化の構造実態を検討する前に次の4点を明らかにしておこう．第1が，なぜ投資と貿易なのか，第2が，なぜ中国を軸にした視点なのか，第3が，東アジアとはどの国をさすのか，第4が，相互依存と階層化を図る指標，とりわけ前者の指標である．

　第1点について．小論は，グローバル化時代における東アジア経済の二国間関係の構造を投資と貿易で確認するが，経済のグローバル化とは，「ヒト・モノ・カネ」が一国を超えて国際的活動をすることでもある．このうち，ヒトは，国境を越える労働力移動や観光という形態で現れ，カネは，為替投機など「ホットマネー」の形態をとって瞬時に伝播する短期的なものと，直接投資や長期融資の形態をとる長期的なものの二つの形態をとる．そして，モノは，主に貿易の形態をとる．他方，経済の「相互依存」と密接な関連があるのが貿易，「統合」と深く関連しているのが投資である（ヘルド編 2002：104）．それゆえ，東アジア経済のグローバル化を確認するには，モノとカネの移動，換言すれば，投資と貿易の流れを確認することが最良の方法なのである．

　第2点について．東アジア経済のグローバル化の検討において，なぜ中国を分析軸に据えるのか．第1の理由は，現在，13億という世界最大の人口を抱える巨大な中国が，次節で検討するように，発展途上国向け世界直接投資の大半を占め，大量の工業製品を世界に輸出して，東アジア経済を牽引していることにある．第2の理由は，そのためグローバル化時代の東アジア経済の構造的特性がよく分るからである．グローバリゼーションを世界的視野でみると，「アメリカ化」のことだが，東アジア地域におけるグローバル化の実態の一つは，東アジア経済が中国を軸に動くものへと変わりつつあることである（リージョナル化）．中国を一方の軸に据え，それ以外の東アジア諸国を他方の軸に据えた視点を使ったならば，グローバル化時代の東アジア経済の実態と特性がよく

見えてくるに違いない．

　第3点について．地域研究においてアジアは，東アジア（日本，韓国，北朝鮮，中国，香港，台湾，モンゴルの6カ国・地域），東南アジア（ASEAN加盟の10カ国と東ティモール），南アジア（SAARC加盟の7カ国）の3地域に分類される．小論は，このうち南アジアと東南アジアの一部の国を除外している．これらの国々は発展が初期段階にあるだけでなく，投資と貿易ともに中国との関係が弱いからである．実際に中国と一定の経済関係を維持している国は，歴史地理的な関係が深い国か，経済発展している国に限られている．この理由で，日本，韓国，台湾，香港，フィリピン，インドネシア，シンガポール，マレーシア，タイ，ベトナムの10カ国を主な対象国とし，これに中国を加えた国々を「東アジア」と呼ぶ．

　第4点について．グローバル化が進展すると，地域諸国の関係が，「相互依存」（相互依存関係）と「階層化」（従属関係）の二つに分極化することはすでに指摘した．このうち，従属関係を確認する指標は比較的簡単だが，相互依存関係を確認する指標はさほど明確ではない．相互依存関係とは，「システムの要素間に特定の関係が存在し，それによって要素の動きが相互に制約されている状態」（新社会学辞典 1993：906）のこと，具体的には，集団や組織における人間関係，経済システムにおける需要＝供給関係，世界システムにおける国家の関係，などがそうである．小論の目的に即してこの定義を読み替えると，「東アジアの国々の間に特定の関係が存在し，それによって各国の動きが相互に制約されている状態」と言うことができる．この読み替えは，経済領域だけでなく，政治や国際関係や安全保障，さらには社会領域など関係一般に適用可能だが，ともあれ，特定の経済関係が成立し，それが双方の動きを制約している状態が経済的相互依存関係ということになる．

　それでは，具体的にどのような状態にあれば投資と貿易において相互依存関係が成立しているとみなせるのか．小論は，試論的に次の三つの要件を使うことにする．第1が，相手国の比率が一定水準に達していること（2桁台），第2が，相互に比率がほぼ等しいこと，第3が，相手国が重要な立場にあること，

である．第1と第2要件における比率は，投資と貿易に占める相手国のシェアをその指標として使う．ただ，相互依存関係というからには，「東アジアから中国へ」と「中国から東アジアへ」という双方向の流れのシェアを指標として使う必要があるが，しかし，とりわけ投資は東アジアから中国へと一方的に流れるのが現状で，その逆は極めて少ない．そのため貿易は双方向のシェアを使うが，投資は「中国の対内投資に占める東アジア諸国のシェア」と「東アジア諸国の対外投資に占める中国のシェア」を指標として使わざるを得ない．また，相互に2桁台のシェアを持っているならば，相互に影響しあう相互依存関係にあるとみなせるし，相手国が重要な位置を占めていることも必要な要件である．

以上の視点と分析概念を使って，次節ではグローバル化時代の東アジア経済の相互関係の実態と特徴を具体的に検討しよう．

2 東アジア経済の相互関係の実態，構造，特徴

2.1 世界経済と東アジア経済に占める中国の比重

投資と貿易において中国は，世界経済や東アジア経済にどのような位置を占めているのだろうか．まず，世界経済における位置からみよう．表1は，世界の直接投資に占める中国シェアの推移（1985/1990-2000）である．中国は，1985/1990年（平均）は世界直接投資のわずか1.9％，途上国全体では10.7％のシェアを持つに過ぎなかったが，94年には，それぞれ14.2％，37.3％へと飛躍的に増えている．ただその後は下降線を辿り，2000年にはそれぞれ3.2％，17％にまで低下し，同年の途上国投資受入国トップの地位を香港に譲っている[1]．表1から，1990年代における中国のシェアが典型的な「逆U字型」であることが分るが，後半期のシェア減少は投資の一段落に一因があると考えられる．

貿易は，投資と違い一定した増加傾向にある．表2は，世界貿易に占める中国シェアの推移（1990-2000）である．中国のシェアは，1990年の4％から年々

表1　世界の直接投資に占める中国のシェア

単位：100万ドル

年　度	世　界	途上国	中　国	比　率 (%)	
				世　界	途上国
1985-90	141390	24763	2654	1.9	10.7
1991	158396	41696	4366	2.7	10.5
1992	173761	49625	11156	6.4	22.5
1993	218094	73045	27515	12.6	37.7
1994	238738	90462	33787	14.2	37.3
1995	331068	113338	35849	10.8	31.6
1996	384910	152493	40180	10.4	25.3
1997	477918	187352	44237	9.3	23.6
1998	692544	188372	43751	6.3	23.2
1999	1075049	222010	40319	3.8	18.2
2000	1270764	240167	40772	3.2	17

（出所）　UNCTAD. World Investment Report, 各年版.

表2　世界貿易に占める中国のシェア

単位：100万ドル

年　度	世　界	中　国	比率 (%)
1990	1764700	70880	4
1991	1967100	90656	4.6
1992	2206600	113515	5.1
1993	2365500	137750	5.8
1994	2811000	158273	5.6
1995	3407900	193225	5.7
1996	3662600	211442	5.7
1997	3879100	232979	6
1998	3589100	215352	6
1999	3733000	229304	6.1
2000	4519300	293875	6.5

（出所）　IMF. Direction of Trade Statistics, 各年版.

増加し，2000年には6.5％へと拡大している．投資と違って，ある年にシェアの「飛躍」がないかわりに着実に増加していることが特徴である．以上の二つ

表3 中国直接投資に占める東アジアのシェア

単位：10万ドル

年　度	世　界	東アジア	比率（％）
1990	348711	247726	71
1991	436634	310719	71.2
1992	1100751	868536	78.9
1993	2751495	2382814	86.6
1994	3394584	2851153	84
1995	3780569	2774976	73.4
1996	4213516	3337579	79.2
1997	4525704	3427589	75.7
1998	4546275	3133102	68.9
1999	4031871	2683231	66.6
2000	4071481	2538209	62.3

（出所）　中国経済年鑑 1990-1998,中国統計年鑑 1999-2000.

の統計から，過去10年間，中国は世界直接投資の2～14％，世界貿易の4～6％強を占めていることが分る．

　次いで，東アジア経済では，どのような位置を占めているのだろうか．表3は，対中国直接投資に占める東アジア諸国のシェアの推移（1990-2000）である．東アジア諸国のシェアは1990年に71％を占め，93年には86.6％まで上昇したが，その後，低下して2000年には62.3％へと減少している．過去10年のシェアの推移をそのまま読むと，中国投資に占める東アジアの比重が低下し，投資関係が弱まったことになる．しかし，この変化は，1990年代前半期は欧米諸国の中国投資がまだ本格化していないために東アジアの比率が高かった，90年代後半期はそれが本格化したことで相対的に低下した，と読むべきであろう．こう考えると，東アジア諸国のシェアは2000年でも62％を上回っているので，依然として高い比率を占めているといってよい．

　貿易はどうか．表4は，中国貿易に占める東アジア諸国のシェアの推移（1990-2000）である．表では輸出と輸入の対照的な姿が目につく．すなわち輸出は，1991年に74.1％と最も高く，その後，徐々に低下して2000年には53.1％

表4 中国貿易に占める東アジアのシェア

単位:万ドル

年度	輸出	比率	輸入	比率	総貿易	比率
1990	4455190	71.8	2900169	54.4	7355359	63.7
1991	5331230	74.1	3759380	58.9	9090610	67
1992	6106696	71.9	4902045	60.8	11008741	66.5
1993	5263591	57.4	6257586	60.2	11521177	58.9
1994	7344788	60.7	6876777	59.5	14221565	60.1
1995	9200016	61.8	7804934	59.1	17004950	60.5
1996	9124214	60.4	8343870	60.1	17468084	60.2
1997	10896583	59.6	8839677	62.1	19736260	60.7
1998	9815021	53.4	8717238	62.2	18532259	57.2
1999	10256255	52.6	10168079	61.4	20424334	56.6
2000	13130823	53.1	14034188	62.8	27365011	57.7

(出所) 中国経済年鑑1990-1995, 中国対外経済年鑑1996-1998, 中国統計年鑑1999-2000.

まで低下した.これに対して輸入は,1990年に54.4%と最も低く,その後,徐々に上昇して2000年には62.8%にまで上昇している.両者は逆のパターンを辿り,1997年に比率が逆転して,現在は輸入が輸出を10%程上回るようになったのである.これは,過去10年間に中国の東アジア向け輸出が停滞したのに対し,輸入が着実に増加したことに原因がある.中国の輸入増は東アジアの産業構造(国際分業)と密接な関連にあるが,この問題は後で触れることにしよう.

輸出と輸入を合計した総貿易は,東アジア諸国の比率は1990年には63.7%だったが,98年に60%を切り,2000年には57.7%まで減少している.貿易も,投資と同様に低下傾向にあるわけだが,それでも2000年現在,東アジア諸国のシェアは58%近いので,ここでも依然として高いとみてよいであろう.

過去10年間の世界の投資と貿易に占める中国のシェアは,投資(2桁)と貿易(1桁)ではかなり違いがあること,投資は毎年のシェア変動が激しいことを特徴にする.これに対して,中国の投資と貿易に占める東アジアのシェアは,ともに50%を超えていること,2000年の場合,投資が約63%,貿易が約58%とほぼ同水準で,ほとんど差がないことが特徴である.投資と貿易ともに,過去

10年間に東アジアのシェアが低下しているが,これはグローバル化にともない中国経済が「世界」と繋がったことによる相対的低下と理解すべきであろう.こう考えると,シェアが低下傾向にあるとはいえ,依然として東アジア諸国が中国経済に大きな比重を占めていること,換言すれば,強い経済相互関係にあることが確認できる.

2.2 投資における東アジアの相互関係構造と特徴

それでは,グローバル化時代の中国と東アジア諸国の関係は,相互依存関係にあるのか,それとも階層関係にあるのだろうか.まず投資関係の検証から始めるが,それを確認する一つの方法は,ある年度の相互シェアを比較することである.しかし,それよりも一定間隔を持った二つの年度の推移を比較・検討したならば,相互関係の構造実態だけでなく,それがどの方向に動いているかも分るに違いない.そのため,ここでは1990年と2000年を採り上げて検討する.ただ,統計資料の制約により1990年ではなく,それに近い年を採り上げざるを

表5 中国の対内直接投資に占める東アジア諸国のシェア

単位:万ドル

国	1993年 投資額	比率	2000年 投資額	比率
韓　　国	37381	1.4	148961	3.7
台　　湾	313859	11.4	229658	5.6
香　　港	1727475	62.8	1549998	38.1
マカオ	58650	2.1	34728	0.9
日　　本	142410	4.8	291585	7.2
フィリピン	12250	0.4	11112	0.3
インドネシア	6575	0.2	14694	0.4
シンガポール	49004	1.8	2172220	5.3
マレーシア	9142	0.3	20288	0.5
タ　イ	23318	0.8	20357	0.5
ベトナム	1161	0.04	56	0

(出所) 中国経済年鑑1994,1995年,中国統計年鑑2000,2001年.

表5は，中国の対内直接投資に占める東アジア諸国の1993年と2000年のシェアの比較，表6が，1990年と2000年の東アジア諸国の対外直接投資に占める中国のシェアの比較である．二つの表から，次のような関係実態が読み取とれる．

まず香港だが，表5の対中国直接投資国ランクで圧倒的な比率を占めている．ただ，その比率は1993年の62.8％から，2000年には38.1％へと大幅に減少している．二つの年度を単純に比較すると，中国直接投資における香港依存度が低下したことになる．他方，表6は，香港の対外直接投資に占める中国の比率が2000年は52.4％であることを示している[2]．表5と表6を組み合わせると，1993年の場合，中国の香港依存度は62.8％だったが，2000年には38％へと低下していることが分る．ここから両国の投資関係構造について，当初は中国の香港依存度が高かったが（香港依存度は62.8％），2000年には，香港が中国に依存する関係へと変化した（中国の香港依存度は38.1％，香港の中国依存度は52.4％），という結論が導き出せる．とはいえ，両者の比率はいずれの年も30％を超えて

表6 東アジア諸国の対外直接投資に占める中国のシェア

国	1990年 投資額	比率	2000年 投資額	比率	単位
韓　国	65	2.5	659	13.7	100万ドル
台　湾	174	9.5	2607	33.9	100万ドル
香　港			78.6	52.4	10億元
日　本	349	0.6	995	2.00％	100万ドル
フィリピン	不明		不明		
インドネシア	不明		不明		
シンガポール	240	1.8	11717	17	100万Sドル
マレーシア		1.9	153	1.1	100万リンギ
タ　イ		0	28	9.9	100万ドル
ベトナム	不明		不明		

（注）　タイは1999年．
（出所）　著者作成．

いるので，相互依存関係が成立している．

　台湾も，表5の対中国直接投資国ランクで香港に次いで第2位だが（1993年），そのシェアは1993年の11.4%から，2000年には5.6%へと低下している．表5と表6から両国の相互関係について，1990(1993)年の場合，台湾の中国依存度が9.5%，中国の台湾依存度は11.4%とほぼ同じで，相互依存関係にあった．しかし，2000年になると，台湾の中国依存度が33.9%と急上昇したのに対し，中国のそれが5.6%へと低下し，台湾の一方的依存関係（従属関係）へと変化していることが分る[3]．

　これ以外の国では，韓国が興味深い．すなわち，1990(1993)年の韓国の中国依存度が2.5%，中国の韓国依存度が1.4%と，相互関係は極めて弱かった．しかし，2000年になると，中国の韓国依存度が3.7%と若干上昇しただけなのに，韓国の中国依存度が13.7%と大幅に上昇し，台湾と似たような現象が起こっている[4]．これはシンガポールも同様である．1990(1993)年は中国のシンガポール依存度が1.8%，シンガポールの中国依存度も1.8%で，ともに低水準だったが，2000年には中国のシンガポール依存度が5.3%なのに対し，シンガポールの中国依存度が17.0%と，中国への一方的依存度を強めている．もっと極端なのがタイである．1990(1993)年のそれぞれの比率は0.8%と0%で，相互関係は存在しなかったが，2000(1999)年には，中国のタイ依存度が0.5%と低下したのに対し，タイの中国依存度が9.9%まで上昇して，典型的な一方的依存関係へと変化している．

　以上，統計資料の制約で東アジアの一部の国を検討したに過ぎないが，7カ国のうち，香港，台湾，韓国，シンガポール，タイの5カ国・地域が過去10年間に中国と相互関係を強めていることが確認できた．その実態は中国依存度を深めるもので，そうでないのはマレーシアと日本の2カ国だけでしかない（日本の場合，中国の日本依存度が日本の中国依存度を上回っている）．この事実は，過去10年の東アジア経済のグローバル化が，投資に限ると中国が東アジア諸国の投資を吸収して「統合」を深めると同時に，東アジア諸国が中国依存度（従属）を強めるものであることを語っている．

2.3 貿易における東アジアの相互関係の構造と特徴

貿易はどうか．表7は，中国貿易に占める東アジア諸国のシェアの推移(1992年と2000年)[5]，表8が，東アジア諸国の貿易に占める中国のシェアの推移(1990年と2000年)である．ここでも香港との関係が興味深い．表7から，中国貿易に占める香港のシェアは1992年には35.1%だったが，2000年には11.4%と大幅に減少したこと，他方，表8から，香港貿易に占める中国のシェアは，1990年は30.8%だったが，2000年には38.9%と上昇していることが分る．二つの表を合わせると，1990(1992)年は，中国の香港依存度が35.1%，香港の中国依存度が30.8%で，中国の依存度が若干高かったが，2000年には中国の香港依存度が11.4%へと低下，これに対して，香港の中国依存度が38.9%へと大幅に上昇したことが確認できる．両者の立場は逆転し，香港の中国依存関係へと変化したのである．この関係変化は投資と同じだが，貿易のそれは，特殊要因によるところが大きいことに留意する必要がある[6]．

日本と中国の関係も変化がみてとれる．すなわち1990(1992)年は，中国の日

表7　中国貿易に占める東アジア諸国のシェア

単位：万ドル

国	1992年 貿易総額	比率	2000年 貿易総額	比率
韓　　国	502771	3	3448877	7.3
台　　湾	655948	4	3053256	6.4
香　　港	5804582	35.1	5394730	11.4
日　　本	2536117	15.3	8316399	17.5
フィリピン	36467	0.2	314173	0.7
インドネシア	202570	1.2	746377	1.6
シンガポール	326686	2	1082067	2.3
マレーシア	147562	0.9	804487	1.7
タ　　イ	131935	0.8	662404	1.4
ベトナム	17907	0.1	246641	0.5
ミャンマー	39044	0.2	62126	0.1

(出所)　中国経済年鑑1992, 1994, 中国統計年鑑2000, 2001.

表8　東アジア諸国貿易に占める中国のシェア

単位：万ドル

国	1990年		2000年	
	貿易総額	比　率	貿易総額	比　率
韓　　国	6379	4	31254	9.4
台　　湾	7478	4.9	32386	11.2
香　　港	50653	30.8	161548	38.9
日　　本	18182	3.5	85512	10
フィリピン	335	2.1	1431	1.9
インドネシア	1487	3.1	4790	5.6
シンガポール	2888	2.5	14293	5
マレーシア	1180	2	6265	3.5
タ　　イ	1373	2.4	4564	3.5
ベトナム	128	2.2	2536	9.1
ミャンマー	40	3.5	557	13.9

（出所）　国連貿易統計年鑑 1990，IMF. Direction of Trade Statistics 2000
　　　　ジェトロ世界と日本の貿易 1993, 2002.

本依存度が15.3%，日本の中国依存度が3.5%で，中国の日本への一方的依存関係にあったが，2000年には中国が17.5%，日本が10%と，ともに上昇して相互依存関係へと転換している．中国は，韓国，台湾，シンガポールとの間でも過去10年間に相互シェアが上昇し，相互依存関係といえないまでも，相互関係を強めている．これに対して，ベトナムとミャンマーの変化は極端である．すなわち，中国貿易に占める両国のシェアは，1990(1992)年と2000年ともに1%未満で関係度は極めて低かったが，1990(1992)年から2000年の間に，ベトナムとミャンマーの貿易に占める中国のシェアが，それぞれ2.2%から9.1%，3.5%から13.9%と大幅に上昇し，中国への的依存度を深めているのである．

　以上の国別検討から，多くの東アジア諸国が過去10年間に，投資と同様に貿易でも中国との関係を深め，相互依存関係が生まれつつあることが確認できた．とはいえ，その関係は投資と同様に，中国依存度を強めるものであった．さらに，中国と東アジアでは過去10年間に関係構造に基本的な違いが起こっていることに留意する必要がある．すなわち，中国の場合，シェアが上昇したのは韓

国（3％から7.3％）と台湾（4％から6.4％）の2カ国だけだし，香港への一極依存構造から日本，香港，韓国，台湾とも関係を深めて相互依存関係国の多極構造へと変化している．これに対して，東アジア諸国の場合，1990年に中国の比率が2桁台に達していたのは香港（30.8％）だけだったが，2000年には日本（10％），台湾（11.2％），ミャンマー（13.9％）が加わり，韓国（9.4％）とベトナム（9.1％）もそれに迫るものとなっている．この事実は，東アジア諸国が中国との相互関係を強めているとはいえ，その実態が依存度（従属度）を強めるものであることを語っている．

2.4 グローバル化時代の相互関係の特徴

本節では過去10年の東アジア経済のグローバル化の帰結がどのようなものか，中国と東アジア諸国の投資と貿易関係の実態構造を検証したが，東アジアでは中国を軸にする相互依存関係と階層関係が並行的に起こっていることが確認できた．改めて，その特徴をまとめると次のようになる．

第1は，投資と貿易ともに1990年から2000年の間に，東アジア諸国が中国との相互関係を深めながらも，内実は中国依存度を強めていることである．すなわち，香港を除いた東アジア諸国は，それまで中国の占める比率が低い国が多かったが，2000年になると複数国で10％を上回り，相互依存関係へと転換している．とはいえ，「一方的依存関係」に近いのが実態であり，とりわけ，東アジア諸国の貿易に占める中国シェアの増加が著しく，一部の国ながら貿易における中国への従属関係（階層化）が起こっている．

第2は，中国との関係において，東アジア諸国内部で構造変化が起こっていることである．1990年の中国と東アジア諸国の関係は，投資は香港，貿易は香港と日本が突出するもので，実質的に「中国と香港」，「中国と日本」という二国間関係が中心をなしていた．しかし，2000年になると，香港と日本が上位2カ国という構造に変化はないが，他の東アジア諸国の比率も増加して，「二極構造」から「多極構造」へと変化している．その一因は，過去10年間に中国と東アジア諸国間の政治関係の緊張緩和が進んで経済交流が強まったこと（とり

わけ韓国と台湾),東アジア諸国の経済発展が中国との関係緊密化を促したことにある.ここに,グローバル化にともなう相互関係の深化と統合の進展が確認できる.

第3は,中国と東アジア諸国の相互関係に,香港が特異な役割を果たしていることである.表5の対中国直接投資国ランクで香港は圧倒的比率で第1位だが,しかし全てが香港資本によるものではなく,東南アジア華人資本など他国の資本も含まれている[7].これは,中国投資において香港が華人資本の結合拠点になっているためだが,同じことが貿易でも起こっていると考えられる(中継貿易機能).表9は,2000年の東アジア諸国の対中国・香港貿易一覧である.表から東アジア諸国を三つのグループに分けることができる[8].第1グループが,対香港貿易が対中国貿易を上回っている国,第2グループが,対中国貿易が圧倒的な国,第3グループが,その中間国である.第1グループには,輸出入ともに香港が中国を上回るフィリピンとタイ,輸出で香港の比率が高いシンガポールとマレーシア,第2グループには,輸出入ともに中国が圧倒的な韓国,

表9　東アジア諸国と中国・香港貿易(2000年)

単位:100万ドル

国	輸　出		輸　入	
	中　国	香　港	中　国	香　港
韓　　国	18455	10708	12799	1261
台　　湾	26162	31336	6223	2187
日　　本	30356	27187	55156	1688
フィリピン	663	1907	768	1217
インドネシア	2768	1554	2022	342
シンガポール	5377	10841	7116	3516
マレーシア	3028	4440	3237	2264
タ　　イ	2805	3472	1759	2786
ベトナム	845	217	1691	599
ミャンマー	113	29	546	98

(出所)　IMF. Direction of Trade Statistics 2001,ジェトロ貿易投資白書2002.

インドネシア，ミャンマー，ベトナムが属する．そして，第3の中間グループには，輸入は圧倒的に中国が多いが，輸出はほぼ同じ日本が属する．

東アジア諸国のなかで香港の位置付けに違いがあることは興味深いが，第1グループの国はむろんのこと第2・第3グループの国でも，香港貿易がかなりの量に達していることが注目される．というのは，東アジア諸国の対香港輸出は，投資と同様に全てが香港市場向けではなく，かなりの部分が中国に再輸出されていると推測されるからである（例えば，華南経済圏向け）．歴史的に香港は中国と世界を繋ぐ中継貿易基地として発展してきたが，以上の実態は，その機能が現在も変化していないことを語っている．香港は中国と東アジア諸国の経済的相互依存や統合の「橋渡し」の役割を担っていることになる．

第4は，中国と東アジア諸国の相互関係は，投資と貿易では違うことである．すなわち，貿易は双方向に一定額の流れがあり文字通り相互的である．しかし，投資は東アジア諸国から中国への流れが圧倒的で，中国から東アジアへと向かうものは極めて少ないし，投資先国も香港や一部東南アジア諸国に限定されている（FEER 28 Mar. 2002）．投資が中国へと一方的に流入することが，中国「世界の工場」論の論拠の一つになっているが，この問題は後で触れよう．ともあれ，投資と貿易では中国と東アジアの関係が「不均衡」であることは，東アジアの相互依存と統合が「変型」であることを示している．

第5は，小論の結論に相当するものとして，グローバル化時代の中国と東アジア諸国の経済関係は，「相互依存関係」と「従属関係（階層化）」，あるいは「強い経済関係」と「弱い経済関係」に二極化していることである．中国と香港は，年度によってシェアの変化があるが，第1節で確認した相互依存関係の要件を満たしており，相互依存関係が成立している．日本と中国は，中国からすると日本のシェアは投資と貿易ともに香港に次いで高いが（ほぼ2桁台），日本からすると，中国の比率は1桁台に止まっており，相互依存関係と言うよりは，中国の一方的依存関係にある．とはいえ近年では，日本の貿易に占める中国の比率が上昇しており，相互依存関係の方向へと向かいつつある．韓国と台湾も，投資と貿易ともに2000年にはほぼ2桁台に達して，相互依存関係に近い

ものが生まれつつある．このように，香港，台湾，日本，韓国，それにシンガポールの5カ国・地域は，中国と「強い経済関係」にあり，相互依存関係か，それに近いものが成立しているのである．

これに対して，フィリピン，インドネシア，マレーシア，タイのASEAN先発国は，次第に比率を高めつつあるが，まだ2桁台に達した国はなく，「弱い経済関係」に止まっている．ベトナムとミャンマーのASEAN後発国も，ASEAN先発国と同様に「弱い経済関係」にあるが，近年は両国の貿易に占める中国の比率が10％前後にまで達し，「一方的依存関係（従属関係）」へと変化しつつある．

以上のように，グローバル化時代の東アジア諸国と中国との関係は，全ての国が対等関係にあるのではなく，「相互依存関係国」と「従属関係国」への二極化が起こっているのである．さらに，この二極構造では，「相互依存関係国」＝「成長国」，「従属関係国」＝「停滞国」という等式も成立している．ここからもグローバル化の進展にともなう東アジア諸国の「階層化」が確認できるであろう．

3 東アジア経済のグローバル化に影響を与える要素

東アジアのグローバリゼーションは，地域諸国の経済的緊密化だけでなく，階層化ももたらしたわけだが，今後，どのような展開を辿り，東アジア諸国をどのような関係構造へと導くのだろうか．10年後の予測や，考えられる展開シナリオを提示するのがここでの目的ではない．今後，東アジアの相互依存関係や統合がどうなっていくのかに焦点をあて，それに影響を与える要素を考えてみることがねらいである．

3.1 グローバル化の二つの現象

まず，グローバリゼーションが東アジア諸国にもたらした結果が，二面的であることを改めて確認しておく必要がある．言うまでもなく，一つが，国家間

の階層化（従属化）の促進である．グローバリゼーションは，いやおうなしに地域諸国を全体のなかに組み入れ，経済相互関係の進展や統合の深化をもたらすが，必ずしも国家間関係が「平等で」「双務的」になることを意味しはしない．小論で検討したように，東アジア諸国，とりわけ小国の間で中国依存度，換言すれば「従属度」が強まり，階層化が起こっている．それゆえ，グローバル化が進展すると，東アジア経済の相互依存関係と統合が予定調和的に深化していく，その結果，全ての国の経済的厚生が向上すると考えるのは，実態を無視した議論でしかない．グローバリゼーションは，今まで以上に国家間の経済格差を拡大し，従属関係を深めることも一つの帰結なのである．今後は，グローバル化の枠外にいる国家や経済をどうするかという問題（例えば，北朝鮮や東ティモール）と，グローバル化に関与する国家間の経済格差をどうするかという問題は，地域や世界にとり大きな課題になっている．これは地域経済の「統合」の行方とも無関係ではない．

　もう一つが，東アジア諸国の相互依存と統合の深化である．過去10年のグローバリゼーションの進展にともない中国の経済的巨大化が起こったが，しかし，これは必ずしも中国が「世界（アジア）の工場」になることを意味するものではない．過去10年間に東アジア経済構造が多くの面で変化したが，確実に変化したといえる構造の一つが，「一国生産型」から「地域協同生産型」への変容である．すなわち，1970・80年代の東アジアの開発パターンは，生産要素を一国内で調達し，国内で生産した製品を外国（先進国市場）に輸出するものであった．しかし，1990年代になると，冷戦の終焉やグローバル化の進展で，特定の生産要素に強みを持つ複数国が集まって一つの生産ユニットを形成し，そこで生産した製品を輸出する「地域協同生産型」への変化が起こっている．この結果が地域経済圏の誕生であり，国際分業の拡大・深化でもある．

　ここでの要点は，巨大な経済資源を持つ中国ですら，このシステムの枠外にいることはできないということである．過去10年の中国の工業製品輸出増は，東アジア諸国からの中間財輸入で支えられたという見方も可能であり，事実，第2節で確認した1990年代後半期の中国輸入に占める東アジア諸国のシェアの

上昇はその証拠とみなすことができる（通商白書　2001）．中国は，低技術製品の一国生産は可能だが，中・高度技術製品になると東アジア諸国の中間財や技術を必要とするのである．最終製品ではなく，中間財製品貿易の増加が経済統合の深化と密接な関連を持っていると言われるが（ヘルド編　2002：104），東アジアの生産構造における一国型から地域協同生産型への転換にともなう中間財貿易の増大は，まさにグローバル化時代の東アジア経済を象徴的に語るものでもある．今後は，地域協同生産型へと転換した東アジアの発展形態モデルを探る作業が必要とされるが，グローバル化が中国をも巻き込んで東アジアの相互依存と統合を進展させているのは間違いないのである．

3.2　無視できない国家の影響力

　一般的に，経済領域におけるグローバリゼーションの推進力は，多国籍企業であると理解されている．また，近年では経済領域における国家の役割の縮小が，市場の主導的役割の強調とセットで唱えられている．この二つがグローバリゼーションの深化にともない，いずれ国家（の役割）が消滅するとする議論の論拠になっている（ヘルド編　2002：26-27）．しかし，欧米諸国はさておき，東アジア経済（とりわけ中国経済）の行方を考える場合，国家は依然として一定の役割を担っていると理解すべきであるように思う．1970・80年代の東アジア開発が国家主導型で進められたというだけでなく，欧米諸国と較べた市場の未発達，企業の自律性の欠如，国家の権威主義的性格も，その理由に挙げられる．そのため，東アジアのグローバル化の行方に強い影響を及ぼすと思われる要素の一つに「国家」，具体的には，政府の開発戦略や経済政策を挙げる必要がある．以下では，促進要素と抑制要素も含め，東アジアの相互関係や統合の行方に関連した国家の主な動きを列挙してみよう．

　まず中国側では，ここ数年，政府が重点的に取り組んできたWTO加盟と西部大開発の二つが重要な要素に挙げられる．2001年12月に中国のWTO加盟がようやく実現したが，これは一方で，貿易・投資・サービス取引における中国の国際システムへの参入とそのルール受容を促し，他方では，対中国経済関係

における様々な制約や障壁の撤廃・軽減を促して，域内の投資と貿易を加速化させる可能性を持っている．もちろん，そこには促進要因だけでなく，国内に大挙流入した外国企業との競争に中国企業や産業が敗れ，国有企業の解体や農村経済が崩壊するという抑制要素も含まれている．この場合は，東アジアの相互関係は崩壊と言わないまでも，関係規模が大幅に縮小し統合が後退することは避けられない．

西部大開発は，1979年にスタートした「改革・開放政策」の下で急速に発展した沿海地域に較べ，取り残された内陸部地域の開発を目的に1999年に打ち出されたもので，農村地域の貧困対策や少数民族問題への対応も込められている（大西康雄 2001）．具体的には，内陸部の12の省・自治区・直轄市を対象に，2001年にスタートした「第10次5カ年計画」に基づくインフラ建設・整備がその中心である．これが東アジアの相互依存や統合の行方に関係があるというのは，インフラ開発や農村振興には膨大な資金が必要とされるが，政府はその一部を外国資本，とりわけ東アジア諸国の資本が担うことを期待し，税制優遇措置や沿海部進出外資系企業の再投資奨励策を打ち出していることによる．この結果，東アジア諸国の中国投資が増加するのか，投資が沿海地域から内陸部へとシフトするのか予測は難しいが，東アジアの投資と貿易の拡大を誘発する可能性を持ったものであること，地域経済の相互依存の拡大と統合を促進する要素であることは確かであろう．

東アジア諸国側も，各国政府の開発戦略や産業政策を検討する必要があるが，ここでは投資と貿易におけるASEANを軸にした動きを採り上げることにする．興味深いことに，ASEAN内部ではベクトルが全く違う二つの動きが起こっている．一つが，ASEANの自立化志向の動きである．その先駆的なものが1993年にスタートした「ASEAN自由貿易地域」（AFTA）で，加盟国間の関税や非関税障壁を撤廃し，2015年までに域内貿易完全自由化（輸入関税ゼロ）を達成して自由貿易圏を創ることを目標に掲げている．これとセットなのが，「ASEAN自由投資地域」（AIA）で，2003年1月に加盟国内で製造業投資の完全自由化を実現し，2010年には全ての分野へと拡げる，域外諸国に対しては2020

年までに完全自由化を認めることを目指している(青木健 2001).二つの構想はASEAN経済の自立的発展,とりわけ後者は先進国投資が中国にシフトするのを阻止することに主眼が置かれていることは明白である.もしこれが巧く進んだ場合,中国と東アジア(ASEAN)は,相互依存関係の深化や統合の方向よりも,先進国投資を奪い合う競合関係やブロック化の方向へと進むことになる.

もう一つが,ASEANを軸にしたアジアの経済統合を志向する動きである.ここ1,2年,アジア主要国を巻き込んだ地域経済統合を志向する政府の動きが極めて活発で,その軸になっているのが自由貿易協定(Free Trade Agreement)である.これには二つのタイプがあり,一つ目が,ASEANと他のアジア主要経済国との自由貿易協定である.2001年11月のASEAN拡大首脳会議で,ASEAN(主要6カ国)と中国が自由貿易協定を10年以内に締結し,2010年までに「中国・ASEAN自由貿易地域」を創出することが,そして,2003年10月のASEAN拡大首脳会議では,日本と2012年,インドとは2011年までに自由貿易協定を締結することが合意された(『日本経済新聞』2003年10月9日).二つ目が二国間の自由貿易協定である.日本はすでにシンガポールとの間で締結し,韓国・タイ・マレーシア・フィリピンとの間で協議中だし,他の国々も同様の動きを進めている.二つのタイプの自由貿易協定は,いずれも貿易を促進してアジアの経済的一体化,すなわち相互依存関係の強化と統合の促進がねらいとされている.ASEANを軸にした自由貿易協定の動きには韓国も加わっているので,これら全てが順調に進んだ場合,中国,日本,韓国,ASEAN,インドと,ほぼアジア全域を網羅する30億人規模の自由貿易圏が出現することになる.

このように,現在,東アジアでは各国政府の間で自由貿易協定を巡る動きが極めて活発である.しかし,それが本当に実現するには他の分野や領域の要素や動きにもよるところが大きい.

3.3 様々な要素の影響力

言うまでもなく,グローバリゼーションは投資と貿易に限られた現象ではな

く，これ以外にも経済領域では，例えば，「ヒトの移動」，「流通・エネルギー・インフラ」，「産業構造」，非経済領域では「政治体制」，「人権」，「安全保障」などでもグローバル化の進展がみてとれる．これらは，それぞれ独自の論理で動くが，同時に相互に直接的間接的に影響しあう関係にある．つまり，今後，東アジアの投資と貿易がどうなるか，相互関係や統合が深化するかは，これらの要素にも強く影響されるわけである．ここでは，幾つかの意味を簡単に確認しておこう．

　まず，流通・インフラだが，現在，国際機関や当該国が参加して，中国と東アジア諸国を結ぶアジア・ハイウェイ構想や港湾整備計画など数多くのプロジェクトが進行中である．これがうまく進展した場合は，東アジア住民の生活環境が改善されるだけでなく，貿易や投資を促進して東アジア経済の統合を促進する効果が期待される．

　先に東アジア諸国は「地域協同型生産」へと転換しつつあることを指摘したが，しかしこれは有力シナリオの一つでしかなく，別のシナリオも起こりうる．そのため産業構造は次の2点が注目される．一つは，現在，労働集約型の低技術産業から技術集約型の高度産業まで，多様な分野の製造業投資が中国に向かいつつあるが，その結果次第では東アジアの国際分業や経済統合が大きな影響を受けることである．もう一つは，仮に中国と東アジア諸国の相互関係が強まり統合が進展しても，アジア製品の輸出市場としての先進国市場（とりわけアメリカ）の重要性は簡単には低下しないと考えられるが，その場合，先進国市場向け輸出品生産において，中国と東アジア諸国が水平分業の相互補完関係になるのか，それとも競争関係（特に，労働集約型産業）になるのかということである．この2点は，今後の東アジアの相互依存や統合の実態がどのようなものか，という点で重要なのである．

　非経済領域では，政治体制が与える影響を無視できない．1990年代に入るとアジア全域で権威主義体制の民主化運動が活発になり，とりわけ中国と相互依存関係を深めつつある韓国と台湾で民主化が深く進行している．第2節で確認した韓国と台湾の中国経済関係の深化は，「民主化」，その一環としての「経済

的民主化」の結果でもあった．冷戦時代に厳しく対立した両国の政治体制変化に中国は無関係でいることは難しく，経済関係の深化は中国の政治体制に何らかの影響を与えると考えられる．そして，中国の政治体制に変化が生じた場合，経済政策の変化も不可避だし，さらに，中国の政治体制と経済政策の変化は，東アジアの政治経済全体に強い影響を及ぼすという連鎖的な関係構造にある．それゆえ，中国の政治変動は東アジアの相互依存や統合の行方や構造に強い影響を与えることになる．

　人権の影響力も大きいと考えられる．1990年代には欧米諸国の間で中国やミャンマーの人権状況を厳しく糾弾する動きが強まっている．これまで中国は欧米諸国の民主化批判に強く反発してきたが，経済領域とはいえWTO加盟によって世界経済体制の一員になった以上，今後は政治領域への圧力がさらに強まることが予想される．その場合，欧米諸国の民主化圧力は投資や貿易規制とセットで行われることが多いので，中国だけでなく東アジア経済全体の行方に大きな影響を及ぼすことは間違いないと思われる．

　以上，簡単に検討したように，グローバル化時代の東アジアの投資と貿易は，産業構造，インフラ・流通，政治体制，人権など，経済領域や非経済領域の様々な要素や動きと密接な関連を持っている．さらに，領域や分野によっては域内諸国よりも域外諸国（とりわけ欧米諸国）の動きが決定的に重要な鍵を握っているケースもある．小論は，域外諸国の動きや要素を捨象して東アジア域内に限定して検討してきたが，グローバル化時代の東アジアの将来像を検討するには，これらも視野に入れた分析が必要とされるゆえんである．

おわりに——グローバリゼーションの深化が東アジアに意味するもの

　小論は，投資と貿易に限定してグローバル化時代の東アジア経済の構造的特徴を，中国との関連軸を使って検討してきた．グローバリゼーションの一層の深化は，東アジア経済，ひいては東アジアに何を意味するのだろうか．

今後，東アジアでグローバル化が紆余曲折の道を辿るにせよ，長期的には経済的相互依存関係が深化するシナリオの可能性がかなり高いとみてよいように思われる．その場合，予想される形態の一つが EU のような「アジア経済圏」の誕生であり，はるか先とはいえ，その先にあるのが政治統合を含んだ「アジア共同体」である．ASEAN は2003年10月に開催された首脳会議で「ASEAN 協和宣言 II」を締結し，2020年までに安全保障，経済，社会・文化の3分野で「ASEAN 共同体」を創設することを決めている．このうち，経済共同体では経済統合を実現して，モノ，サービス，資本の移動を自由化し，貧困と社会経済格差を削減することが謳われている（『朝日新聞』2003年10月8日）．言うまでもなく，アジア経済圏であれアジア共同体であれ，単なる名目的形式的なものではなく，内実をともなったものでなければ何の意味もないし，それが実現するには，経済だけでなく政治や社会文化や安全保障や国際関係など様々な要素に規定・影響されるところが大きい．これらの障壁を一つ一つ越えるのに多大な努力と時間が必要とされることも間違いなく，決して簡単に実現するものではない．

　ここでのポイントは，地域諸国の経済的相互依存関係や統合の深化が，政治共同体形成の先導役となることは，これまでの歴史や他地域の動きが教えてくれるところであり，現在進行中の東アジアにおけるグローバリゼーションの深化が，経済圏形成の段階に止まるのか，アジアでは未知の共同体形成へと向かうモメントなのかということにある．その予測は難しいし，タイム・スケジュールを誰も持っていないが，東アジアのグローバル化が，経済だけでなく政治社会的な広がりと可能性も持った歴史的動きであることは間違いないのである．

1) 同年の直接投資受入額は，中国が407億1400万ドル（前年比1％増），香港が644億ドル（同260％増）である．ただ対香港投資には，英領バージン諸島に形式上の登記を置く中国系企業の中国移動（香港）社が，230億ドルを香港子会社に出資した分が含まれるなど，かなり一時的な特殊性が強い（ジェトロ投資白書　2002）．
2) 香港が海外投資統計を発表するようになったのは1998年からで，それ以前の実態

は不明である.
3) 2000年に台湾の中国投資が急増した一因は，台湾電子部品企業が珠江デルタや長江デルタへ集中的投資をしたことにあるが，その背後には政治要因の変化があった．台湾政府は1996年に「戒急用忍」政策（中国への投資は急がないで，忍耐強くゆっくり行う）を発表するなど対中国投資規制が強かった．しかし近年は，実態の後追いに過ぎないとはいえ，徐々に規制緩和へと転じている．2001年8月に，投資を禁止していた，台湾経済の中核をなす電子部品・ハイテク産業の投資規制緩和を発表したし，2002年8月には，それまでの第3国経由に加え，直接投資も認めるようになった．
4) 韓国も，台湾と同様の政治要因の変化が背後にあった．すなわち1992年8月に韓国と中国が国交を樹立し，これ以降，投資が「合法化」されたのである．
5) 中国の貿易統計に，韓国，インドネシア，シンガポール，台湾の数字が公表・掲載されるようになったのは1992年からである．
6) 1980年代後半以降，土地や労働力など生産要素不足問題に直面した多くの香港製造業中小企業が，隣接する中国広東省に工場を移転する事態が起こった．これが「華南経済圏」とか「グレーター香港」と呼ばれるものである．これ以降，香港企業が中国に原材料を持ち込んだために対中国輸出が急増，他方，中国は香港を通じて輸出していた最終製品を，直接に輸出する方式が増えたため対香港貿易が低下したと考えられる．
7) 例えば，東南アジアの華人企業が中国投資をする場合，直接に中国へ投資する「直接ルート」と，まず香港に投資して香港企業（香港資本）となり，そこから中国へ投資する「間接ルート」の二つがある．後者の投資は統計上，香港資本に含まれるので香港のシェアが膨れる一因になっている．ただ，その実態は統計資料がないため不明である．
8) ただし台湾を除外している．台湾政府は，現在でも公式には中国との直接貿易を禁止しているので，統計数字には特殊性があるからである．

参考文献

青木健，2001，『AFTA・ASEAN経済統合の実情と展望』JETRO.
大西康雄編，2001，『中国の西部大開発：内陸発展戦略の行方』アジア経済研究所．
JETRO，2002，『ジェトロ投資白書』．
滝田賢治，2001，「グローバリゼーションと国際関係」『中央評論』238号：23-32.
通産省，2001，2002，2003，『通商白書』．
鶴田満彦，2001，「グローバリゼーションとは何か」『中央評論』238号：17-22.
デビッド・ヘルド編，2002，『グローバル化とは何か』法律文化社．
Far Eastern Economic Review.

3章 貧困対策としてのマイクロファイナンス
——フィリピンのカード・グループのケース——

近 藤 健 彦

「貧困は飢餓である．貧困は家がないことである．貧困は病気で，かかる医者がいないことである．貧困は学校に行けず，字が読めないことである．貧困は仕事がないことである．貧困は将来に対する不安である．」
(President Gloria Arroyo's State of the Nation Address on July 28, 2001)

1 はじめに

　グローバリゼーションは人類に大いなる機会を与え，またおそらくは引き返せない歴史的過程であると考えられる．そのなかで，グローバリゼーションのもたらす負の面が世界の中心課題になっている．とりわけグローバリゼーションによる繁栄の裏側としての貧困問題に対する世界の関心は高く，国際機関において貧困削減（POVERTY ALLEVIATION）を明示的政策目標とする傾向が一般的になっている．こうした状況に2001年9月11日の同時多発テロが拍車をかけた．

　実際的にものごとを見る人たちにとっては，グローバリゼーションが貧困問題を大きくするという論理の実証分析だけでは不完全である．それをどうやって克服するかはもっと重要である．マイクロファイナンスは貧困克服のための有効な手段としてこの数十年間世界的な関心と注目を集めている．

　周知のようにマイクロファイナンスは銀行融資にアクセスのない貧困農民

層，実際の中心は農民女性を対象にして所得を生み出す活動に対して行う無担保での小規模貸付を行うものである．

マイクロ・ファイナンスは従前の貧困者に対する金融サービスについての神話を覆すものであった．

第1に貧困者に金を貸すと返らないという伝説を覆した．「借りたものは返さなくていけない」という意識を教育によって徹底的に植え付けることで返済率をほぼ100％にひきあげた．貧困者にとって最大の関心事は貸付が得られるかどうかにあって金利の高さではないことがわかってきた．第2に，従前は担保なしの貧困民への貸付が銀行のビジネスになるはずがないと考えられてきた．しかし，マイクロファイナンス事業者の側で適切な経営が行われると，事業として立派にたちゆき，なかにはNGOを卒業して銀行の資格をもつものが現れた．つまり，マイクロファイナンスは，ミャンマー中央銀行のウ・タン・ルイン副総裁がいうように「貧困者の真の味方である」のみならず，貸付者にとっても儲かるという，借入者・貸付者の双方にとって，ウィン・ウィンになりうるのである．こうしてマイクロファイナンスは開発政策における国際的にもっとも魅力あるトピックのひとつになった．21世紀にはいって，フィリピンのアロヨ大統領，パキスタンのムシャラフ大統領などアジアの政治的指導者が相次いでマイクロファイナンスの貧困削減における戦略的重要性についてコミットするにいたって，いまやマイクロファイナンスはアフリカでもアジアでもラテン・アメリカでも貧困対策の主流になっている．

本章では，世界のこの分野の先端を走っているものと考えられるフィリピンのカード・グループの方式を中心に記述し，分析する．

2　背景として国内制度化——金利の自由化・中銀のモニターによる健全性確保

諸国のなかでとりわけ，フィリピンでは政府がマイクロファイナンスに積極的に関与して，規制・監督の枠組み作りを進めている．

2001年7月の教書においてアロヨ大統領はマイクロファイナンスを「貧困との戦いにおける柱石（CORNERSTONE）」と位置づけた．

　これまでの流れをレヴューすると，まず，同国では，1980年代央にアキノ政権によって金融改革が行われた．これによる預金・貸付金利の完全自由化が後のマイクロファイナンス発展の重要な基礎になった．

　次に，90年代にはいって政府が策定した1991-98年の中期開発計画のなかで，市場指向の金融・信用政策の実施と金融市場への民間部門の参加拡大が強調された．その実行措置として「マイクロファイナンスに関する国家戦略」が策定された．以来，同国では，政府によるマイクロファイナンス発展のための環境作り，ことに持続的マイクロファイナンス機関を生み出し，育成するための法的フレームワーク作りが積極的に行われた．

　比財務省が80年代の後半にマイクロファイナンスに関心を強め調査をはじめた背景には，70年代および80年代において貧困対策として設けた，市中金利が14-16％のときに6％の低金利で農民に融資する，農民向け制度金融がうまく機能しなかった事情がある．こうした制度金融による融資に対して農民はなかなか金利を払おうとしなかった．また自治体の長が融資の個別案件に介入し，資金は実際には政治力のある地方有力者の補助金獲得の手段になって貧困農民に届かずに非貧困層に流れて，それが支払い不能を起こして財政負担がかさんだ．さらに地方銀行は低金利の資金が政府からはいる間は，貯蓄を集めるための真剣な努力を怠って，結果は国の貯蓄全体を弱めることになった．こうして一連の政府によるマイクロファイナンスへの積極的関与は，それ以前の農業向け制度金融作りの失敗の経験とも深くからんでいる．

　現状，フィリピンでは，財務省が事務局をつとめ，関係政府機関とマイクロファイナンス事業者の代表をすべて委員として網羅した国家信用協議会が全体としてのマイクロファイナンスの政策方向の調整にあたっている．

　比中央銀行は，マイクロファイナンスの事業を行う銀行については，これらに関係する店舗行政において，他の金融機関に比し優遇している．

　また実際のマイクロ事業者の協会では，マイクロファイナンス機関をネット

ワーク化し，そこではメンバー間で経営基準指標を設けてマイクロファイナンス事業技術を共有・改善し，ベスト・プラクティスに収斂させていこうとする動きが活発である．

こうして，いわば，国をあげてマイクロファイナンスを重視する姿勢がとられている中で，個別のマイクロファイナンス事業主体の文字通り代表格であり，そのモデルはただ単にフィリピンのトップというにとどまらず，21世紀の世界中のマイクロファイナンスの重要モデルになるものと筆者が評価しているのは，以下に述べるカード・グループの活動である．

3　カード・モデルの実態

現地調査

2002年3月，われわれはマニラから約90kmはなれた，カード・グループのBuboy分会の週例会を現地調査した．

われわれの訪問先はAssociation of Industrious Women of Village of Buboyという名称の総勢36人（ちなみにこの村の総戸数は262）からなるグループで，週例会への出席率は100%に近く，また借り入れ返済率は95%である．

週例会は午前9時から1時間行われた．簡素な藁葺きの小屋が集会場（ここでは集会場の屋根修繕費も会員の役務提供によっている）にすでに会員が集まっていた．子供づれも6人いた．服装から一目で高学歴とわかる若い女性のテクニカル・オフィサーと，ボランティアだという書記2名が，会員に面して着席していた．男性はわれわれ以外誰もいなかった．雰囲気は陽気であった．

このグループでは会員36人がさらに8の小グループに分かれている．会員の誰かが不払いを起こした場合の連帯責任は，カード・グループの仕組みでは場所によって，この小グループ単位のこともあるが，ここでは36人と全員の連帯責任である．

会員ははまず出席簿にサインする．1回遅刻するごとに500ペソ，1回欠席するごとに1000ペソずつ，次回の融資額が削られる．90%の出席率がないと，

また100％の返済がないと次回融資が受けられなくなる．

　例会は起立してのお祈りではじまる．次いで歌唱，そして「10か条（TEN DECISIONS）」を読み上げる．10か条は，毎週の会合への出席，毎週20ペソの貯金，毎週の返済，教育・訓練の継続，愛の精神，若者教育，農作業，集会所維持のための協力，飲酒・喫煙・ギャンブルをしない，自分・家族・環境を清潔にする，ことを謳っている．このあたりは話しに聞いていたグラミン銀行の例会スタイルと同じである．

　その後議事にはいる．まず書記が前回の議事録読み上げ，また本日会合の出席率が100％で当週の返済率が100％であったことを報告する．カード・グループの方式では，毎週の返済は，盗難を避けるため，例会の前日に，カード銀行の支店に（それがない場合にはカード・グループが口座をもつ銀行に）支払い，その領収書を例会当日持参する．また借り入れは例会日小切手を受け取って銀行で現金化する．したがって例会当日の現金の授受は一切ない．

　議事では次に，もう1人の書記が，本部からの伝達事項を読み上げた．この日は職業訓練（2.5か月コース）の奨学金制度が説明された．対象は息子でも夫でもよいが，支給は研修費のみで交通費は対象にされない．奨学金の融資要件についての会員からの質問にはテクニカル・オフィサーが知的に説明した．

　集会場の塀を直す作業の担当グループが指名された．他の支部の会員の父親の亡くなったことに対する香典が集められた．みていると20ペソのお札を出す人もいた．

　次に借入残高を各会員が口頭で述べた．また会員の中のプロジェクト委員が家畜事業について説明し，お祈りで会合は終了した．

　農村の女性たちにとっては週1回の会合はそう苦痛ではなく，社交の場ですらあるという．

　会員たちは，いずれも人なつっこくわれわれを歓迎してくれた．英語の通じる人も何人かいた．

　会員の声として，「カードの会員になって光を感じた」．効果は子供が学校に通学するようになった，3度の食事ができるようになったことから現れた．

禁酒・禁煙も説くので，さる会員の夫は「妻のお陰で生活が変った」とまでいっているという．全員家計の財布を握っているが，夫たちは自分の小遣いを「天引きしてから妻に渡す」らしく，この種の発言にはみなが同感の笑いでこたえていた．

会員はそろいのTシャツを着ている．PR用にカード銀行が供与したのかと思いきや，めいめいが買ったもので，銀行から供与されたのはシールのみである．ちなみにカード本部の集会に村から出席しても本部から食事代の支給はなく，各人は弁当を持参する．こうしたところはすみずみまでビジネスライクで貫かれていた．

入会希望者は例会を自由に見学できる．年齢が16-18歳になると入会できる．退会者の主な退会理由は出産，海外出稼ぎ，他村移住であるという．会員の夫の職業は運転手，大工，ミネラルウオーター販売などで，多数は夫の稼ぎの方が妻の収入より多い．

カード・グループのマイクロファイナンス方式

カード・グループのマイクロファイナンス・モデルはいずれもフィリピン大学出身のエリート知識人であるアリプ（Dr. Jame Aristotie B. Alip. 農務省の高官で比の有名な土地改革を手がけた）とリヤント（Dr. Girberto M. Llanto. アロヨ大統領と大学同級で同政権下で Under Secretary of National Economic and Development Authority をつとめた）の2人を軸にして経験的に改善を積み重ねてきたものである．

第一：貸し付け方式

カード・グループのマイクロ貸付は次の手順で行われる．

まずテクニカル・オフィサーが候補地を実地調査する．調査して，その地に潜在的な顧客（CLIENT）が80人以上あれば，その地域の支部長とテクニカルオフィサーはその地の住民を集め，マイクロファイナンスの目的と内容を説明する．

会員になることを希望する人たちは原則5人1グループになって申請する．カード・グループは仕組みを簡素で予見できるものにするよう目指しており，

申込書についても当初は数枚綴りであったが現在は1枚である．

　テクニカル・オフィサーは申込書記載事項を読んだ後，会員候補者を個別訪問・インタビューする．所得額，その種類，貯金額の情報を集める．

　1グループ設立するかどうかボーダーラインのケースについては支部長が再度会員を訪問する．

　設立の方針が決まると，会員候補者は少なくとも24時間の研修を受ける．そこでカード・グループの貸付方式の内容，役割，義務が説明される．研修の終了時に，研修した内容にについて支部長による口頭試問がある．これに合格した者が会員となる．

　各グループ内でまず2人の借入者を決める．その2人は各グループでの承認書を支部に提出する．

　支部長はそれをテクニカル・オフィサーに伝達する．

　テクニカル・オフィサーは内容をチェックの上，許可する．

　テクニカル・オフィサーがはじめて現地を調査してから，最初の貸付による入金までにかかる時間は，研修と貸付準備期間を含め，1-2か月である．

　会員の2人がまず貸付をうけ，残る3人への貸付は，はじめの2人が4週間，返済を行ったあとで実行される．

　2回目からの貸付については，その会員へ1回目の貸付返済状況などをみて，許可する．

　前の貸付の少なくとも25％は新貸付に再投資されなくてはならない．もしこの要件が充たされていない場合には，その前の貸付と同額しか借りられない．

　2回目からの貸付は，前の貸付との間隔を最小にするため，前の貸付の返済完了時の2週間前までに決裁される．

　グループの会員は全員でグループ内の他のメンバーの貸付を保証する．

　グループ内の1人の不払いがあると，他の会員全員が新規貸付を受けられない．

　貸付の1週間後にテクニカル・オフィサーと支部長は別々に貸付資金が予定された目的に使用されているかどうかを確認する．

返済は，会員が他の貸し手からも借りてそちらに優先して返済するケースがままあるので，小さく分けて，毎週返済させることにしている．

会員は毎週の例会に出席する義務がある．ただし入会後，5年たてば，月1回のみの会合出席でよい．

以上のカード・グループ方式は，無担保・借入者連帯返済責任や毎週の例会をはじめ，所得や家族の資産についての情報収集，事前研修，口頭試問など，1976年にバングラディシュに始まった，グラミン銀行の方式を忠実に踏襲している．なお，カード・グループ方式ではきわめて簡素な経理処理によっており，これは1978年に同じくバングラディシュに発生したASA（Association for Social Advancement）方式を踏襲している．

第二：主要マイクロ貸付形態（2002年1月現在）

(1) 通常プロジェクト・ローン

貸付額は，1回目は800ペソ（1ドルが約40ペソ），2回目は1600ペソ，3回目は4000ペソと漸増する．会員の借入残高は8000から16000ペソまでの間である．

商業，農業生産，家畜事業，製パン，裁縫，魚乾燥などの各種マイクロ企業のために貸付けられる．期間は6か月または1年である．金利は年20%で，それにプラスして貸付時に天引きされる各種手数料として10.5%が徴収される．マイクロファイナンスは総じて金利は決して低くない．その点で制度金融と異なっている．

(2) 住宅ローン

土地・住宅，耐久消費財の購入のための融資で，1回目の通常プロジェクト・ローン後に借入資格ができる．一定額以上の住宅ローンについては，カード・グループの保険会社の手数料が天引きされる．

(3) 多目的ローン

教育，医療，社交行事といった会員の消費や緊急の必要にあてるための融資である．1回目の通常プロジェクト・ローン後に借入資格ができる．1997年前は，各支部の資金から供与され，各支部が管理していた．ところがこのローンに対するニーズは強く，支部の資金だけでは対応できなくなり，現在はカード

銀行のローンのひとつとなっている．貸付額は2500ペソから1万ペソまで，期間は3月または6月であるが，半額が返済されていれば更新可能である．金利は年5％，それに貸付時点で天引きされる各種手数料が5.5％かかる．(1)のローンは所得を生み出す事業に対して貸し出すが，このローンは急の時に何にあててもよい．この狙いのひとつはこれを供与することによって，他の競合ローン業者から借りる必要がないようにするためである．

(4) 拡大ローン

優良会員でそのマイクロ企業に多額の資本を必要とする場合，上限125000ペソまでのクレジット・ライン（期間50週）を供与する．

(5) 個別ローン

優良な会員でグループ貸付を卒業した者に対し，パイロット的に供与している．46の実例がある．この場合には毎週の例会出席義務はない．また公務員向けの給与ローンをパイロット的に実施している．

第三：貯蓄

カード・グループは「貧困者も貯蓄できる」との理念から，また貯蓄が貸付原資として割安なものであり，海外のドーナーの無償資金供与に依存せずにマイクロファイナンス事業を持続可能にする上で決定的に重要であると考えて，貯蓄増強に力をいれている．会員には貯金を教育する目的もあって毎週20ペソ貯蓄を求めている．貯金金利は年8％である．原則として引き出せないが，一定限度（4000ペソ）を超えると引き出せる．

また貸付の5％が強制貯蓄として天引きされる．この強制貯蓄（Center Fund）は以前は会員によって管理され，会員の教育ないし緊急時の融資にあてられていた．これが前に述べた多目的ローンの原資だった．現在は，月5％の金利がつき，4半期ごとの複利で，会員のカード・グループの株式取得にあてられている．

このほかに会員の自発的貯蓄も受け入れる．また会員以外の者からの貯蓄も受け入れる．

第四：保険

グループ内に保険会社を併設しているのもカード・グループの特色のひとつ

である．1994年にグループ内に保険会社が設立された．死後のローン返済と家庭の生活不安をなくすため1.5%（1万ペソ以上のローンについての2.5%）の保険料を課す．また老後の年金にするため，毎週5ペソを拠出させ，65歳になると給付される．この保険会社 Mutual Benefit Association は今やフィリピン最大の保険会社となり，シンガポールとの合弁会社までもつ．

沿　革

以上がカード・グループの方式であるが，これを理解するにはその沿革をたどるのが有益かと考えられる．

カード・グループの事業開始は1980年代の後半であり，比較的新しい．マルコス政権後の1986年に NGO として，マニラ郊外のサンパブロ市の市場の裏のオフィスでマイクロファイナンス事業を開始した．15人の貧困農民に対する5ペソ，期間1週間の貸付を供与することから事業を始めた．当初はいろんな種類の貸付を手がけたがいずれも成功しなかった．ところが，グラミン銀行方式を研究し，その方式に徹してから活動が軌道にのって急成長し，注目されるようになった．以来，フィリピンのマクロファイナンス機関の断然トップの座を走っている．

事業の現状

カード・グループのマイクロファイナンス事業の実態（ことわらない限り2001年1月現在）をまとめる．

マイクロ貸付残高342百万ペソ，年間（2000年）のマイクロ貸付デスバース額が832百万ペソ，返済率99.95%，預金受け入れ残高（167百万ペソ．その60%は会員からの預金．今後5年間で200百万ペソの預金額を目指す），年間金融自足度（貯蓄によって貸付をカバーする比率）が2000年来100%以上，2002年央における会員数65000人．うち男性15人．1988年には男30人，女30人であったが，男のメンバーは毎週の例会に出席義務があるのを嫌って脱落していった．メンバーの平均年齢46歳．2010年までに百万人の会員にするのを目標にしている．貸付収益金

利は42％ときわめて高い．

　収入金額に対する人件費などのオペレーション・コスト22％．すでにかなり低いが，さらに一段の削減に努めている．

　テクニカル・オフィサーなど総勢400人のスタッフがいる．高学歴者を採用し高い給与を払って勤労意欲を高めて，職員のプロフェッショナル化を目指している．ただし，高学歴で長い経験のある者は，高給をはむので採用しない．幹部といえども現場を重視する政策をとっている．テクニカル・オフィサー1人当たりの担当会員数は338人（いずれ400人にする），1人当たりの貸付額2.8百万ペソである．

　カード・グループの株主数は500人で，優良なスタッフやメンバーには自グループ株を保有させている．

　以上のいずれの指標でもカード・グループはマイクロファイナンス機関としてとびぬけて優良なパフォーマンスを誇っている．

　1997年には地方銀行のステータスを取得するまでにいたった．現在，カード・グループは地方銀行とNGOの両方の形態をとっている．

　マイクロファイナンスの事業形態として，組合形態をとるのもひとつの選択肢であるが，組合形態であれば，金利水準は自分で自由に決められるが，組合員からは金利引下げの圧力が出る．もっともフィリピンでは組合形態であれば税金がかからず，NGO形態にはいまや税金がかかるので，NGOから組合形態に移す動きがある．

　銀行ステータスをもつメリットは何よりも「法的根拠を持って」（つまり，多くのマイクロファイナンス事業NGOのように「事実上」預金集めをするのでなく，正面から）一般からの預金を受け入れができることにある．このメリットを生かしつつ，同時にNGOのステータスももち続けそのメリットも活用している．

　2002年現在，NGOの店舗数20，銀行の支店数7である．

　財務的には税金対策に困るぐらいの大幅な収益が出ている．

　将来像として，時間をかけて，マイクロファイナンス事業の「完全に持続可能な地方銀行」になることを目指している．全国的な商業銀行になることは想

定していない.

　このようにカード・グループは経営の質を重視している．その質の優秀さに注目して，有力米銀からの資金提供などの打診もあるようである．しかし，外資はあてにしておらず，外国人の株主を受け入れるつもりはない．「マイクロファイナンス事業を持続させるには決して海外ドーナーをあてにした経営をしてはいけない」，これがこれまでの経験から教訓として得たカード・グループの哲学である．海外のドーナーは大きくて名の通ったマイクロファイナンス機関しか相手にしない．現に US AID からカード・グループは相手にされなかった．また，これまで，外国の金融機関が資金提供を約束しながら実行しなかったケースが2回あり，そのたびにカード・グループには流動性不足になり，経営危機に陥った．このときの苦しい経験からマイクロファイナンス事業といえども「無制限に外国金融機関に依存すべきではないし，ビジョンを共有する機関とのみ協力すべきである」ことを学んだ．

　現在カード・グループに対し政府からの補助金はまったくない．(エピソードであるが，アロヨ大統領が，カードの銀行本店を訪問し，10百万ペソをマイクロファイナンスに出すと発言したことがあった．その時アリプ頭取は外国出張で不在だったが，直後に政治家からは大統領のいったカネは一体どこにあるのかとの質問が集中してきたそうである．アリプによれば，「もしそんなカネがカード・グループに入ると顧客は，マイクロファイナンスの債務を返済しなくなるだろう」．)

　活動成果としてカード・グループの会員の30％が貧困から脱却した．そうした者は現在土地，住宅，自動車を保有している．そうした会員からの要請が強く2002年秋に住宅開発会社を立ち上げた．しかしカード・グループの経験からすると，一般には貧困から救い上げるには，最短3年，平均5年，最長8年かかり，またその後も支援を続けなくてはならない．

カード・モデルの特徴

　以上の通り，カード・モデルではバングラディシュのグラミン銀行やASAなどの既存のマイクロファイナンス・モデルを取り入れつつ，漸進的に改善を

はかった，おそらくは現時点で世界的に最先端のマイクロファイナンス・モデルである．一言で言うとカード・モデルはバングラディシュで発生した伝統的モデルを極力取り入れつつ，より効率的にビジネス・モデルとして純化・発展させ，結果として慈善的性格をより少なくし，市場指向的性格をより多くしている．

マイクロファイナンス事業は貯蓄を集めない限り，資金的に大きく（outreach）はなれない．また金利が高くないと経営が持続可能（sustainable）になれない．この両要素を併せ持つのがカード・モデルである．事業形態でいうと，組合形態であればなるほど持続可能にはなれても大きくなれない．大きくなるには貯蓄がいる．大きくならないとビジネスとしては衰えていく．それには地方銀行形態の方がよい．カード・モデルは銀行形態を採ることによって事業として拡大することも常に念頭においている．このように事業として大きくすることを狙う企業家精神を反映している点で，カードのマイクロファイナンス方式はビジネス・モデルとしても特色のあるものである．カード・グループ銀行の方式は，伝統的なグラミン銀行などのコア・モデルを消化しつつ，伝統モデルから一歩踏み出し，貯蓄強化，市場指向によって収益性を高め，持続可能でかつ拡大的なマイクロファイナンス・ビジネスモデルを確立しようとしているものといえよう．また金利が完全に自由化されているというフィリピンの国柄がこうしたモデルを作ることを可能にしている．カード・モデルは，フィリピンの金利完全自由化といった政策環境のなかでできあがった強固なモデルであり，おそらくは21世紀において世界のマイクロファイナンスの代表的モデルになるのではないかと考える．

4　若干の考察

マクロファイナンス事業が持続し発展する条件は何であろうか．カード・グループの理論的支柱であるリヤント（Girbert M. Llanto, 1999）は，次のように指摘する．これらの指摘の多くは本章でみたフィリピン政府のマイクロファイナンス政策として実行に移され，またカード・モデルの中にすでに内蔵されて

いる.

　第1に，国の補助金付ないし政府主導型の資金貸付計画は貸付の不返済にインセンティブをあたえる．これらの計画が失敗した理由は，政治の関与，官僚の非効率やインセンティブの歪みによる．政府が金融市場にあまりに深く関与すると金融制度を歪め，社会的・政治的に影響力のある非貧困の借入者が貸付補助金を手にする結果になり，低所得層の金融サービスへのアクセスを否定することになってしまう．持続可能なマイクロファイナンスは貸付に対し補助金がない政策環境においてもっともよく育つ．

　第2に，低インフレと財政赤字削減に焦点を当てたマクロ経済・金融政策が効率的金融の前提として必要である．

　第3に，金利の自由化，金融市場における競争また安定した金融環境が，低所得借入者のために金利を低下させ，また低所得者が貸付にアクセス可能になるためには重要である．

　第4に，マイクロファイナンス機関の免許・規制についての法的枠組みを整備することがその成長と持続性を促す重要な要素である．

　第5に，政府は地方経済を強くし，また地方住民が貸付を受けられるようにするため，道路，橋，水道，衛生，基本的教育といった基本的インフラ作りに政策の焦点を当てるべきである．

　第6に，マイクロファイナンス機関は，低所得層への貸付を拡大すべく持続力をつけようと努力している．政府の補助金をもらわなくても持続力をもつマイクロファイナンス機関のみが低所得層に金融サービスへのアクセスを可能にするのだ．このことが繰り返し強調されなくてはいけない．成功しているマイクロファイナンス機関は当初から長期的持続性を目標にしている．そういう機関は政府から何の補助金ももらわずに事業を開始し持続している．そういうところが政府からではなく民間セクターから強い支持を得る．政府のマイクロファイナンス機関への援助は資金ではなく，マイクロファイナンスの適切な規制を整備することを中心にすべきである．

　第7に，マイクロファイナンス機関に対する外国からの援助資金については

懸念がある．外国からの資金は，補助金つき貸付の原資として使うよりもマイクロファイナンス機関の能力向上に当てるべきである．外国の援助提供はマイクロファイナンス機関の採用する貸付方式についてあれこれ注文を出すべきではない．なぜならそれは地域差や借入者の特徴に依存することが大きいからである．

こうしてリヤントはマイクロファイナンス機関にとって重要なこととは，金利を自由に設定して持続可能にすることと，政府から距離をおくことであるとする．

マイクロファイナンスには多面的に分析されるべき問題がいくつもある．この多面的性格の故にマイクロファイナンスは多くの研究者をひきつける．とりわけ次の2つが魅力的である．

第1に，貧困対策として実効が挙がっていることである．

第2に，マイクロファイナンスは従来の途上国援助ないし開発理論の伝統的考え方の否定の上になりたっている．マイクロファイナンスの成功の経験が，経済学の正統的な理論にしたがうことが開発を実効的にさせることになるということである．その意味でマイクロファイナンスは理論的にも革命的ないし革新的要素を内在している．

ある意味で世界はマイクロファイナンスによってはじめて貧困問題解決への具体的方策にたどり着いたといえるのではなかろうか．また貧困問題に限らず，広く開発政策に自助努力と，ある意味冷徹なまでに金融原理の徹底を求めることで，諸国の援助政策においてパラダイムシフトを引き起こしつつあるのではなかろうか．こうした状況を踏まえ，日本の経済協力政策としても，マイクロファイナンスにもっと大きな関心と重点が向けられるべきであろう．

とはいえ論理的にも，実際的にも，グローバル化の世界で最重要課題のひとつである貧困撲滅対策として，マイクロファイナンスが決して唯一の解決策ではないであろう．このほかにも，例えば，商取引で儲かるだけ儲け，しかしその収益の大半を貧困対策に寄付するという，慈善型のものとか，金利規制のある国で中銀からの制約を逃れるために質屋（ポーンショップ）形式にして金製品

を担保に中貧困層の所得を生み出す事業に貸し付ける型のものとか，零細な市場（いちば）の商店主が集まって預金の一定倍数までそのクローズド・メンバーに対して相互貸付を行うものとか，いくつかの類型が現に各国に存在している．ただ，それらと比較してみて，マイクロファイナンスの類型的特質は金融の基本的諸原則をきわめて忠実に尊重した貧困対策であることであろう．その意味でマイクロファイナンスとは開発政策における金融原理の活用であると定義してもよいかと思われる．現代社会においては金融へのアクセスがあるということが個人のレベルでの事業の展開にとって，また国のレベルでの経済開発にとって，それほどまでに重要なのだという見方もできるであろう．

しかしマイクロファイナンスの本質を認識しない者は多い．そういう人たちは，マイクロファイナンスはなぜ貸付額がこんなに少ないのか，なぜ期間がこんなに短いのか，なぜ金利がこんなに高いのかと疑問を呈する．

マイクロファイナンスの市場はなお未成熟・不安定である．一方で，持続可能性に問題のあるマイクロファイナンスNGOが多数，今後とも市場に参入する可能性がある．他方で持続可能性のあるマイクロファイナンス事業者は通常の地方銀行になってマイクロファイナンスを卒業していく可能性がある．マイクロファイナンスを金融のビジネスであると考えればこのことは何ら非難するに当たらないであろう．現実のマイクロファイナンス事業はこの両極端の中間にあり，それゆえ実際には金融ビジネスとしてのマイクロファイナンスには常に経営の脆弱性が伴うであろう．その間の舵取りには，結局のところ，フィリッピンの例に見るように，政府・中央銀行の積極的関与が必要になろう．現在まで，しかしながら，マイクロファイナンスと国家との関係がいかにあるべきかについては理論的にいまだ精緻化されていない．おそらく公的当局の役割は，金融機関の健全性規則をマイクロファイナンス機関に適切に適用すること，それに，大胆な私見であるが，マイクロファイナンスについての事業課税を全面非課税にする（そうでないと税制上有利なステータスに持続性や健全性を無視に流れてしまう）というのが大まかな方向ではなかろうか．

以上のように，マイクロファイナンスは何よりも民間主導の金融原理と地域

コミュニティー情報を基礎にした小規模貸付によって貧困を軽減し，経済開発を進めようとするものである．マイクロファイナンスはこうして途上国の開発戦略の一環であり，途上国の遊休資源を開発目的に動員する．マイクロファイナンスで動員される労働力は，これがなければおそらくは都市における低賃金労働に向かうしかないであろう．マイクロファイナンスは，金融へのアクセスを提供することによって，貧困層の労働力を，所得を創出する小型企業に向けさせ，企業が本来持つ創意・工夫への意欲を引き出すことによって，自由主義的に，資本主義的に，経済開発を進める性格をもっている．しかしそれはあくまで金融の論理にしたがった開発政策であり，したがってマイクロファイナンスが持続的に有効に機能するためには公的当局は金融の基本原則が貫かれるようにこれをリードしていかなくてはならない．

　またマイクロファイナンスは途上国の開発策ではあるが，本章でみたフィリッピンのカード・グループのケースが如実に物語っているように，外国からの資金や物資の提供に必ずしも依存するものではない．その意味で従来型の援助資金，つまり海外貯蓄で途上国の国内貯蓄の不足を補おうとするものでは本来はない．基本的に所得を生み出し，その一部を強制的ないし自発的に貯蓄にしてさらなる所得を生み出すというメカニズムをマイクロファイナンスは内在しており，自国通貨と人々の自助努力を重視する開発戦略である．こうした点から見ると，マイクロファイナンスは貯蓄と自助努力を中心にする日本型の経済開発の原点にかなり近い面をもっている．

　一部にはマイクロファイナンスといえども，恩恵を受けるのは貧困層の上の人たちのみであり最貧層は救えないのではないかという懐疑論がある．確かにマイクロファイナンス事業者は会員を選ぶ．しかし働く意欲をもって所得創出をはかり，毎週の例会に出席して，金融のデシプリンをまもり，村で信頼されている人は，出発点の所得水準が低くても会員に選ばれる可能性は高い．マイクロファイナンスはもとより所得を創出する意欲のまったくない浮浪者や乞食を救済するものではなく，その意味では慈善事業ではないが，およそ働く意欲のある人であれば金融へのアクセスをあたえようとするものであり，最貧層は

救えないとはいいきれない,それだけに汎用性のある貧困対策なのではなかろうか.

論理の飛躍と独断があるとの批判を覚悟して,あえて単純化していえば本章の結論は次のようになる.

21世紀型開発経済モデルとして,マイクロファイナンスが持続的であるための条件は,第1に金融の基本的約束を借入者に教育することであり,第2にマイクロファイナンス事業の収益が上がることであり,第3に国(中銀)においてマイクロファイナンスが持続するための環境作りをすることである.第1の条件はグラミン銀行が,第2はカード・グループが,第3はフィリッピン政府が教えたのである.

(注) 本稿の中で事実や統計数値に関するものは文献によらず,そのほとんどをJICAプロジェクトで2002年3月にフリッピンで実地調査した際,関係者から直接聞き取りしたところからとりまとめた.

参 考 文 献

Joselito Gallardo, "A Framework for Regulating Microfinannce Institutions : The Experience in Ghana and the Philippines" (The World Bank, Financial Sector Development Department October 2001).

Kondo, Takehiko, "Micro finance : A new approach to poverty reduction" (The Japan Economic Review, May 15, 2002).

Llanto, Gilberto M., "Risk-Based Supervision of Banks Involved in Microfinance". Policy Notes No. 2001-01, Philippine Institute for Development Studies, 2000.

―――, "Philippine Credit Policy and Microfinance Institutions : Some Lessons from the Latin American Experience. Policy Notes", Philippine Institute for Development Studies, 1999.

Myanmar Study Group, "Lessons Learned from Philippine Experiences in Microfinance" (Myanmar-Japan Program for Structural Adjustment of the Myanmar Economy, Monetary and Fiscal Policy Working Group, July 22, 2002).

4章 グローバリゼーションの進展と北東アジアの歴史的位相
——持続可能な21世紀社会の「理念と構想」——

前 田 利 光

1 分析方法と理論構築の視座——論点開示

A. G. フランク (Andre Gundre Frank) は1998年,『リオリエント——アジア時代のグローバル・エコノミー』("ReORIENT: Global Economy in the Asian Age")[1] を刊行した．彼の論旨は，これまでの歴史の発展についての「理解の仕方」(方法と理論) が誤っているので，これを革命的に転換しなければならないこと，したがって，その理論的根拠を実証的に分析し，論究することにある．

すなわち，1400年頃から1800年頃までの，約400年間にわたる「世界経済／世界システム」の中心は，ヨーロッパではなく，アジアであった．実際，東南アジア及び西アジアも含めてのアジア，特に，中国とインドとの「銀の取引」を中心とした近代世界経済循環システムを，フランクは，「世界規模の分業と多角的な交易関係を備えた単一のグローバルな世界経済が存在した」[2]ことの証しとして，具体的に論証している．1994年彼は，バリーギルズとの草稿「アジア・ヘゲモニー下の近代世界システム——銀本位世界経済 1450-1750」(The Modern World System under Asian Hegemony: The Silver Standerd World Economy 1450-1750)[3] を基点に，「ヨーロッパや西洋が，1800年以前の世界経済における中心などではなく，「東アジア，そしてその中で言えば中国こそが，ひとつの全体としての世界経済にとって，中心的とはいわずとも，支配的な地位を占めていた」[4]こと，つまり「ヨーロッパは，アジアのいかなる地域においても，

海上交易の1割を支配したことさえ1度もなかった」し、それは、「インド洋においてもそうであったし、南シナ海にあっては、なおのことで」あり、「日本海にいたっては、その存在感は皆無であった」ことなどを論証している。しかも、フランクの論旨の独創性は、「過去の世界経済において、アジアが有していた『中心的』な地位と役割の立証に資する」に止らず、20世紀末から21世紀へかけての、「今日の東アジアにおいて経済的にもっともダイナミックな地域が、1800年以前と全く同じであるということも特筆に値する」[5]点にある。要するに、21世紀初頭、躍動するアジアの中の日本、とりわけ北東アジアに位置する日本を地政学的視点から見ると、一方における「中国東北部、シベリア／極東ロシア、韓国、日本の間での四角貿易が展開する環日本海地域」、他方には、「香港・広州回廊を中心とする華南、厦門を中心として台湾海峡と東南アジア全域を臨む福建、その中間に上海を中心とする揚子江流域の諸都市、そして日本との間の貿易が展開する南シナ海地域」[6]が広がっている。

この歴史的現実を、フランクの命題に照射してみよう。

本章の「命題と論究方法」は、フランクの〈ReORIENT〉における論証と正しく一致する。極端に言うならば、21世紀における「グローバリズムの進展と北東アジアの歴史的位相」を分析する方法と理論の構築には、18世紀以降の「ヨーロッパ・ヘゲモニー」以前、したがってまた、それを継承し、発展させる「アメリカ・ヘゲモニー」、言わばアングロサクソン・ヘゲモニー「以前のアジアの近代世界システムの見方」(*Perspective of Modern World System of Asia before European and American or Anglo-Saxon Hegemony*)[7]を、視座に据えて歴史を理解すること、とりわけ転換期の歴史認識が前提となる。

この点について、フランクは、「ReORIENT」は、「1800年でいったん閉じられているものの、世界経済およびそこにおける、中国、日本、東南アジアの諸経済の優越的な地位の検証が指し示すのは、それらの諸地域における今日の経済的発展の最も基底的な部分の基礎と、予見可能な未来における世界経済全体の重要な発展の予兆なのである。」と。しかもフランクは、「東アジアの諸部分は、すでに1800年ごろまでは世界経済／世界システムの中心にあった以上、そ

れらの［今日の］発展は，驚くべきことではない」し，「歴史的に見れば，『西洋の勃興』が後に来たのであり，また［その期間も］短かった」[8]と言う．この「フランクの命題」を，本章の視座に据えて，躍動するアジアの政治経済の歴史的位相を論究していくが，アジアの持続可能な発展の歴史基底的な基礎構造が，フランクの命題の論証を通じて，確認できるのではないか．

　言うまでもなく，「近代世界システム／世界経済」は〈ヨーロッパに始まったのではない〉という，フランクの基本命題は，「全てのヨーロッパ中心主義的な社会理論を転覆してしまう」ことになる．周知のように，「ヨーロッパ中心主義的な社会理論は，ヨーロッパの時間的先行と構造的優先性に基礎を置き，世界の残りはそのまわりに構築されたのだと考える．」[9] このような「社会理論を設計した者の中には，マルクス，ウエーバー，ヴェルナー・ゾンバルト」のみならず，『大転換』(The Great Tranformation — The Political Economic Origins of Our Time —) の K. ポランニー (Karl Polanyi)[10] も，そしてまた〈アナール派〉の方法と理論を継承・発展させてきた『地中海』(LA MÉDITERRANÉE) の F. ブローデル (Fernand Braudel)[11] や『近代世界システム』(THE MODERN WORLD-SYSTEM : Capitalist Agriculture and the Origins of the European World-Economy in the Sixteenth Century)の I. ウォーラーステイン(Immanuel Wallerstein)[12] も入る．特に，「ブローデルのいう1500年以来の『世界のパースペクティヴ』」，すなわち『『物質文明・経済・資本主義』(The Perspective of the World. Vol. 3 of Civilization and Capitalism 15th-18th Century.)[13] は，たいていの論者よりも広いものである．しかしながら，彼はまた，世界を「ヨーロッパ世界経済」とその外側にあるいくつかの他の別々の外部「世界経済」とに分けてしまっている．……マルクスにしても彼の『資本論』("DAS KAPITAL")の第 3 巻でそうしたのだ．……すなわち，彼の持つヨーロッパ中心主義のために，いかなる歴史的モデルも社会理論もすべて，普遍的であろうがなかろうが，ヨーロッパの経験にのみ，基礎付けられなければならないということに，二人とも納得してしまったのである．……ヨーロッパの拡張と「資本主義」の発展とがヨーロッパと世界の残りの部分の両方にとってもっている重要性を体系化しようとしたのが，ウォー

ラーステインの『近代世界システム』」[14]であり，そしてまた，1978年『従属的蓄積と低開発』(Dependent Accumalation and Underdevelopment)[15]の著者A. G. フランク自身も入ると，告白している．この自己批判は，〈ReORIENT〉のフランク自ら「革命的歴史転回」を遂げたことの証明でもある．

いずれにしても，自らの歴史転回を，次のように論証している．

フランクは，「世界貨幣—その生産と交換」を「アフロ‐ユーラシア規模の金・銀市場は，記憶を超えた過去から存在している．」と書き起こしている．そして，「コロンブスおよび彼に続いた人々の航海から，スペインはカリブの金を……1545年にペルーのポトシ銀山が，1548年にメキシコのサカテカス銀山が発見されて，新しくアメリカの銀が，大量に注入され始め……世界経済に広範な影響を与え，遅くとも1600年には，アジアのさまざまな場所で，その影響が出始めていた．」そこで，「極東との貿易の通常のパターンは，ヨーロッパないしはメキシコから輸入された銀の1部を……中国行きの船で転送して，そこで，金や中国産の諸商品と交換するというものであった．それらの商品はインドへ輸入され，その売上は，ヨーロッパへ帰る船の積荷の購入にあてられた．」[16]この貨幣と商品が世界を循環するグローバルな世界市場が存在し，「生産は労働コストが最も低いところに集中化された．この労働コストの低さがコストの比較優位によるアジア市場とアメリカ市場との接近の理由なのである——重商主義に伴ういかなる制約にもかかわらず，である．また別に，インディゴ，絹，砂糖，真珠，綿花，後にはコーヒー——17世紀後期のアラビア海において最も利益率の高い諸商品——のようなインド，アラブおよびペルシアの産品が」，一般的にはアメリカの植民地で「生産された商品によって代替されたケースがある．……このグローバルな生産物代替の過程によって1680年までには，アラビア海のヨーロッパとの中継貿易は，消滅したか，衰退途上におかれた．これは，……ペルシア湾，紅海およびインド西岸部を結ぶ商業の停滞をかえって長引かせることになった……このような中継貿易の衰退は，アラビア海の中での内部交易によって緩和されたが，中東は，インドからの輸入代金を，地中海で穀物や羊毛のような日常物資を売ることによって払わなければならな

かった．不安定な収入は……オスマン帝国とサファヴィー朝の通貨の両方にインフレを引き起こした．」[17]と．さらに，フランクは，A. スミス（Adam Smith）の『国富論』(An Inquiry into the Nature and Causes of the Wealth of Nations)[18]に注目している．

「アメリカがはじめて発見されて以来，その銀鉱山の生産物に対する市場は次第に大きく広がり……特に中国やインドでは，貴金属の価値は，……ヨーロッパにおけるよりもずっと高かったし，また今でもそうである．……貴金属はヨーロッパから東インドへ運べばいつもたいへんに儲かる商品であった……東インドでは，貴金属以上に良い値段で売られる商品はめったにない．……なぜなら，中国および他の東インドのたいていの市場では……銀と金の間の価格比は，10対1または，せいぜい12対1にすぎないのに対して，ヨーロッパでは14または15対1であるからである．」ところで，この金と銀の比価は，1590年代の「日本では1対10，ムガール朝のインドでは1対9であった．中国で金の相対価格が低く，銀の相対価格がほとんど2倍近くも高いかぎり，銀は，中国に引き寄せられ，金と交換されて，ヨーロッパに輸出された．……16世紀の初頭以来，まずポルトガル人が，次いでオランダ人の仲買商人が．日中交易で非常に活躍し，そこから大きな利潤……をあげた．」実際，「中国沿岸にあるポルトガルのマカオと日本との間で，45パーセントの利益があった」ように，「ヨーロッパ人はその利益を，東南アジア，南アジア，西アジア，ヨーロッパおよび両アメリカのさまざまな港を結ぶ交易を維持するために用いた．」このように，「より急速に増加する銀の供給と，それに伴う金や銅に対する銀の相対価格の下落が，銀の本位化」つまり，「事実上の銀本位制に立脚」する形態での，「世界市場経済」[19]の定着を促していった．

例えば，「16世紀の後半において，日本は世界でも指折りの銀と銅の輸出国であり，5万5000人の鉱夫を抱え，銀についてペルーを，銅についてスウェーデンを凌駕する産出量を誇った」ばかりでなく，この日本向けの「ヨーロッパ船がもたらす積荷は，主として，西洋の物品ではなく，中国の陶磁器や絹であった．」と言う．したがって，中国における陶磁器と絹の「商品生産」はすさ

まじく,「南京だけでも,陶磁器工場は,美しく釉をかけた陶器を毎年100万個生産しており,その多くは特に輸出用にデザインされたものであった.……インドでは,ベンガルのカシムバザールにおいてだけで,1680年代の間,毎年200万ポンドを越える生糸を生産していた.またその一方で,西方のグジャラートの綿織物業は,輸出用だけで,年間ほぼ300万着を産出していた.比較のために言えば……ヨーロッパ随一の生糸生産地であるメッシナからの生糸の輸出は,年間たったの25万ポンドであり,ヨーロッパ最大の織物企業であったライデンの「ニュー・ドレイパリー」の生産量は,年間10万着未満であった.」このように,「近世を通じて,ヨーロッパではなく,アジアが世界の産業の中心だったのである.同様に,最も偉大な国家が生まれたのも,アジアにおいてであった.当時最も強力な王は,ルイ14世でも,ピョートル大帝でもなく,満州の康熙帝 (1662-1722) や「大ムガール」帝国のアウラングゼーブ帝 (1658-1707) であった」.この『タイムズ図説世界史』(The Times Illustrated History of the World 1995) から論証する「フランクの命題」は,21世紀初頭のアジア経済,とりわけ中国が,グローバル化を加速する世界市場経済の〈hub〉的機能を構築している現状のみならず,将来へ向けて躍動し始めたインド経済の可能性を,彷彿とさせるものが,そこにある[20].

実際,21世紀初頭現在,アジア・中東地域の華僑は2,817万人,印僑は861万人(スリランカとネパールを除いて),南北アメリカ地域では,華僑357万人,印僑は368万人,欧州では,華僑161万人,印僑177万人,オセアニアでも華僑57万人に対し,印僑は58万人,さらにアフリカでは,13万人の華僑に対して,印僑が13倍近い228万人を数える[21].この一事をもってしても,先に強調しておいた〈ヨーロッパ・ヘゲモニー以前のアジアの近代システムの見方〉,すなわち〈アジア・ヘゲモニー下の近代世界システム〉が,ほぼ400年 (1400-1800) にわたり,存在していた,と言う歴史事実を,どのように理解するか.20世紀末以降加速的に躍動するアジアが,21世紀初頭の世界政治経済危機の中で,どのような歴史的位相を占めているのか,その根源的問題を,論究の視座に据えて,分析していくことの重要性と今日的意義を確認したい.

4章　グローバリゼーションの進展と北東アジアの歴史的位相　85

その場合，ほぼ15世紀中期から17世紀にわたる，いわゆる『大航海時代の東南アジア』(SOUTHEAST ASIA IN THE AGE OF COMMERCE 1450-1680)[22)]における社会，経済，生活文化から人口や民族，言語，宗教，そして共同体的諸関係や気候，風土にわたり，多様な思考・行動様式，多元的な価値観などを共有してきた価値体系や人間及び交通諸関係が，〈アジア・ヘゲモニー下の近代国家と世界システム〉の形成・構築の歴史過程を通じて，消失していく歴史の存在も，ここで想起しておかなければならない．

なぜならば，「金銀は，その貨幣概念のうちに世界市場の定在を予想しており，それによって，世界市場の形成をたすける．金銀のこの魔術作用は，……商品世界の担い手の眼に，彼ら自身の社会的労働が顚倒してうつることから必然的に生じる……このことは19世紀中葉の新しい金産地の発見が世界交易におよぼしつつある異常な影響によって証明されている」．けれども，この「貨幣が世界貨幣に発展するように，商品所有者はコスモポリタンに発展する．」したがって，「人間同志のあいだのコスモポリタン的関連は，もともと，ただ彼らの商品所有者としての関連にすぎない．商品はそれ自身，宗教的，政治的，国民的，言語的なすべての障壁を超越している．商品の一般的言葉は価格であり，その共通の本質は貨幣である．しかし世界貨幣が国内鋳貨に対立して発展するにつれて，商品所有者のコスモポリティズムは，人類の素材転換をさまたげている伝来の宗教的，国民的，およびそのほかの偏見に対立する実践理性の信仰として発展する．」そして，究極的には，「全世界が〔理念として〕商品所有者の念頭にのぼるばあい，その崇高な理念は，ひとつの市場──世界市場という理念である」と．このように「世界貨幣」の概念規定を行うK.マルクスがそこに注記している文献，それが1683年にモンタナリが発表した『貨幣について』，と言う作品である点[23)]を，決して看過してはならない．G.モンタナリ (Geminiano Montanari, 1633年頃～1687, イタリアの数学者で天文学者) は，まるで〈アジア・ヘゲモニー下の近代世界システム〉の循環構造の成立を，総括するように述べている．すなわち，

「すべての国民のあいだの交通が地球全体にひろがったので，全世界はただ

ひとつの都市になってしまい，そこではあらゆる商品の常設の年の市がひらかれていて，だれもが自分の家にいながら，貨幣をつうじて大地と動物と人間の勤勉とがほかのところでつくりだしたすべてのものを調達し，享楽できるようになった，と言ってよいほどである．じつにすばらしい発明である．」[24)]と告白している．

　今日から310年前の，世界市場経済の世界，すなわち「資本の世界」である．だから，情報通信革命と言う〈Innovation〉によって，今日グローバル・ウェブの〈ボーダレス世界〉が成立し，コンピューターシステムとインターネットによる「電子マネーの世界」の創造的破壊力がいかに大きいとしても，これらの先端技術文明の価値を保証し，これらが24時間機能しうるのは，資本力以外の何ものでもない．正しく「資本の循環する世界」そのものであることは，1929年の世界大恐慌に学ぶまでもなく，97年の「アジア通貨経済危機」を想起するだけで充分であろう．

　したがって，われわれは，商品・貨幣・資本が循環する「資本の世界」の経済的細胞形態を分析しようとしても，そこでは，顕微鏡も化学試薬も，何の役にもたたないこと，抽象力だけが正しい分析を可能にしてくれることを，再認識しておきたい．

　要するに，循環する「資本の世界」，いわゆる「最後の完成した規定における貨幣は，すべての面からして自己自身を解体する矛盾として，つまり貨幣自身の解体をせまる矛盾として現れる」．したがって「富の一般的な形態としての貨幣には，現実的な富の全世界が対立している．貨幣は現実的富の純粋な抽象である——それだから，富の一般的形態の規定に固執することは，たんなる空想である．富がまったく物質的な，手でつかむことのできる形態そのものの形で存在するように見えるところでは，貨幣の存在はたんに私の頭のなかだけにあり，純粋な幻想である．」だから資本の循環は，「電子マネーの世界」を可能にするのである．「他方一般的富の物質的代表物としては，貨幣は，ふたたび流通に投ぜられ，富の個々の特殊的状態と引きかえられて消滅することによってのみ，現実化され」[25)]，グローバリゼーションの進展を促していく社会，

経済，生活文化，文明，宗教，民族，国家そして，言語など，あらゆる規制的諸関係を越えた「資本の一元的世界」が，信用創造力の拡大再生産を伴いながら物神性を増幅していく．W. ブルス（Wlodzimierz Brus）[26]が懸念するように，資本の本質は人間関係の商品化さえ促し，基本的人権及び社会的生存権を侵食していく事態さえ一般化するようになるし，現実に進展してきている．

2　グローバリゼーションの展開と国際政治経済危機の構造

T. フリードマン（Thomas Friedman）は，「ベールを被ったイスラム教徒の女性がインターネットを利用する姿」を，「現代グローバリゼーションの象徴」として描いているが，この姿は，アングロ・サクソン型グローバリズムによる世界制覇の象徴では決してない．むしろ「グローバリゼーションの終焉」を意味することを，歴史的に検証したのは，H. ジェイムズ（Harold James）である．

彼は2001年，THE END OF GLOBALIZATION（『グローバリゼーションの終焉』）によって，冷戦体制の崩壊と社会主義国家の解体に伴う混沌の中から，不可逆的な世界の潮流とそのリーディング・ファクター形成の構造を分析している．そこで，多くの人々は，グローバリゼーションの加速的な進展と拡大の歴史的過程を通じて，21世紀社会の新秩序が構築されてきているものと信じているが，現実は「逆説に満ちている」[27]，と言う．それでは，この20世紀末から21世紀へと持続的に深化してきている世界政治経済構造危機の本質と深層とは何か．この問題を，H. ジェイムズは，「グローバリゼーションの終焉と大恐慌の問題」として，歴史的に検証する方法と構造分析によって剔抉し，そこから選択すべき方途（device）の教訓を導き出そうとしている．

彼は，21世紀社会の夜明け前の「10年間にみられた市場経済の急速な進展は，逆説に満ちている．」と言う．すなわち，「統合が進んだ世界経済」は「巨大な振り子のように，自由化とその否定，管理の再導入という大波動を描いているのではないか」，そして「近い将来，グローバル資本主義への反動が起るのが自然だと思える」[28]，と述べている．したがって，彼の現実の歴史認識は，世

界市場の急速な進展に伴う世界経済の統合化が同時に,世界政治経済危機の深層構造を構築してきていること,そして,その「リスクの震源となるのは,金融システムであり,統合が進んだ世界での金融破綻の連鎖である」との根拠に基づいている.彼は,あの「恐慌が「大」恐慌になった原因は,1931年夏の金融危機の連鎖と,その後の貿易政策にあった.」そして,「その政策の基礎になったのは,1870年以降に急速に進んだグローバリゼーションへの反動だった」史実をもって今日の危機の深層構造と特質を論証している.すなわち,「1920年代と90年代の経験から導き出せる最大の教訓は,資本がグローバル化した現代において,金融セクターの安定こそが自己破壊的なパニックを防ぐ重要なカギである」[29),ことを論証している.

彼は,「1930年代の高度に専門的で説得力ある書物には,金融セクターの不安定性と恐慌の原因に関する両方の立場が取り上げられている」が,「最善のものは国際連盟から出版されている.」中でも,G. ハーバラ (Gottfried Haberler) の1937年の「『繁栄と不況』(Prosperity and Depression)[30)] は,固定相場制に原因があったとする議論を見事に論じ……資本移動が金融システム動揺の原因とする見方で最も優れた論文」である,と言う R. ヌルクセ (Ragnar Nurkse) の『大戦間の通貨動向』(International Currency Experience : Lessons of the Interwar Period, 1944) は,1935年に処女作品として発表した『国際資本移動論』(Internationale Kapitalbewegungen) を踏まえて,国際連盟在職中に執筆したものの総括論文である.

R. ヌルクセは,晩年の1950年代後期に発表した『後進諸国の資本形成』(Problems of Capital Formation in Underdeveloped Countries, 1953) や『外国貿易と経済発展』(Patterns of Trade and Development, 1959)[31)] など,発展途上諸国における経済発展の理論研究や貧困創出の悪循環を断ち切るための「均衡のとれた経済成長」政策の研究に集中したことで有名であるが,戦後の国際通貨安定やドル不足問題などの解明へ連続する,いわゆる「両大戦間」における国際金融資本移動の実証分析とそれに基づく理論研究を評価する H. ジェイムズ説との関係において,さらに踏み込んで検討しておきたい.

R. ヌルクセは，両大戦間における国際金融危機の実態及び深化のメカニズムを体験したのを踏まえて，実証的研究を重ね，画期的な理論を導き出した．すなわち彼は，国際資本移動の増幅と加速化に伴う国際金融危機の深化を克服するための理論と政策を，国際金本位制の過程を通して蓄積されてきた古典的立場を継承する為替安定重視の主張と，国民経済の安定・均衡を優先するJ. M. ケインズ的立場との「調和と融合」を，新しい国際通貨機構に求めたのである[32]．

　以上の点を踏まえて，H. ジェイムズは，R. ヌルクセの『大戦間の通貨動向』という「論文の見方が，第2次大戦後の金融システムに関するブレトン・ウッズの議論を方向づけることになった．」けれども，「少なくとも現代の見方からすれば，勝つべきではなかったヌルクセの解釈が1時的にせよ勝ったのはなぜだろうか．答えは経済的議論のなかには見つからない．」その真の現実的な解答は，「政治と安全保障上の懸念が経済分析とむすびついたところにある．」[33]と言う．したがって，確かに，「両大戦間期のグローバル資本主義崩壊の最大の特徴は，グローバリゼーションを許容する政治勢力が生まれなかった」ことにあるように，「グローバリゼーションを利益に導かれた内発的な動きとしてとらえるのではなく，政治的に押し付けなければならないものだと考えた世界」であった．つまり，「ベルサイユ条約という憎しみと愚かしさを示す条約」によって「課せられた秩序」という歴史の失敗から，R. ヌルクセは教訓を得ていた，と言わなければならない．この点について，H. ジェイムズが「国際連盟や国際労働機関（ILO）の設立が，ベルサイユ条約」によって「定められたのは，なにより不幸なことだった」，と言うように，R. ヌルクセは，その歴史の失敗から教訓を導き出すために，国際連盟在職中に数多くの優れた論文を発表した，と理解したい．

　H. ジェイムズは，現代のワシントン・コンセンサスが，大戦間期の「ジュネーブ・コンセンサス」とは「根本的に異なる」こと，その「重要な相違点」は，「経済力・軍事力とも世界最強の国家」アメリカが主役を演じている現実にある，と言う．しかし，21世紀社会の世界秩序構築の理念と構想を，どのよ

うな方途（Device）をもって創造するか，という現実の歴史的命題とは根源的（Radical）に矛盾する現実がそこに存立する．

　J. グレイ（John Gray, 1948～）は，1998年，イギリスで出版した『The Delusion of Global Capitalism』の中で，グローバル資本主義の本質は「偽りの夜明け」を意味することにある，と述べている．彼はそこで，グローバル資本主義は人々に，「期待を抱かせるが結局裏切られる結果」をもたらすことを，歴史的に論証している．

　J. グレイは，19世紀イングランドの経済生活と社会的市場を，「社会的，政治的支配から解放する」ために創出した自由市場が，19世紀イギリスの国民経済の基礎構造を根底から破壊したことを論証する．そして，この歴史の一大転換（Great Transformation）と「似た変貌を実現することが，今日世界貿易機関（WTO），国際通貨基金（IMF），経済協力開発機構（OECD）などの多国間組織の最大の目標となっている．しかも，この革命的な事業を進めるにあたって，これらの機関は世界最後にして最大の啓蒙思想体制，すなわちアメリカに従っている．」[34)]と言う．

　さらにJ. グレイは，2001年9月11日のテロを，世界戦争に転化して疾走し始めたアメリカが，アフガニスタン戦争からイラク戦争への道程において，自ら剔抉してきている本質を見抜いていたのか，次のように述べている．すなわち彼は，世界の「すべての国の経済生活をアメリカの自由市場のイメージに従って作り変えることができるという想定に立っている」ところの「単一のグローバル市場という現代のユートピア」，それは「西洋世界が世界の制覇を握る時代の終わりを意味する」[35)]と，言わば断定的に述べている．

　実際，J. グレイは，「イギリス，西ヨーロッパ，北アメリカに始まった近代経済学は，グローバル市場が作り出す新しいタイプの資本主義のモデルにはならない」し，「アングロ・サクソン型の自由市場モデルに基づいて経済を改造しようと試みる国は，ほとんどどれも持続可能な近代を達成することができない．」なぜならば，「東アジア諸国の経済は，互いに大きく違っている．」例えば，「中国では，世界に散らばる華僑によって資本主義の変種が生み出された」

し,北東アジア圏の「ロシアでは,ソ連体制の崩壊は自由市場ではなく,ポスト共産主義の無秩序な資本主義と……強大な権限を持つ大統領が中心的存在となる新しい種類の民主政府を作り出した.」また一方,「シンガポールやマレーシアでは,自由民主主義の普遍的な権威を認めない政府によって,社会のまとまりを失うことなく経済の近代化と成長が達成されている.」[36] このように,北東及び東アジア諸国の経済構造変動の実態は,新古典派経済学の思想を源流とするアメリカの現代啓蒙思想とその核心をなすネオコン(新保守主義)が構築しようとするグローバル市場経済の発展を保障するものではない.したがって,歴史の現実は,アメリカを中心とするアングロ・サクソン型のグローバル自由市場経済システムと,そしてそれと融合した文化帝国主義システムの「コピーを世界中に再現する」[37]ことが,いかに歴史を冒瀆した行動であるかを剔抉している.

　言うまでもなく,「経済のグローバル化とは,制約のない資本移動と束縛のない自由貿易を促進する,工業生産と新しい技術の全世界への拡散である.」[38] ところが,現実には,地球と人類の命運をも左右する絶大な軍事力と権力を持つ大統領が君臨するアメリカ資本主義主導の多国間国際機構が,戦争を手段にして,再構築されてきている.これに真っ向から対決しうる世界平和思想の連帯も多国間国際平和機構や理念も,今のところ構築されてきていない.しかし,多元的価値観と多様な思考様式の共有に基づく,人類普遍の原理である恒久の世界平和と地球の生命とが共生する持続可能な地球社会の実現に最高の価値を置く人々が,アメリカ主導の単一の世界市場原理主義の進展の中,増加しつつあるのも,また歴史の現実である.

　要するに,持続的な技術革命と融合化した国際資本移動の加速化と情報の武器化と三位一体の形態で進展する世界市場と生産とコミュニケーションの近代的諸手段が,グローバル・ウェブとして,全世界を統合化する戦略を伴って,広がったことの結果は,「ワシントン・コンセンサスが自信をもって予想していることとは実際には逆」の歴史的現実を剔抉してきている.すなわち現実には,「アメリカの自由市場のコピーが全世界にでき上がるのではなく」,テロと

戦争の連鎖のグローバル化と混沌の世界が展開している．

　アングロサクソン文化とアメリカ型自由市場原理を，多様な価値と思想の創造に共生の原理を求める人々や諸民族や多元的国家と共存の諸関係を保有する「固有文化の幹に接ぎ木しよう」[39]としても失敗する．固有の言語と思想と多様な価値観の許容に基づく多元的な近代化を支柱とする地球市民社会とそれを構成するアジア連帯社会の理念は，世界平和と人類と生命体としての地球との共生諸関係を，創造的に構築していく構想の原理である．この理念を踏まえて，歴史的現実を真っ向から受容しつつ，東アジアの奇跡を批判的に再検証すると共に，東南アジア地域から南アジア及び北東アジア地域へと伸張していくにちがいない自由貿易圏とアジア地域共同体創設の動態構造との融合化を展望した独創的ダイナミズム構築の理念と構想を論究していかなければならない．

　周知のように，1993年世界銀行は，「政策調査レポート」(A World Bank Policy Research Report) THE EAST ASIAN MIRACLE : Economic Growth and Public Policy を発表した．このレポートは，1965年から1990年にかけて，急速な経済成長を達成した香港・シンガポール・韓国・台湾・マレーシア・タイ・インドネシアと日本からなる8カ国と地域における経済成長の実態とそこでの「政府の役割」[40]について分析したものである．

　当時の世界銀行総裁，Lewis T. Preston の的を射た指摘に注目しておきたい．

　「本研究は，東アジアの驚異的な成長の多くは優れた物的・人的資本の蓄積によりもたらされたものであったとしている．しかし，これらの諸国はまた，他の国や地域に比べ，物的・人的資源を非常に生産性の高い分野への投資に向けることや技術修得の面で優れていたということができる．この意味から，東アジアの成功には「奇跡」があるわけではなく，各国とも成長のために必要な基本的機能を他の国や地域よりも効果的に達成したということがいえる.」さらに，先のJ.グレイ説との関連で重視したいのは次の指摘である．

　「本研究で採り上げられた8カ国・地域は，全くの非介入から高度の介入にわたる，極めて異なった様々な政策の組合せを用いてきた．したがって，開発における画一的な「東アジア・モデル」と呼ばれるようなものが存在するわけ

ではない.このような多様な経済発展の経験は,経済政策や政策アドバイスが効果的であるためには,各国の実情に即したものものでなければならないという見解をさらに強く支持するものである.」さらに続けて,本レポートの著者である世界銀行のスタッフは,「各国における急速な成長は,主として共通の市場に友好的な経済政策の組合せにより蓄積の増大とより効果的な資源配分を促すことによりもたらされたものであると結論づけられている」が,「途上国では基礎的政策の着実な実施が必要不可欠であると強調する別の研究を支持するものである.」と述べている.

したがって,彼は,東アジア諸国の「成功物語において重要である」のは,「開発における政策選択と機構能力,および経済的要素と非経済的要素との相互関係について……なお一層の研究をする」[41]ことである,と言う.

実際,パクス・アメリカーナ時代の終焉とグローバル化の進展は,冷戦体制に規定された国際秩序と情報の非対称性から創出されてきた構造的諸矛盾を,根底から剔抉しながら,世界的レギュラシオン(Régulation)の必要性を促してきている.端的に言えば,冷戦体制の解体と社会主義国家の崩壊に伴う不可逆的な歴史の大転換が新しい国際秩序構築のエネルギーを創出しえないまま,ヘゲモニー国家不在の状況と新しいグローバリゼーションを誘発する諸条件の胎動を促しながら,世界政治経済危機の深層構造を拡大してきている.すなわち,20世紀末から21世紀初期における不可逆的な歴史と精神の危機状況の中で,グローバリゼーションの加速化を促す〈Mega-Competition〉と国際テロリズムの連鎖構造が深化し,拡大してきている.したがって,そこに潜む世界危機創出の「テロと戦争の原理」を剔抉し,世界平和と地球市民社会構築の原理及び方途を脅かしている21世紀の妖怪の実態を,同時に剔抉しなければならない.すなわち加速化するグローバリゼーションの軌道からアングロサクソンの「言語帝国主義」[42]成立の原理を導き出すのではなく,そこに多様な言語と人間の社会的生存権が共生関係を,さらに深めながら創造的に発展していく本質的な原理と思想が内在していることを認識し,論究していかなければならない.

そこで,この視座を踏まえて,次にR.ボワイエ(Robert BOYER., 1943〜)の

「グローバリゼーションの神話」(La globalisation, mythes et réalités.) 批判に注目しておきたい.

ボワイエは,まず,「グローバリゼーションは経済的な決定主義から生まれたのではなく,金融機関が最も重要な位置を占めるような国際化した経済主体にとって有利となる政治的立案の表現形態である.さらに,現代の国際化の局面は世界経済の完全な同質化を導くのではなく,むしろ新しい相互依存性の強まりを意味している.」と言う.

第2に,「現代経済の管理を規定するような決定のすべてを市場に委ねることができるというのは,正しくない.戦略的決定,そして社会的結合に関わるような決定は必然的に政治的介入を必要とする.」したがって,重要なのは,「個別の利害集団あるいは個別の政府が推進しうる市場についてのイデオロギーと,市場の自動制御力を相対化している現代経済理論から引き出される教訓を混同すべきではない.」ということである.彼は,「ロシア,日本,東アジア,ラテンアメリカの諸国で導入された金融自由化が引き起したさまざまな不均衡によって示されている」ように,国民国家と国民経済を同時に,その根底から包摂する過程において創出され,深化していく世界政治経済の諸矛盾を,「アングロサクソン型の金融市場資本主義に向けて収斂」しようとしても,不可能である.まず,歴史的現実,その動態メカニズムと運動法則を踏まえて実効を上げるためには,「国際化が助長するのは収斂ではなく,制度的な多様性であり,そのためには,政府は投機が社会全体を支配しないように,……相互に異なるレギュラシオン様式を作り上げる」[43]ことだ,との「診断」を下し,「処方箋」を書いている.

2001年「ノーベル経済学賞」を受賞したJ. E. スティグリッツ (Joseph E. Stiglitz, 1943～) もまた,"Globalization and its discotents" の中で,1997年7月2日のタイ・バーツ暴落(1ドル＝25バーツ前後からほぼ25％下落)で始まった東アジアの通貨経済危機とロシア,ラテンアメリカへの波及による20世紀末世界経済危機の深層構造の顕在化と拡大の「最大の要因」は,IMFとアメリカ財務省による,アメリカの利益のため,東アジア諸国に対する強引で攻撃的な一方

主義」(Aggressive Unilateralism) の経済構造改革の強制にあった[44]，と言う．スティグリッツは，東アジア各国がすでに1980年代末から90年代初めにかけて，資本の完全な自由化路線を迫られた事実を踏まえて，IMFの政策立案や構造調整政策などの決定が「イデオロギーと誤った経済学の奇妙な融合にもとづいて下され，とくにドグマが特定の人々との利益を厚くおおい隠している」．その結果「発展途上国がIMFをはじめとする国際経済機関の助言に従ってグローバリゼーションと開発を進める過程」において，「その恩恵の行く先は富裕層に偏り．下層の人びとはさらなる貧困に直面することがある．」[45]と言う．要するに，IMFや世界銀行などの国際経済機関が発展途上諸国の社会経済開発政策決定に影響力を増せば増すほど，何よりも重要なのは透明性を高めることである．にもかかわらず，「東アジアにおける透明性を強く主張した」IMFとアメリカ財務省と，そして世界銀行との融合化は，世界各国の社会経済をより深く緊密に統合化するグローバリゼーションが発展途上諸国を深く包摂するに伴って構造化していった．その結果，「多くの国で飢餓と暴動を生み出し」たように，生産と分配における不平等は構造化し，生活と社会的生存の格差構造は肥大化していった．

　何よりも，世界経済の安定した発展を支えると共に，発展途上諸国への社会経済援助を使命とするIMFや世界銀行，そしてまたWTOなどの国際機関は，〈とりわけニクソン・ショックに連動した米・中，日・中間の国交開始とオイル・ショックと金・ドル本位制の崩壊＝変動相場制への移行，そして「プラザ合意」の1985年を経て，89年から90年代へかけての冷戦体制の解体と混沌 (Chaos) の激動と世界政治経済再編成の歴史過程の中で〉加速化するグローバリゼーションを舞台にして，21世紀への世界戦略を先鋭化するアメリカ資本主義との融合化を強めていった．実際，アメリカ財務省と「最も不透明な国際機関」IMFと世界銀行は，東アジア諸国やロシア，東欧の旧社会主義諸国から中南米諸国，そしてアフリカ諸国などへの経済援助を「武器」にした多元的政治経済介入政策を強めながら，貿易及び資本の自由化を促す規制緩和と民営化を，Aggressiveに強要していった．

そこで次に, J. スティグリッツが自らの体験を踏まえて剔抉した「最も不透明な」国際機関 IMF とアメリカ財務省の偽善と本質が演出された歴史的舞台を, P. ドラッカー (Peter F. Drucker) 説を踏まえて分析しておきたい.

P. ドラッカーは,「プラザ合意」の翌1986年, The Changed World Economy（世界経済は変わった）という論文の中で,「世界経済はいま変わりつつあるのではない. ……世界経済はその基盤において, その構造において, おそらくもはや後戻りできないほどに, すでに変わってしまった」, すなわち「この10年間に, 世界経済の構造そのものに, 3つの基本的な変化が起こった」, 第1に,「一次産品経済が工業経済から分離した」, 第2に,「工業経済において, 生産が雇用から分離した」こと, 第3に最も注目すべきことは,「財・サービスの貿易よりも, 資本移動が世界経済を動かす原動力となった」ことである, と指摘している. 要するに, 彼は, このような変化が「一時的, 循環的ではなく, 構造的である」し,「世界経済が根本的に変化してしまった」事実を, 何よりもまず, 財とサービスからなる実物経済と「資本と信用のシンボル経済」とが,「もはや相互に密接に結びついていない」ばかりでなく, むしろ「両者がますます離れていきつつある」こと, さらに重要な点は,「資本移動, 為替レート, 金融というシンボル経済が, 財とサービスの流れという実物経済に代わって……しかもこの実物経済からほとんど独立して, 世界経済のペースメーカーとなったこと」[46]である, と述べている.

実際,「プラザ合意」の翌1986年3月現在, ロンドン, ニューヨーク, 東京, トロントの4大外為市場での, ネットの1日平均外為取引高は, 2,060億ドルであり, 年間換算では, 約51.6兆ドルの巨額に達した. これに対して, 世界全体の財・サービスの貿易及び貿易外取引からなる実需取引合計額は, 年間で, 約4兆ドルであるから, ほぼ12分の1にすぎない. そこで, ベルリンの壁崩壊によって, 21世紀社会へ向けての世界秩序構築の深層構造と理念が根源的に問われていく, 言わば歴史的一大転換の1989年4月1日現在の, 先の4大外為市場での取引高を見ると, 4,459億ドルで, 年間換算では, 約111兆ドルに達し, 86年時のほぼ2.16倍になる. これに対して, 世界全体の実需取引合計額は, 年

4章　グローバリゼーションの進展と北東アジアの歴史的位相　97

間で,ほぼ5兆ドル程度である.つまり,1986年から89年までの3年間に,世界全体の実需取引合計額が,4兆ドルから5兆ドルへと,1兆ドルの増加であったのに対して,外為取引高は,51.6兆ドルから111兆ドルへと,ほぼ59.4兆ドルの増加を記録したことになる.

　P.ドラッカーが,世界経済は構造的に,根本的な変化を遂げたとして論証する先の事実は,「資本移動,為替レート,金融」という「資本と信用のシンボル経済」が,「実物経済に代わって……しかもこの実物経済からほとんど独立して,世界経済のペースメーカーとなった」,と断定的に述べた歴史的背景である.

　この世界経済構造の質的な変化は,持続可能な発展を促してきたと言う「経済幻想」〈Economic illusion〉[47]に他ならない.この20世紀末以降,グローバリズムの蔓延の中で徘徊する妖怪の正体,それこそ「世界金融資本」であり,それを保全・培養する世界システムの再編成を持続的に促す経済権力である.すなわち,世界政治経済危機の深層構造の正体,それは正しく,アフリカへも浸透しつつある東アジアの「奇跡と幻影」〈Mirages et Miracle〉[48]の構造を創出してきたグローバリゼーションと発展途上国の開発政策に貫く世界金融資本の運動(発展)法則貫徹の形態であり,メカニズムである.

　『大反転する世界』の著者M.ボーは,「グローバル化と新自由主義の結合は,これまでの社会経験を脆くし,必要な前進にブレーキをかけている.この結合は,アングロ-サクソンの諸大国と20世紀の最後の数十年における大銀行や金融組織」によって,確かに促進されてきた.しかし,「21世紀を特徴づけるのは,なんといってもアジアの確立であろう」.実際,世界の多くの国々と人々は,13億人の中国と10億人の人口を持つインド,この「両大国の関係に依存し,また経済と技術の面で評価すべき力を持つ日本……韓国」,そして「東南アジア諸国の動向に依存している.」[49]と言う.E.トッドもまた,「日本は,アングロサクソン世界への対抗軸を代表しうるし,すべきであろう.すなわち,国民国家による調整という考え方の,信頼できる積極的な擁護者となれる.」言い換えると,「世界需要の構造的な不足,西欧教育システムの自己破壊,先進国

の人口減少と現状にあって，フランスやヨーロッパにとっては，日本がイデオロギー面でもっと積極的になることが必要である．もっと自信をもち，アングロサクソンの超自由主義にもっと批判的であることが」[50]，極めて重要である，と言う．E. トッドの論旨は，「1965年から1990年のアメリカの生産性上昇の停滞」の必然性と構造的諸要因の分析に基づいている．したがって彼は，「文化的な低下から停滞に至る道は，アメリカの危機突入への道である」すなわち，「アメリカ精神の終わり，希望少なき時代，沈黙の恐慌，豊かさの終焉あるいは見えてきた天井である」[51]と言う．M. ボーの言葉を借りれば，「21世紀の初頭になぜ暴力・テロが集中してきたのか」，9・11のニューヨーク同時多発テロの構造的背景が見えてくる．何から何まで，「現代の変化が，極度の速度で進展しているが」，どれもこれもが，「商品と利潤からなる〈カネ＝帝王〉の旗印の下でなされる」[52]のである．テロ撲滅を大義にした戦争もまた，その「旗印の下で」なされている．E. トッドは，そこに，「アメリカシステムの崩壊」を見極める．すなわち，第4節で論究するように，アフガニスタン戦争からイラク戦争へと，「ユーラシアの真ん中で象徴的戦争活動を演出しているのは，世界の資金の流れの中心としての地位を維持するためなのである．」このイラク戦争批判の急先鋒に立ったのは，フランスとドイツであった．そこで，ドイツにおける最近の研究状況の一端を見ておきたい．

R. クルツ（ROBERT, KURZ,）が，2003年出版した，『資本主義の暗黒―市場経済の最後の調べ』（SCHWARZBUCH KAPITALISMUS *Ein Abgesang auf die Marktwirtschaft*）の理論構成は次の通りである．

1）近代化と大衆の貧困化（Modernisierung und Massenarmut）　2）全面競争の暗黒のユートピア（Die Schwarze Utopie der totalen Konkurrenz）　3）第1次産業革命の歴史（Die Geschichte der Ersteninindustriellen Revolution）　4）国民帝国システム（Das System der nationalen Imperien）　5）世界社会のバイオ化（die Biologisierung der Weltgesellschaft）　6）第2次産業革命の歴史（Die Geschichte der Zweiten industriellen Revolution）　7）全体主義的世界市場－民主主義システム（Das System der totalitären Weltmarkt-Demokratien）　8）第3次産業革命（Die Geschichte der Dritten industriellen Revolution)

次に，J. マンデル・E. ゴールドスミス（Jerry Mander・Edward Goldsmith）2001年,『暗黒の本 グローバル化―多くの敗者と僅かの勝者の宿命的動向』(Schwarzbuch Globalisierung Eine fatale Entwicklung mit vielen Verlierern und wenigen Gewinnern）の理論構成は，次の通りである.

第1部 グローバル化の原動力（Teil 1 Triebkräfte der Grobalisierung） 第1章 植民地主義としての動向（Entwicklung als Kolonialismus） 第2章 ブレトン・ウッズの失敗（Das Scheitern von Bretton Woods） 第3章 グローバル化の技術（Technologien der Globalisierung） 第4章 電子マネーとカジノ経済（Elektronisches Geld und die Kasinoökonomie） 第5章 企業の支配機構（Herrschaftsmechanismen von Unternehmen） 第6章 企業行動のルール（Regeln im Verhalten von Unternehmen） 第7章 Monsano：企業傲慢の実例（Monsano : Ein Beispiel unternehmerischer Arroganz） 第8章 自由貿易：大いなる破壊者（Freihandel : Der große Zerstörer） 第2部 グローバル化の作用（Auswirkungen der Globalisierung），第9章～27章は省略.

次に，終章の論旨に共通し，興味深いのは，E. ザゥエルマンの『新たな世界戦争秩序 2001. 9. 11後の分極化』(NEUE WELT KRIEGS ORDNUNG DIE polarisisierung nach dem 11. september 2001）の理論構成である.

第1章 9. 11の実行犯と受益者（Täter und Nutznießer des 11. September）アメリカ政府の横暴（Die Willkür der US-Administration）.

以下省略. 第2章 悪に対する善の戦い（Der Krieg des Guten gegen das Böse）この戦争の原因と目的並びに特徴（Ursachen und Ziele sowie Charakter dieseskrieges） 経済的地政学的利益（Der ökonomische und geopolitische Nutzen） 軍事コンツェルンにとっての利益（Der Nutzen für die Rüstungskonzerne） 新たな世界秩序の達成（Durchsetzung einer neuen Weltordnung） アフガン戦争とさらに計画されている戦争（Der Krieg gegen Afghanistan und weitere geplante Kriege）以下省略 第3章 悪の帝国 敵の映像の構築（Das Reich des Bösen-Konstruktion eines Feindbildes）以下省略 第4章 善の帝国としてのアメリカ（Die USA als das

Reich des Guten) 以下省略 第5章 永続的戦争と人類の視角 (Der permanente Krieg und die Perspektiven der Menschheit) 世界強国アメリカの終わりか？ (Ist die Weltmacht USA am Ende?) 軍産複合体内部の矛盾 (Widersprüche innerhalb des militärisch-industriellen Komplexes) アメリカ巨大資本内部の矛盾 (Widersprüche innerhalb des US-Großkapitals) アメリカと同盟国間の矛盾 (Die Widersprüche zwischen den USA und ihren Verbündeten) アメリカとイスラム諸国間，並びにアンチテロ連合内部の矛盾 (Die Widersprüche zwischen den USA und den islamischen Ländern sowie innerhalb der »Antiterror-Koalition«) 社会的，文化的矛盾の激烈化 (Verschärfung der Sozialen und kulturellen Widersprüche) 人類の自然的存在基盤の破壊 (Zerstörung der natürlichen Existenzgrundlagen der Menschheit) 人類の未来をめぐる今日的格闘 (Das gegenwärtige Ringen um die Zukunft der Menschheit)

　以上，21世紀の世界危機を，主体的に踏まえたドイツの研究状況を，積極的に視座に取り込んで，第3～4節を展開したい．

3　グローバリゼーションと北東アジア——危機における歴史的位相

　国連開発計画（UNDP）は，1991年末，「冷戦体制」崩壊後の北東アジア地域の協力関係と発展，そして国際的緊張緩和をめざして，中国・韓国・ロシア・北朝鮮・モンゴルの間で，「図們江(豆満江)流域共同開発委員会」を発足させた．この，いわゆる「北東アジアの三日月地帯」は，21世紀の新世界秩序構築と世界経済発展の基底をなしている．とりわけアジア・太平洋地域の安定と将来にとって，地政学的な中核を形成する諸要因が凝縮している．しかもこの地帯は，戦争とテロの連鎖構造を，平和と共生の連帯構造へと転回せしめる可能性をも持った地域及び諸国家に隣接している．そしてまた，この地帯は，日本にとっては，「台湾海峡から中国沿岸，朝鮮半島，ロシア極東部，サハリン，北方領土にいたる」[53]，言わば地政学的な心臓動脈に位置している．

　要するに，図們江流域の共同開発構想と行動計画は，20世紀末以降，加速化

するグローバリズムの中で，中国及び東南アジア諸国の経済発展を促し，北朝鮮の停滞する政治経済が織り成す諸矛盾の国際関係とアジア危機の深層を剔抉する．そして何よりも，北東アジアの未来へ向けての，地域間協力及び持続可能な発展の方途を打開する契機となる．その意味において，画期的な国際行動計画である．しかし，世界政治経済危機の深層構造の一環をなすアジア危機の現実は，貧困と環境破壊そしてまた，テロと戦争を誘発するなど，構造的に先鋭化してきている．

　周知のように，図們江(豆満江)は，北朝鮮・ロシア・中国，3ヵ国の国境を流れる自然的三日月地帯であるに留まらず，すでに論究したように，20世紀初頭すなわち，日露戦争の世界構造危機を構成していた「北東アジアの危険な三日月地帯」でもある．そしてまた，「イランからソマリアにいたる，サウジアラビアを囲む「中東の危険な三日月地帯」」と共に，21世紀初頭の現在においてもなお，世界政治経済危機の深層構造の根源と地政学的位相をなしている地帯である．このような「図們江三角地帯」を中心とする国連開発計画は，20年間に300億ドルを投資して共同開発を，特に北東アジアの〈Hub港〉の築港による経済開発に，アジア・太平洋地域の安定を重ねた構想でもある．

　実際，1992年，ロシア側の軍港ウラジオストックの対外開放を踏まえて，それに連動した中国とロシアに隣接する北朝鮮の清津，羅津，先鋒の三港が自由開放港になると，中国吉林省の琿春と清津とウラジオストックの三角地帯は，北東アジアの危険な地政学的地域から，開発と未来志向の，持続可能な発展地域へと転回することになる．

　要するに，国連開発計画の理念と構想は，90年以降の「人間開発報告書(HDR)」によって具体的に述べられている．つまり，人間開発と情報通信技術やバイオテクノロジーなど，技術革命との融合的諸関係の重要性が強調されていると共に，92年6月の「国連環境開発会議」(UNCED)の「リオ宣言」に継承されている．そこでも持続可能な開発(Sustainable Development)を基本理念とする開発に関する根本原則が明記されたばかりでなく，この原則を実現するための行動計画，「アジェンダ21」が採択された．したがって，「図們江流域

共同開発委員会」が「持続可能な開発委員会」(COS) の行動計画の一環として発足したことを確認し、その歴史的位相を認識しておきたい.

21世紀の新世界秩序構築の基底をなす北東アジア開発の理念と構想の実現は、「東南アジア諸国連合」(ASEN) がめざす「東南アジア広域経済圏」の形成・発展を促し、アジア諸国及び国境を越えた諸地域の持続的な安定にとって、重要な意味を持ってくる. しかも、延いては、「固有の文化・歴史・言語・宗教などをもとにして、一つのアイデンティティを共有する共同体的な集団」である「エスニーが活躍する国際舞台 (international arena)」でもあり、多元的価値及び多文化主義との共生諸関係からなる地球市民社会 (Transnational Civil Society) 構築への一里塚ともなる. したがって、冒頭において、本章の「論点および分析方法」の視座として論述しておいたように、本来、人類の交易と文明の歴史は、地中海・バルト海・インド洋など、国境のない海洋の世界史として発展してきた. すなわち、人類史を包摂した海洋の世界史は、いつの時代においても、共生・共有・平和を社会的生存の原理とし、そしてこの原理を貫くことによって持続しうる地球市民社会といわば、三位一体の諸関係にある. したがって、新潟・秋田など、日本海沿岸府県による環日本海交流圏・経済圏形成への対応は、夢と理想を乗せて出発したのである.

実際、1991年「北東アジア経済協力に関する金森委員会」による「北東アジア開発論」の提言以降、中国・韓国・日本の各地で、また「ホノルル会議」などにおいて、「北東アジア経済フォーラム」(The Northeast Asia Economic Forum) を中心に毎年、討議が重ねられてきている[54].

その潮流の中で、中国の「アジア太平洋研究所」と「米国東西センター」が、すでに89年1月北京で、「北東アジア経済協力に関するセミナー」を開催している事実を踏まえて、その潮流の、言わば大動脈が明確な意志をもって創出されていった. すなわち、翌90年2月の韓国東亜日報主催の「東アジア地域の新しい秩序」をテーマにした「ソウル国際セミナー」と、それに続く91年9月の「北東アジア経済協力の展望」をテーマに掲げた第1回「北東アジア経済フォーラム」天津大会において、元韓国総理で韓国産学協同財団理事長の南悳祐

(Duck-Woo Nam) が,「北東アジア開発銀行」(NEADB) 設立に関する構想を披瀝した. この事実を踏まえて, 先の「韓国産学協同財団」と「米国東西センター」が共同研究体制に着手したのである. すなわち, 元アジア開発銀行チーフ・エコノミスト B. キャンベル (Burham O. Campbell) と日本の嘉数啓に調査研究を委託したテーマは,「北東アジア開発銀行設立に関するフィジビリティ・スターディー」であった.

その研究成果が, 93年9月の第4回「北東アジア経済フォーラム」韓国・龍坪(ヨンピョン)大会で発表され,「NEAD銀行」設立の理論的根拠と銀行の資金需要, 経営形態など, 試案が提示された. この北東アジア開発銀行設立についての, 関係諸国政府のアプローチは, 慎重な検討課題とされた. いずれにしても, われわれは, 91年「国連開発計画」の一環として,「図們江流域共同開発委員会」発足を〈epoch-making〉として, 北東アジアの経済開発と国際交流圏形成への合意と政策課題が具体的に進展してきている現実を, まず凝視したい. 一方における未来志向の加速的動態の現実と, 依然として停滞的な危機の深層構造が凝縮する北東アジア地域開発の世界政治経済学を論究していかなければならない. なぜならば, そこに, 21世紀の世界秩序構築の方途と命題がある.

そこで, まず確認しておきたいのは, 次の事実である. すなわち, 95年2月, 新潟県と新潟市と米国東西センター共催による第5回「北東アジア経済フォーラム」大会において, 先の南悳祐が基調講演で,「NEAD銀行」創設の必要性を強調し, 2005年までの10年間に必要とする北東アジア開発資金は2000億米ドルを超える, という予測を含む具体的構想を展開したことである. 端的に言うならば, これを契機に, 21世紀への世界政治経済危機の深層構造と, そこに貫く危機の運動法則を反映する形態での, 北東アジア開発をめぐる理念と構想の転回軌道が顕在化した. その主役に台頭した元アジア開発銀行副総裁で, 先の米国東西センター上級客員研究員のS. カッツ (Stanley Katz) が, 94年以降, 機会あるごとに発表してきた論旨を踏まえて, 96年1月の第6回「北東アジア経済フォーラム」ホノルル会議において,「NEAD銀行」に関する, いわゆるカッツ構想を提案したのである. このS. カッツの思想と行動の中に, 潜在して

いる論理に何を見るのか．そこに，グローバリズムを支柱とするアメリカのアジア戦略の先兵が理論武装を始めた21世紀の小さな妖怪を見定めていたのである．

S. カッツは，かつてのアジア開発銀行の同僚 B. キャンベルらの調査研究成果を踏まえて提案した．そのビジョンと転回軌道の中心に，J. スティグリッツが自らの体験から導き出した「最も不透明な機関 IMF とアメリカ財務省の偽善」に満ちた世界戦略とその尖兵的役割を果す世界銀行の意志を反映して暗中飛躍する妖怪を重ねて見たい．端的に言うならば，そこに，北東アジア開発を触媒として躍動せんとするアングロサクソン型グローバリズムとその世界政治経済戦略の現実がある．

S. カッツは，2002年3月「第11回北東アジア経済フォーラム」（アンカレッジ会議）において，「世界銀行とアジア開発銀行が，必要なすべての資金の手当を北東アジア地域でのインフラストラクチャー開発に提供できるので新しい地域の銀行は必要がない」との基本的な見解を披瀝すると共に，「アジア開発銀行と世界銀行の特別基金は北東アジアのための新しい銀行より現実的な対応であり，新銀行と同等の成果をもたらす」[55]との結論を導びき出したのである．

そこで，この世界銀行及びアジア開発銀行の意志と政治経済戦略を反映したS. カッツ案を，真っ向うから批判的に受容しながら，北東アジアの持続的な発展の構想と共生の思想に基づく，言わば欧州連合の歴史と現実をアジアで実現する方途を提言した内容が盛り込まれている2つの研究報告書が，2002年に相次いで公表された．この事実を確認しておきたい．

その1つは，「総合研究開発機構」（NIRA）が委託し，元京都大学経済研究所長の福地崇生を座長に，研究成果を公表した『北東アジアのグランドデザイン―地域の安定と繁栄に向けて―』である．

他の1つは，アジア経済，とりわけ東アジア経済研究を一貫して重ねてきている涂照彦をリーダーとする「東京財団 NEADB 研究プロゼクト・チームによる『北東アジア開発銀行（NEADB）の創設と日本の対外協力政策―21世紀のモデルを目指して―』という，調査研究報告書である．

いずれにしても，21世紀の世界新秩序構築の理念と基軸創出の成否を決定しかねない北東アジアの歴史的現実，それは，世界政治経済危機の深層構造の動脈であり，言わば「迷走神経」を宿している．しかも同時に，天然ガスをはじめ，21世紀の世界経済の発展と構造再編成を基礎づけていく資源の宝庫でもある．したがって，世界銀行は92年，「世界経済と発展途上国」に関する報告書の中で，2002年華人経済圏は9兆8,000億ドルのGNPを達成すると予測した．翌93年に発足したASEAN自由貿易地域（AFTA）の将来も，92年以降加速化し始めた開放・改革路線上の中国が，21世紀の世界経済「編成替」の機能基軸へと〈Take off〉できるか，どうかもまた，北東アジアの安定と構造危機克服〈如何〉に係わっている．実際，94年には，ウズベキスタン，カザフスタン，キルギスタンが「ユーラシア地域連合（Eurasia Union）構想」を提唱し，欧州15ヵ国及び欧州委員会代表とASEAN 7ヵ国プラス中国・日本・韓国の10ヵ国とが，96年2月29日から3月2日にかけて，いわゆる「アジア欧州首脳会議＝ASEM」を開催した．

　アジア欧州首脳会議では，自由貿易や投資の促進など，双方の経済関係のみならず，国連改革から核不拡散問題にわたる世界政治経済秩序構築の理念と構想に関連した根源的諸問題にまで言及したことは，アメリカ主導型のAPECに対する戦略的な牽制に留まらず，グローバリズムの構造的諸矛盾と衰退の危機に対応できるアジア欧州関係の構築，とりわけドルと競合的に発展するユーロ経済圏と円経済圏及び中華経済圏の動態を踏まえた「東アジア・東南アジア地域経済圏」形成時代到来の共有を意味した．すなわち，98年2月開催のASEM外相会議での「ASEM基金」設立は，それを象徴している．

　言い換えるならば，「図們江三角地帯」の開発行動計画及び北東アジアの持続可能な発展と共生環境創出の成否は，この地域の天然ガスや石油資源開発に留まらず，国際公共財の持続可能な蓄積構造，そしてまた国際安全保障体制の構築にとっても，死命を制するほどの関係にある．したがって，日本，中国，ロシア，韓国，北朝鮮のみならず，アメリカそしてEUもまた，北東アジアの現実とアジアの未来を踏まえた戦略を展開しているのである．

そこで，基本的に重要なのは，次の点である．I. イリイチ（Ivan Illich）は，「開発はその理論においても実際においても，サブシステンス・カルチヤを変化させてひとつの経済体制に組みこむこと，サブシステム志向型の活動の犠牲において経済圏を拡大することを意味する．」と言う．「つまり，開発は人間の自律的・自立的文化を突き崩し，経済権力の空間に人間を組み込れることで，人間の経済への従属を必然たらしめているのだ．だからこそ，人間は逆に本質的に《不安》の中におちこんでいるのにちがいない」，とイリイチは言うのである．彼はさらに続けて，「『開発とは，環境を財貨の生産と流通の手段につくり替える過程で，サブシステム志向型の活動に必要な条件を除去してしまった環境の創設を意味する……したがって，必然的に，大衆の平和をすべて犠牲にしたうえでの，パックス・エコノミカの強制を意味することになる』」と言う．要するに，「開発の対人間攻撃性……言いかえれば，開発は平和とは結びつかない」[56]と言う．この歴史と現実を論証したのは，C. オミナミ（Carlos Ominami）である．彼は，『第三世界のレギュラシオン理論—世界経済と南北問題—』("LE TIERS MONDE DANS LA CRISE　Essai sur les transformations récente des rapports Nord-Sud)[57]によって実証分析と理論構築を行っている．

1999年，世界銀行総裁 J. ウォルフェンソーン（James D. Wolfensohn）が，グローバリゼーションとローカリゼーションの融合化を理念とした持続可能な開発政策を強調しても，イリイチが提起した「基本命題」を克服することはできない．少なくとも，不可逆的なグローバリゼーションの加速化という現実の中で，ローカリゼーションとの相互依存の諸関係を成立させるためには，人間と自然（環境）のための「内発的発展の理論と政策」を，積極的に導入し，優先させなければならない．

そこで，発展途上国における「貧困と飢饉」〈Poverty and Famines〉を創り出す諸要因と構造を克服するための「技術選択」の問題及び「社会選択の理論」，さらには「福祉厚生の経済理論と経済哲学」などの研究を重ねてきている A. セン（Amartya Sen）から学ばなければならない．彼は，貧困と飢饉を生み出す社会経済制度と，そのインド的構造の特質をなす歴史と現実を，真っ向うから

凝視し，自らの体験を踏まえて，新しい理論と政策を構築してきている．1998年，福祉厚生の経済理論と社会的選択の理論に対する評価を得て，ノーベル経済学賞を受賞した．彼は，人間開発政策の支柱に，人間の基本的な潜在能力〈basic Capability〉と，人間の先天的能力としての収集―消費する能力や資格としての，所有(権)関係と三位一体をなしている〈権原体系〉〈entitlement〉を据えて，基本命題にアプローチする[58]．

われわれは，北東アジアの現実と持続可能な発展のための，開発の理論と政策とりわけ，センの思想及び道徳・倫理に基づく経済哲学から学ばなければならない．

4 グローバリゼーションと国際安全保障――アジアの中の日本と平和・人権・国家・テロ

イブ＝マリ・ローラン（Yves-Marie Laulan）は，1993年刊行の『バルカン化する世界―新世界無秩序の時代―』〈"The Balkanised Planet : New Enlarged and Revised Edition"〉[59]の〈序章へのプロローグ〉において，「よろよろした足取りの世界は，言及されることもなく……80年代の幕を閉じた．運命が世界に3つの大きな打撃を加えたのはこうした状況下であった．立て続けに3つの重大な，予期しない，どうにもできない，そして理解しがたい出来事が世界に起こった．それは湾岸危機，ソ連と世界中の共産主義の崩壊，そして「大ドイツ」の再出現である．しかし，今後しばらくの間，西側世界は依然としてビデオの戦争ゲームを楽しんでいられるだろう．」と述べているが，同時にまた彼は，20世紀末の世界政治経済危機の深層構造とそこに貫く歴史危機の法則性が，「地球的な規模でのバルカン化への逆戻りできない趨勢」[60]の内実をなしていることを論証している．

実際，不可逆的な歴史転換に伴う世界システムの崩壊と編成替えの，言わば迷走神経の機能麻痺を後目に，世界金融資本の運動法則と世界市場メカニズムが，諸矛盾のグローバル化を促しながら貫徹してきている．要するに，為替レ

ートの変動を武器にした投機マネーの傾向的な増大と資本及び労働力移動のグローバル化の中で，国家間，地域間，企業間の再生産関係の構造的肥大化，そしてまた株式，国債，外貨預金など，個人の資産運用投資の膨張をも促しながら，世界循環が進展してきている．

　すでに論究したように，1970年代中期以降台頭し，世界経済の寵児の座を獲得したアジア NIEs とそれに誘発されながら世界経済発展の軌道に乗り込んで開発政策を遂行してきたのが東南アジア経済である．そして変動相場制下における為替レートの変動法則の貫徹を基軸とする世界金融資本の躍動と拡大する世界貿易市場に支えられながら加速的に発展してきた中国経済は，とりわけ80年代以降の持続的な経済成長による，言わば経済権力の膨張を踏まえて WTO 加盟を達成するなど，世界市場経済発展の運動法則及びメカニズムとの不可逆的融合化を進めている．しかし他方，政治権力及び行政システムは，依然として，共産党独裁体制下にある．実際，この中国の政治経済システムの構造矛盾の国際化は，米・欧・日による中国通貨元切上げの要請力にも見られる．さらにまた，2004年初頭現在までに，台湾企業6万社が中国大陸に進出し，投資総額は約4000億ドルに達するなど，経営経済の再生産関係の構造は，加速的に強まってきている．にもかかわらず，中国が「台湾統合化」の一里塚とする香港型「一国二制度」での，妥協的平和統一の道も，アメリカの世界戦略構想の一環をなす東アジアの安全保障体制再構築と連携した台湾自立化戦略によって，頓挫する結果を招いた．この，04年3月の台湾総統選挙を，「米台関係緊密化」の矛として，21世紀の中国包囲網再構築の戦略基軸に培養せんと目論むアメリカは，台湾への兵器の売却などを規定した「台湾関係法」を踏まえて，台湾海峡問題を，中国包囲網の〈Hub〉的機能基軸へと再生していく戦略を展開している．

　そこで重要な論点は，中台の相互依存の経済関係が加速的に強まっていくのは，不可逆的な歴史的現実であるということ．しかも，21世紀の世界政治及び経済発展の循環軌道の一環を担う地政学的な諸要因を内包している台湾海峡から中国沿岸の諸地域そして，朝鮮半島とロシアの極東地域，さらにサハリンか

ら北方領土へと連鎖するグローバルな三日月地帯包囲網の中に位置する日本が，自らの歴史認識と独立国家としての判断も決断もできない．つまり R. ギルピンが「プラザ合意」以降，とりわけ「日米両国が主権国家同士の関係としては前例のないほど密接となり，両国経済がますます統合されつつある」[61]，と断定的に述べたように，日本は「日米安全保障条約」と重層する，この日・米政治経済関係という構造的軛を舞台に，依然として〈ハムレット〉を演じ続けている．

言い換えるならば，21世紀の新しい潮流を受容した新世界秩序構築を，アジアの動態を視座にして支えていくべき日本が，〈ハムレット〉しか演じられない歴史的現実を尻目に，ドイツ，フランスをはじめ，国連憲章の精神を21世紀の平和構築に再生する新たな歩みが始まったのである．しかも，世界政治経済は，世界市場経済の加速化とメガ・コンペティションの熾烈化と，それに伴う歴史の転回とその可能性をたえず創出しながら変動してきている．この歴史過程は同時に，政治経済的諸矛盾のグローバル化を促し，市場と国家との構造矛盾，暴力〈Gewalt〉の普遍化と共有意識の醸成，そしてテロと戦争との連鎖構造をも拡大し，再生産しながら進展する．

実際，貧富の格差構造を世界的規模で創出しながら拡大する資本の蓄積構造と資源，エネルギーをめぐる熾烈な戦略展開の中での環境破壊，人口増加，宗教及び民族紛争の多発化と大量難民の発生を促す．また，エイズや麻薬取引などの増幅は，核の拡散化と武器取引（輸出入）の構造的グローバル化と連動してきた国際テロリズム共有の深層構造を醸成し，諸矛盾のグローバル化をも加速させてきている．

このような歴史的現実を，イブ゠マリ・ローランは，「新世界無秩序の時代」の内実として捉え，「地球的な規模でのバルカン化への逆戻りできない趨勢」を，そこに見定めるのである．いずれにしても，この歴史的現実は，先鋭化するイスラエル・パレスチナ紛争史とりわけ，「フセイン・マクマホン往復書簡」と「サイクス・ピコ協定」が象徴するように，20世紀初期の帝国主義の負の遺産の総括形態でもある，という歴史認識が重要である．したがって，1979年の

イラン革命と翌年9月,アメリカの中東戦略再構築に組み込まれたイラクの対イラン戦争,10年後の湾岸戦争つまり,戦略を転回したアメリカによるイラク攻撃など,中東危機の深層構造は,イスラエル・パレスチナ紛争の先鋭化の構造を促しながら,グローバル化し,9・11テロを誘発した.ブッシュ米大統領は,テロ発生の夜,「これはテロではなく,21世紀型の新しい戦争である」と規定すると同時に,「あらゆる国が,あらゆる場所で,決意すべきだ.われわれの側につくか,テロリストの側につくか」,と二者択一を迫る一方,「これは世界の戦いだ.文明戦争だ.進歩と多元的共存,寛容と自由を信じる者の戦いだ.」と大義を高揚させ,21世紀の新世界戦争宣言を下した.この攻撃的で強引な一方主義的(Aggressive Unilateralism)戦争宣言によって,国際テロリストを,国連と国際司法裁判所に委ねて断罪する方途を,間髪を入れず断絶したのである.この一方的な米大統領の世界戦争宣言を,直ちに支持した英・日両国が,スペインやイタリアなどと共に,仏・独そしてロシア・中国など,国連重視のイラク戦争反対を押し切って,米国支持「有志の同盟」を結成した.この世界を両極化する戦争は,21世紀の人類悲劇史を形成する諸要因を内包している.

　なぜならば,ブッシュ米大統領の世界戦争宣言と軍隊のイラク派遣による「有志の同盟」結成は,〈戦争の世紀〉20世紀の歴史を通じて,人類が限りなき犠牲の代償の形で蓄積してきた大いなる知的遺産として共有してきている世界平和の理念と創造を否定するものである.その上,持続可能な新世界秩序の枠組みとその体系を保障する国際法と国連憲章及び国際司法裁判所の精神と機能及び役割を,事実上,反故にしてしまったことを意味する[62].とりわけ,21世紀においても,依然として,戦争を手段に覇権帝国主義的世界支配体制の構築をめざすアメリカの現実は,ブッシュ政権が世界平和と人類繁栄の原理を,まずアメリカのための戦争の遂行に求めたこと,そして大義の戦争を主唱した〈ネオコン〉たちに,その支柱を掌握されたまま,戦争の完遂を疾走しながら,国際テロリズムの蔓延を促し,戦争とテロの連鎖構造を拡大し,再生産してきていることにある.

そこで，イラク戦争の大義名分であった大量破壊兵器の備蓄による潜在的脅威と独裁体制からのイラク国民の解放後の新生＝親米イラク政権の樹立を触媒にして，イスラム世界の親米化の潮流を創り出し，それを基盤にしたアメリカ帝国覇権の構築という，遠大な構想は根底から揺らぎ，挫折の道をたどることになった．その上，米・英のイラク戦争の意図と本質は，自ら馬脚をあらわし始めた．この現実は，いかに複雑怪奇に見えても，歴史的真実は単純な原理で論証できるような歴史転回の新潮流の創出と波及である．04年3月11日の死者190人のマドリード列車爆発テロと1100万人のテロ抗議デモを受容しての14日の総選挙で敗北した親米の「アスナール政権」から，社会労働党「サパテロ政権」への政権交代による，スペイン発の新潮流のグローバル化が，歴史の「不確実の時代」を乗せて加速し始めた．すなわち，国連の安全保障理事会の容認決議なしに，一方的に決行したイラク戦争を，米・英と共に主導してきたスペインが，世界危機の深層構造転回の論理を貫く触媒となった．スペインの国際新軌道敷設の国家意志は，独・仏を触媒にして拡大EUへと浸透し，さらにグローバル化し始めた．正しく「大堤防も蟻の穴より崩れる」との真髄が貫徹していく歴史の現実である．イラク派遣軍の撤退を公約したサパテロ次期政権は，「イラク戦争は誤りである」，と断定した．スペインは，米・英との密月の関係から独・仏を中心とする反戦平和の国際主義と国連主導によるイラク復興体制構築への転回を決断した．

　要するに，米・英が独・仏や国連の意志を，一方的に無視して突入したイラク戦争の大義を信じて結成した「有志の同盟」は，根底から揺らぎ，同盟の大義は色褪せることになった．英・日など親米派勢力の支柱が，歴史転回の新潮流によって侵食されていく中で，有志同盟諸国の国内においても，イラク戦争に対する疑念が増幅し，反戦運動のエネルギーへと転化し始めた．

　この危機における「革命的潮流」を包摂した独・仏は，明確な国家意志を提示して，国連主導のイラク復興による新体制構築を強く要請するサパテロ次期政権と未来へ向けての連携を確認した．しかも，EU憲法案に対する意志決定方式において対立してきたポーランドをはじめ，親米路線のイタリア，さらに

は拡大 EU メンバーをめざす中・東諸国の新たな動向を誘発し，EU 憲法制定合意形成のエネルギーに点火した．その成果は，3月25日ブリュッセルで始まった EU 首脳会議において，急転直下，「対テロ宣言」と6月中の「EU 憲法制定」へ向けての合意と結束の採択となって実現した．要するに，英国と共に，親米派ヨーロッパの支柱をなす「有志の同盟」国としてイラク戦争に参加してきたスペインとポーランドは，EU 憲法草案の一部に反対していたが，スペインの新政権を担うサパテロ次期首相は，「イラクからの撤兵」と「EU 憲法草案の採択」を，明確な意志と展望を持って宣言した．スペインの「革命的」転回が，拡大 EU への新軌道構築の〈epoch-making〉となったことは，ポーランド首相ミレルが EU サミット閉幕時に辞意を表明し，「欧州への回帰」を示唆した事実からも明らかである．

　この EU サミットでの「対テロ」と「EU 憲法制定」への結束の合意採択宣言の歴史的意義は，まず04年5月，25ヵ国へと広がる「拡大 EU」の政治経済的システムの確立へ向けての結束の合意にあった．しかし，さらに重要なことは，EU の現実と持続可能性を規定していく理念，すなわちヨーロッパが，自らの「戦争の世界史」を踏まえて，「戦争の非制度化を執拗なまでに求める新しい」言わば，21世紀の国際安全保障の理念を構築することにある．これは，米・英中心の覇権帝国主義の歴史的終焉の時代を象徴している．端的に言うならば，戦争を制度化してしまった20世紀における国際連盟の迷走と限界，そして苦悩の歴史的な止揚は，基本的には，国連憲章に基づく，戦争の非制度化[63]すなわち世界平和の制度化を持続的に可能ならしめる世界秩序構築の理念と構想の実現のための結束と国際的合意が，あらゆるものに優先しなければならない．第3節で論究したアジア，とりわけ北東アジアの理念と構想も，その一環として実現をめざさなければならない．

　ポスト冷戦体制下の「湾岸戦争」にかけたアメリカの世界戦略は，ヤルタ以降の「敵対帝国ソ連」に代わって，社会主義国家崩壊の東欧・ロシアなどの諸国との連動傾向を強めてきた EU（ユーロ）経済圏，特に拡大 EU への政治経済力の進展をターゲットにする．その一方，躍動するアジア経済の現実と将来を

踏まえた国内の構造改革と共に，積極的な政治経済外交を展開する中国やロシアそして，ヴィヴィドな動態を見せる大国インドにも向けている．とりわけ日本が提唱し多くの支持を得た「アジア通貨基金構想」を，アメリカが直ちに，壊滅させたように，日本が，東南アジア諸国及び地域と共有したアジア経済圏形成の担い手となり，円経済圏の拡大を促すことは，アメリカのアジア戦略に敵対競合する行動である，との認識に基づいている．したがって，アメリカのアジア戦略は，日・米安全保障条約の恒久化を前提にした日本懐柔政策の持続的な貫徹を基軸にして展開される．実際，現実が物語るように，北東アジアの安全保障政策は，「中心軸(ハブ)としての米国と，日本などとの軍事同盟網が車輪のスポーク状に広がる『ハブとスポーク』構造」をなしている．つまり，日・米，韓・米など「2国間関係が基本なので，米の軍事政策はそれぞれの支持を得やすい．」これとは対照的に，「欧州には多国間の安保協力がある．一部が有志連合に加わり，残りが背を向ければ，協力網は壊れる」．このような国際安全保障の理念と構造の二極分解とその構造的諸矛盾が剔抉されたのが「イラク戦争」であった．この歴史的現実を前にして，体系的な国際法に基づく執行機構ではない国連は，いかに崇高な理想と理念の実現をめざしても，イラク戦争を阻止することも，大義なき戦争を裁く法的権限もない，という実体と限界をさらけ出すことになった．

　言い換えるならば，国連が，言わば人類付託の国際平和に向けて，大いなる一歩を踏み出す直接の環境となったのが，スペインの「革命的」転回と，それに誘発された独・仏を中心としたEU憲法の制定と国際テロに対する結束の合意であり，ポーランドの転回であった．つまり，戦争を手段にして，21世紀の新世界秩序と国際安全保障体制の構築において主導権を掌握せんとするアメリカの「帝国覇権」の支配が，誤りであり，国際的支持を失ってきている事実を踏まえて，国連がようやく決断した国連主導での国際平和とイラク復興支援の結束と合意が信認されることになった．

　要するに，03年5月採択の「安保理決議1483」及び8月採択の「1500」に基づくイラクにおける国連の不可欠の役割及び10月の「1511」採択による役割の

強化・拡大政策が施行されることになった．したがってまた，04年3月29日，バルト3国など，中・東欧の7ヵ国がNATO加盟によって欧州回帰の軌道に乗り，拡大EUに対応した26ヵ国からなる東西連帯の「欧州安全保障体制」が構築されていくことになった．

　このような欧州連合拡大の政治経済構造とその持続的な編成替えの支柱となっていくユーロが，ドルとの競合と試練を経て，国際通貨として信用創造のリーディング・ファクターを演じることへの期待と懸念が交錯する歴史の現段階を，リオリエント時代を視座において，どのように理解するか，それが問われている．いずれにしても，21世紀初期における，これらの歴史的現実を規定してきている歴史発展の法則と構造再編成の形態及び方向性を明らかにすることである．その場合，アメリカの「単独行動主義は，東西対立の二極世界が終わった時から」で，「京都議定書や国際刑事裁判所，対人地雷禁止条約に異を唱えたのは，」クリントンの「民主党政権だった．単独行動の傾向は90年代に強まり，ブッシュ政権と同時多発テロで加速したにすぎない．現実の外交では絶対的な単独行動主義も完全な国際協調主義もない．」とする現実主義的見解に止まってはならない．なぜならば，アメリカの単独行動主義は，「東西冷戦体制」[64]が「終わった時から」ではなく，「1974年通商関税法の301条こそ，」90年代に「強まる一方主義」の「原型となった立法」である．そして「84年の306条の規定となり，88年の包括通商法での301条から310条までの規定で，最も明確な形をとる」のである．

　端的に言うならば，この国内の「擬制法で政治経済的に武装したアメリカの軍産複合体資本主義が主役を演じる国際舞台，それがスーパー301～10条でガードされた世界市場経済主義原理」であり，言わばこのグローバリズムを盾にして覇権帝国支配体制を再構築するのが究極の目的である．したがって，『リ．オリエント』の著者，A. G. フランクが，「ヨーロッパや日本が依存している中東の石油をアメリカが支配していることは，これから起こりうる無数の利害衝突の場で，政治的，経済的な譲歩を引き出すための切り札として使える」，と「ポスト冷戦体制下の湾岸戦争に込めたアメリカの世界戦略」[65]を総括してい

るが，そこに貫く戦争の本質は，「アフガン戦争」から「イラク戦争」を通じて，アメリカ自らが剔抉するところとなった．

　要するに，そのイラクにおけるテロと戦争が連鎖する現実の中で，米・英両国は，米国の直轄占領の下におけるイラク復興支援も，新体制の構築も不可能であることを容認せざるをえない，と観念したのか，「国連が中立的な手法で主権の移譲を仕切るしかない」，つまり，国連を主役にしたイラク復興へと軌道修正を決断したのである．それでは，米・英は何故，イラク戦争の失敗を容認したにも等しい軌道修正を決断したのか．それは，EU憲法の制定から拡大EUへ向けての新潮流を誘発した独・仏・スペインの連携したダイナミックな動態と国連中心主義との政治的「結婚」に対する米・英の大いなる歴史的畏怖である．

　まず国連のアナン事務総長が，パレスチナ原理主義組織ハマスの創始者ヤシン師を暗殺したイスラエルの行為は国際法に反するばかりか，パレスチナ問題の平和的解決の方途を閉すものである，と直ちに非難し，3日後の3月25日の「国連安全保障理事会」において，非難決議案を採決した．これに対し，ブッシュ米政権は，イスラエルが「テロ行為から身を守る自衛の権利を持つことは疑う余地がない」として，拒否権を行使し，決議案は否決された．

　この事実は，「イラク暫定占領当局」から国連主導の暫定政府創設合意への，米・英の方針転換の欺瞞性と四面楚歌の危機の現実を糊塗するもので，米・英の世界戦略の歴史的本質を，自ら剔抉したものである．それと同時に，この事実は，国連の歴史的限界を如実に物語るものである．21世紀社会における国連の果すべき役割と国連への期待が，いかに大きくなってきているかは，9・11テロ以降の，テロリズムとグローバリズムに対する国家の機能麻痺が不可逆的な実体として，剔抉されてきている事実からも明らかである．

　実際，テロと戦争の連鎖を促す構造的諸矛盾の深層構造は，パレスチナ問題の史的構造と三位一体の関係にあるように，米・英の〈Aggressive Unirateralism〉のグローバル化は，アラブ世界の結束とアジア危機との連動を促し，国連の役割と限界を，共に大きくしてきている．

周知のように,「国連憲章は1945年6月,つまり第2次大戦終結前,また広島・長崎への原爆投下以前に,日・独・伊等のファシスト陣営と戦ってきた米・英・ソを軸とする反ファッショ連合諸国がサンフランシスコ会議で協議した結果合意し署名したものである.しかも,その原案は米英ソ中(実質的には米英ソの三大国)が起草した原案(ダンバートン・オークス案)(1944年)をヤルタ会議(1945年2月)で修正を加えたものであり,サンフランシスコでは1部に重大な修正が施されたとはいえ(第51条)大綱は原案どおり決定されたのであるから,反ファッショ戦争の大義と戦争目的を貫徹し,旧国際連盟の欠陥を克服し,真の集団安全保障体制を創設して恒久平和を築こうとする崇高な意図とともに,戦後の世界にのぞむ各大国の覇権主義的意図をも反映していた」[66].この国連憲章の崇高な精神と限界に基づいて,歴史的に付託された大いなる役割と機能が,充分発揮さるべき歴史段階であるだけに,われわれは,北東アジアの危機をも視座に据えて,国連の限界を,歴史的に認識し,持続可能な21世紀社会の「理念と構想」の方途を確認しておきたい.

　そのためには,国連憲章制定から10年後の1955年4月,インドネシアのバンドンで開催されたアジア・アフリカ会議,すなわち「参加国の大部分が国連の発足後に帝国主義列強の植民地支配下から離脱して独立した国々が初めて結集した」バンドン会議の合意文書では,「人民の自決権,大小すべての国家の同権の尊重が示されているに止まる……国連憲章を支持しつつも,民族自決権が基本的人権の完全な享受の前提であるとし,さらに国連憲章では言及されなかった植民地主義の廃絶を宣言し,また,外国の征服,支配,搾取への民族の従属は基本的人権の否定,国連憲章違反であるとしている」[67].その上,本論が視座に据えている世界政治経済危機のグローバル化と北東アジア危機の深層構造に貫いている「危機の法則性」と歴史的現実との関係において,重要なのは次の点である.

　すなわち,「バンドン宣言」が,「核兵器の製造,実験,使用の禁止が全面的滅亡の脅威と前途から人類と文明を救うために緊要であるとし,全面禁止に至るまでは関係諸国が核兵器実験中止協定を結ぶ必要があるとし,さらに全面的

な軍縮の必要性を宣言している」こと．しかも，その前文において，「(1)すべての国家が，とくに国連をつうじて，核兵器の廃絶と軍縮の実現のために協力すべきこと，(2)自由と平和は互いに依存するから，すべての民族が自決権を享受すべきこと，(3)すべての国民が自国の政治，経済制度，生活様式の自由な選択権をもつべきこと，(4)不信と恐れをとりのぞき，相互に信頼と好意をしめすことにより，諸国民はよき隣人として互いに寛容のうちに行動し，ともに平和に生活すべきである」，と高らかに宣言している．端的に言うならば，人は誰でも，出自や国や地域に関係なく，健康で最低限度の社会的生活を営む権利を保障されていなければならない．この社会的生存権と基本的人権とは相互依存の関係にあり，戦争の非制度化すなわち，平和の国際的制度化によって保障されるのである．したがって，そのための「バンドン10原則」が，恒久，不滅の歴史貫通の原則とならなければならない．

つまり，「1.基本的人権および主権，領土保全の尊重．2.すべての国家の主権，領土保全の尊重．3.すべての人権の平等と大小を問わずすべての国家の平等の承認．4.他国の内政への介入，干渉をさしひかえること．5.国連憲章に合致する諸国家の個別的あるいは集団的自衛権の尊重．6.a 大国の特定の利益に役立てるための集団的防衛の諸協定の利用をさしひかえること．b いかなる国も他国を圧迫することをさしひかえること．7.いかなる国の領土保全，あるいは政治的独立にたいしても，侵略行為，脅迫，あるいは力の行使をしないこと．8.あらゆる国際紛争は，国連憲章にしたがって，交渉，調停，仲裁あるいは裁定のような平和的方法，ならびに当時国の選ぶその他の平和的方法で解決すること．9.相互利益と協力の促進．10.正義と国際的義務の尊重．」[68]である．

そこで，特に重要な点は，「平和5原則」を基底としている「バンドン10原則」と「国連憲章」との「とりわけ際立った相違点」である．まず「国連憲章第51条【自衛権】は加盟国の個別的および集団的自衛権を確認した条項であって，もともと原案にはなかった条項であるが，憲章を制定したサンフランシスコ会議で米州諸国の強い要求で追加されたものであり，しかも，仮想敵を想定

した集団的（3ヵ国以上）および双辺的（2国間）軍事同盟の結成に法的根拠を与えるこの条項は，憲章の根底をなす真の集団安全保障の理念とは本質的に背反するものである」，ということ．要するに，「実際，国連発足後，『冷戦』の開始に伴って結成されたNATOやワルシャワ条約機構などの集団的軍事ブロックや日米安全保障条約などの2国間軍事同盟はすべてこの憲章51条に法的根拠を求めている」，という歴史的現実である．

実際，バンドン会議において，この「国連憲章51条の尊重をうたった原則を入れることを強硬に主張した」国は，「当時米，英と軍事同盟を結んでいた」日本，パキスタン，トルコ，フィリピンなどであった．これに対して，非同盟の立場をとる「インド，ビルマなど」が，「軍事ブロックの形成自体が戦争の原因をつくるのみならず，大国主導の軍事同盟は中小の加盟国への圧迫や支配の具となるという理由から強く反対し譲らなかった．」この事実を，9・11テロ以降の，とりわけイラク戦争支持の「有志の同盟」の歴史構造に照らして，深く理解したい．この対立は，「議長のナセル・エジプト首相が出した調停案で合意が成立」したが，「国連憲章51条は否定されないものの，そのあり方に制約を加え」[69]る，という妥協案であった．

いずれにしても，1961年9月，旧ユーゴスラビアの首都ベオグラードで，それまでのチトーの多元的外交の成果を受けて，「開催された非同盟諸国首脳会議をもって正式に発足した非同盟運動」（Non-Aligned Movemnt〈NAM〉）が，「平和共存，民族解放運動支持，集団的軍事ブロック非加盟，大国との2国間軍事同盟不参加，大国への軍事基地不貸与など」を目標に，「とくに核軍拡競争の終結と効果的な国際管理のもとでの全面・完全軍縮の達成．発展途上国の開発の促進，発達した国々と発展途上国とのあいだの不平等をなくし，発展途上諸国の飢餓，貧困，疾病，文盲を除去するため新国際経済秩序の早期実現」などの目的を，「国際協力の発展と諸国家間の平等な経済関係の確立のための重要な要因としての国連の強化」[70]によって達成し，世界史の発展の方向性と和平に貢献してきた．

例えば，1982年ノーベル平和賞を受賞したA. ミュルダール（Alva Myrdal）は，

「軍備競争逆転の戦略」〈How the United States and Russia Run the Arms Race〉において，次のように述べている．「非同盟の国々からの人々は，大なり小なり一致して地球的規模の展望を呈示することができた」[71]こと，そして「軍縮交渉に参加した長い年月の間私が1つの非同盟国スウェーデンを代表してきたことは大きな資産である」し，「スウェーデンの人民が，死活的な関心と理想主義的な動機の双方から」展望を切り開く道を選択し，私の「指導原理は理性的行動である．」[72]と．また，このA. ミュルダールを母に，そして1974年ノーベル経済学賞を受賞したG. ミュルダール (Karl Gunnar Myrdal) を父に持つS. ボク (Sissela Bok) は，1989年の『平和のための戦略―人間的価値と戦争の脅威』(A Strategy for Peace – Human Values and the Threat of War –) において，20世紀の世界危機における政治状況に照らして，カント (Immanuel Kant) の『永遠平和のために』(Pepetual Peace) と，K. クラウゼヴィッツ (Karl von Clausewitz) の『戦争論』(VOM KRIEGE) を再検証する[73]．すなわち平和論と，戦争は政治の手段なり，とする現実主義者クラウゼヴィッツの近代戦争・戦術論との融合化を視座に据えて，新しい平和のための戦略論の構築を論究している．

さて次に，20世紀末から21世紀初頭の歴史危機の現実を踏まえて，21世紀社会の秩序構築の理念と構想を論究した，N. ペヒ (Norman Paech) とG. シュトゥービィ (Gerhard Stuby) の大作『国際関係における国際法と権力政治』(Völkerrecht und Machtpolitik in den internationalen Beziehungen. 2001) における編別構成に注目してみると，そこに本章のエピローグの論点を補足し，今後の研究への示唆を与えてくれる分析方法と理論が潜在している．

　A部　国際法の新時代 (Epochen des Völkerrechts)
　　第1章　15世紀はじめから18世紀末まで (Vom Ausgang des 15. bis Ende des 18. Jahrhunderts)
　　第2章　市民的国家システムと古典的国際法の形成 (Die Herausbildung des bürgerlichen Staatensystems und des klassischen Völkerrechts)
　　第3章　近代的国際法への移行：国際連盟時代 (Der Übergang zum modernen Völkerrecht: die Völkerbundperiode)

第4章　1945年から今日まで（Von 1945 bis heute）
B部　新たな国際法秩序の主要要素（Die Hauptelemente der neuen Völkerrechtsordnung）
　第1章　国際システムの実行者：国家（Die Akteure des internationalen Systems : Die Staaten）
　第2章　国際的共同体の法律的枠組み：国際法（Der rechtliche Rahmen der internationalen Gemeinschaft : das Völkerrecht）
　第3章　国際連合のシステムと集団的平和保障（Das System der UNO und die kollektive Friedenssicherung）
　第4章　人権とその国際的保護（Menschenrechte und ihr internationaler Schutz）
　第5章　世界経済秩序と国際法（Weltwirtschaftsordnung und Völkerrecht）
　第6章　グローバル資源の経済的利用：海洋，宇宙，環境（Die wirtschaftliche Nutzung globaler Ressourcen : Meer, Weltraum, Umwelt）
展望：国際法の将来（Ausblick : Die Zukunft des Völkerrechts）[74]

　21世紀社会における世界経済のグローバル化が不可避的に加速していくにつれて，国際社会の相互依存の再生産構造も，構造的諸矛盾もまた，グローバル化していくので，地球規模での国際安全保障体制の構築が緊要な課題となってきた．にもかかわらず，論証してきたように，国連への期待が大きく，浸透していけば行くほど，国連の限界が鮮明になってきている現実を，歴史的危機として認識しなければならない．

　そこでまず，M. ハドソン（Manley O. Hudson）の編纂になる『将来の国際法──その要請，原理，提案』(The Future of the International Law, of the Postulates and Proposals）が，「国際社会の平和を維持するための世界政府の提案を次のような形で行っている」，ことを確認しておこう．

　1．法によって各国家の上に権威を有すべき超国家的共同体（Supernational Communty）を確認せよ．
　2．国際関係において国家が武力を行使することの禁止．

3．超国家的共同体による強制的裁判管轄権．
4．この超国家的権威に対する服従を強行すべき組織された法的強制．
5．特殊な調節と一般的な修正をする資格ある立法部の創設[75]．

しかも，われわれは，1945年10月「戦争を防ぐに足るだけの権力をもった制限的世界連邦樹立」を目的とした「ダブリン会議」を持ち，47年3月には，R. M. ハッチンスを委員長とする「世界憲法審議委員会」によって，「前文と47ヵ条からなる「世界憲法シカゴ草案（Preliminany Draft of a World Constitution）」が発表された．そしてまた，この「世界連邦運動」は，1946年「ルクセンブルグ方針宣言」をはじめ，47年「モントルー宣言」，48年「ルクセンブルグ宣言」，51年「ローマ宣言」及び「ロンドン決議」，翌52年には，「〈アジア会議〉広島宣言」，57年「ハーグ宣言」，61年「ウィーン宣言」，63年「東京宣言」及び「東京提案」，65年「サンフランシスコ宣言」，67年「オスロ宣言・決議」，68年「エルシノア宣言」など，持続的な発展史を重ねてきた歴史と，21世紀社会の理念に包摂されていく形での「日本国憲法の創造的発展」とそして，非同盟運動史の真髄をなす「平和10原則」の再生・発展との融合化によって，国連の根源的改革の達成を加速すべきである．なぜならば，本章の論旨の一環をなす「拡大EU」への発展の二大支柱構造をなす「EU憲法」制定と，中・東欧7ヵ国のNATO加盟を含む26ヵ国からなる「欧州安全保障体制」構築へのダイナミックな動態メカニズムと歴史転換の法則を視座に据えて，日本の将来を基礎づけていく「北東アジア」の経済発展と多元的総合安全保障体制を構築するためにも，「世界憲法と世界連邦政府」の創設へ向けて，理想主義的現実主義者にならなければならない[76]．

1) Andre Gundre Frank, ReORIENT : Global Economy in the Asian Age, 1998. 山下範久訳『リオリエント　アジア時代のグローバル・エコノミー』，藤原書店，2000年．
2) 『同上書』，129頁．
3) 『同上書』，40頁．
4) 『同上書』，日本語版への序文，3頁．

5) 『同上書』, 10頁.
6) 『同上書』, Michel BEAUD, HISTOIRE DU CAPITALISM, 1981. 筆宝康之・勝俣誠訳『資本主義の世界史 1500～1995』藤原書店, 1996年. 参照.
7) 『同上書』, 34頁, 傍点は著者.
8) 『同上書』, 日本語版への序文, 10頁, 傍点は著者.
9) 『同上書』, 36頁.
10) Karl Polani, *The Great Transformation – The Political Economic Origins of Our Time.* 1957. 吉沢英成他訳『大転換―市場社会の形成と崩壊』, 東洋経済新報社, 1975年.
11) Fernand Braudel, LA MÉDITERRANÉE, 1996. 浜名優美訳『地中海』, 全5分冊, 藤原書店, 1991-95年.
12) Immanuel Wallerstein, THE MODERN WORLD-SYSTEM : Capitalist Agriculture and the Origins of the European World-Economy in the Sixteenth Century, 1974. 川北稔訳『近代世界システムⅠⅡ―農業資本主義と「ヨーロッパ世界経済」の成立―』, 岩波書店, 1981年.
13) Fernand Braudel, CIVILISATION MATÉRIELLE, ÉCONOMIE ET CAPITALISM, XVE-XVIIIE SIÈCLE, 1979. 村上光彦・山本淳一訳『物質文明・経済・資本主義―日常性の構造12・交換のはたらき12』, 全6冊, みすず書房, 1985年-.
14) 『注1) 同書』, 90頁.
15) Andre Gunder Frank, Dependent Accumalation and Underdevelopment. 1978. 吾郷健二訳『従属的蓄積と低開発』, 岩波書店, 1980年.
16) 『注1) 同書』, 243頁.
17) 『同上書』, 131-32頁, 傍点は著者.
18) ADAM SMITH, *An Inquiry into the Nature and Causes of the Wealth of Nations.* 1776. 大内兵衛・松川七郎訳『諸国民の富』(二) 142-43頁, 岩波書店, 1965年. 大河内一男監訳『国富論』Ⅰ・331-32頁, 中央公論社, 1978年.
19) 『注1) 同書』, 247-49頁.
20) 『同上書』, 294頁, 傍点は著者.
　このA. G. フランクの「命題」を踏まえて, 李美愛は, 『インドにおける社会経済発展の基礎研究―インドの国際関係の「豊かさと構造的特質」―』日本大学国際関係学部提出「博士論文」(2003年度) を論及している.
　世界市場の経済史及び文化史については, Gerd Hardach / Jürgen Schilling, DAS BUCH VOM MARKT, 1980. 石井和彦訳『市場の書―マーケットの経済・文化史―』, 同文舘, 1988年.
21) 印僑はインド政府資料 (01年, スリランカとネパールを除く), 華僑は米国の華人系民間団体の調査 (00年) から. 移住先の国籍取得やその子孫, 長期滞在者も含

む，朝日新聞，2004年1月23日，朝刊．
22) Anthony Reid, SOUTHEAST ASIA IN THE AGE OF COMMERCE 1450-1680 volume One and Two: below the Winds, Volume Two: Expansion and Crisis, 1988. 1993. 平野秀秋／田中優子訳『大航海時代の東南アジアⅠ，貿易風の下で，Ⅱ，拡張と危機』，法政大学出版局，2002年．
23) Karl Marx, Zur Kritik der Politischen Ökonomie. 1859. 武田隆夫・遠藤湘吉・大内力・加藤俊彦訳『経済学批判』，第2章 C 世界貨幣，199-201頁，傍点は筆者，岩波書店，1956年．
　　拙著『経済発展と資本の理論—貨幣・信用・価格メカニズム—』，特に，第1章参照，文眞堂，1987年．貨幣及び世界市場に関しては，Karl Marx. GRUNDRISSE DER KRITIK DER POLITISCHEN ÖKONOMIE. (Rohentwurf) 1857-1858, ANHANG 1850-1859. 高木幸二郎監訳『経済学批判要綱』，全5冊，大月書店，1958年．
24) 『ME全集13』，129-30頁，大月書店，1972年．
25) 拙著『前掲書』，第1章第1節. Michel Aglietta, RÉGULARION ET CRISES DU CAPITALISM L'expérience des Etats-Unis, 1976. 若森章孝・山田鋭夫・大田一廣・海老塚明訳『資本主義のレギュラシオン理論　政治経済学の革新』，特に第6章と結論参照，大村書店，1989年．
26) Wlodzimierz Brus, *Ogolne Problemy funkcjonowania gospodarki Socjalistycznej* (Warsaw, 1961). 鶴岡重成訳『社会主義経済の機能モデル』，合同出版，1971年．Brus. *Socialist Ownership and Political Systems*. 1975. 大津定美訳『社会化と政治体制』，新評論，1982年．Brus and Kazimierz Laski, FROM MARX TO THE MARKET: Socialism in Search of a Economic Sysem. 1989. 佐藤経明・西村可明訳『マルクスから市場へ—経済システムを模索する社会主義—』，岩波書店，1995年．
27) Harold James, THE OF GLOBALIZATION: LESSONS FROM THE GREAT DEPRESSION, 2001. 高遠裕子訳『グローバリゼーションの終焉—大恐慌からの教訓』，282頁，日本経済新聞社，2002年．細谷千博監修／滝田賢治・大芝亮編『国際政治経済資料集』，有信堂，1999年．は，本章の論旨の理解に不可欠の資料．
28) 『同上書』，281-82頁，Joseph E.
29) 『同上書』，140頁，Joseph E. Stiglitz, Globalization and its discontents. 2002. 鈴木主税訳『世界を不幸にしたグローバリズムの正体』，157-60頁参照，徳間書店，2002年．
　　中央大学『中央評論』（2001年）238号は，日本の視点から「グローバリゼーションと日本」を特集している．
30) Gottfried Haberler, Prosperity and Depression, 1937. 宇治田富造訳『好況及び不況の理論』，清和書店，1938年．

31) Ragnar Nurkse, Internationale Kapitalbewegungen, 1935. 増井光蔵・傍島省三訳『国際資本移動論』, 日本評論社, 1938年. Intenational Currency Experience : Lessons of the Interwar Perriod, 1944. 村野孝・小島清訳『ヌルクセの国際通貨』, 東洋経済新報社, 1953年. Problems of Capital Formation in Underdeveloped Countries, 1953. 土屋六郎訳『後進諸国の資本形成』, 巌松堂, 1955年. ヌルクセの思想形成と理論構築の歴史的背景をなす帝国主義戦争, ロシア革命, 世界恐慌期における国際政治思想の動態と理想主義と国際関係については, DAVID LONG and PETER WILSON : THINKERS OF THE TWENTY YEARS' WILSON, THINKERS Idealism Reassessed. 1995. 宮本盛太郎・関静雄訳『危機の20年と思想家たち—戦間期理想主義の再評価—』, ミネルヴァ書房, 2002年. E. H. Carr, *The Twenty Years' Crisis, 1919-1939 : An Introduction to the Study of International Relations*, 1939. 井上茂訳『危機の20年—1919-1939年』, 岩波書店, 1970年.
32) 『注27) 同書』, 273頁.
33) 『同上書』, 273-74頁, 傍点は筆者.
34) John Gray. The Delusion of Global Capitalism, 1998. 石塚雅彦訳『グローバリズムという妄想』, 3頁, 日本経済新聞社.
35) 『同上書』, 6-7頁.
36) 『同上書』, 7-10頁. ロシアにおけるアナーキ資本主義の現状については, 213-24頁.
37) 三浦信孝・糟谷啓介編『言語帝国主義とは何か』, グローバリゼーションと言語の一元化, 覇権帝国主義権力と人間の本質的関係の根源をなす「コトバ」の一元化との諸関係について参照. 藤原書店. 2000年.
38) 『注34) 同書』, 10頁.
39) 『同上書』, 34頁. グローバリズムの妄想に基づく人類の悲劇が現在の戦争とテロとの連鎖を誘発し, 拡大再生産の「原理」さえ創出してきている. この問題の本質を根源的に問う, Haim GERBER. STATE, SOCIETY, AND LAW IN ISLAM, 1990. 黒田壽郎訳『イスラームの国家・社会・法』, 参照, 藤原書店, 1996年.
40) A WORLD BANK POLICY RESEARCH REPORT, THE EAST ASIAN MIRACLE : *Economic Groath and Public Policy*, 1993. 白島正喜監訳『東アジアの奇跡　経済成長と政府の役割』, 東洋経済新報社, 1994年. この「東アジアの奇跡」を踏まえた国際比較研究として,「市場か政府か」の命題を視座に,「比較制度分析」の労作として, Masahiko Aoki, Hyung-ki Kim, and Masahiro Okuno-Fujiwara, THE ROLE OF GOVERNMENT IN EAST ASIAN ECONOMIC DEVELOPMENT, 1996. 青木昌彦他監訳『東アジアの経済発展と政府の役割』, 日本経済新聞社, 1997年. The International Bank for Reconstruction and Development/The World Bank, *World Development Report* 1999/2000 : Entering the 21st Century, 2000. 小浜裕久監訳『世

界開発報告　1999／2000　21世紀はどうなるか』，東洋経済新報社．山影進『ASEANパワー　アジア太平洋の中核へ』，東京大学出版会，1997年．
41)　『同上「東アジアの奇跡」』，ii-iii頁，傍点は筆者．
42)　『注37)』．
43)　R. Boyer, La globalisation, Mythes et réalités, 1996. Le Monde, le 6 août 1998. An Essay on the Political Deficits of the Euro : The Unanticipated fallout of the European Monetary Union, 1998. 井上泰夫訳『世界恐慌　診断と処方箋〜グローバリゼーションの神話〜』，序論．特に23-24頁．傍点もボワイエ．藤原書店，1998年．Susan Strange, Casino Capitalism, 1986. 小林襄治訳『カジノ資本主義』，1988年．John Eatwell & Lance Taylor, GLOBAL FINANCE AT RISK The CASE FOR INTER-NAIONAL REGULATION, 2000. 岩本武和・伊豆久訳『金融グローバル化の危機　国際金融規制の経済学』，共に岩波書店，2001年．
44)　Joseph E. Stiglitz『注29)同書』，148-49頁．
45)　『同上書』，13頁．
46)　Peter F. Drucker, THE FRONTIERS OF MANAGEMENT, 上田惇生・佐々木美智男訳『マネジメント・フロンティア』，46-47頁，第1章　変貌した世界経済，ダイヤモンド社，1986年．Robert B. Reich, The Work of Nation – Preparing Ourselves for 21st Century Capitalism, 1991. 中谷巌訳『ザ・ワーク・オブ・ネーションズ—21世紀資本主義のイメージ』，ダイヤモンド社，1991年．
47)　P. ドラッカー『同上書』，45-46頁．加藤隆俊『円・ドル・元　為替を動かすものは誰か』，東洋経済新報社，2002年，参照．
48)　Alain Lipietz, Mirages et Miracles, 1985. 若森章孝・井上泰夫訳『奇跡と幻影〔世界的危機とNICS〕』，新評論，1987．吾郷健二『グローバリゼーションと発展途上国』，コモンズ，2003年．
49)　Michel BEAUD, LE BASCULEMENT DU MONDE de la Terre, des hommes et du capitalisme, 1997. 筆宝康之・吉武立雄訳『大反転する世界　地球・人類・資本主義』，viii, 29-35頁参照．
50)　Emmanuel TODD, L'ILLUSION ÉCONOMIQUE Essai sur la stagnation des sociétés developpées, 1998. 平野泰朗訳『経済幻想』，2-3頁，藤原書店，1999年．
51)　『同上書』，62頁．
52)　『注49)同書』，vi.
53)　Kent E. Calder, PACIFIC DEFENSE Arms, Energy, and America's Future in Asia, 1996. 日本経済新聞社国際部訳『アジア危機の構図　エネルギー・安全保障問題の死角』，2頁，日本経済新聞社，1996年．
54)　千葉康弘「北東アジア開発銀行構想—北東アジアのグランドデザインを通して—」，「日本金融学会報告要旨」（2003年度），『北東アジアの地域経済協力に関す

る研究―北東アジア開発銀行構想と北東アジアの開発ビジョンを通して―』，日本大学国際関係学部提出の「博士論文」(2004年) を参照．

　宇野重昭・増田祐司編『北東アジア地域研究序説』，2000年．『21世紀の北東アジアと世界』，2001年．宇野重昭編『北東アジア研究と開発研究』，2002年，いずれも国際書院．

　関満博『北東アジアの産業連携／中国北方と日韓の企業』，新評論，2003年．実態調査分析の労作である．また，東京大学東洋文化研究所編『アジア学の将来像』，東京大学出版会，2003年．

55)　『同上書』及び「学会報告書」参照．
56)　田口富久治・田中浩・西尾孝明編『現代民主主義の諸問題』，「内山秀夫論文」198-99頁．
57)　『注40』参照．Carlos Ominami, LE TIERS MONDE DANS LA CRISE　Essai sur les transformations récentes des rapports Nor-a-Sud, 1986. 奥村和久訳『第3世界のレギュラシオン理論―世界経済と南北問題―』，大村書店，1991年．
58)　JAMES E. FOSTER AND AMARTY SEN, *ON ECONOMIC INEQUALÍTY*, 1997. 鈴村興太郎／須賀晃一訳『不平等の経済学』，東洋経済新報社，2000年．A. K. Sen, POVERTY AND FAMINES　An Essay on Entitlement and Deprivation, 2000年．黒崎卓・山崎孝治訳『貧困と飢饉』，岩波書店，2000年．鈴村興太郎・後藤玲子『アマルティア・セン　経済学と倫理学』，実教出版，2002年．鶴見和子・川田侃編『内発的発展論』，東京大学出版会，1989年．西川潤『人間のための経済学　開発と貧困を考える』，岩波書店，2000年．吉田勝次『アジアの民主主義と人間開発』，日本評論社，2003年．
59)　Yves-Marie Laulan, La planète balkanisée. 1993. 篠原誠子訳『バルカン化する世界　新世界無秩序の時代』，日本経済新聞社，1994年．
60)　『同上書』，16-17頁．
61)　Robert G. Gilpin, *THE POLITICAL ECONOMY OF INTANATIONAL RELATIONS*, 1987. 大蔵省世界システム研究会訳『世界システムの政治経済学』4頁，東洋経済新報社，1990年．
62)　拙著『歴史認識と国際政治経済危機の深層―情報革命・国際通貨・環境問題』，33-34頁，税務経理協会，2002年．高柳先男『戦争を知るための平和学入門』，筑摩書房，2000年．
63)　鴨武彦『国際安全保障の構想』，162-65頁，東京大学出版会，1990年．小山洋司『EU の東方拡大と南東欧』，ミネルヴァ書房，2004年．
64)　P. W. スティーブンスン・滝田賢治訳『デタントの成立と変容』，中央大学出版部，1989年，参照．
65)　『注62) 同書』，252-54頁．拙著『増補　世界経済の変動と日本経済』，230頁，税

務経理協会，1998年．
66) 岡倉古志郎『非同盟研究序説』310頁，傍点は筆者，新日本出版社，1999年．
67) 『同上書』，310-11頁．傍点は筆者．Maurice Bertrand, l'ONU, 1994. 横田洋三・大久保亜樹訳『国連の可能性と限界』，国際書院，1995年．
68) 『同上書』，185-6頁．
69) 『同上書』，312-13頁．岡倉古志郎・土生長穂『非同盟運動基本文献集』，新日本出版社，1979年を参照．
70) 『同上書』，15頁と28頁．傍点は筆者．大沼保昭『人権・国家・文明　普遍主義的人権観から文際的人権観へ』，筑摩書房，1998年，参照．佐藤昌一郎『地方自治体と軍事基地』，新日本出版社，1981年．によって非同盟運動における平和共存と軍事基地不貸与・軍縮の理念と構想が，世界平和の制度化を意味することが理解できる．
71) Alva Myrdal, THE GAME OF DISARMAMENT　How the United States and Russia Run the Arms Race, 1976. 豊田利幸・高榎堯訳『正気への道ⅠⅡ．―軍備競争逆転の戦略―』，序xv，岩波書店，1978年．
72) 『同上書』，序xvii-xviii，傍点はミュルダール．
73) Sissela Bok, A STRATEGY FOR PEACE ― Human Values and the Threat of War ―, 1989. 大沢正道訳『戦争と平和』，法政大学出版局，1990年．宮田光雄『政治と宗教倫理』，特に第3章5・6を参照，岩波書店，1975年．
　　F. A. KRUMMACHER/H. LANGE, Krieg und Frieden　Geschichte der Deutsch-Sowjetischen Beziehungen, 1970. 参照．
　　Karl von Clausewitz, VOM KRIEGE 1832-34. 篠田英雄訳『戦争論』（全3冊），岩波書店，1968年．
74) Hans J. Morgenthau, POLITICS AMONG NATIONS　The Struggle for Power and Peace, 1978. 現代平和研究会訳『国際政治　権力と平和』，福村出版，1998年．特に，第6-10部．渡辺昭夫・土山實男編『グローバル・ガヴァナンス　政府なき秩序の模索』，東京大学出版会，2001年．小林正弥編『『戦争批判の公共哲学「反テロ」世界戦争における法と政治』勁草書房，2003年．
75) 谷川徹三『世界連邦の構想』，38頁，傍点は筆者．講談社学術文庫，1977年．
76) 田畑茂二郎『世界政府の思想』，岩波書店，三好康之『世界的に狂っている国防論　「世界連邦」創設の「政治的プロセス」』，勁草書房，1982年．斎藤鎮男『国際連合論序説（改訂第3版）』，新有堂，1981年．世界連邦建設同盟編『世界連邦運動20年史』，1969年．
　　拙稿「21世紀社会における「国際政治経済秩序」の理念と構想」（秋山正幸編著『知の新視界』）南雲堂，2003年．

5章　グローバリゼーションと中国外交の展開
―― 銭其琛著『外交十記』を手がかりに ――

李　廷　江

はじめに

　1978年以降の中国外交は鄧小平が推進した改革開放政策を支えるうえで，重要な役割を果たしてきた．今日の中国は北朝鮮問題をめぐる六者会談に象徴される如く，新たな国際体系の再編に積極的に関与し，また，国内経済の持続的な成長に伴い，国際社会においてその国力に相応しい「責任ある大国外交」を展開しつつある．今後，中国外交が国際政治の変動に与える影響はますます世界から注目されるようになるだろう．

　2003年10月，銭其琛著『外交十記』が北京の世界知識出版社から出版された．長年にわたって中国外交の現場における最高責任者であった同氏の回想録である本書は，刊行されるや否やベストセラーとなり，初版だけでも58,000冊が印刷された．1998年に出版された『鄧小平思想年譜』の発行部数が10,000冊であったことを考えれば，読者の関心の高さがうかがえるだろう．本書は1982年から2003年に至るまでの著者の外交活動を記述したものである．周知の通り，世界史の中で，この20年間は冷戦終結やソ連解体をはじめ数多くの歴史的大事件が発生した激動の時代であり，中国史の中でも天安門事件や香港返還など，内政と外交において様々な出来事が起こった時期でもあった．

　20世紀の中国外交史，とりわけ国際体系と中国との関係について，中国外交史研究者である章百家は次のような重要な事実を指摘している[1]．第一に，国

際体系に重大な変動が生じた際に，偶然にも中国国内でも大きな変化が発生している．例えば，第一次世界大戦前後には中国では辛亥革命と五四運動が発生している．また，第二次世界大戦後には中華人民共和国が誕生している．さらに20世紀最後の10年間，冷戦終結やソ連解体と重なって中国の改革開放はさらなる進展を見せている．これら歴史の「偶然」は，「変動」する世界と「変動」する中国との間に，直接，あるいは間接的に連関していることを意味している．

　第二に，歴史経験が示すように，国際体系において重大な変化が生ずる度に，大国の対中政策は常に中国国内に関心を注いできた．これら大国は常に中国国内の変化に関与しようとし，中国内部の政治変化をコントロールしようとしてきた．だが，結果的にこのような外部からの影響は非常に限定的であり，中国が特定の外国の予想通りに発展することは一度もなかった．

　第三に，国際体系の転換は，いつも始めは中国に不利なものであったが，結果的に中国の国際的地位の改善とその上昇へと導き，国際社会に対する中国の影響力も次第に増大することになった．20世紀初期，中国の国際的地位は最底辺にまで失墜したが，第一次世界大戦後，その谷底から緩やかに上昇を開始する．第二次世界大戦前後にはさらに上昇し，1949年10月の中華人民共和国成立によってついに根本的な変化がもたらされた．国際体系の変動はいまだ継続しているため，最終的な結果は改めて考察されるべきものであるが，この過程における中国の国際的地位の上昇とその影響の拡大は否定できない事実であろう[2]．その意味で，多くの中国外交史研究者は，百年にわたる中国外交を理解するには，中国近現代史の中でこれらを総合的に考察するとともに，国際環境の変動，国内政治の変化と中国外交との相互関係にも十分留意すべきだと認識するに至っている．

　このような問題意識に基づいて最近20年間の中国外交を概観しようとする場合，『外交十記』は数多くの一次史料を提供してくれたと言えよう．本章は『外交十記』を手がかりに，中国外交が改革開放期に直面した課題とその道程を，現場にいた著者がいかに認識し，また，いかにして実践に移ったのかとい

う側面から検討してみたい．同時に，かかる検討を通じて，グローバリゼーションと中国外交の展開に焦点を当てながら，鄧小平の外交思想とその実践の特徴を明らかにしたい．

1　改革開放外交の道程

　『外交十記』は，著者である銭其琛が自ら体験した現代中国の外交史を綴ったものである．そこで，まず銭其琛の略歴を確認しておこう．銭は高校在学時から中国共産党に入党し，新中国成立後は外交官としてモスクワの中国大使館に7年間勤務している．アフリカ駐在大使，外交部新聞局長，次官を歴任した後，1988年4月に外交部長，1998年に副総理，さらには中共中央政治局委員に選出されている．外交担当の副総理は中国外交全般を指導する実質的な責任者といえるだろう．銭は，一若手外交官から中国外交の最高責任者となり，50年余り一貫して外交畑で活躍しており，周恩来に次ぐ「中国外交の父」と評されている．そして，2003年3月，全人代閉幕を機に銭は中共中央政治局委員，中華人民共和国副総理をはじめとする数多くの公職から身を引き，その後，わずか5ヶ月余りで20万字に及ぶ本書を書き上げた．銭其琛が現代中国外交の「生き証人」であることからも，本書は現代中国外交を知る貴重な資料と評価できるだろう．

　自序において銭は，「20世紀80年代から新世紀初頭に至るこの20数年の中国外交は，確かに厳しい試練を経験し，尋常でない道程を歩んできた．参加者として振り返って見ると，過ぎ去ったことがありありと眼の前に浮かびあがり，自らの経験した場面があたかも映画のクローズアップが如く脳裏に焼き付けられている．現在，自らの経験した事件をありのままに記録する．それを余すところなく書き残すことはできないが，ただ真実と正確さを求め，書いたものは史書でもなく，論述でもないので，『外交十記』と称する」[3]と述べている．本書は，銭が外交次官着任以来，直接関わった事件を時系列に沿って取り上げ，中国外交の全体像を描き出そうとする一方，一見すると無関係に見える様々な

外交交渉の回想を通して，その内在的な関連を指摘しつつ，中国外交をめぐる諸事項の説明にも配慮し，中国外交が抱えた課題とそれを解決するための紆余曲折の道程を如実に示してくれた．

また，本書が一般的な外交通史と趣を異にするのは，銭個人の回想録として，諸々の外交活動からその内面世界を垣間見ることができるところにあり，それゆえ，大勢の読者を魅了するものとなっている点であろう．評者は学生時代から著者を知り，その人物に敬服してきた．浅学非才の晩学として，本書を敢えて取り上げたのは，著者の外交活動とその思想に対する憧れに留まらず，学術的に接近することによりその考察を試みようと考えたからであり，また，本書が現代の中国外交を理解するのに最適な書物であると信じるからである．

本書は，10章の本文と 5 編の付録講演から構成される．

第 1 章は，中ソ関係正常化に至る10年余にわたる中ソ間の交渉過程を克明に記録する．第 1 節では，中国の対ソ政策転換が叙述され，この時期は中国外交においても転換期の意義を有すると説明される．著者がソ連東欧担当の次官に就任したのがちょうど中ソ関係正常化交渉が本格化しつつあった1982年 5 月頃である．本節は，1982年 9 月 1 日の十二大開幕直前に中ソ両国が，副部長級政府特使による関係正常化交渉の開始を決定したことを明らかにしている．周知のように，十二大は改革開放方針を確定した歴史的意義を有する重要会議であり，かかるタイミングで開始が決定された中ソ関係正常化交渉は，中国外交にとっても歴史的な転換を図る第一歩であったと言えよう[4]．

本章は，対ソ関係の改善過程における様々な問題を中国外交思想及び外交政策の転換との関連性から論じ，ミクロとマクロの両面から 7 年に及ぶ中ソ交渉を再構成することで読者に強い印象を与えている．トップ会談後に発表された共同声明によって中ソ両国首脳が両国関係の基本原則を確認し，「20世紀50年代における同盟関係とは異なり，さらに60年代や70年代の対抗状態とも違う，同盟もせず，対抗もせず，第三国にも対抗しない，睦隣友好の正常な国家関係を形成した」[5]と著者は回想している．中ソ関係正常化により確立されたこの枠組は，中国がイデオロギーを越えて睦隣関係を築くための基礎となり，中国

外交はついに「イデオロギー外交」から「実務外交」へと,さらには「革命外交」から「経済外交」へと変貌を果たしたのである.

　第2章は,中国外交の受動外交から積極外交への転換を回想する.具体的には,カンボジア問題解決をめぐるパリ国際会議,「カンボジア和平協定」締結(1991年10月),また,中ソ・中越関係におけるカンボジア問題とその展開,さらにはパリ会議への中国代表団の参加とその役割などが論じられている.著者は「カンボジア和平協定の調印は,地域間の衝突が国際間の協力によって平和的に解決された一つの成功例として歴史に記載され,中国にとって深遠な意義を持つものであった」[6]と指摘したうえで,次のように強調している.第一に,当時の複雑かつ激動する国際情勢のもと,関係諸国,特に関連する諸大国が地域の安全保障を模索する中で,共通の利益を見つけ出すことによりこの問題を解決することができた.従って,多極化の進んだ世界では大国間の利益が常に地域の安定とそのバランスを維持する鍵となる[7].

　第二に,中国外交におけるカンボジア問題解決の意義について述べている.1989年6月4日に発生した天安門事件の影響を受け,中国をめぐる国際環境は急激に悪化した.パリ開催のカンボジア問題閣僚級国際会議(1989年6月)に銭の参加を招聘していたフランスのデュマ外相は,6月4日午前「民主主義を実現しようとする人民の行動を流血で抑圧したことに対し,フランス政府は愕然とする」と述べ,6月中旬には「中国との関係を再検討することになるだろう」との声明を発表すると同時に「中国外相とは決して会うことがないだろう」との考えを表明した.このような圧力の中で,著者は7月31日にパリ会議に出席し,11か国の外相と会談した.これは天安門事件により2ヶ月余りも中断していた中国と西側諸国との間の最初のハイレベルな公式接触であった.しかも,パリ会議は当時中国が西側諸国と公式に接触できた唯一の場であり,中国に西側諸国の制裁を打ち破る機会を提供することになった[8].

　なお,本章は1990年9月に中国・成都で開催された中越間の非公式会談を紹介し,中国政府がカンボジア問題をいかに重視していたかを強調している.天安門事件を契機に低迷期に入った中国外交は,カンボジア問題をめぐる国際会

議への参加の機会を利用して，その後の中米関係改善，さらには国際社会における信頼回復を実現する基盤を築いていったのである．

　第3章は，1990年8月に始まる湾岸危機の最中における中東問題をめぐる中国外交を時系列に沿って回想する．中国が国連安保理常任理事国の一員として世界平和と地域安定を維持する重要性を次第に認識し，ついには中東を重要な舞台としてデビューを果たした国連外交の紆余曲折を綴っている．謝益顕主編『中国当代外交史』は1989年から1995年に至る期間を「韜光養晦，有所作為」（鋭気を隠し，実りある実績を為し遂げる）の時期と位置づけている．ここで確認すべきは，湾岸戦争が勃発した1990年8月が天安門事件からわずか1年余りしか経過しておらず，国連安保理常任理事国の5か国中，3か国が対中制裁を継続しており，国際社会における中国の立場が必ずしも有利ではなかったことである．中国は中東と米国との間で板挟みになりながらも，あくまでも戦争回避を目指そうとする忍耐強い努力によってこの難局を打開した．一連の回想の中でも，特に国連安保理における国連決議第678号採択をめぐって水面下でアメリカと展開した外交闘争に関するエピソードはこれまでほとんど外部に知られていないものである．

　この中東外交における中国の姿勢は，国際社会に次のようなメッセージを発信するものであった．第一に，「中東地区において中国は何ら直接な利害関係がなく，また，いかなる私利，特別な地位（原文は地位特殊）を求めることなく，アラブ諸国から信頼されている．発展途上の大国として，中国は重大な国際的な事務において，ますます大きな発言権と影響力を得ている．従って，今回の中東訪問は，湾岸危機を平和的に解決する可能性を求め，国際社会における中国の地位と当該地域における中国の影響力を増強することに対して深遠なる意義を有している．世界平和の維持を求めることは中国外交の一貫した目的であり，戦争を回避するためにはいかなる努力をも辞さない」[9]．

　第二に，国際社会において，中国が絶対にリーダーにならないことを内外に示すものであった．鄧小平は「我々はリーダーになるつもりがなく，自分自身にそのような力もない．リーダーになることはメリットがないばかりか，逆に

5章　グローバリゼーションと中国外交の展開　135

多くの主導権も失ってしまう」[10]と繰り返し強調していた．1970年5月，米国がカンボジア紛争に介入した際，中国は米国を厳しく非難し，全世界人民が団結して米国帝国主義と戦うべきだと呼びかけた[11]．しかしながら，湾岸問題に関する国連決議に際しては，中国は「棄権外交」を見事に成功させ，米国との関係，中東諸国との関係，さらに中国外交自身の難局をも同時に乗り越え，いわば一石三鳥とも言える成果を得るまでに至っている．

　1990年12月24日，鄧小平は，新時代における中国外交の基本方針を提起した後，「この1年半の中央の政策に私は非常に満足している」[12]と語っているが，これは著者が指揮した中東外交の成果を高く評価したものと考えてよかろう．

　第4章では，著者が昭和天皇の葬儀に出席した経緯を明らかにし，中国外交が持つ柔軟性と原則性の二つの側面を説明している．著者は，昭和天皇の葬儀に中国政府が使者を派遣したのは果敢な政治決断であったと評価する．1926年の昭和天皇即位以来，日中間には一連の不幸な出来事があった．そのため，戦前の日本軍国主義の最大の被害国である中国が昭和天皇の葬儀に参加すべきか，また，いかなる使者を派遣するのかに世界の注目が集まっていた．1931年9月18日，日本は中国東北三省侵略を開始して「満州国」を「建国」し，さらに1937年7月7日には盧溝橋事件を発動して8年余に及ぶ日中戦争を引き起こした．中国側の観点に拠れば，昭和天皇は日本帝国主義の中国侵略に関する最高指導者であり，日本軍最高元帥として責任を負うべき人物である．だが，昭和天皇逝去後，日本国内で昭和天皇の戦争責任否定論が声高に叫ばれ，竹下登元首相も国会答弁で「この前の戦争は果たして侵略戦争であったかどうかは後世の歴史家に委ねるべきだ」と発言するなど，中国側の感情を逆なでする発言が続いていた．もちろん，中国政府はこれに直ちに反発することを忘れなかったが，同時に日中関係の将来を考慮した結果，著者を昭和天皇の葬儀に参加する国家主席「特使」として派遣することを決定したのである．

　ここで特筆すべきは，著者がわずか1日半の東京滞在中に，早朝から深夜にかけて13時間20分に及んだ公式葬儀に参加したほか，日本の政府首脳との会見をこなすだけではなく，さらには葬儀に出席していたインドネシア大統領とも

会見して23年余も閉ざされていた両国関係を回復に向わせたことであろう．著者は「晴天白日」という表現を用いてインドネシアとの交渉過程を回想している．

本章からは，祖国の外交事業に身を捧げる著者の職業外交官としての超人的な仕事振りや，学生時代から信仰し，追求している崇高な理想に燃えるその精神世界をうかがい知ることができる．また，この「葬礼外交」の意義について，中国とインドネシア両国関係の複雑な変容過程を検証して初めて理解できるかもしれないと著者は指摘している[13]．確かに，中国とインドネシアとの外交関係の回復は，中国が近隣諸国との関係を改善し，さらに天安門事件によって孤立した中国外交の突破口にもなった．「葬礼外交」は対日関係の重視，対東南アジア関係の強化，さらに中国外交を取り巻く難局の打開という多面的な意義を持っていたと言える．

第5章は，対韓外交であった．1992年8月の中韓国交正常化実現は，天安門事件後の中国が近隣関係を重視していたことを示す最良の事例であり，現実主義外交の大きな成果であったと言える．すなわち，1980年代以降の中国外交においては，中朝関係の再構築が進み，さらに台湾問題と北朝鮮問題をいかに解決するかが，関係諸国にとって厄介な問題となっていた．著者は時系列で，中韓両国の交渉過程を要約している．特に著者が平壌へ赴いて金日成と会見し，中韓国交正常化に関する経緯説明の場面の描写からは，中国の立場もさることながら，北朝鮮の置かれた困難な状況とその複雑な気持ちが読者にひしひしと伝わってくる．

第6章は，天安門事件後に悪化していた中米関係の打開過程を回想している．本来ならば時期的にも，内容的にも，この部分は第2章とするのが適当と思われるが，著者の意図から第6章として編集されたとのことである．

天安門事件当日である1989年6月4日，著者は外国歴訪の最中であった．事件発生後，北京から情報らしきものを一切受け取ることができなかったという．その際，著者は自ら幾つかの重要な決定を下した．訪問国での記者会見の開催や華僑座談会の開催など，できる限りの範囲で各方面からの質問に答え，中国

の改革開放政策は不変であり，今後も変わる事がないと懸命に説明したのである．また，中米関係が極端に悪化したため，訪米を中止し，キューバ訪問を続行することにしたという．さらに，メキシコの中国大使館では興奮ぎみの中国留学生を説得している．加えて，6月7日のキューバ到着後，直ちにカストロ議長と会見し，両国の関係改善や天安門事件を中心に，深夜12時まで話し込んだエピソードを紹介している．

中米関係については，ブッシュ大統領から鄧小平に宛てられた6月21日付秘密書簡から語り始め，1991年11月15日のベーカー国務長官訪中に至るまでの主要な交渉過程を回想している．天安門事件後の中米関係は，ニクソン大統領訪中以来の危機に直面していた．ブッシュ大統領は，米国の対中制裁はあくまでも米国議会と米国社会の圧力に基づきやむを得ずとった行動であるというメッセージを何度も表明し，中国指導者の理解を求めた[14]．しかし，中米関係は，悪化した関係をいかに修復するかという問題より，相手の立場をいかに理解し，尊重するかという点がより重視されるようになっていた．鄧小平は，対米外交の原則と方法を決定しており，数度にわたりブッシュ大統領に親書を送り，自らブッシュ大統領の特使と会談していた[15]．著者は，ここで対米外交のあらゆることが鄧小平の指示に基づいて進められていたことを強調している．米国大統領特使の大統領補佐官スコウクロフト（B. Scowcroft）と国務副長官イーグルバーガー（L. Eagleburger）の訪中に始まる秘密交渉について「米国を始めとする西側諸国の中国制裁が厳しくなる時，米国が特使を派遣してきた．それは，中国を制裁することが米国の国際戦略及びその長期的な利益に一致しないからである．中国を孤立させることが米国自身にも必ずしも有利ではないことについて，米国はよく理解している」[16]と著者は指摘している．中国の対米外交の基本方針を示し，自信溢れる発言であった．

第7章は，著者のソ連と関わりからソ連社会の変化と中国の対ソ政策の歴史に触れている．その中で，留学時代から外交官時代，さらに中国外交の責任者としての対ソ認識及び対ソ外交を回想しながら，50余年の歳月の流れと国際社会の移り変わりを感慨深く叙述している．

第8章は，中国とアフリカとの関係を論ずる．著者は1964年にアフリカを初訪問するが，その10年後には大使としてナイジェリアに赴任している．1974年前後，中国はナイジェリアの民族解放運動を支援し，その経済建設を援助してきた．著者がアフリカを理解し，中国外交におけるアフリカの重要性を早くから認識していたことが伺える．それゆえ，著者は外交部長就任後も，毎年初めに必ずアフリカを歴訪しており，十数年間でアフリカの53の国々をほとんど訪問し，複数回訪れた国も少なくなかった．アフリカと良好な関係を維持しているからこそ，天安門事件や台湾問題についてもアフリカ諸国から強力な理解と支援を得られたのである．

第9章は，台湾をめぐる二つの外交交渉を論じている．一つは，1991年のフランスによる台湾への武器売却問題であり，もう一つは1995年の李登輝訪米問題であった．著者曰く「世界のすべての大国が一つの中国政策を遵守すると約束しているが，台湾問題はずっと中国外交の焦点の一つである」[17]．確かに，武器売却問題は経済利益を追求したフランスの国内事情が絡んでおり，李登輝訪米問題にはいわゆる中米間の人権問題をめぐる対立がある．しかし，そのいずれも大金を注ぎ込んだ台湾のドル外交と無関係ではない．この章を読めば，台湾問題がいかに中国を悩ましているのかが伺えるが，その一方で，経済と政治の両方を巧みに使い分ける中国外交の強さにも脱帽する．

第10章は，香港とマカオの返還を取り上げる．「自分の外交部長任期中はちょうど両地（香港とマカオ）返還作業の後期にあたり，外交交渉に参加したのみならず，両地に成立した特別行政区の準備活動をも担当した．私の外交生涯に得難い，特別な経歴であった」[18]と著者は述べている．香港返還はイギリスと絶えず粘り強く談判し，獲得した成果と言え，マカオ返還はすこぶる順調で「風平浪静」（風がなく浪静か），「平穏過渡」（平穏里に移転）であったと表現した[19]．それを裏づけるように，本書は中英両国の交渉に30ページを割いているのに対し，マカオ返還にはわずか6ページしか割いていない．その意味で，二つの返還交渉はきわめて対照的であったと言えよう．

以上が本書のあらすじであるが，次に若干の感想を述べよう．

第一に，著者が1982年以来の中国外交の主要な交渉について基本的な史料を用いながら，その背景，交渉の実態と登場人物に焦点を絞り，バランスよく中国外交の全体像を明らかにするとともに，中国をめぐる国際環境の変化と中国外交の変容を浮き彫りにしたことが高く評価できる．第二に，取り上げた事件や登場人物について，あくまで客観的に，相手に配慮しながら，「史料に語らせる」という態度で臨んでおり，通常の回想録に見られる自己誇張があまり見られなかったことを評価したい．第三に，本書が当事者しか知りえない貴重な事実を数多く披露し，現代中国の外交を理解するうえで欠かせない重要な史料を提供していることもその価値を高めるものと言えよう．第四に，具体的な事例（中ソ和解，中米交渉など）を取り上げながら，中国外交における鄧小平の位置づけをしている点は特筆すべきである．第五に，中国の外交政策の変化だけでなく，その決定過程の変化，さらにその組織と制度の改革などを具体的に語ったことも評価されよう．

2　鄧小平外交の理論と実践

要するに，ここ20年来，中国外交は主に鄧小平の主導により展開されており，(1)革命外交から実務外交へ，(2)受動外交から積極外交へ，(3)弱国外交から大国外交へという三つの転換を経てきたと言える．次に『外交十記』との関連で各時期における中国外交の課題と特徴を整理し，鄧小平の役割を検討してみたい．

2.1　革命外交から実務外交へ

1949年以降の新中国外交は，冷戦体制のもとに置かれていた．特に1950年代の中ソ同盟及び1960年代の中ソ対立に象徴されるように，それはイデオロギーを軸に展開されていた．だが，1980年代初頭，鄧小平は世界認識，歴史認識及び現状認識という三つのレベルで大きな意識改革を行い，前例のない柔軟性に基づいて経済建設を主とした実務外交の旗印を打ち出した．

鄧小平の世界情勢への認識は，決して一日にして変化したものではない．1982年，鄧小平は「80年代は，我が党と国家の歴史発展において重要な年代である．社会主義の現代化建設を急ぐこと，台湾を含む祖国統一を実現させること，覇権主義に反対し，世界平和を維持することは，80年代における三大任務である」[20]と述べたが，これは従来の中国共産党の認識と大きく異なるものではなかった．しかし，1985年6月4日，鄧小平は「改革開放の中国における戦争と平和に関する認識とその対外政策」[21]を発表する．その中で彼は「世界の平和勢力は戦争勢力を超えたため，比較的に長期間内において世界大戦を回避することが可能である」と指摘した．さらに1989年3月23日，中ソ関係改善により，旧来の世界情勢への認識を否定すると同時に「現在の国際情勢はますます緩和されつつある．世界大戦は回避できる」[22]と断言した．『外交十記』に拠れば，「1982年9月1日の中共十二大開幕直前，中ソ双方は両国の次官級の政府特使が正常化問題を協議することを決定した」[23]とある．このように，1982年以降の中国外交は既にイデオロギー外交から脱却し，中ソ和解に向けて実務外交を模索し始めていたのである．

中ソ和解実現には，三つの前提条件が必要であった．それは，(1)中ソ双方が相手の安全を脅かさない姿勢を示すこと，(2)イデオロギーをめぐる論争を中止すること，(3)自主独立の外交政策が実施されること．すなわち，相手をカードとして使わないことである[24]．1989年5月，鄧小平はゴルバチョフとの会談において「中ソ関係に様々な問題があったが，我々は新中国の成立初期に受けたソ連の援助を忘れてはいなかった．また，イデオロギー論争についても，当事者として考えれば双方とも空言ばかりを吐いていたと感じる．だから我々は決して自分たちだけがすべて正しいとは思わない」[25]と述べ，過去のイデオロギー論争の無意味さを率直に認めた．翌年，対ソ外交の重鎮で，元外交副部長の伍修権はソ連大使に「過去，我々両国の往来した書簡を今から読めば，なんと馬鹿馬鹿しいものだったのだろう」[26]と語った．歴史への反省は，過ぎ去ったことにこだわるためのものではなく，前に進むためのものである．その意味で鄧小平は，新中国の革命外交を反省し，新しい原則に基づく外交政策を推進

したいというメッセージを全世界に発信し，実務外交の開始を宣言したと言えよう．

次に現状認識の変化である．1987年7月4日，鄧小平はバングラデシュ大統領に「過去，我々は世界大戦が直ちに勃発するだろうと考えたため，生産力の発展を怠ったし，経済建設を無視してきた」[27]と語った．このように世界情勢を間違って判断してきたと公言することによって経済を中心に据える政策を正当化しようとした．『鄧小平思想年譜』に拠れば，1987年の1年間で彼は外国からの来客を36回ほど接見しているが，その話題の中心はほとんど経済問題に関するものであった[28]．つまり実務外交とは，イデオロギーにこだわらず，実利を追求するものというものであったとすることができる．この原則は，鄧小平外交の魂でもあり，それは中ソ関係に限ったものではなかった．

2.2 受動外交から積極外交へ

ようやく動き出した中国の実務外交であったが，1989年6月4日の天安門事件によって大きな困難に直面することになった．事件発生半年後，田中明彦は「1990年代を迎える中国にとっての国際環境はかつてないほど厳しい．東欧における89年後半のドラマティックな国際情勢の変化は，中国の立場をますます困難なものとしている．いまや，中国を支持してくれそうな国家は，北朝鮮とルーマニア程度であろうか」[29]と中国外交の厳しい現実に対する大きな悲観を隠さなかった．同様のことは次の例からもうかがえる．米中関係に与えた天安門事件の深刻な影響について，後年，キッシンジャーも「アメリカが高官レベルでの接触を拒否したことは，冷戦の絶頂の頃すらソ連邦に対してはとれなかった措置である」[30]と指摘している．いや，天安門事件後の中国外交は，日米の専門家が指摘した以上に未曾有の困難な局面を迎えていた．このような状況は，事件直後の中米関係悪化から1995年の中米関係和解までのおよそ5年間あまり続いたのである[31]．

天安門事件後，鄧小平は厳しい国際情勢に対して「受身」の外交政策を打ち出し，次のような「四不原則」（四つのしない原則）を提起した．「四不」とは，

「不扛旗」（旗を掲げない），「不当頭」（リーダーにならない），「不対抗」（対抗しない），「不樹敵」（敵を作らない）という内容である[32]．

では，対米関係という視点から中国の受動外交を検討するとどうなるであろうか．仮に中国の受動外交が天安門事件発生による人権問題をめぐって中米関係が悪化したことに始まったとするならば，中米関係改善はその終結と考えることができるだろう．米国の対中制裁が西側諸国を刺激し，そのドミノ効果で欧米諸国の対中政策が強硬化されたという中国側の解釈に基づいて考えれば，対米関係の改善は中国の国際社会での孤立状況を打開する鍵であった[33]．『外交十記』が示すが如く，対米関係について中国は文武両道の政策を実施していた．中国は西側の制裁に抗議する一方で，鄧小平の指示により，事件直後から中米両国の高官レベルの接触を図っていた．他方，特に米国議会で一連の対中制裁法案が成立したことに鑑み，米国との間の不必要なトラブルや衝突を回避するために，中国側は自らフルブライド留学生の派遣などを中止している．さらに湾岸危機に際しては，アメリカに対する最大限の妥協と譲歩を決断した．1990年11月29日，中国は国連安保理の国連決議678号採択に際して棄権したことにより，アメリカの対中制裁措置の解除を勝ち取った[34]．これは受動外交の顕著な成功例である．

受動外交は，鄧小平の実務外交の本質を表し，中国外交の新しい理念をも示した．おおまかに言えば，その内容は，「社会主義」（イデオロギー）という原則を対外関係と国際交渉における基準として相手に要求しなかったことであり，対外関係において50年代から60年代にかけて行われた「反帝革命」（帝国主義に反対し，革命を堅持する）という原則を国際関係の主軸としなかったことであり，さらに80年代以降，国際社会において反米・反ソの統一戦線の建設を放棄し，平和と発展の原則に基づいて先頭に立ち，特定の国際勢力に反対しなかったことであった[35]．

受動外交の特徴は，(1)圧力に屈服せず，制裁に抵抗し尊厳を保つこと，(2)時代（の潮流）を認識し，鋭気力を隠し，実りある業績を成し遂げること，(3)欧米との関係を重視し，その干渉に反対して発展を維持すること，(4)睦隣友好を

重視し，協議による紛争の解決を堅持すること，(5)国家の統一を目指し，実現させること，(6)積極的に（外国を）訪問し，協調（関係）を拡大するとともに，南北関係を重視し，平等関係を強調すること[36]，の六つの考え方を挙げることができる．

天安門事件勃発後，ソ連政府は西側諸国とほぼ同様の見方を持っているものの，中国との関係を考慮して慎重な対応をしていた[37]．中国も対ソ関係を重視し，1989年6月から1991年「819事件」にかけて26以上の重要な代表団をソ連に派遣している．そして，中ソ間に歴史的に残されてきた国境問題やソ連解体後に成立した11の新生国家の承認問題を解決して一層緊密な連携関係を築くことに成功している．1994年，江沢民がモスクワを訪問した際，「中ソ関係は対抗せず，同盟せず，睦隣友好，互利合作，共同繁栄のよい近隣，よいパートナー，よい友人である」[38]と述べている．このように，中国はソ連との関係強化を機に，欧米との関係回復にも力を入れ，近隣諸国との関係をも強化し，積極的な外交を展開したのである．

結論から言えば，積極外交は以下の面で大きな成果を収めた．(1)ロシアとの関係改善，(2)モンゴルと中央アジア諸国との関係改善，(3)東南アジア諸国との関係改善，(4)インド・ベトナムとの関係改善，(5)韓国との国交樹立，日本との関係発展．グローバリゼーションが一段と進展する中で，中国は天安門事件による衝撃を最小限に抑えることに成功し，欧米諸国との間における受動外交から近隣諸国を中心とした積極外交への転換を図り，改革開放の中国に相応しい外交政策の構築に着手し始めたと言えよう．

2.3 責任ある大国外交へ

多くの研究者は，現在の中国外交について「平和的な国際環境を建設する意味から考えても，また各国と良好の関係を保持する意味から考えても，現状はかつてないものであると言わなければならない」[39]と賞賛している．1990年後半，中国は「責任ある大国外交」というスローガンを打ち出した．「責任ある大国外交」とは，中国が国際社会の多くの問題に関心を寄せる必要があり，国

際政治経済の新しい秩序を再構築する過程で主導的な役割を果たすべきであるとするものである．つまり，従来通りの対外交渉や国家関係を重視するとともに，新しい国際秩序に関する主張や思想を提起し，また，それらに関する議論に重大な関心を示すということである．

1997年4月24日，江沢民は「公正，合理の国際秩序を設立するためにともに努力しよう」という文章において「現在の中国社会は歴史上において最も開放的で，最も繁栄する時期に入った」[40]と指摘している．かかる文脈において，中国政府が「責任ある大国外交」を提起したのには，中国の大国としてのイメージが既に定着しつつある中で，天安門事件後の受動外交期が既に過ぎ去り，90年代後半には「有所作為」(実りある業績を成し遂げる)の時期に突入したと認識したことが挙げられよう．

次に地域別に「責任ある大国外交」の内容を検討してみよう．

「責任ある大国外交」とは，対米，対ロ，対近隣，国連，台湾などを中心に，グローバル化する国際関係と急速に展開してきた米「帝国」の一極体制という現実に注目しながら，大国としての存在と役割を極力果たすことである．中国外交の中で一番重要な国は，いうまでもなく米国である．中国は「90年代以降，中米関係は依然として中国の対外関係の中で主要な地位を占めなければならない」[41]と言明している．人権問題や台湾問題をめぐって，中米は絶えず対立しながら，両国首脳の相互訪問から朝鮮半島問題や経済問題に至るまで，できるだけ摩擦を減少し，歩調を合せようと細心の注意を払っている．要するに米国の覇権主義に反対する一方で，対抗しない方針の堅持に心がけるのが今日の対米関係の特徴である．

冷戦後，中ロ関係は飛躍的な展開を見せた．中ソ同盟から中ソ対立に至る「苦い過去」を経験してきた中国が，ロシアとの関係を強化しようとする思惑について，『外交十記』は中ロ関係には少なくとも四つの重要な意味があると述べている[42]．結果的に1996年4月，中ロ両国でパートナー関係を確認して以来，中国は短期間で数多くの国々とパートナー関係の構築に成功した[43]．

中国は20近くの近隣諸国を持つ大陸国家である．地域大国として，改革開放

を続けるために中国は近隣諸国との平和的な関係を築くことが要求される．他方，近隣諸国は20年以上急成長を続けている中国の国力増大に対して次第に不安と脅威を感じつつあることも事実である．このような状況のもとで，21世紀に入ってからの中国は「周辺諸国との友好関係が中国の対外政策の最も優先的な課題である」と位置づけ，「以隣為伴・以隣為善」（隣国をパートナーとし，隣国を善とする）という近隣外交の原則を新たに提起した．

　対日関係については，終始，日中友好を重視し，経済関係の緊密化を促進する一方で，歴史認識や領土主権などをめぐる問題を引き続き協議によって解決する方針を守ってきた．東南アジア諸国連合とは，引き続き緊密な関係を築くよう努力し，インドやパキスタンとの関係については，核開発と核競争に断固として反対し，首脳訪問を通して親善関係を強化してきた．そのほか，朝鮮人民共和国，韓国，ベトナム，モンゴルとの関係も新たな進展を見せている．

　もちろん，このような外交方針の変化の背景には，中国国内の政治的安定と経済の持続的成長と無関係ではない．政治的安定については，江沢民が中国革命の第三世代の中核として名実ともに中国の最高実力者となり，政権運営及び内外諸問題の対処に大きな自信を持つようになったことが挙げられる．また，経済的にはWTO加盟が実現したことにより，中国に大きな挑戦の機会とともにさらなる飛躍のチャンスが与えられているという状況がある．このように，政治的安定,経済の持続的成長の国内情況と国際社会における発言力の増強は，中国が「責任ある大国外交」を推進するうえでの重要な保証を与え，貴重な機会を与えているのである．

　以上，中国外交の三つの時期の主要な課題と特徴を整理したが，次に鄧小平の外交思想と実践について，検討してみよう．

　鄧小平は名実ともに新時期における中国外交の先駆けであった．鄧小平の貢献は，戦略と戦術の面において大きな二つの転換を見事にやり遂げた点にあると言える．一つは，外交戦略の転換である．つまり，外交の主旋律を従来の「戦争」と「革命」から「平和」と「発展」へと転換することに成功した．二つめは，外交戦術の転換である．つまり，中華思想に基づき現代の世界革命の

中心になろうとした従来の外交スタイルを変革し，中国はリーダーにならないと明言し，経済建設に専念すると決定した点である[44]．銭其琛は，周恩来を外交政策の決定者，指揮者，実践家と評価したが，これと同じことが鄧小平にも言えるだろう．鄧小平は第二世代の中国共産党の指導者として，改革開放期の中国外交において周恩来と同様の役割を果たしたと言える．

キッシンジャーは「毛沢東，周恩来，そして後の鄧小平といった人々は，すべて驚くべき人物であった．毛沢東はビジョンを持った無慈悲で情け容赦ない，そして時には殺人も犯した革命家であった．周恩来は，優雅で魅力のある，優秀な行政官であった．そして鄧小平は強固な信念を持つ改革者であった」[45]と評価した．

『外交十記』は外交交渉の過程を詳細に語ることによって，優れた外交家でもある鄧小平の姿を読者に提示してくれている．次に『外交十記』に依拠して，中ソ関係を打開する過程における鄧小平の活動を整理してみよう．

第一に，鄧小平はソ連の対中政策の変化の兆しを誰よりも早く把握した．1982年3月24日，ソ連のブレジネフ委員長が対中関係を改善する意向を示す談話を発表した直後，鄧小平はブレジネフ談話に直ちに応えよと外交部に電話で指示している[46]．

第二に，同年夏，鄧小平は主要な責任者を自宅に招いて中ソ問題を討論している[47]．その席上で彼は，両国関係を改善したいという我々の意向をソ連に伝えようと提案した．その後，ソ連に赴く外交官の原稿の内容まで細かくチェックしている[48]．さらにソ連を訪問した于洪亮と次官の銭其琛を自宅に呼び，ソ連側の反応を確認した後，すぐさま中ソ談判の再開を決定した．

第三に，1982年10月に再開した中ソ談判から1989年5月の中ソ和解までの約7年間，鄧小平は，機会あるごとに自らソ連の関係者や中国側担当者と会見し，常に中ソ交渉の内容と方法に関心を寄せている．例えば，ブレジネフの葬儀には誰が参加するのか，また，ソ連からの来客にどう対応するのか，あるいは1989年5月のゴルバチョフ訪中時の接待について「握手をするだけで，抱擁はしない」など詳細にわたる指示を与えている[49]．『外交十記』を読めばわかる

ように，鄧小平こそ中ソ和解を実現させた最大の功労者であると言えよう．

　対米関係についても同じことが言える．天安門事件後に訪中したキッシンジャーに対して鄧小平は，中米関係を一括して改善しようと提案した．天安門事件当時，中国は大変困難な立場に立たされていたと著者は回想している．6月4日，海外にいた著者は国内から何らの情報も得られず，外交部副部長の周南と連絡がとれたのは，一日経ってからのことであった．事件後，中国は国際社会から激しく非難された．このような局面を打開するため，鄧小平は書簡を外交道具として，ブッシュ大統領に中国政府の考え方を伝え，米国に理解を求め，中米和解の道を切り開こうとした．彼は6月22日にブッシュ大統領に最初の書簡を送り，8月11日に2通目の書簡を送り，さらに米国特使キッシンジャーと会談した後，11月15日に3通目の書簡を送っている．鄧小平は1989年12月10日，米国大統領特使の大統領国家安全事務補佐スコウクロフト（Scowcroft）に「我々はリーダーになれる程力を持っていない．しかももしリーダーになったとしても，よい事がないばかりか，多くの主導権も失ってしまうことになるだろう」[50]と中国の立場を説明した．

　翌年5月14日，鄧小平はエジプト大統領を通してブッシュ大統領に「東欧事件に過度に興奮しないでほしい．また，同様の方式で中国問題と中米関係を考えないでほしい．そうでなければ，双方に摩擦が起こらない保証はなく，お互いに衝突が起きたら，両国にとって不利である」[51]と警告している．このような鄧小平の行動について，鄧小平に「原則があり，理解があり，闘争があり，妥協もある」とベーカー国務長官は賛辞を送っている．つまり，鄧小平は中国外交の一番重要な時期，一番困難な時期に自ら外交の表舞台に登場し，独自の書簡外交と伝言外交を展開した．鄧小平の表と裏舞台における指導と努力があったからこそ，中米関係は早い段階で修復できたと言っても過言ではないだろう．

　そのほか，香港返還をめぐる中英関係，中朝関係，中日関係と中印関係の改善などの外交の数多くの課題についても，鄧小平がいずれも重要な指示を与え，重大な役割を果たしていたことを付言しておきたい[52]．

以上検討したように，改革開放期の中国外交は，すなわち鄧小平の外交思想と実践の歴史であると言える．「責任ある大国外交」は，鄧小平の「有所作為（実りある業績を成し遂げる）」という外交方針の実践と発展であると言えよう．鄧小平外交の核心は，改革であり，開放であり，全方位外交である．1980年以降，鄧小平は「静かな革命」を展開し，毛沢東の革命外交から実務外交への転換を段階的に完成した．その特徴は，現実的であり，重層的であり，柔軟的であった．これは鄧小平が中国外交に残した歴史的な遺産であろう．

　改革開放は中国外交にも様々な機運をもたらし，グローバリゼーションは改革の進展を加速させた[53]．グローバリゼーションの中で，中国は三つの構造転換の最中にある．経済発展という構造転換，体制移行という構造転換，近代化という構造転換である[54]．その中で，中国外交の最も大きな変化の一つは，「新型外交」[55]の開始とその成熟である．「新型外交」とは何か．「新型外交」はどのように開始され，どのような経緯を経て成熟していったのかについて『外交十記』は以下の三点にまとめている．

　第一に，外交をめぐる制度改革である．1982年，中国外交部はスポークスマン制度を創設した．3月26日，中国外交部初代スポークスマンとして銭は外交部のロビーにおいて外国記者を前に，合計76語からなる簡単な声明文を発表しただけで，記者からの質問を受けつけなかった．現在のような立派な記者会見の風景を考えれば，この第1回目の記者会見は外交制度改革の第一波として忘れがたいものである．

　毛里和子は，世界システムの中の中国外交について，政治・安全保障領域での中国の認識の変化，及びこれらの分野における中国の具体的な外交活動の展開という視角から考察している[56]．すなわち，中国外交は1980年代の「システム維持・システム活用アプローチ」から1990年代の「システム作りアプローチ」へと変化を遂げつつあり，WTO加盟が実現したことにより，世界システムに完全に参入し，あらゆる領域で世界の相互依存のネットワークに入るための大きな一歩を歩み出した，としている．外交の制度改革もそのための一つの具体的な手段であった．

第二に，人材育成制度の改革である．つまり，国際的に通用する外交官の育成に力を入れ，制度面と方法面において大きな改革を行い，「適所適任」(適材適所）の原則を貫いたことである．確かに1980年以来の中国を指導していたのは，鄧小平を始めとする第二世代だが，政治，外交，経済など諸分野で実権を握っていたのは，銭が代表する戦後世代であった．特に外交分野では，定年制度の厳しい制限があったため，新しい人材の育成と適材適所という制度改革が求められていた．『外交十記』に登場する李肇星のような若手外交官は，銭と同様に長年にわたり外交現場で養成された職業外交官である．銭自身が10年間も北京大学国際関係学院院長を務めたことからも分かるように，人材育成の方法も次第に多様化している[57]．

　第三に，意識の改革である．中国外交の動向で目を向けるべきは次の二つである．一つは，国際社会で大国の地位を目指さないと表明したこと．二つは，国際関係についてイデオロギー論争を行わないと表明したこと[58]．中ソ関係に関する鄧小平の「歴史にこだわることなく，未来に目を向けよう」という原則は，中国外交の座標となってきたように思われる．

おわりに

　外交官には優れた外交手腕が必要である．だが，ある意味では，幸運も必要である．その意味で銭其琛は幸運な外交官であった．彼は香港・マカオの返還について「返還の道程を回顧すると，同時代の人として返還をこの目で見ることができたのは運がいいと思っているし，また返還の交渉過程に参加できたこともこの上なく光栄に思う」[59]と述べている．中ソ和解の実現にあたり，銭は次のように記している．「40数年来，中ソ両国関係は火と血の洗礼を受けながら紆余曲折と劇的な変化に満ちていた．1954年，初めてソ連を訪れた時，私はまだ26歳で，その後ソ連で十年近くも外交官生活を送っていた．また，特使として，7年を越える多くの眠れない夜を過ごした中ソ政治協議にも参加した．今日，両国人民が待ち望んでいた重要な時――中ソ高級首脳会談――を迎える

ことができて，感動に堪えない」[60].『外交十記』はまさに一人の幸運な外交官の回想録でもあると言えよう．

　本書は，単に時代の流れを記録するのみならず，歴史的批評にも耐えられるように工夫して書かれている．一例を挙げれば，天安門事件に関する叙述が興味深い．著者は「私が10年にわたり外務大臣を担当した間，中国外交が経験した最も困難な時期は，1980年代末から1990年代初期に至る時期であった」と回想したが，事件そのものの定義には触れていない[61]．中国国内では使われていた「暴動」（初期）という言葉や，あるいは「動乱」（中期），「風波」（現在）という言葉も一切使用していない．

　また，中朝関係が微妙な時期，平譲訪問中における銭と金日成との緊張感に溢れる会見状況について「私の記憶の中で，この会見はこれまで金主席が中国代表団を接見した中で，一番短いものであった．会見後，慣例の宴会に招待されることもなかった」[62]と著者は述べている．

　格調高い，流麗な叙述で綴られた本書は，史料の信憑性や内容の充実度から見ても優れたものであると言える．特に以下の点を指摘しておきたい．第一に，中国外交の政策が制定される過程に関する経緯が細部まで記述されている点．また，当事者を実名のまま登場させている点も重要である．例えば1982年11月10日，故ブレジネフの評価については，鄧小平の意見により胡喬木が原稿を起草して，黄華外交部長の名前で文書が発表された．しかし，黄華本人はモスクワに到着後，初めて談話の発表を知らされた[63]．簡潔な記述だが，鄧小平の意見がどのように中国の外交政策に反映され，どのような形で公表されたかを理解する良い事例であると言える[64]．

　第二に，写真の掲載がある．回想録に豊富な写真を掲載することは読者にとって望ましいことである．それは，歴史的事件の臨場感を与えるだけではなく，時に珍しい歴史の場面を見ることが可能となるからである．本書に掲載された72枚の写真には，1989年6月のカストロとの会談の写真も含まれている．著者の若き外交官時代の写真は，50年の歳月を経て改めて見つめると，時代の移り変わりを感じさせながらも，中国の外交官から世界の外交家へと，その逞しい

成長振りに魅せられる．

　もちろん，本書に対する不満はないわけではない。まず，若干表記の不統一な点を指摘しておこう．1982年に開始され，1989年に終了した12回に及ぶ中ソ談判については，36頁において「7年に及ぶ」という表現を使っているが，47頁では12回，「6年に及んだ」と書かれている[65]．これはおそらく7年の間違いであろう．また，第6章では，天安門事件を指す「政治風波」という語句を一度も用いていないにもかかわらず，他の章で「政治風波」という語句を用いているのは用語の混乱を招くだろう．このような異なる表記は，10名前後の執筆協力者間における不統一の結果であると考えられる．

　著者の記憶を手がかりに書かれた本書は，中国外交部档案館の協力を得たと思われる部分が随所に存在する．可能であれば，史料の所在などを明記すれば，研究者にとって重要な情報源となっただろう．いずれにしても，本書は現代中国外交史研究に大きく寄与し，グローバリゼーションと中国外交の展開を考察するための貴重な一冊となろう．

1) 　中国外交の基本的な時期区分は，(1)近代中国外交の起源と難局（1840-1911），(2)民国初期の外交失敗とその反響（1911-1927），(3)国際体系の大変動と中華民族の独立（1927-1949），(4)革命の中国と米ソ冷戦との衝突（1949-1978），(5)改革開放・未来志向の中国外交（1978-2000）である．章百家「改変自己影響世界」『中国社会科学』2002年第1期，17頁．
2) 　前掲，17頁．
3) 　銭其琛『外交十記』世界知識出版社，2003年，7頁．
4) 　現代中国外交における1982年の持つ意義について，謝益顕主編『中国当代外交史（1949-2001）』（中国青年出版社，1997年）は「1982年秋の中国の対外政策の重大な調整及びソ連の中ソ関係改善への良好な願望が，ついに中ソ関係の正常化を迎えた．これは，中国は経済建設を進めるために有利な国際環境を獲得し，極めて喜ばしい成果である」と評した．
5) 　『外交十記』38頁．
6) 　『外交十記』45頁．
7) 　『外交十記』65-66頁．
8) 　『外交十記』58-59頁．
9) 　『外交十記』77-78頁．

10)『鄧小平文選』第3巻, 人民出版社, 1993年, 363頁.
11)『中国当代外交史』453頁.
12)『鄧小平文選』第3巻, 363頁.
13)『外交十記』116頁.
14)『外交十記』170頁.
15) 対米外交に関する鄧小平の書簡と談話などについて,『鄧小平文集』第3巻に収録されていたのは, 1989年12月10日のアメリカ大統領特使・大統領国家安全事務補佐スコウクロフト (B. Scowcrof) との談話だけであった.
16)『外交十記』170頁.
17)『外交十記』291頁.
18)『外交十記』321頁.
19) 1974年4月25日に誕生したポルトガル政府は植民地政策を放棄し, 翌年, マカオから撤兵を開始し, その後『マカオ組織章程』の中で, マカオはポルトガルが管理する中国領土であると規定した. 1979年, ポルトガルは改めてマカオは中国領土であることを承認している. 要するに中国とポルトガルとの間においては領土帰属問題がなかったため, 返還時期については20世紀終了直前の1999年12月20日にマカオ返還手続きを完了することに同意した.
20)『鄧小平文選』第3巻, 3頁.
21)『鄧小平文選』第3巻, 126-128頁.
22)『鄧小平文選』第3巻, 289頁. なお, 鄧小平の外交思想の変化を「全方位外交」という言葉で初めて用いたのは万光「我国独立自主平和外交的勝利」(1985年12月31日『人民日報』) であった. 岡部達味は「鄧小平の中国は近代化のコースを毛沢東に比べると遥かになじみやすい発展戦略に変えた. (中略) アメリカや日本との関係の変化, 中国の正当性をめぐる状況の変化を反映して, 中国は80年代初期に『全方位外交』あるいは筆者が『是々非々主義外交』と呼ぶものを採用した」(岡部達味「国際政治学と中国外交」『国際政治』第114号, 1997年3月, 45頁).
23)『外交十記』10頁.
24) 冷戦期の中ソ関係についてジャンセンは, 次のように指摘している.「ちょっと不思議なことと言えば, 中ソ衝突によってもたらされた震動力は米ソ衝突より遥かに強烈であること. それは, 米ソ間に共同の国境がなく, 中ソ間に世界に類のない最長の国境があること. 米ソ衝突はわずか三十数年の歴史しかなく, ロシアと中国との対抗は19世紀中葉の時からであり, ツァーが極東と中央アジアへの進出を開始していた. さらに重要なことは, 中ソ論争に一種のイデオロギーの要素が含まれるため, 一層激しくなる」さらに,「中ソ衝突は二つの敵対する教会間の対抗の如く, それぞれ自分こそが真理を代表し, 相手が邪道であると主張する. 毛沢東時代の中国は, ソ連の修正主義が社会主義信仰を遊離したと批判し, 逆にソ連は中国が核時

代において西側資本主義と対抗する危険,しかも理性を失う政策を行っていると非難していた.モスクワにしても,北京にしてもどちらも共産主義陣営内における指導者になる最高権力を放棄したくない.70年代と80年代において,北京が「米国カード」を用いて,ソ連に対抗することがなければ,ワシントンが「中国カード」を用いて,ソ連に対抗する.これこそ当時の三角関係の主要な特徴である」と分析した.

25) 『外交十記』37頁.
26) [俄] 奥・十羅揚諾斯夫基著『跨越時空』世界知識出版社,1999年,314頁.
27) 『鄧小平文選』第3巻,249頁.
28) 中共中央文献研究室編『鄧小平思想年譜 (1975-1997)』中央文献出版社,1998年,373-399頁.
29) 田中明彦「天安門事件以後の中国を巡る国際環境」『国際問題』1990年1月号,44-45頁.
30) ヘンリー・A. キッシンジャー(岡崎久彦監訳)『外交』下巻,日本経済新聞社,1996年,531頁.
31) 前掲『中国当代外交史』における「韜光養晦,有所作為 (1989-1995)」(鋭気力を隠し,実りある業績を成し遂げる)の部分にあたる.
32) 28字方針とは,「決不当頭,善於守拙,冷静観察,穏住陣角,沉着応付,韜光養晦,有所作為」(決してリーダーにならず,劣勢時に上手く対処し,冷静に観察し,足元を固め,沈着に対処し,鋭気力を隠し,実りある業績を成し遂げる)を指す.
33) 前掲『外交』下巻,530-532頁.
34) 滝田賢治「アメリカの中国政策」五味俊樹・滝田賢治共編『現代アメリカ外交の転換過程』南窓社,1999年,222頁.中国の立場は明白である.アメリカの湾岸政策に同意しないが,イラクのクウェート侵攻に反対し国連におけるアメリカの軍事行動提案に否決票ではなく,棄権票を投じた.
35) 前掲『中国当代外交史』458頁.
36) 前掲,444-511頁.
37) 前掲「天安門事件以後の中国をめぐる国際環境」37頁.
38) 前掲『中国当代外交史』482頁.
39) 前掲,512頁.
40) 前掲,599頁.
41) 前掲,512頁.
42) 第一に,中ロ間における戦略的パートナー関係の構築は「同盟せず,対抗せず,第三国に抵抗しない」といった中国の新しい外交方針を象徴し,世界に広く示す.第二に,中ロ間の信頼関係強化により,中央アジア諸国との関係も,順調に展開する契機が作られ,これら諸国との国境問題の解決や地域分裂運動の解決にも建設的

な役割を果たす．第三に，安全保障の面で，中ロ両国の協力はアメリカの一国主義を牽制できる．実際，中国はロシアの「反ミサイル条約」を支持し，アメリカが推進するミサイル防衛システム開発に対抗した．第四に，多くの国々とパートナー関係を構築し，国際社会の多極化を推進する．

43) 1997年5月にフランス，7月にアメリカ，11月と12月にカナダとメキシコ，12月にアセアン諸国とインド，1998年2月にパキスタン，11月に韓国と日本，さらには南アフリカ，イタリア，ラオス，モンゴル，エジプトなどの国々と協定を調印して，21世紀のパートナー関係を構築することに同意した．
44) 『鄧小平文選』第3巻，126-128頁．
45) 「この三人は労を惜しまない情勢分析と，国家の長い歴史経験から生み出された智恵という，同じ伝統を背後に持っており，恒久的なものと戦術的なものとを見分ける直感を有していた．そして，ソ連指導者との比較した後，彼は，「中国の指導者たちの姿勢は，精神的に遥かに安定した社会を代表していた．彼らは細かい点を詰めることよりも信頼関係を作り出すことに大きな関心を寄せた」(前掲『外交』下巻，394頁)．
46) 『外交十記』3-4頁．
47) 『外交十記』6頁．
48) 『外交十記』10頁．
49) 『外交十記』19-36頁．
50) 『鄧小平文選』第3巻，350頁．
51) 『外交十記』185頁．
52) 『外交十記』170-186頁．
53) 前掲『鄧小平思想年譜』69頁．
54) 三船恵美「グローバリゼーションと中国の制度化」『国際政治』第132号，2003年2月，77頁．
55) 「新型外交」は，あくまで筆者が提起したものである．紙面の制約から詳述できないが，1982年の対ソ関係改善以降の中国外交を「新型外交」と考えている．その核心は，鄧小平の実務外交であり，全方位外交という思想である．
56) 毛里和子「世界システムの中の中国」『国際問題』1995年1号，7頁．
57) 坂野正高は，国際的交渉の「場」における双方のイメージと現実との間にずれがあることを身をもって痛感した政治家の述懐として，含蓄に富んだ言葉を残している．「ただ，いつでも一番気になってまいりましたことは中国側の立場，見解というものと，日本の国内における認識というものに非常に距離があるということが，終始頭を痛めるところでして，中国側の言い分というものが日本の中では理解できない．それから日本側の一般の見解，考え方というものは，中国側は理解できない．いまそういう状態にあるということ．そのことは実に嫌なものですなあ」(坂野正

高『現代外交の分析』東京大学出版会,1971年,5頁).
58) 葉自成『新中国外交思想：従毛沢東到鄧小平—毛沢東・周恩来・鄧小平外交思想比較研究』北京大学出版社,2001年.
59) 『外交十記』321頁.
60) 『外交十記』36頁.
61) 『外交十記』165頁.
62) 中国政府の中韓関係正常化の決定に関する金の反応については,「金主席は,暫く考え込んでから,江総書記の言葉はよく分かった.我々は中国が独立・自主・平等に自らの外交政策を決定することに理解している.我々は中国との友好関係の増進するための努力を続けたい.我々はすべての困難を克服し,社会主義を堅持し,社会主義を建設することを自主的に継続していきたい,と述べた.金主席は私に帰国後,鄧小平及びその他の中央指導者によろしくお伝えくださいと依頼した.金主席は我々が持ってきた御土産の玉細工の九龍劇珠と新鮮なライチをちょっとご覧になっただけで,我々を見送った」『外交十記』159頁.
63) 『外交十記』19頁.
64) 『中国当代外交史』は肩書のみ挙げ,実名を表記することを避けた.
65) 『外交十記』36頁,47頁.

6章　グローバリゼーションとタイ国家論
——分裂する社会，対立する言説——

高　橋　正　樹

はじめに

　本章の課題は，タイ研究においてグローバリゼーションによる政治経済変動を反映して展開された国家と社会に関する諸理論を考察して，タイ国家を分析するのにふさわしい分析枠組を検討することである．

　ヒト，モノ，カネ，情報が国境を越えて行き交うグローバリゼーションが国家に与える影響は大きい．先進国では戦後の黄金時代を実現した国際政治経済構造である「埋め込まれた自由主義」体制が崩壊したため，その体制の下で可能であった福祉国家政策の維持が困難になり，脱国民国家的様相が強まっている．他方，国民国家を形成し得ていない途上国諸国にとって，グローバリゼーションの与える影響は一層深刻である．そこでは，国家がグローバリゼーションによって利益を得る国内外の勢力との政治同盟を深めて，益々「国民」に権力基盤を依存せず，「国民」に責任をもたず，「国民」の利益を代表せず，そして「国民」を解体する傾向を加速させている．

　このような反国民的な国家の役割とそれによって形成される不平等な政治経済構造を分析するには，国家と社会，国内と国際の境界を取り外して，国家が国内外の社会諸勢力と構築する政治同盟に注目する必要がある．しかし，国民国家概念を分析枠組として使用すると，国境に規定された政治社会は自己完結的であるという前提になり，国際的な不平等構造での分析が困難になる．この点について，歴史社会学は，国際関係や戦争によって国家は形成され強化され

ることを指摘している．また，グローバリゼーション研究では，国家権力はグローバル経済勢力との同盟関係を強化させ，国内勢力と敵対する傾向があることが指摘されている．とくに，90年代以降，盛んになっているグローバリゼーションにおける国家研究は，西欧近代に歴史的に誕生した国民国家概念の相対化に寄与する一方で，非西欧諸国の国家研究にとって有益な視点を提供している[1]．

タイ国家を対象とした場合，このような観点から国家研究の主要な概念構成を再検討することが求められる．タイ国家は，アユタヤ時代から今日のグローバリゼーション時代に至るまで，歴史的に外部の政治や経済そして文化に大きく影響を受けてきて，その構造がタイの国内的不平等や分裂の大きな原因になっていることが考えられる．しかし，これまでなされてきたタイの国家と社会をめぐる研究は，それを十分分析できていたであろうか．これが本章の問題とする点である．タイ政治の議論では，戦後長らく官僚支配を強調するリッグスの「官僚政体 bureaucratic polity」論が広く受け入れられていたが，80年代後半以降それへの批判が出てきた．そこでの議論は，市民社会論，共同体文化論，グローバリゼーション論（ローカヌワット論）に分けて考えることができる[2]．本稿では，とくに，官僚政体論への反論として誕生した市民社会論と，その両者への批判的視点をもつグローバリゼーション研究を政治学の観点から考察する．

以下，第1節では，タイの市民社会論を考察する．タイの市民社会論は，資本家や新中間層の立場を正当化し，農民や労働者を規範的にも分析的にも排除する「グローバリゼーションへの適応」論という側面をもつことを示したい．つぎに第2節では，政治経済的な視点からグローバリゼーションと国家との関係に注目する研究を考察する．これらの研究は，グローバリゼーションによる経済社会の不平等の拡大や国家のグローバル勢力との同盟強化を分析対象にしていることを示したい．

1 市民社会論

1.1 市民社会論の背景

タイでは1991年から92年にかけての民主化運動を経て,市民社会論が研究者,民主化運動家,ジャーナリストなどの間で広く議論されるようになった.それには,以下のような背景があった.

第1に経済的背景として,1980年代後半以降,タイ経済が輸出志向型工業化を進めた結果,新資本家層といわゆる「新中間層」が誕生したことがあげられる.1985年のプラザ合意を契機に始まった円高により,日本をはじめとする外国からの資本が大量にタイに流れ,タイ経済の輸出志向型工業化を促進させた.さらに,1993年以降,タイ政府は一層の経済自由化と金融自由化を促進して国際経済との関係を深め,タイ経済はグローバリゼーションの影響を強く受けるようになった.その結果,グローバル経済との関係を深めるタイ資本が育成され,バンコクを中心とした都市住民層が拡大していった.

第2に,冷戦構造の崩壊とカンボジア紛争の解決によるインドシナ情勢の安定化によって,軍部の政治的役割が弱まった.その結果,タイ政治において,軍部及び安全保障の問題の重要性を減少させることになった.

第3として,これら新中間層もしくはグローバル勢力による政治闘争があった.1990年代になると,資本家層が官僚と権力闘争を繰り広げると同時に,バンコクの新中間層が政治的権利を強く主張し始めた.1991年から92年5月までの民主化運動の中心的位置にあったのが,「携帯電話をもったデモ参加者」と呼ばれた新中間層であるという見解がマスコミや学界で喧伝されて,新中間層が民主主義の担い手として高く評価されるようになった.92年以降は,この動きは反軍闘争だけではなく,さらに地方選出の政党政治家や農民への批判となり政治改革要求が高まり,その動きが1997年新憲法制定へと向かった[3].

第4に,東欧や東アジアでの民主化運動がタイの民主化運動を刺激した.チャイアナンによれば,この世界的な政治運動によって,タイをはじめとする途

上国においても，民主化実現の楽観的な展望が描かれた (Chai-Anan, 2002: 18).

第5に思想的，理論的背景として，市民社会論の提唱者の多くが，1970年代の民主化運動の世代であるということが重要な意味をもつ．すなわち，この世代は1973年の「10月14日政変」から1976年の「10月6日政変」までの民主化時代とその後の民主化弾圧を経験している．その結果，かれらは国家とくに軍部支配の権威主義的国家への反発と，共同戦線を展開したタイ国共産党が中国共産党の影響が強かったことによる共産党への反発を強くもっていた (Thongchai, 2002: 258-262; Ji, 2002: 14; 高橋，1997: 208-212). この1970年代の民主化運動で国家と共産党に裏切られた元活動家たちは，欧米への留学を通じて，東欧民主化の影響による市民社会論の他に，アメリカの新近代化論やネオリベラリズムの影響を強く受けた．たとえば，タイの市民社会論の中心的存在であるアネークは，アメリカ留学によって「社会」を発見して，国家から自由な団体や利益集団の研究に進んだという (Anek, 2000: 3).

1.2 官僚政体論から市民社会論へ

市民社会論は，タイ政治研究における官僚政体論への批判の流れのなかで展開された．すなわち，市民社会論はその議論の前段階として，資本家や中間層を中心とする社会勢力の成長を根拠に官僚政体の解体を指摘した．官僚政体論は，ウィルソンの研究を踏まえて，1960年代中期にリッグスが提示したタイ政治論である．ウィルソンによると，官僚以外の政治勢力はほとんどなく，官僚制それ自体がタイ政治のすべてになってしまっている (Wilson, 1962: 277-278). リッグスは，このウィルソンのタイ政治の認識をほぼ踏襲して，その官僚中心のタイ政治システムを説明する．すなわち，リッグスは，1932年の「立憲革命」以後の閣僚メンバーに注目して，そのメンバーが政治的実力者であり，その大多数が文武官僚出身であることを重視する (Riggs, 1966: 312-313). さらに，政府の官僚制度の外部には何ら権力や政策決定の中心が存在しないので，閣僚等は官僚機構の代弁者か道具とならざるを得ないと指摘する (Riggs, 1966: 319-320). なぜ国政に影響を与える官僚集団以外の政治勢力が存在しな

いのかという問題については，ウィルソン等にしたがって文化決定論的に，タイの農民の仏教的価値観や受動的態度や温情主義的価値観で説明する（Riggs, 1966：320-324）[4]．このように，官僚制の他に政治勢力が存在しないから，この官僚集団が政府への影響力を行使して，政府を自らの利益実現の道具として利用する政治システムを「官僚政体」と呼んだのである．

この官僚政体論は，政府外の勢力が政府の政策決定過程に影響を行使するはずであるという前提で，その社会勢力に注目し，官僚制が政策決定に影響を与える唯一の社会勢力であると結論づけた．ここにアネーク等の官僚政体批判の立脚点がある．

すなわち，アネーク等は，1980年代の経済成長の結果，官僚制以外にも社会勢力が誕生しているとして，官僚政体論はもう有効ではなくなったと主張するのである[5]．80年代以降のタイ政治の変化を，ピサンは新中間層，とくに実業家集団と労働者集団の出現とその政策決定過程における役割から説明した．それによれば，タイ政治は，王室と官僚と官僚外勢力が権力行使のチェックとバランスをとりながら運営する鼎民主政体（three-pronged democratic polity）と特徴づけた（Pisan, 1991：5-6, 13, 92）．また，アネークは，官民合同協議会（JPPCCs）に代表される財界団体の政治的役割を分析し，経済界が政府の経済政策に影響力を行使しており，リベラル・コーポラティズムが形成され，官僚政体は後退したと結論づけた（Anek, 1992：149-163）[6]．

これらの議論は，いずれもリッグスの官僚政体論は経済社会構造の変化の結果，タイ政治の説明には不適切になったという議論である．しかし，この議論は，国家論を欠いた多元主義的な社会中心アプローチであり，官僚政体論に反対しているが，近代化論の流れとして官僚政体論と共通点を多くもつ（Hewison, 1997：6-9）．すなわち，政府の政策決定過程への影響力行使をする利益集団を政治勢力として評価し，それが存在するか否かで政治システムの特徴を示そうとする点では，リッグスと同じ政策決定論の域を出ていない．

1.3 国家と民族からの自律

タイの市民社会論は理論的特徴としては,タイ国家 (rat) やタイ民族 (chaat) への反発を共有する.すなわち,第1に,市民社会論は市民社会 (prachaa sangkhom) や市民 (phonla muang) を国家に対抗させている.アネークは,「国家主義 ratthaniyom」を批判し,社会や共同体を構築するために市民社会論の研究を始めた (Anek, 2000: 12).かれによれば,左派は国家による社会の改良を主張するが,市民社会論は国家の社会に対する余計な介入を批判し,市民社会を国家から自律させるべきであると考える (Anek, 1993: 83).したがって,市民社会とは,国家と個人との間で活動をするネットワーク,団体,財団,組織,共同体であり,国家を否定しないがそれを監視しあるいはそれと対立する.アネークにとって,国家と市民社会は対立することもあるが,良き国家は自由主義的で民主主義的で,強固な市民社会を構築する条件でもある (Anek, 2000: 32-33).一方,市民社会を「強靱な社会 sangkhom khemkheng」という言葉で表現するティーラユットは,あらゆる社会部門が結集して社会が強靱であれば,権威主義的権力を追い出すことができると考えて,市民社会と国家を対立的に捉えている (Thirayuth, 1997: 150-151).しかし,ティーラユットの「タマラット」論は行政への監視を求めているので,国家との緊張関係を重視しているといえる (Thirayuth, 2002: 31).

第2に,「市民社会」「市民」「都市」という理念は,民族・国民という理念を相対化する長所をもつと考える.アネークにとって,タイ国民やタイ民族という理念は,軍部支配のタイ国家が上から強制的に押しつけたものでしかない.とくに,農民はこの国家の上からの文化的強制を無批判に受け入れてきた.しかし,都市化が進み市民社会が形成されると,この国家に従属しない市民が増え,かれらはタイ国家から独立したアイデンティティをもつと主張する (Anek, 2000: 19).ティーラユットもタイ・ナショナリズムを否定する.すなわち,軍事政権は,タイ人に民族主義を強要してきたが,現在の民主主義社会では全ての人は「社会」の一員であり「社会」に責任をもつべきだという (Thirayuth, 1997: 152-153).また,カシアンは,タイ・ナショナリズムは独裁的

な国家が押しつけたものであるとしてこれを拒否し，グローバリゼーションにふさわしい「文化革命」を主張する[7]．それは，華人文化を基にした中間層文化を中心にするサヤーム・ナショナリズムの主張であった．そこには，華人系タイ人であるカシアンの華人系としての民族的アイデンティティと中間層としてのアイデンティティが混在している (Kasian, 1992)．セークサンはこのカシアンの主張に，グローバリゼーションに呼応した華人ナショナリズムを嗅ぎ取り，その危険性を指摘した (Seksan, 1992)．このように，タイの市民社会論に，グローバリゼーションによって台頭したバンコクの華人系資本家や中間層が，これまでタイ国家の枠組では否定されてきた華人系タイ人としての文化的アイデンティティを主張している側面がある．この点はタイの市民社会論を理解する上で重要な点である．

1.4 新中間層と民主主義

タイの市民社会論は，中間層こそが市民社会を形成し民主主義の担い手であると主張する．市民社会論にとっての民主主義とは，近代化論におけるシュムペーター流の選挙民主主義のことであり，代議制民主主義を有効に機能させるための基盤として市民社会が必要なのだと主張する (Anek, 1997 : 82)．したがって，タイの市民社会論では，民主主義にとって重要な問題は，投票の際に票の売買がなく，温情主義的な行動をとらないことであり，中間層にこそ求め得る行動であるという (Anek, 1997 : 77)．

その主張の背景には，農民等の投票行動とかれらによって選出される地方選出の政党政治家への不信感がある．1992年の民主化運動によって軍部が政治の舞台から退場すると，中間層や資本家が政治的に楽観的な期待を抱いたが，政党政治家の政治が復活すると，再びその金権政治ぶりに世論の失望感が広がった．アネークは，農民は票の買収や温情主義によって投票しており，理念や政策から自律的に投票の判断をしてはいないと批判し，それはタイの村落社会の遅れた文化に原因があると断定した．そして，その農民はタイの人口の多数を占め，かれらが選出する政治家がタイの政治を支配している一方で，選挙では

中間層は少数派であることを嘆いている (Anek, 1993: 91-92; Anek, 2000: 4).
また,同じく市民社会論の提唱者であるティーラユットは,タイの政党は地元の有力資本家との温情主義を基盤にして,当たり前の如く票の買収や汚職を行い,それが軍人の政治介入を招く危険があると断じた (Thirayuth, 1997: 150).この時期,地方の新興勢力のマフィア的実業家を意味する「チャオポー」の研究や論評が盛んに出されて,農民の政治的意識の後進性と地方勢力の非合法ぶりが指摘された (Pasuk and Sungsidh, 1994: 51-97).

これと対照的に,新中間層が民主主義の担い手として高く評価された.そこでは1992年5月の「5月事件」がひとつの大きなきっかけとなった.アネークは,この民主化運動は中間層が中心的な役割を果たしたというタイ社会科学学会の調査や,この時,中間層がマスコミで「携帯電話をもったデモ参加者」と呼ばれたことに注目した.すなわち,アネークはこの時の民主化デモに労働者や下層民の役割も認めながらも,中間層の役割が国内的にも国際的な支持を得るためには決定的であったことを強調する (Anek, 1993: 87, 89, 125).

では,どういう人々を中間層と考えるかというと,企業の管理職,専門職,技術者,医師,看護師,弁護士という職業で定義されたり,テレビ,自動車,電話の所有といった消費性向や所得で定義されている (Anek, 1993: 61, 68, 93; Anek, 1996: 209, 221).ただし,アネークの中間層の概念には資本家,実業家,ブルジョアに言い換えている部分が多い[8].

市民社会論は,中間層が民主化運動の中心であったという「事実」を単に指摘するばかりではなく,中間層は民主主義にふさわしい社会集団であると考えた.農民が温情主義的で独立した精神をもたないのに比べ,中間層は独立した精神をもち合理的な政治的判断ができる個人であるとされる.アネーク等は,ムーアの「ブルジョアなければ,民主主義なし」という考えに強く影響を受けているといえる (Moore, 1993: 418).

つぎに,市民社会はどのように定義されているのであろうか.アネークは,市民社会は中間層もしくは都市民に関することだとして,農村的な要素をもつ「共同体 chumchon」と区別している.市民社会は共同体よりは大規模で複雑

な社会を指し，非人格的な社会で血族関係が弱く契約によって結合している集団であり，その意味で都市が市民社会の条件であるという (Anek, 1997: 74-75)[9]．この市民社会は選挙民主主義を上手く機能させる必要条件と見なされる．民主主義にとって重要な問題は，選挙で買収や温情主義の影響を受けないということであるが，タイ人，とくに農民にはこれは困難である．しかし，市民社会の一員としての自覚をもてば，高潔さが生まれ人間関係を上下関係で考えない自立した意識をもつだろうという (Anek, 1997: 77-78)．

したがって，タイの市民社会論は，経済成長が中間層の拡大を媒介にして市民社会を形成し，その結果，民主主義が実現すると考える．チャイアナンが指摘するように，この考えは民主主義のためには経済成長，とくに市場経済の発展が欠かせないという主張に至る (Chai-Anan, 2002: 21)．たとえば，遅れた「田舎者」が金権政治家を選出し，結果的に1992年5月の惨事の原因を作ったと考えるアネークは，「遅れた」農村を「進んだ」小都市に変えない限り，「正しい」民主主義は期待できないと主張する (Anek, 1993: 144)．

たとえば，「共同体文化論 neeokhit watthanatham chumchon」は，市場経済やグローバリゼーションがもたらす諸問題を批判して，旧き良きタイ農村共同体への回帰や自律的経済をめざして仏教経済を主張する．アネークはこれに対し，自分はタイ社会よりも西欧社会の方が良いと思うし，過去よりは現在の方が良く，農村よりは都市の方が良いと思うといい，開発や経済成長，あるいは西欧的価値観を積極的に肯定する．何といっても都市は民主主義の学校であり，現代生活を幸福にする考えと理念と理論がそこにはあると高く評価する (Anek, 2000: 8)．

この経済発展が中間層を拡大させ，民主主義を促進するという主張は，中間層は民主主義を実現するために，農村開発を支援する必要があるというアネークの主張をもたらす．温情主義や上下関係に支配される村落社会を，農民中間層やある程度の収入がある個を確立した労働者からなる小規模の都市に変えることが，アネークにとってのタイの民主化の道である (Anek, 1993: 95; Anek, 2000: 40)．アネークは商業会議所などの経済団体が民主主義を促進すると考え

る．それらは政治家とは異なり賄賂をとったりせず，合法的，合理的に行動するからだという．実業家は大衆に金をばらまく必要もなく，それゆえ腐敗することもない．さらに，これらの組識は実業家に国家政策の内容や決定過程を理解させ，国家の政策を監督させたり影響を及ぼすことができるからであるという．そして，地方では，県レベルの経済団体を通じて地方の実業家は，都市と農村の両方のことを良く理解しているから両者の橋渡しをして農村に民主主義の考えを伝えることができると考える（Anek, 1993 : 129-130, 139, 141-142）．

1.5 グローバリゼーションのための政治改革

アネークは民主主義のために経済成長と都市化が必要だと近代化論と同様の主張をするが，その主張には，経済成長やグローバリゼーションのために市民社会が必要だというネオリベラリズムの主張がひそんでいる．

タイの市民社会論には，アネークの主張に端的に表われているように，下層民と政党政治家に対する不信感への裏返しとして，政治的正当性を権力獲得のプロセスではなく，政治の業績に求める傾向がある（Anek, 1993 : 91）．そこで強調されるのは，経済成長の障害にならないような政治の安定であり，グローバリゼーションに適応する政策の実施である．これは21世紀もしくは情報化社会に備えるために，タイに市民社会を形成する必要があるという論理に至る（Anek, 2000 : 47-48）．

1990年代以降，民主化を求める声は，グローバリゼーションに適応するためにタイ経済をいかに自由化するかという主張と共鳴しあっていた．経済の自由化を当然のことと考えるアンマールは，97年7月のタイの通貨危機はタイ中央銀行や政治家の対応が拙かったことが原因であるから，国民経済に関心のない金権体質の政治家を排除するために，政治改革が必要であると主張していた（Ammar, 1999 : 311-312）．

このような経済危機への対応のために政治改革が必要だという主張によって，市民社会論がネオリベラリズムとかなり共通点があることが明確になる．そこにある論理は，ジャイが指摘するように，通貨危機の原因はグローバリゼ

ーションにではなくタイの国内的なものであり、とくに政治に原因があるから、もし適切な対応が採られるならば、今後は回避できるだろうという主張であった（Ji, 1999: 40）．これはとくに、グッドガヴァナンス論に影響を受けたティーラユットの「タマラット thammarat」論に端的にみてとれる．1997年の通貨危機への対策として、ティーラユットはタマラット概念を展開する．それは透明で正当性をもち説明責任をもち、そして効率的な統治と行政を実現するための公共部門、社会部門、民間部門の協動であり、経済的資本の増加を目的として政治的、社会的、文化的資本を拡大させるための戦略である．ティーラユットのタマラットは、通貨危機の原因がタイの国内政治のせいであるいうアーナンを初めとするネオリベラリズム派に支持された（Thirayuth, 2002: 29-31; Pasuk and Baker, 2000: 125, Naruemon, 2002: 191）．

1.6 エリーティズム

市民社会論に対して、その事実認識への批判とその理論が内在的にもつエリーティズムへの批判がある．第1に農民が政治的に遅れていることが理論の大前提になっているが、はたしてそうか．たとえば、ニティは農民や大衆が票を売るのは温情主義にしたがったからではなく、ある候補者が他の候補者より多く報酬を払うからである．したがって、それ以上の意味が選挙にないとすれば、これは「市場原理」に基づくもので温情主義によるものではないと指摘する（Nithi, 1997: 62）．第2に中間層ははたして、民主的であろうか．市民社会論では、中間層や資本家は温情主義的ではなく腐敗することもなく、独立した個として合理的に判断をする民主主義的な行為主体であると説明されるが、はたしてそうか．タイよりも経済が発展して中間層の割合が多いシンガポールやマレーシアでは民主化が進んでいないのは、どう説明するのか（Rodan, 1997）．タイの場合も、アネークは地方都市の中間層に農村との橋渡しを期待したが、かれらは地方での民主主義によりは金権政治に精を出してきた（Somchai, 2002: 132）．より一般的には、中央政界でも地方でも開発政策は新たなパトロン－クライアント関係を作り出すだろうし、むしろ汚職を誘発する機会を増や

すであろう．

　第3に，市民社会論派は，92年5月の民主化運動は，「携帯電話をもった」中間層の反乱だというが本当にそうだろうか．ジャイは労働者や低所得者がデモで重要な役割を果たしたのであり，中間層や資本家層がこれを上手く利用して政治的利益を奪ったのだという主張する (Ji, 2000 : 77)．

　第4に，タイの市民社会は市民社会論者がいうほどに成熟してはいない．ましてや，タイの市民社会は歴史的に考えた場合，タイ国家から独立して存在し得ない．チャイアナン等が指摘するように，タイでは国家が社会を取り囲んでいるのであって，社会が国家を取り囲んでいるのではない (Nitthi, 1997 : 57, Chai-Anan, 1990 : 118)．

　これらの事実認識に関する問題は，実証的研究ではない市民社会論の論理構成に原因があると考えられる．それはつぎのように整理できるだろう．第1に，市民社会論の民主主義の定義は，近代化論と同じ形式的な内容である．すなわち，コナーズが指摘するように，民主主義を選挙民主主義と定義したために，民主主義の問題が議会制民主主義を上手く機能させることや市民としての政治的行動様式をもたせるといった「社会工学的な」ものとして議論されてしまっている (Connors, 1999 : 203)．この民主主義概念は，近代化論における政治発展が自由民主主義を目指していたことと一致する．たとえば，ハンチントンは，民主主義をシュムペーター学派にしたがって「選挙による民主主義」として定義する．すなわち，民主主義とは，自由な被選挙権と自由で公正な成人による投票によって，最も有力な決定作成者集団が選出される20世紀の政治システムのことである (ハンチントン, 1995 : 7)．しかし，単なる手続きや技術的な概念として定義された民主主義概念は，とくに不平等な社会においては形式的な民主主義になり兼ねない．

　第2に市民社会論は，理念的な市民と実体としての中間層を同一視している．ここに，市民社会論がエリーティズムとして批判される原因がある．この市民社会論に内在するエリーティズムは，決してタイの市民社会論に例外的に表われたのではなく，市民社会論に論理内在的にある問題であろう．すなわち，市

民というある意味で非歴史的な理念的概念としての社会集団の存在を想定して，それを民主主義の担い手として理想化し，中間層をその市民と同一視しているのである．この市民社会論の主張は，近代化論で展開された経済発展と民主化を結びつける議論を踏襲している．近代化論の社会学者のリプセットやドイッチュは，高度の識字率，農民や労働者の高度の動員，近代的コミュニケーション手段の普及，高度の教育水準，行為準則に関する高度の合意などの一定の社会的要因が満たされて初めて，社会は発展して民主主義的になり得ると主張した（So, 1990：79；ウィーアルダ，2000：66）．これに対し，オドンネルはリプセット等の経済成長が民主主義を実現するという主張への反論として，経済開発にともなう官僚主義的権威主義論を展開した．そこでオドンネルは,，ラテンアメリカでは経済開発の過程で，下層階級を抑圧するために，軍事政権が誕生したことを示した（O'Donnell, 1973）[10]．

　第3に，市民社会論には，近代化論にあった伝統と近代の二分法に結びつくような単系的発展段階論もしくは進化論がある．経済発展により都市化と中間層の拡大が進んでおり，農村も経済開発によって都市化し中間層化することで民主主義は実現するという論理は，近代化論の政治発展論そのままである．欧米社会を近代化の頂点として位置づけ，伝統社会はいずれ克服されるべきものであるとされた（So, 1990：29）．それとまったく同じ歴史認識が市民社会論には見られる．そこには，都市は農村の犠牲によって発展したという歴史認識はない．

　第4に，市民社会論では分析対象が一国であり変数は国内的要因のみである．市民社会論が一国主義的視点しかもっていないことは，政治的問題や経済的危機の原因を市民社会の欠如や政治家の資質や能力に求めていることから明らかである．これは，広く社会変動を有機体の成長に類似した構造分化過程として捉え，内部展開パターンを重視する単系的な変動継起を前提にした近代化論との同じ論理構造をもつ（大木，1987：196）．

　第5に，市民社会論では経済社会の不平等分析がそもそも研究の視野に入っていない．それは，市民社会論として民主主義を定義したことに原因がある．

市民社会の政治社会論は，国家と社会との二元論である．国家の非民主主義的な側面への対抗として，国家から自律した社会（市民社会）を措定した結果，社会内部の構成を中間層もしくは市民に還元してしまい，それ以外の社会集団（階層，階級）は逸脱したもの，いずれは「近代化されるべき」遅れた社会として無視してしまった．その結果，現実分析の対象は，新たな社会勢力（具体的には新中間層）探しになってしまう．そこには農民にとっての民主主義の意味や，農村が都市化する過程で発生する非民主主義的な紛争への関心はない．すなわち，市民社会論は経済成長に伴う国家と資本との同盟や，社会の分裂を無視している．

　この市民社会論に内在するエリート主義的な側面は，市民社会論がグローバリゼーションに伴う資本家及び新中間層の利益を代弁する形で展開されたことに原因がある．しかし，グローバリゼーションによって社会的分裂や政治経済的不平等が一層深刻な社会においては，市民社会論が想定する「市民」の非現実性とイデオロギー性が一層顕著になる．

2　ローカヌワット論

2.1　民主主義とグローバリゼーション

　市民社会論とは異なり，より本質的な民主主義の観点からグローバリゼーションを批判的に分析する理論的潮流がある．そこには三つの理論的共通点を想定することができる．第1は，グローバリゼーションによって，タイの社会，政治，経済，文化が世界に従属していることへの批判的視点である．その最も象徴的なことは，タイにとってのグローバリゼーションの本質を「ローカヌワット」というタイ語で表現していることであろう．タイ語ではグローバリゼーションを表現する言葉として，主として「ローカヌワット」と「ローカピワット」のふたつの言葉がある．サネーによれば，ローカヌワットは，世界に追従するという意味があり，世界の動きに付きしたがって行動する国，すなわち，タイのように世界にあわせて自己変革し世界に従うことを求められる側の観点

を表現している．他方，ローカピワットは，世界への権力の拡大という意味をもち，これは欧米や日本などの先進工業国がすることであるとサネーはいう．しかし，タイ学士院は，ローカヌワットは現状を正確に反映していないという理由でローカピワットを使用するよう決定したため，現在ではローカピワットが一般的に使用されている．しかし，サネーはこの決定に批判的である (Saneh, 1999b: 29; Saneh, 1998: 88-89; Saneh, 1997: 395)．また，チャイアナンは当初からローカヌワットを使用し，学士院の決定以後も変えていない．チャイアナンはグローバリゼーション体制は一部の国家のみが競争に勝てる体制であり，タイを含め多くの国は国際的な経済競争のなかで政策の選択肢を減少させていくと主張する (Chai-Anan, 2001: 11-12)．このように，この理論は「ローカヌワット」というタイ語が意味する「世界への従属」という点を強調する．したがって，この点を共有する議論を本章ではローカヌワット論と呼ぶことにする．

第2に，この理論の出発点は，民主主義を単なる選挙民主主義ではなく，経済社会的な公平さをその重要な要素と考える点である．サネーはワルトハイム (W. F. Wertheim) の定義にしたがって，人間にとっての進歩とは，特権的な個人や集団による支配からの解放であると考える．そして，民主主義とは選挙民主主義のような単なる統治の形式の問題ではなく，真の効果的な政治権力を民衆に与えることであるという．このように，サネーは人間の解放を形式的民主主義と本質的民主主義を区別する基準にする (Saneh, 1999a: 146-149)．また，ソムチャイもシュムペーター流の選挙民主主義は形式的であり，民衆が政治的権利のみではなく経済社会権利を十分に享受できていることが必要だとしている (Somchai, 2002: 125-127)．他方，チャイアナンは，国家と社会の関係には安全保障，経済発展，政治参加の三つの次元があり，政治過程はこの三つの次元の相互作用であると考え，民主主義は単なる政治制度の問題ではなく，国家と社会の関係であると考える (Chai-Anan, 2002: 8)．

第3に，この民主主義の定義は，経済成長が民主主義を促進するという市民社会論の主張とは対照的に，市場主義や産業主義は民主主義に反するという主

張に至る.その主張にはふたつの側面がある.ひとつは,市場主義や産業主義はそれ自体が,経済社会の不平等をもたらし,ある人間や社会を他の人間や集団に従属させるから反民主主義的であるという指摘である.この観点から,サネーは資本主義か社会主義かに係わらず,開発主義,市場主義(リベラリズム),産業主義を厳しく批判する[11].それによると,産業化と開発を求めて西洋社会の後を追うことによって,社会は工業と農業,都市と農村に分裂し,さらに富者と貧者,力ある者と力なき者,支配と従属の区別をはっきりさせる.その結果,経済的ばかりでなく政治的にも社会的にも多数派を周辺化させてしまう (Saneh, 1999a: 159-160, Saneh, 1998: 18).あるいは,経済的リベラリズムは無限の経済成長を求め,人間と自然を商品化させ,消費主義を生み,無限に天然資源を搾取し自然環境を破壊する.これに対して,民衆のちから,とりわけ草の根からの対抗を主張することによって,持続可能な発展と民主主義が深く結びついていることを指摘する (Saneh, 1999a: 166, 182).チャイアナンも開発主義や経済主義に疑問を抱き,国家による国家の開発から,民衆による民衆のための開発を進めなければならないと主張する (Chai-Anan, 2001: 79-81).

2.2 グローバリゼーションと国家の機能

市場経済や産業主義が反民主主義的だとするふたつ目は,そのような不平等で従属的な経済社会を維持するために,国家が社会に対して抑圧的な政策をとるという点である.これは政治と経済もしくは国家と社会が密接に関係しており,とくに国家が経済発展による利益の配分を決定する役割を果たすという指摘である.グローバリゼーション時代の国家分析においては,国家がグローバル勢力との同盟関係を強化させて,国民から離れていくことが指摘されている.ローカヌワット学派は,グローバリゼーションを促進させる国家の側面を,「近代化貴族」や「エージェント」や「市場国家」という概念で説明している.

サネーは,第三世界諸国での国家エリートである「近代化貴族」が,国外の変化する要求に国内で対応したことを指摘する.それによると,新たな植民地主義的文化をもった第三世界の国家エリートは,近代化のエイジェントとして

外資や外国の科学技術を導入して，自国の経済を従属的なものにしている．戦後の産業資本主義は，直接的な植民地支配の代わりに，第三世界のエリートを従属的な経済・文化的関係の結合ポイントとして利用した（Saneh, 1999a: 154-159）．「近代化貴族」が第三世界諸国に形成されると，そこでの国家は自らの機能を外国勢力の要求に応えるために変えていった．そのような状態では第三世界の国家は，この変化への抵抗力のない自国の多数派の要求には抑圧的な政策を実施して外部の圧力に応えるようになった．この構造こそが，「民間経済セクター」ではリベラリズムの原理が求められる一方で，その他の分野では権威主義的傾向が強い理由である（Saneh, 1999a: 180）．このように考えるサネーは，リッグスの官僚政体論そのものを否定する．それによれば，確かにタイ政治は官僚制内部で行われていたということは正しいことであろうが，それはタイ政治が商業資本や産業資本といった官僚外勢力の影響を受けないということではない．むしろ，これらの勢力はタイの近代化が始まった当初から発生して役割を果たしてきたのである．しかし，リッグスの官僚政体論では，政治的潜在能力があり日々その役割を増す経済的権力を無視する傾向がある．このように考えるサネーは，国内外の経済勢力と国家との関係を重視して，サリット時代の開発政策による対外的に従属的で対内的に独裁的な権力構造を「革命体制 rabob pathiwat」として説明している（Saneh, 1997: 59-60, 210-211）．

このように，タイの世界経済への従属の歴史を認識していたサネーは，グローバリゼーションが叫ばれ始めたばかりの90年代初頭にすでに，グローバリゼーションと国家の関係を見抜いていた．すなわち，サネーは，軍事政権であろうが政党政治家による政府であろうが，政策に大きな違いはなく，「タイ政府は，世界の政治経済のエージェントに過ぎない」（Saneh, 1993）と指摘している．いまや，国際競争力をつけることが国家の重要な機能になってしまった（Saneh, 1999a: 162）．その結果，複雑な経済政策に精通しているテクノクラートが閣僚になり，かれら少数の権力者がグローバル勢力の利害を代弁して，タイの経済政策や開発政策を決定して，その結果，人口の多数を占める農業部門や村落の人々が貧困化し周辺化されているという（Saneh, 1999a: 148）．

チャイアナンは、この経済主義の矛盾を抑える形での国家による社会への抑圧の強化について、とくにアジアでは経済的不平等と政治権力への接近の不平等との間には重要な連関性があることを指摘する。すなわち、東南アジアのように経済社会的な二重構造がある社会では、「市民社会」が形成されると「権威主義的多元主義 authoritarian pluralism」になる。すなわち、工業化をして社会が分断され、農業部門からの圧力と都市産業部門からの圧力が同時に発生した場合、権威主義的国家はクーデタや非常事態宣言を出して非民主的な手段に訴えてきた (Chai-Anan, 2002 : 22-24 ; Chai-Anan, 1995 : 237)。

さらに、チャイアナンは「市場国家 rat talaat, market state」という概念で、グローバリゼーションにおける国家の機能を説明する。タイ社会は国内外の私企業部門とほとんどが零細農民の農業部門とに分裂しており、国家は私企業部門の代表者を政策決定に参加させることで、私企業部門と政治的同盟関係を形成してきた一方、村落農業部門は放置してきたのである (Chai-Aanan, 2002 : 192)。それによると、グローバリゼーション体制では、市場が自由主義的資本主義経済システムを動かす駆動装置であり、この市場が国家にとって何が重要であるかという戦略や戦術を決める重要な要素となる。すなわち、グローバリゼーション時代における国家は、国民の福祉を考える国民国家 (rat prachaachaat) から市場的価値の実現に存在理由を求める市場国家に変わりつつある (Chai-Anan, 2001 : 16, 96-100)。そして、「これから先、国家は個人の人権よりも、企業の権利を保護する手段となってしまうだろう」(Chai-Anan, 2001 : 104) と、チャイアナンはグローバリゼーションのエージェントとしての国家の姿を予想する[12]。

このように、ローカヌワット論は、市場主義や経済成長は民主主義をもたらすという市民社会論もしくは近代化論の主張を拒否し、市場主義や経済成長による不平等な経済社会の政治経済学的な分析を重視し、グローバル勢力と同盟した国家の機能に注目する国家論を展開する。

2.3 都市と農村と国家

　ローカヌワット論は，農村は遅れており，したがって都市化すれば民主化するという市民社会論の主張を退ける．すなわち，伝統と近代，農村と都市の二分法と前者の後者への単系的発展という「国内版近代化論」ともいうべき視点を拒否する．そこには，農村の低開発は国家を媒介した都市の発展の結果であるという基本的認識がある．

　ローカヌワット論は，1990年代初期にグローバリゼーションが言われはじめる以前から，タイの農村社会は歴史的に都市と対立する形で，都市を中心とする経済成長の犠牲になってきた点を強調している．それによれば，まず，コメは政府が輸出税を課すことによって，コメの国内市場での価格を低く抑え，さらにそれが他の農産物の国内価格を低く抑えた．これにより，都市民は農産物を安く購入することができた．さらに，バンコクでは東北タイなど農村からの出来稼ぎ者の安い労働力を使用することができた．また，1960年代までコメ輸出に課せられるプレミアムによって，農業セクターから政府は重要な税収を得ていた．コメ輸出税収とコメプレミアムの収入は，1960年の総政府収入の20パーセントを占めていた．そして，コメを中心とする農産物輸出による外貨収入は，工業化を進めるための工業製品や技術を外国から購入する際の外貨として役立ったのである．このように，農業部門を犠牲にして工業部門は手厚い保護を受けた点が強調される（Medhi Krongkaew, 1995: 43-63; Saneh, 1999a: 234-237; Chai-Anan, 2002: 116; Chai-Anan, 1995: 237; Somchai, 2002: 128; Hewison, 1996: 147）．

　80年代後半に外資による輸出志向型工業化が本格化すると，森林問題，開発，観光化，アグロビジネスによって，それまでになかった形で地方に影響が及ぶようになった．東北タイでは森林問題，ダム建設問題，岩塩採種問題，南タイではエビ養殖問題があり，観光や工業のための土地投機は各地で発生していた．

　ローカヌワット論は，タイ国共産党の脅威が消滅する1980年代中期以降の土地問題で，国家が農民に敵対していく事態に注目する．それによれば，1980年

代まではタイの経済成長は，森林破壊を伴いながらも農村部における農地拡大と並行していたために，工業部門と農業部門との対立は顕在化しなかった．しかし，輸入代替工業化から輸出志向型工業化へと経済構造が変化すると，工業化は農業部門とくに土地なし貧農の利害と衝突することになった．世界市場が製紙用チップを求め，タイに製紙産業を起こそうとしてタイに大規模ユーカリプランテーション計画を立てて，タイの土地と資源を世界と直接結びつけようとした（Chai-anan, 1995 : 238-241）．

この過程で問題になったのが，森林局と軍が主導した保全林の再生政策である．ここでの最大の問題は，森林に入植した農民は土地の所有権をもっていないという点であった．政府が保全林地帯としてその所有権を主張した地域に住む農民は，不法占拠者と見なされた．とくに問題となったのは，1990年に軍が，衰退林に生活する580万人の農民を「再定住村」に移住させ，そのあとに商業植林をする「コー・ジョー・コー」と呼ばれる計画を打ち出したことである．これは森林局との協力の下に打ち出された政策であるが，軍部はそれを武力によって強制的に実施しようとした．しかし，この計画は強い反対運動もあり92年5月の「5月事件」後，撤回された（Pasuk et al, 1996 : 44-47, 63）．

このタイ政府の森林政策を，パースク等は，この森林局と軍による森林の再評価は，都市が地方の役割を再評価し始めたことの一部であって，食糧，輸出農産物，原材料，税収，労働力に加えて，都市が地方を自己の経済的利益のために利用する新たな方法であったと指摘する．「したがって，この森林政策は農民排除のより大きな文脈のなかで考察されるべきである」と主張する（Pasuk et al, 1996 : 44）．

2.4 農村の異議申立て

ローカヌワット論は農民による政治的異議申立ての動きに注目する．市民社会論においては，農民は受動的で，無知蒙昧で，温情主義的であり民主主義にふさわしくないと切り捨てられた．しかし，ローカヌワット論は，政府の巨大開発プロジェクトや経済成長によって，農民は政治的に覚醒していることを指

摘している．それによると，地方での異議申立てはグローバリゼーションによる経済成長に比例して，1982年が61件であったのが，1990年には170件，1994年には988件に上った（Pasuk and Baker, 2000：143-144；Pasuk and Baker, 1997：35；Prudhisan and Maneerat, 1997：214-215）．

　農民の政治的異議申立てで最も注目されているのは，「貧民会議 samatcha khan jon」の運動である．農民の異議申立ては80年代中期から増加してきた．その運動を背景にして，土地問題等の生活基盤に係わる問題を抱えた農民は，1995年末，バムルン・カヨタを指導者として貧民会議を結成した．バムルンをはじめこの時期の農民運動の指導者達は，バンコクでの労働運動に参加したり，タイ国共産党の影響を受けた経験をもったりしている点で，タイ政治経済の変動の結果を反映したものであるということが指摘されている（Baker, 2000：10-11）．

　貧民会議の目的は，バラバラな全国の農民運動の連帯を図ることと，そこでの要求を元にして中央政府と交渉することである．貧民会議として連帯する以前，東北タイの農民は，1992年6月に軍の森林政策（コー・ジョー・コー）に反対してバンコクへの大行進を開始した．この時，バンコクに農民の抗議デモ隊が入るのを恐れた政府は，デモ隊が中部タイ平野に入る前に高官を派遣してコー・ジョー・コーの白紙撤回を約束した．1994年，1995年，1996年にも東北タイの農民は同じような抗議デモを実施し，政府は同じようにデモ隊が中部タイ平野に入る前に高官を派遣して交渉に応じている．さらに，貧民会議は1996年4月に数千人の農民によるバンコクの首相府前での三週間座り込み抗議をやったのち，1997年1月に同じ首相府前での二万人の農民による99日間の座り込み抗議をやった．この抗議行動で貧民会議は125項目の問題を解決するように要求したが，政府が応じたのはわずか数項目であった．ベーカーは，しかし，これまで中央政府から全く無視されてきた農民が自ら政治行動を起こし，それに政府が部分的にでも応じたことに歴史的な意味があると評価する（Baker, 2000：13-23；Pasuk and Baker, 2002：408-411）．

むすび

　本章では，グローバリゼーションによる政治経済変動を反映して展開されたタイの市民社会論とローカヌワット論を中心に考察して，タイの国家分析にふさわしい分析枠組を検討した．タイのような不平等な政治社会の場合，国民国家概念が前提とする諸概念ではその不平等な構造を十分に説明できない．反国民的な国家の機能とそれによって形成される不平等な政治経済構造を分析するには，国家と社会，国内と国際の境界を取り外して，それらの相互作用に注目する必要がある．そのような観点から考察して，これまで展開されてきたタイ政治研究は有効であったのか．それが，本章を一貫して流れる疑問であった．

　本章での考察によって，タイの市民社会論は不平等という問題を分析対象にできなかったことが明らかになった．その不平等構造を理論に取込むことができなかったところに，市民社会論が資本家層や中間層の利益を代弁するというイデオロギー性をもつ理由があった．市民社会論には，近代化論に見られたような，形式的な民主主義，中間層への民主主義の期待，農村と都市との二分法と農村から都市への単系的発展論，一国主義，経済社会の不平等や分裂への視点の欠如という問題があった．それに対し，ローカヌワット論は本質的な民主主義の実現という批判的視点から，グローバリゼーションとの関連でタイ政治経済の不平等構造を分析し，とくにそこでの国家の機能を重視した国家論を展開している．タイの政治経済状況は，ローカヌワット論の提示する分析枠組の方が，より諸問題を明らかにできるであろう．とくに，不平等な政治経済社会においては，その不平等構造を無視した理論は，一方的説明であるという意味で説得性を持たない．

　もちろん，ローカヌワット論にも分析概念上いくつかの問題はある[13]．まず，経済的グローバリゼーションを独立変数にして，経済決定主義に陥らないように注意する必要がある．そのためには，国際政治が与える影響も十分に考慮する必要がある．戦後のタイの国家形成に決定的な影響を与えたのは，冷戦

という国際政治状況であった．他方，国際的な要因を強調するあまり，タイ国内の要因を無視してはいけない．国家はグローバリゼーションの時代にあっても，その権力の正当性は依然として国民国家原理にあるのであるから，少なくともナショナリズムの動きを含めて政治家は国民国家的政策を無視できない．また，国内外のエスニック問題も重要である．現実の国家と社会の動きは，この国民国家化と脱国民国家化の複合的なダイナミックスであろうから，両者への注意を怠ってはいけない．したがって，実証的研究では，国家と社会（経済），国内と国際との相互作用に注意を払う必要があろう．

1) これについては，（高橋正樹，2003；2005）で詳細に論じたので参照のこと．
2) 日本においても，タイの市民社会論や共同体文化論についての議論は盛んである．さしあたり，（浅見，1993；1995）（岩崎，1998）（北原，1996；2000）（高橋，1994）（服部民夫・船津鶴代・鳥居高編，2002）を参照のこと．
3) 1997年憲法改正の背景については，（玉田，2003）が詳しい．
4) 官僚政体論の文化決定主義を，アンダーソンが文化や性格論で政治を説明することは非歴史的になるとして批判する（Anderson, 1978：226-7）．政治文化論批判として，（Chai-Anan, 2002：5）も参照のこと．
5) チャイアナンはリッグスの官僚政体論を認めた上で，80年代後半において依然としてこの概念はタイの政治を説明するのに有効であると主張する（Chai-Anan, 1987：94-5）．チャイアナンは，70年代以降経済成長を遂げた結果，経済勢力は拡大したが，中央政府の拡大により官僚制も拡大した点を指摘する．その上，経済発展による新勢力が官僚政体に組み込まれることで，官僚政体は一層強化されたと主張する（Chai-Anan, 2002：116）．したがって，タイはいまだ「ブルジョア政体」になっておらず，軍部と官僚によるタイ政治の支配には変更はないと考えた（Chai-Anan, 2002：122-125, Chai-Anan, 1995：237）．チャイアナンは，タイ政治は強固な官僚制とくに軍部に支配されているという意味でリッグスの官僚政体論を容認しているが，前述の多元主義的政策決定論としての官僚政体論ではなく，国家と社会との関係からそれを議論している．この方法論的な違いが，官僚制外勢力の登場をもって直ちに官僚政体の解体を言うか，さらなる官僚政体の強化を言うかの違いになっていると思われる．
6) アネークのこの議論に関しては，筆者は書評（高橋，1993：81-84）で考察している．
7) カシアンは（Kasian, 1996）で，グローバリゼーションによって，タイ的なもの

(Thainess) が希薄になっていることを指摘している.
8) たとえば, (Anek, 1993: 125) を参照のこと.
9) カシアンは市民社会の定義を, 民衆, 私企業を含む国家外にある独立した制度だとする (Kasian, 1997: 123). チャイアナンの市民社会の定義は, 国家を含まない西欧的な概念を拒否し, 国家, 民間部門 (phak ekachon), 民衆 (phak prachaa-chon) が相互に結びついた社会の全ての部門だとして, 国家と社会との分離に反対する (Chai-Anan, 1997: 41-2).
10) 1970年代後半にそれまで激しかった近代化論への批判の嵐が弱まると, ソウの言う「新近代化論者」が登場した (So, 1990: 60-61). そこでとくに注目すべきは, ハンチントンの新たな理論展開であろう. ハンチントンは, 上記のように民主主義を選挙民主主義と定義したうえで, 民主化への体制移行ゾーンにある国では, 経済発展が民主化を促進させるだろうと考える. すなわち, 経済成長によって, 民主主義的な制度に必要な市民的価値が形成され, 教育レベルが向上し, 富の再分配が可能になり, 市場経済が開放的な社会をつくり, さらに, 都市中間層が拡大することによって民主化が促進されると述べた (ハンチントン, 1995: 65-6).
11) サネーはローカヌワット学派の重要な一員として本章では位置づけるが, いわゆる「共同体文化論」の代表的提唱者として理解されることもある. 産業主義や市場経済への批判, グローバリゼーションへの対抗を「農村共同体」に求める点からすれば, 「共同体文化論」のグループに加えることができる. しかし, 本章ではサネーがグローバリゼーション批判の観点から, タイの政治経済を世界史的に分析しており, なおかつ自らの「共同体文化」を社会契約論の「自然状態」と同じ倫理的概念として設定して, そこからグローバリゼーションの批判的分析をしている点によって, 他の共同体文化論とは区別したい.
12) チャイアナンは国家のこのような変化を知るには, 問題となっている資源配分について政府がどのような政策を行っているかに注目すべきであるという. すなわち, タイでの工業化と民主化の関係を知りたければ, 自然の諸資源の利用をめぐる国家の政策と行動からそれを判断すべきだという. なぜなら, そこは工業と農業とが激しく対立する領域だからだという (Chai-Anan, 1995: 236). また, チャイアナンの市場国家論は, サーニーの競争国家論との共通点がある (高橋, 2003: 598).
13) ローカヌワット論は, 規範論では, グローバリゼーションへの対抗としてナショナリズムに陥りやすい. とくに, 現状分析があまりなく規範的な議論の多い共同体文化論にナショナリズム, もしくはローカリズムになる傾向が強いことが指摘されている (McCargo, 2001: 99-107; Hewison, 2000: 287-288; Ji, 1999: 44-45).

参 考 文 献

日本語

浅見靖人,1993,「輸出志向型工業化時代のタイにおける国家‐社会関係の展開—チャイアナンとアネークの所説を中心として—」『東京大学教養学科紀要』26.
―――,1995,「中間層の成長とタイ政治社会論の新動向」『総合的地域研究』9,京都大学.
岩崎育夫編,1998,『アジアと市民社会—国家と社会の政治力学—』アジア経済研究所.
ウィーアルダ,ハアード,2000,(大木啓介訳)『入門比較政治学—民主化の世界的潮流を解読する—』東信堂.
大木啓介,1987,「訳者付論」ヒゴット『政治発展論』.
北原淳,1996,『共同体の思想—村落開発理論の比較社会学—』世界思想社.
―――,2000,「タイにおける都市=農村関係の言説の考察」坪内良博編著『地域形成の論理』京都大学学術出版会.
高橋正樹,1993,「書評—Anek Laothamatas, *Business Associations and the New Political Economy of Thailand*—」『アジア太平洋研究』10.
―――,1994,「タイ・第4の危機の波」『私学公論』27(10).
―――,1997,「カンボジア紛争とタイ国共産党の崩壊—地域システムとタイ国家システム—」『中央大学社会科学研究所研究報告』第18号.
―――,2003,「西欧におけるグローバリゼーションと国民国家—国家の脱国民国家化分析の視座を求めて—」『法学新報』110(3・4).
―――,2005,「戦争,諸国家システム,国家—歴史社会学の可能性と問題点—」『新潟国際情報大学情報文化学部紀要』第8号.
玉田芳史,2003,『民主化の虚像と実像』京都大学学術出版会.
服部民夫・船津鶴代・鳥居高編,2002,『アジア中間層の生成と特質』アジア経済研究所.
ヒゴット,リチャード,1987,(大木啓介・桐谷仁・佐治孝夫・李光一訳)『政治発展論』芦書房.

英 文

Ammar Siamwalla, 1999, "Can a Developing Democracy Manage its Macroeconomy? The Case of Thailand", in Ammar Siamwalla, 1999, 303-313.
Anderson, B., 1977, "Withdrawal Symptoms: Social and Cultural Aspects of the October 6 Coup", *Bulletin of Concerned Asian Scholars,* 9 (3) 13-30.
―――, 1978, "Studies of the Thai State: The State of Thai Studies", in Ayal Eliezer B. (ed.), *The Study of Thailand: Analyses of Knowledge, Approaches, and Prospects in Anthropology, Art History, Economics, History, and Political Science,* Ohio University

Center for International Studies, Southeast Asia Program, 193-247.

Anek Laothamatas, 1992, *Business Associations and the New Political Economy of Thailand,* Boulder : Westview Press.

――――, 1996, "A Tale of Two Democracies : Conflicting Perceptions of Elections and Democracy in Thailand", in Taylor, R. H. (ed.), 1996, 201-223.

Baker, Chris, 2000, " Thailand's Assembly of the Poor : Background, Drama, Reaction", *South East Asia Research,* 8 (1), 5-29.

Chai-Anan Samudavanija, 1987, "The Bureaucracy", in Somsakdi Xuto (ed.), 1987, 75-109.

――――, 1995, "Economic Development and Democracy", in Medhi Krongkaew (ed.), 1995, 235-250.

――――, 1997, "Old soldiers never die, they are just bypassed : The military, bureaucracy and globalisation", in Hewison (ed.), 1997, 42-57.

――――, 2002, *Thailand : State-Building, Democracy and Globalization,* Bangkok : Institute of Public Policy Studies.

Connors, Michael, 1999, "Political Reform and the State in Thailand", *Journal of Contemporary Asia,* 29 (2), 202-226.

Hewison, Kevin, 1996, "Emerging social forces in Thailand : New political and economic roles", in Robinson, R. and David S. G. Goodman, (eds.), 137-160.

―――― (ed.), 1997, *Political Change in Thailand : Democracy and Participation,* New York : Routledge.

――――, 1997, "Introduction : power, oppositions and democratisation", in Hewison (ed.), 1-20.

――――, 2000, "Resisting Globalization : A Study of Localism in Thailand", *The Pacific Review,* 13 (2), 279-296.

Huntington, Samuel P., 1991, *The Third Wave : Democratization in the Late Twentieth Century,* Norman : University of Oklahoma Press（ハンチントン，S. P., 1995, 坪郷實・中道寿一・薮野祐三訳『第三の波—20世紀後半の民主化—』三嶺書房）.

Ji Ungpakorn, 1999, *Thailand : Class Struggle in an Era of Economic Crisis,* Hong Kong : Asia Monitor Research Centre.

――――, 2002, "From Tragedy to Comedy : Political Reform in Thailand", Paper prepared for the 8th International Conference on Thai Studies, January 9-12, Nakhon Panom, Thailand.

Kasian Tejapira, 1996, " The Post-modernization of Thainess", in Souchou, Yao (ed.), *House of Glass : Culture, Modernity, and the State in Southeast Asia,* Singapore : ISEAS, 150-170.

McCargo, Duncan, 2001, "Populism and Reformism in Contemporary Thailand", *South*

East Asia Research, 9 (1), 89-107.

―――, (ed.) 2002, *Reforming Thai Politics,* Copenhagen : NIAS Publishing.

Medhi Krongkaew (ed.), 1995, *Thailand's Industrialization and its Consequences,* Basingstoke : Macmillan.

―――, 1995, "Contribution of Agriculture to Industrialization", in Medhi Krongkaew (ed.), 1995, 33-65.

Moore, Barrington, 1993, *Social Origins of Dictatorship and Democracy : Lord and Peasant in the Making of the Modern World,* Boston : Beacon Press.

Naruemon Thabchumpon, 2002, "NGO and Grassroots participation in the Political Reform Process" in McCargo (ed.), 2002, 183-199.

O'Donnell, Guillermo, 1973, *Modernization and Bureaucratic-Authoritarianism : Studies in South American Politics,* Berkley : University of California.

Pasuk Phongpaichit and Chris Baker, 1997, "Thailand in the 1990s", in Hewison (ed.), 1997, 21-41.

―――, 2000, *Thailand's Crisis,* Chiangmai : Silkworm.

―――, 2002, *Thailand : Economy and Politics,* Selangor Darul Ehsan : Oxford University Press, Second edition.

Pasuk Phongpaichit et al., 1996, *Challenging Social Exclusion : Rights and Livelihood in Thailand,* International Institute for Labour Studies, UNDP, Research Series 107.

Pasuk Phongpaichit and Sungsidh Piriyarangsan, 1994, *Corruption and Democracy in Thailand,* Bangkok : Chulalongkorn University.

Pisan Suriyamongkol, 1991, *Institutionalization of Democratic Political Progress in Thailand : A Three-Pronged Democratic Polity,* Bangkok : Thammasat University Press.

Prudhisan Jumbala and Maneerat Mitprasat, 1997, "Non-governmental development organisations : Empowerment and environment", in Hewison (ed.), 1997, 195-216.

Riggs, Fred W. 1966, *Thailand : The Modernization of A Bureaucratic Polity,* Honolulu : East-West Center Press.

Robinson, R. and David S. G. Goodman, (eds.), 1996, *The New Rich in Asia : Mobile Phones, McDonalds and Middle-Class Revolution,* London : Routledge.

Rodan, Garry, 1997, "Civil Society and Other Political Possibilities in Southeast Asia", *Journal of Contemporary Asia,* 27 (2), 156-178.

So, Alvin Y., 1990, *Social Change and Development : Modernization, Dependency, and World-System Theories,* London : Sage Publications.

Somchai Phatharathananunth, 2002, "Civil Society and Democratization in Thailand : A Critique of Elite Democracy", in McCargo, 2002, 125-142.

Somsakdi Xuto (ed.), 1987, *Government and Politics of Thailand,* Singapore : Oxford

University Press.
Tanabe Shigeharu and Keyes, Charles F. (eds.), 2002, *Cultural Crisis and Social Memory: Modernity and Identity in Thailand and Laos*, Honolulu : University of Hawaii Press.
Talor, R. H. (ed.), 1996, *The Politics of Elections in Southeast Asia*, Washington D.C. : Woodrow Wilson Center Press.
Thirayuth Boonmi, 2002, "Good Governance : A Strategy to Restore Thailand", in McCargo, 2002, 29-35.
Thongchai Winichakul, 2002, "Remembering/Silencing the Traumatic Past", in Tanabe Shigeharu and keyes, Charles F. (eds.), 2002, 243-283.
Wilson, David A., 1962, *Politics in Thailand*, Ithaca : Cornell University Press.

タイ語

Ammar Siamwalla, 1999, *khroprop 60 pii Aajaan Ammar*（アンマー先生還暦記念）, Bangkok : TDRI.
Anek Laothamatas, 1993, *Mob Mu Thu : Chonchan Klaang le Nakthurakit kab Phatanaa Kaanprachaathipatai*（携帯電話を持ったデモ参加者——中間層，実業家と民主化——）, Bangkok : Mathichon.
―――, 1997, "Bot Samphat（インタビュー）: Dr. Anek Laothamatas", in Chuchai and Uwadee (eds.), 1997, 73-89.
―――, 2000, *Kaanmuang Khong Phonlamuang*（市民の政治）, Khoongkaan Jadphim Khopfai, Second edition.
Chai-Anan Samudavaniija, 1990, *Rat kab Sangkhom : Trailaksana Rat Thai nai Phahu Sangkhom Sayam*（国家と社会——サヤーム多元社会におけるタイ国家の三側面——）, Bangkok : Samnakphim Chulalongkorn University.
―――, 1991, *Rat*（国家）, Bangkok : Samnakphim Chulalongkorn University.
―――, 2001, *Jaak Rat Chaat su Rat Talaat*（国民国家から市場国家へ）, Bangkok : Samnak Phim Baan Phraaathit.
Chuchai Sobpawong and Uwadee kadkarnkai (eds.), 1997, *Prachaa Sangkhom*（市民社会）, Bangkok : Matichon.
Ji Ungpakorn, 2000, "Prachaathipatai, Sangkhomniyom le Chonchan Kammaachiip nai Yuk Wiklit Settakit Thai（タイの経済危機時代における民主主義，社会主義，労働者階級）", in Prudhisan Jumbala (ed.), 2000, 71-94.
Kasian Tejapira, 1992, "Loodlaai Mangkon", *Phujadkan Raiwan*（日刊プージャットカーン紙）, September 24, October 1, 1992, and November 5, 1992.
Narong Phetprasoet (ed.), 1999, *1999 : Jutplian heeng Yuksamai*（1999年：時代の変革期）, Bangkok : Setthasat Kaanmuang (pua chumchon) 8.

Nitthi Eoseewong, 1997, "Bot Samphat (インタビュー)", in Chuchai and Uwadee (eds.), 1997, 55-70.
Prudhisan Jumbala (ed.), 2000, *Lookaphiwat*（グローバリゼーション）, Bangkok: Faculty of Political Science, Chulalongkorn University.
Saneh Chamarik, 1993, *Phujadkan Raiwan*（日刊プージャットカーン紙）, September 27.
―――, 1997, *Kaanmunag Thai kab Phatanaakaan Rattathamanuun*（タイ政治と憲法の発展）, Bangkok: Muulanithi Kroongkaan Tamraasangkhom le Manusayasaat.
―――, 1998, *Thaankhit su Thangluak Mai khong Sangkhom Thai*（タイ社会もうひとつの道を求めて）, Withithat local wisdom series 3, Bangkok: Amarin, Second edition.
―――, 1999a, *Sithi Manusayachon : Keen Khunkhaa le Thaan Khwaamkhit*（人権―価値と概念―）, Bangkok: Samnakgaan Sithimanusayachon Shuksaa le Kaanphatanaasangkhom.
―――, 1999b, "1999, Chutplian heeng Yuksamai : Chak Lookaphiwat su Chumchon（時代の変革期―グローバリゼーションから共同体へ―）", in Narong (ed.), 1999, 27-37.
―――, 2000, "Chumchon Thai Phaaitai Krasee Lookaphiwat（グローバリゼーション下のタイの共同体）", paper prepared for the Annual meeting of the Thai Community among the Changing Tide, May 30-31.
Seksan Praserkul, 1992, "Chuachata Chonchan le Prachathipatai（民族, 階級, 民主主義）", *Phujadkan Raiwan*（日刊プージャットカーン紙）, October 3, 4, 1992.
Thirayuth Boonmi, 1997, "Sangkhom Khemkheng（強靱な社会）", in Chuchai and Uwadee (eds.), 1997, 149-159.

7章　グローバル化する米軍と日米同盟

川　上　高　司

はじめに

　米軍のグローバル化とは，米軍を地球上のあらゆる場所へいつでも短時間のうちに展開できる状況を意味する．米軍はそれまでの重厚長大なものから小型化しハイテクで機動力を増すものへとトランスフォームしているのである．

　米軍のグローバル化は米軍の根本的な戦略転換に起因していて，最近特に顕在化し始めた現象である．米軍の従来の使命（ミッション）は，冷戦時代は「ソ連」を（対ソ封じ込め政策），冷戦後は「2正面（イラクと北朝鮮）」[1]を「脅威」とした国家を基礎脅威とする「脅威基盤戦略」となった．それが，2001年9月11日（9.11テロ）以後はテロなどの非政府主体を中心とする「能力基盤戦略」へと転換した．「脅威基盤戦略」においては，敵が政府主体であり「明確な脅威」であるため，一番適切な場所に米軍を事前配備し，そのことで抑止効果をもたせ，有事の際にはそこを拠点にしてさらに前方に戦力を展開するものであった．しかし，テロなどの多様化する「脅威」に焦点をあてる「能力基盤戦略」では，従来のフォース・プラニングから脱却して，テロ対処のために効率的な戦略へと転換することとなった[2]．

　その戦略転換を支えるものに，米軍の前方展開の再編成とトランスフォーメーションがある．米軍の前方展開の再編成は，現在進行中のものである．米軍の前方展開の種類は，リアル・プレゼンス[3]の①前方展開兵力（前方展開している陸海空海兵隊）と，ヴァーチャル・プレゼンスの②洋上移動兵力（空母戦闘群，水陸両用即応群，遠征軍，遠征旅団，事前集積船団など），③米本土兵力（緊急展開部

隊と戦略爆撃機など）とから成り立つ．米軍はリアルとヴァーチャルなプレゼンス兵力をその戦域や戦闘の特性に応じて組み合わせ，効果的に展開配備し，それぞれの兵力支援インフラの相互作用の中で最大限の戦闘機能を発揮できるような構造になっている．米軍は戦略の大転換により，そのリアル・プレゼンスとヴァーチャル・プレゼンスの相互の割合や編成を根底から見直し，再配備を行っている．それはトランスフォーメーション[4]により可能となり，それが実行されることにより効率化が図られることになるのである．

　米軍のトランスフォーメーションに関してブッシュ大統領は，「小規模で機動力があり迅速で，展開・維持しやすい」[5]軍にトランスフォーメーションすることを目的としてあげている．つまり，戦闘規模を小さくし統合された任務体制を敷き効率よく敵を叩くのであり，機敏さと機動力を備え精密な攻撃による戦闘を目指すのである．また，ここで言うトランスフォーメーションとは，「軍の競争や協力の性質をコンセプト，能力，人間，組織のコンビネーションを通じて形成するプロセス」[6]である[7]．米軍の各軍種もまたトランスフォーメーションをそれぞれ行ってきた．米陸軍は「シンセキ・プラン」（1999年）に基づき，世界各地へ96時間以内に緊急展開可能な中型装甲旅団の創設に取り組んでいる．米海兵隊は，「海上からの機動作戦行動」（1996年）で，上陸作戦だけではなく海上から陸地の奥地にまで機動的に一気に展開することを明確にし，現に2003年のイラク攻撃で実証した．米海軍は「フォワード……フロム・ザ・シー」（1994年）で海軍力を陸上にプロジェクションすることに重点を置くようになった．米空軍は「グローバル・エンゲージメント」（1996年）で前方プレゼンスを恒常化させるばかりでなく，必要とされる場所に期間を限定して駐留させその部隊だけで独自に作戦行動を遂行できるような方向へ進めている．この結果，各米軍部隊の攻撃力は飛躍的に向上している．そして，打撃力が高まれば，米軍はより小型化し機動力を増す．ということは大規模な前方展開に依存する必要性は低くなることになる[8]．

　以上の状況を前提に本章では米軍のグローバル化を主に分析し，それによって生じる日米同盟の役割の変化を論ずるものである．つまり，第一に，9.11テ

ロとそれに対する米国は「帝国」へと変貌しつつあり，その国防戦略がセキュリティ・ジレンマに陥った様相を論じる．第二に，米軍のグローバル化の一番目の要因である米軍の前方展開の再編成を論じ，第三に，米軍のグローバル化の二番目の要因である米軍のトランスフォーメーションに関して分析する．そして最後に，米軍のグローバル化にともなって変質を遂げている日米同盟の変化と，自衛隊のグローバル化に関して論じる．

1 帝国のジレンマ

著名な歴史家，ジョン・ギャディスがブッシュ・ドクトリン（NSS 2002）[9]は「過去半世紀におけるもっとも重要な戦略転換」と述べているように[10]，米国の新戦略はジョージ・ケナンの「封じ込め」と匹敵するほどの戦略上のパラダイム的シフトであったと言えよう．

ブッシュ・ドクトリンは，9.11テロに応えて発表されたもので，テロや大量破壊兵器の脅威が現実のものとなる前に米国が単独で先手を打つ「先制攻撃」を行うものである．この考え方は「危機が起こりドラスティックな救済を必要とする前に，危機の進展を先回りして防止するもの」という予防防衛[11]，もしくは，「放置しておけばその事態あるいは国が脅威となる前に，予防する目的で軍事力を行使する」予防的軍事力行使の概念の範疇に入る[12]．事例としては，1981年のイスラエルのイラク施設への攻撃や，1991年の「砂漠の嵐」作戦でアメリカを中心とした多国籍軍のイラク内にある非通常型兵器施設へ対する攻撃等がある．また，先制攻撃の最終目標次第で，「新たな政権を樹立する」国家創造活動[13]もその範疇に入る[14]．

ブッシュ・ドクトリンの発表直後，ヘンリー・キッシンジャー元国務長官は2002年9月26日の上院外交委員会の公聴会で，「近代技術とテロの脅威が結びつく時代には，国家主権の尊重など1648年のウェストファリア条約来の国家主権の伝統的な規範が問題となる」と述べ[15]，内政不干渉原則に基づいたウェストファリア体制[16]が衰退しつつあり，他国の内政に様々な国が干渉する機会

が増えてきていることを示唆した[17]．ウェストファリア体制とは，国家の絶対的な主権は，対内的には確立された権力であるということと外的な介入から自由であるという二重の基礎に支えられていたのである．

　冷戦崩壊後，米国が中心となり，人権を蹂躙する政府やテロ支援政府を転覆させ民主的政権を樹立する国家創造（nation building）活動が増えている．国家創造活動では，国家的要素（民族，主権，領土国家）のうち主権を入れ替えることを目指す．しかもその傾向は，ブッシュ・ドクトリンに基づいたイラク攻撃（2003年3～4月）のために加速される可能性も否定できない．米国の意図する国家創造活動とは，自国の安全保障を脅かす国家に対して，近代国家構成要因の1つのうち，民族と領土は維持するが主権を入れ替えて「フィラデルフィア化」（米国の好む民主主義の国に変えること）にする方式である．この考え方の根底には，「民主主義国家は民主主義国家に対して戦争は稀にしか行わない」というパックス・デモクラティアの考え方がある．この考え方はラセット[18]に代表されるもので，自由民主主義が定着している限り，政府は市民に対して情報を公開し，その政策は説明と責任をともなって行われることが前提となる．その結果，指導者は安易に戦争という手段に訴えるのが困難になる．したがって，自由，人権，平等，民主主義の価値を共有する国家間の戦争の機会は低減するという考え方である．つまり，このシステム下では主権国家であるかどうかよりも自由民主主義としての共通性が強調される．そして，ここでは行動主体が自由民主主義でありその拡大を目指す．パックス・デモクラティアは，冷戦後，グローバリゼーションと米国の卓越した影響力により存在が大きくなっている．

　しかし一方，国家体系のアメリカナイゼーションに反発する文明の国家や非国家主体も勢いを増している．その現れが9.11テロであった．パックス・デモクラティアの普遍化はサムエル・ハンチントンの言う「文明の衝突」をもたらしているとも言えよう．ブッシュ・ドクトリンに基づくイラクへの先制攻撃とそれに続く国家創造活動は，逆にイスラム諸国を一致団結させる可能性がある．また，それが回避されたとしても反発が蓄積されて将来の紛争要因として残る

ことになる．ハンチントンは，今後の世界はイスラム文明やアメリカ文明など8つの文明に多極化されて文明的な対立の世界になると述べる．そして，イスラム教に代表される原理主義運動や，西洋文明への反発から自らの文明への回帰運動が起きて紛争の原因となることを指摘する．そうなれば，また別の意味でのウェストファリア体制の崩壊となり，国家は存在せず「主体」が多様化した世界へと移行する可能性も否定できない．つまり，国家を構成員としたウェストファリア体制が崩壊した国際社会となり，世界は国家ではなく宗教，テロ集団，帝国といったような単位で分類されることになる．ヘンドリー・ブルは，この状況を「新中世主義」と説明し，この世界へ向かう兆候として，国家の地域統合化，国家の分裂，世界的な技術の統一化の5点をあげているが，現在，これらすべての条件は満たされている[19]．

　もし，このような世界システムをブル・モデルとよぶとすれば，ブル・モデル下の国際社会に移行した場合，米国は「帝国」へと変貌を遂げる，というよりはすでに変貌しつつあると言ってよいであろう．

　さらに米国は，9.11テロ以後，冷戦までの「国家の脅威」を国防戦略の基盤とした脅威基盤戦略から「能力の脅威」を基盤とする能力基盤戦略へと国防戦略を大きく転換した．能力基盤戦略では，テロという合理的判断を行わない非政府主体をその脅威の対象の最優先に置く．そのため，危機が迫っている状況で相手の考えを知ることができず，自分だけが大きく失うのではないかという不安が一層強くなる「ホッブスの恐怖」に陥ってしまう．この状況では，米国は「自助」行動に向かわざるを得ない．しかもこの状況では，自国が相手よりも多くの安全を強化したとしても，それは相手の不安を増大させるから，相手も対抗措置を採らざるを得ず，転じて自分の安全を低めることになるというセキュリティ・ジレンマ状況になってしまったのである．

　つまり，米国が「国家」を対象として安全保障を構築していた状況では，脅威の規模や実態が測定可能であったが，テロなどの非政府主体は脅威の規模や実態が測定困難である．したがって，前者であれば抑止も機能して安全は確保できてセキュリティ・ジレンマに陥ることはないだけの安全保障の環境を確保

したが，後者の場合ではそれが困難となる．そのため，米国は「自助」行動に向かわざるを得なくなり，先制攻撃（ブッシュ・ドクトリン）と本土防衛を中心とした安全保障体制に向かわざるを得なくなるのである．セキュリティ・ジレンマに陥った米国は，世界的規模でテロに対する予防戦線を張り巡らせる．そのため，米軍はグローバル化するのである．

2　グローバル化する米軍──前方展開の再編成

2003年の「イラクの自由作戦」（OIF: Operation Iraqi Freedom）は，ブッシュ・ドクトリンを実際に行動に移した最初のオペレーションであった点で画期的なものであった．また，OIFが内外の予想外に勝利をもたらしたために，このオペレーションの方向性が今後の米国の国防戦略を定めるものとなったことで非常に重要であると考えられる．さらに，米国の国防戦略の最重要目標を『4年ごとの国防計画の見直し』（QDR 2001）[20]で「テロ対応」[21]にシフトしたこと[22]，ブッシュ政権発足以来，ラムズフェルド国防長官が主導権をとり，冷戦時代に整備された「重厚長大型」の米軍を，小回りが利く「ハイテク・機動力型」に転換してきたことの正しさが立証された．

イラク攻撃の総括は，ウルフォウィッツ国防副長官が2003年6月13日の米下院軍事委員会の公聴会「イラクの米軍プレゼンス─グローバルな防衛体制への影響」[23]で初めて行い，ここで今後の米国の国防戦略の方向性が示された．ウルフォウィッツは，OIFからの教訓として，①圧倒的な戦力が不可欠である，②より効率的な軍事力行使が必要である，③バトル・フィールドからバトル・スペースの戦闘となった，④トランスフォームされた軍隊が必要である，の4点を証言するとともに，その教訓から今後の米国の国防戦略においてそれを実行するために「前方展開兵力の再編」が最重要課題であると述べた．米軍の前方展開兵力の再編は，①米軍を展開している地域の特異性に応じて軍事能力を調整し，②世界中どこでもどんな時でも前方展開兵力を補足し，グローバルな軍事行動を即座にとれる能力を強化するという2つの方法で行うことが重要で

あるとした．つまり，ウルフォウィッツは，米軍のリアル・プレゼンスとヴァーチャル・プレゼンスの相互の割合や編成を根底から見直し，再配備を示唆したのである．

米国は先制攻撃を辞さないブッシュ・ドクトリンを採用しイラク攻撃で実践したことから，米軍が予防防衛（Preventive Defense）や先制攻撃（Preemption Attack）を中心に構成されると考えられる．しかも，米国の軍事戦略が脅威基盤戦略から能力基盤戦略へと転換され，米軍は多様化する「脅威」に焦点をあてねばならなくなった．従来までは「脅威」が明確であったことから，一番適切な場所に米軍を事前配備し，そのことで抑止効果を持たせ，有事の際にはそこを拠点にしてさらに前方に戦力を展開することが可能であった．しかし，「脅威」がテロなどの非政府主体へと多様化したため，今後は従来の方策では十分ではなくなった．この点，ウルフォウィッツ国防副長官は，2正面戦略を基盤としたフォース・プラニングから脱却して，テロ対処のために効率的なものへ転換すると明言している[24]．そして，打撃力が高まれば，米軍はより小型化し機動力を増す[25]．この方針は，2003年のイラク攻撃によって米軍の軍事目的達成手段であるパワー・プロジェクション能力が飛躍的に向上したことが実証された．米軍は今や全地球上のいかなる場所で生起する紛争地域へ対してもパワー・プロジェクションを行える力を持つに至った．このことからも，米軍はより小型化し機動力を増す傾向は強まり，大規模な前方展開に依存する必要性は低くなる．したがって，リアル・プレゼンスからヴァーチャル・プレゼンスへ米軍は比重を移行するという予測が導き出される．また，米軍がヴァーチャル・プレゼンスへ比重を移すもう1つの理由は，9.11テロ以後，脅威が多様化・拡散した．大量破壊兵器やその長距離運搬手段としてのミサイル技術の拡散，さらには国際テロリズムなどの脅威は増大していることから米国の安全保障政策の重心が「本土防衛」へ移っていることもあげられる．また，前方展開兵力を大幅削減，あるいは撤収できれば，①駐留経費の節約，②駐留国への政治的考慮の回避，③前方展開兵力の脆弱性回避，などメリットは多い．

3 米軍のトランスフォーメーション

米軍のグローバル化を促進しているものにトランスフォーメーションがある. 2003年4月の『トランスフォーメーション計画ガイダンス』でラムズフェルド国防長官は,「テロとの戦いでわれわれは変わらなければならない. われわれは自らの活動を考え直し, 実行に移す時期が来ている」と, 変革への強い意志を表している[26]. また, ブッシュ大統領も「未来の軍というものは, 小規模で機動力があり迅速でありまた展開しやすく維持しやすい. そしてステルスや精密爆撃や情報技術に頼っている部分が多いはずだ」と述べ[27], あるべき米軍の姿を示した. つまりこの「あるべき姿」を目指して, トランスフォーメーションが実行されることとなった. ラムズフェルド国防長官は,「目指すところは基本的な統合, ネットワーク中心, 迅速な決定による優越と戦闘域に及ぼす圧倒的な影響力を持つ軍である」と述べていること[28]からもわかるように, 米国は軍のトランスフォーメーションを急務としているのである.

トランスフォーメーションの解釈をめぐって, 無人車両, 先端技術, 精密な爆撃, 特殊部隊などによって米軍の機動力を上げ, 機敏さ, 圧倒的な強さを手に入れることだとする流れがある. 一方では, ネットワーク中心の戦闘に変えることだと解釈する流れがある[29]. 『トランスフォーメーション計画ガイダンス』は,「トランスフォーメーションとは軍の競争や協力の性質をコンセプト, 能力, 人間, 組織のコンビネーションを通して形成するプロセスである」と定義している[30]. かつて90年代にはRMAという用語が使われた. RMAは「戦闘の性質における変革」であり, トランスフォーメーションとは「RMAの結果生じる (あるいはRMAを期待して) 兵器, 任務のコンセプト, 組織に起こる変革」である[31]. 米国政府の言うディフェンス・トランスフォーメーションとは大量の軍事力, 大量の火器の使用に依存する状態からの脱却であり, ばらばらの任務体制の打破である. 戦闘規模を小さくし統合された任務体制を敷き効率よく敵を叩く. 機敏さと機動力を備え精密な攻撃による戦闘を目指す. こ

の変革は，物量の時代からITの時代へと移行している時代の推移を反映している．この目標を達成するために行政府は訓練，人事，兵站，基地管理，ビジネス形態の変革を要求している．

トランスフォーメーションは，かつては防衛予算の削減の中，無駄なコストを削り取る必要に迫られ同時に武器の近代化の予算を確保する必要性に迫られたものであったが，現在では，次の5つの理由から必要不可欠とされるようになった．すなわち，①富の配分が進んで世界中が均一になってきたため米国の軍事的優位が危うくなってきた，②非対称脅威が増加しつつある，③ライジング・フォース・オン・フォース，④技術開発の進展により戦闘そのものが変化した．特に情報技術の影響が大きい，⑤改革に失敗すれば，米軍の優越性も平和および地域の安定も失われてしまうため，改革するしかない，との5つの理由である[32]．

『トランスフォーメーション計画ガイダンス』ではトランスフォーメーションを3つの分野に分けて狙いを定めている．第一は「戦闘方法の改革」であり，統合して戦うというコンセプトの確立や，軍事支援の程度である．第二は「DOD内のビジネス方法」であり，中でも法律上の改革[33]，人材管理の柔軟性，軍人の生活の質の向上，調達プロセスの改革が重要である．トランスフォーメーションはプロセスの改革であり，『トランスフォーメーション計画ガイダンス』で指示された改革を目指す[34]．第三に，共同作業を増やし情報を共有したりして他の機関や国との協調を行う．ただし，米軍の改革能力は同盟国の軍のそれに適用可能にすべきである．

また，米国防総省全体の実行戦略は，①革新的な指導力と上層部の強い関与により改革文化を形成する，②現在の任務と将来への投資のバランスをとる，③軍の改革をする，という3つの部分から構成され，その改革実行のために，①統合任務の強化，②米国の情報優位の拡大，③新しい戦闘コンセプトの実験，④変革の能力を開発するという，4本の柱が立てられた．しかし，この戦略を実行すれば国防総省は，2つのジレンマを抱えることになる[35]．第一のジレンマは，目の前の仕事への投資か将来への投資かのバランスの問題である．目

の前の仕事への投資を優先して将来への投資を先送りすれば，敵の方が優位に立つという事態を生む．改革には投資が必要なのである．第二のジレンマは，特殊技術やコンセプトが改革に重要であれば，他にも改革への道があるとしても，特殊技術やコンセプトに投資する必要があるということである[36]．新しいアイデアを受け入れる一方でその議論や投資を排除する必要があり，この両者のバランスをとらなくてはならないというジレンマに陥るわけである．

軍の改革は物量の時代から情報の時代へと脱皮しつつあり，情報武装を行っている．それはプラットフォーム中心ではなくネットワーク中心へとなることである．あらゆる部隊へ情報を提供できるネットワークを構築し共有する情報によって部隊を配置することが可能になる．そして戦闘域全体にわたって，自己調整する時間が短くなる状況が生まれるのである．その最初の段階へのステップとして「4つの改革の柱」と「6つの目標」とが立てられた．「4つの改革の柱」とは，①統合という概念やアーキテクチャーによって統合作業を合理化する．統合化と相互互換性を追求する，②情報関連の資産，地球規模の監視や偵察を駆使して情報の優越性を進める，③開発と実験．戦争ゲームやシミュレーションや野外訓練を用いて新しい戦闘を試みたり新しい任務概念を試す，④その結果を実行に移すメカニズムを立てて投資を優先し，将来の軍のあるべき姿へ向かうことであり，「6つの目標」とは，①主要な基地を守り生物化学兵器にうち勝つ，②アクセス不能な環境での軍事力を企画し支持する，③敵の聖域を認めない，④情報技術に投資する，⑤情報システムを確立し情報操作を指揮する，⑥宇宙空間の利用を進める，ことである[37]．

そして，軍の改革を支援するため，米国防総省は改革事務局（OFT: the Office of Force Transformation）を長官事務局内に創設し，改革に関して国防総省にガイダンスを行い，トランスフォーメーションのアイデアを生み促進し情報交換をすることとなった[38]．OFTは小規模で人員は30人以下，予算はFY2004で3000万ドルである．さらにトランスフォーメーションを支援する組織としてノーフォークに米軍統合軍司令部（USJFCOM: US Joint Force Command）が設置された．USJFCOMは，司令部の800人以上のスタッフが統合された組織であ

る.

4　日米同盟の変質

　米軍のグローバル化に比例するかのように，日米同盟もグローバル化している．1991年12月にソ連が崩壊し，日米同盟の従来の基盤である「脅威」が喪失し[39]，日米同盟はその存在理由を根底から考え直さざるを得ない状況に直面した．そして，日米同盟の「漂流」が始まった[40]．まさにこの時に，イラクがクウェートに侵攻し，1991年に湾岸戦争が起こった．湾岸戦争は，日本経済にとり死活的に重要な石油供給国で起こったにもかかわらず，日本は軍事的な対処をとることはできず，130億ドルの拠出金を出して貢献をしたものの米国からはほとんど評価を得ることはできなかった．中東で軍事的行動をとるのは米軍であり，同盟国である日本は全く軍事的行動をとらないという現実は，日本の安全保障政策に対する不信感を米国内に募らせた[41]．この時点からアメリカにとって，日米安保条約第5条事態（共同防衛）よりも，第6条事態（基地供与）が益々重要となり，在日米軍基地はグローバルなハブ基地としての役割を次第に増していった．

　このような中，日本では94年2月に細川護熙総理は防衛問題懇談会を発足させ，冷戦後の安全保障政策と防衛力のあり方について検討させた．その結果は，94年8月に報告書（樋口レポート）として村山首相に提出された．さらに，95年11月の臨時閣議で，冷戦後における日本の防衛力整備の指針となる「平成8年度以降に係わる防衛計画の大綱」（以下，「新防衛大綱」）および防衛力の具体的な水準を示した「別表」が決定された．「新防衛大綱」は[42]，日本の防衛計画が76年の「防衛計画の大綱」以後策定されていないことに加えて，冷戦終結で国際情勢が変化し，自衛隊への役割と期待が高まったことを反映して定められた[43]．そして，日米安保体制がアジア太平洋地域の平和と安定の維持に貢献していることを再確認したうえで，「限定的小規模侵略の独自排除」の代わりに「日米共同作戦」が前提とされたために，新ガイドラインの策定が必要と

なった.

　一方,アメリカではナイ国防次官補を中心に東アジア戦略の再検討が進められ,1995年2月にEASR(東アジア戦略報告)[44]が発表され,「日米同盟はアジアにおけるリンチピン(要)」であると述べ,日米安保体制は益々アメリカの世界戦略との整合をみせることとなる.その間,日本をめぐる戦略環境は目まぐるしく展開した.94年には北朝鮮の「核疑惑」をきっかけとした朝鮮半島一触即発の事態が起こった[45].そして,95年には南沙諸島問題が再燃し,同年6月に李登輝台湾総統が訪米したことをめぐり中国が台湾を威嚇し,同年7月,8月,96年3月に台湾周辺で軍事演習を行った.これに対してアメリカが空母2隻を派遣する事態が起きた.また,95年9月に米海兵隊少女暴行事件が沖縄で起こり,在日米軍基地への批判が強まった.日米の絆を強化すべき時期に予期せぬ出来事が起こってしまったのである[46].

　それだけに1996年4月に行われた日米首脳会談は重要であり,そこで日米安保条約の強化を確認する「日米安全保障共同宣言」を発表し,日米安保条約の対象地域を安保条約第6条の「極東における国際の平和および安全の確保」から「アジア太平洋地域の平和と安全の確保」に拡大し,事実上,日米安保再定義を行った.つまり,在日米軍基地が日本の安全と直接的には関係ない状況のもとで利用され,かつ自衛隊も「周辺事態」に参加する道を開いたのである.また,それと前後して,96年4月,自衛隊と米軍が燃料などを融通しあう「日米物品役務相互協定」(ACSA)が締結された.そして日米両国は,同盟関係の意義の再確認とともに,冷戦終結により変化した国際情勢に日本の防衛政策が適合するように78年の「日米防衛協力のための指針」(ガイドライン)[47]の見直しを行うことに合意した.ガイドラインの見直しは1996年6月から開始され,97年9月に新ガイドラインが発表された.

　2001年9月11日,米国同時多発テロが起こった.9.11テロにより自国の本土を攻撃されたアメリカが個別的自衛権を発動してアフガニスタン攻撃を行った事実は,日本有事および周辺事態の概念を組み込んで再構築された日米同盟の考えをはるかに超えるものであった.日本は集団的自衛権の不行使という原則

に拘束された.アメリカ本国の防衛のために同盟国が協力することは原則的には集団的自衛権の行使であり,NATO は集団的自衛権を発動してこれを支持した.しかし,日本にはアメリカを守るという安全保障概念も法的枠組みも存在していなかった.9.11テロ後の15日,アーミテージ国務副長官は日本に対して,「憲法上の制約は承知しており,日本に実践部隊の戦闘への参加を求める考えは毛頭ない」と述べた後,「後方支援の分野で日本の顔が見えるような協力」を早急にしてほしいと要請した[48].日本は湾岸戦争の時に巨額の援助金を拠出したにもかかわらず国際的な評価が皆無であったという辛酸をなめているため,「日本の顔が見える」自衛隊派遣を日本政府は当初から真剣に考えて行動した[49].小泉総理は新法を制定する案を2001年9月17日に了承して作成を命じ[50],10月5日に閣議決定を行い,29日にテロ対策特別措置法案[51]は可決された[52].そして,自衛隊の活動範囲は,「公海上や当該国の同意がある外国領で,戦闘行為が行われておらず,活動期間を通じて行わないと認められる地域」と定義され,日本周辺の公海やその上空に限定されていた周辺事態法の定義をはるかに拡大して,当該国の同意する外国の領域まで拡大された.さらに,自衛隊の武器使用基準も緩和され,自己以外に管理下に入った者を守る場合に武器使用が許可された[53].

　法的根拠を得た日本政府は米側と「顔の見える支援」の内容をすりあわせ,その結果,米側の希望する,①アラビア海での洋上給油,②燃料と物資の購入資金を予備費から早急に拠出し一刻も早く米軍へ無償提供することが2001年11月14日の日米調整委員会で決まり,16日に日本政府は基本計画を安全保障会議と臨時閣議で決定した[54].この時点での現地への派遣は,海上自衛隊の護衛艦(3隻),補給艦,航空自衛隊C-130(6機),多用途支援機(2機),被災民救済に掃海母艦(1隻)であり,輸送・補給の海上自衛隊1,200人,航空自衛隊180人,被災民支援海上自衛隊は120人を最大枠とし,派遣部隊は1,500人規模となった.2001年10月7日,米軍はアフガニスタン攻撃を開始し,12月7日にタリバンが本拠地カンダハルを明け渡して政権は消滅した.

　アフガニスタンに関しては,テロ特措法に基づき海上自衛隊を主力として派

遣したが,イラクに関しては陸上自衛隊を主力に派遣せねばならず,異なった法的根拠が日本には必要となった.また,それ以前に日本がイラク問題にどのようなかかわり方をするべきであるかという議論が政府部内で2002年秋以降なされた.02年11月,国連で「安保理決議1441」が可決されたが,その後国連を中心とする多国籍軍を編成してイラク攻撃を行うより以前に,アメリカが単独でイラクを攻撃する様相が強まった.そのため02年12月には,日本としてはイラク問題に対して戦争終了後の復興を中心として支援協力をする検討を開始し,そのための新たな法律を策定する動きが政府内で始まった.

その後,2003年3月20日,米国は新たな安保理決議なしにイラク攻撃を行った.日本政府は,すぐさまイラク問題対策本部会議を設け,「イラク問題に関する対処方針」を発表した[55].小泉純一郎総理は,国連の安保理決議のうちクウェートに侵攻したイラクへの武力行使を容認した「678決議」(1990年11月),大量破壊兵器の完全破棄など湾岸戦争の停戦条件を規定した「687決議」(91年4月),大量破壊兵器破棄の最後の機会と警告を行った「1411決議」(02年11月)を根拠としてアメリカ支持を表明したのである[56].4月9日にバクダッドが陥落した.当初,イラクへの復興支援に関しては各国の立場は異なっていたが,米英が中心となり提出したイラクの経済制裁解除に関する新決議に対し,5月中旬以降,特に米英のイラク攻撃に反対していたフランスが態度を軟化させ,修正を経て5月22日に,安保理決議1483[57]が採択された.この決議採択の翌日,小泉首相はブッシュ大統領と会談を持ち,「国力にふさわしい貢献をする」ことを確約し[58],イラク人道復交支援特別措置法(以下,イラク特措法)を7月26日に成立させた.

イラク特措法により日本は新たなタイプの国際社会への貢献に踏み出した.イラク特措法は2003年8月1日に公布されたが,同月19日にイラクで国連事務所が爆破されたため,政府は現地の治安情勢調査のために9月14日,関係各省庁の合同調査団をイラクと周辺国に派遣した.9月20日には自民党総裁選挙で再選された小泉総理は,10月10日に衆議院を解散し,イラクへの自衛隊派遣の賛否を国民に問うた.その結果,民主党が議席数を伸ばしたものの,自民党が

安定多数を得て信任を得られたので，自衛隊派遣地域の候補地であるサマワ周辺地域へ，11月15日に自衛官専門調査団を派遣した．その直後の11月末，外交官2名が犠牲となったが，政府は12月9日に，イラクへの自衛隊派遣と基本計画を閣議決定した．そして，12月18日に防衛庁より自衛隊イラク派遣実施要項が公表され，首相はそれを承認し，ついに19日，石破防衛庁長官は陸海空自衛隊に準備命令，航空自衛隊に派遣命令を出した．そして12月26日に航空自衛隊派遣，2004年1月9日に陸上自衛隊先遣隊がクウェートに到着した[59]．

このようにして，日本はイラクへの「ブーツ・オン・ザ・グラウンド（地上に軍隊）」[60]を第二次世界大戦後初めて果たした．このことは，日米同盟がグローバルな脅威や課題に対して，従来の枠組みを超えて対処する同盟へと変質していっていると言える．

5　日米同盟の今後

アメリカは今後，ブッシュ・ドクトリンに基づく先制攻撃を東アジア地域にも展開する可能性は否定できないため，「イラク後」の日米安保体制のあり方が問われている．アメリカの同盟管理の方針の変化は，QDR2001で，「前方抑止（Deter Forward）」の概念を打ち出したことにも読みとれる．この概念は「前方抑止体制を強化する」ものであり，「米国の同盟国と友好国とのコンサート」により「米国にとって望ましい地域バランス」を作るものである．米国の軍事力行使の任務が，テロ防止・予防へと転換していることから，元来，敵国からの「共同防衛」であったものが，「地域秩序」の形成・維持へと比重が移動している．これにともなって「同盟機能の拡大」が行われている．つまり，同盟国はその国周辺の形成・維持のために安全保障上の国際公共財の拠出を益々求められることになる．言い換えるならば，日本の国際社会への貢献とは，日米同盟強化によりアメリカを中心とするパックス・コンソルティス・システムを作りあげることにより，世界システムを安定させることにあると考えられる．

QDR2001では特に「小規模紛争 (SSCs)」が取り上げられ，同盟国と友好国とが平時から協調してSSCsに対処できる戦力を維持し準備することが必要であることを強調している．日米安全保障体制の管理の意味で，日本は，地域あるいはグローバルな秩序形成・維持のために比較優位分野での国際公共財の提供を果たさねばならなくなると考えられる．

 特に，先制攻撃を辞さないブッシュ・ドクトリンのもとでは日本も戦略的パートナーとしてのパワー・シェアリングが必要となる．パワー・シェアリングは，日本が安全保障面でも独立国家として戦略を持ち，米国と対等に戦略と戦術を自らの意志で共有できる状況を言う[61]．「パワー・シェアリング型同盟」とは，これまでの自衛隊の「盾」と米軍の「矛」の分業ではなく，自衛隊が「矛」の協力も行った日米の共同作戦により有事へ対処するものとなる．そこで初めて日米同盟が日英同盟のような「特別の関係」へと深化をし，日本の戦略に基づき，日米同盟は地域への安定機能として貢献することになるのである．

 以上のように，米軍のグローバル化にともない日本の自衛隊もグローバル化せざるを得ない状況に置かれている．しかし米軍と自衛隊との間のインター・オペラビリティや技術格差の問題など，米軍のグローバル化に自衛隊がキャッチ・アップできるのかという基本的な課題が残る．それらの命題を克服してこそ日米同盟はグローバル化すると言えよう．

1) 2つの大規模紛争（イラクと北朝鮮を想定）が生起しても同時に戦って勝利する戦略．
2) Paul Wolfowits, Before the House Armed Services Committee, United States House of Representatives, Hearing on U.S. Military Presence in IRAQ : Implications for Global Defense Posture, June 18, 2003.
3) ヴァーチャル・プレゼンスは1995年米空軍の『Global Presence』で発表されたもので，「米軍投入が必要と判断された時に必要な場所へ部隊を送る」というコンセプトである．
4) ここでは基地の統廃合問題をトランスフォーメーションの中に入れて論議する．また，米軍基地の統廃合に関して国防総省は，「基地の再編と閉鎖に関する委員会」

7章 グローバル化する米軍と日米同盟 203

(BRAC) を1988年5月に創設して本格的に取り組み始めた.
5) US Department of Defense, *Transformation Planning Guidance*, April 2003, p. 1.
6) Ibid, p. 3.
7) RMA (軍事革命) とトランスフォーメーションの違いは, 前者が戦闘の性質における変革であるのに対して, 後者は RMA の結果, 兵器, 任務のコンセプト, 組織に生じる変革である (Background and Oversight Issues for Congress, pp. 4-5).
8) National Defense University, Institute for National Strategic Studies, *Strategic Assessment 1998* (Washington DC : US Government Printing Office), 1998.
9) The National Security Strategy of the United States of America, President George W. Bush, September 17, 2002 (http://www.whitehouse.gov/nsc/print/nssall.html).
10) John Lewis Gaddis, "A Grand Strategy," *Foreign Policy*, Nov/Dec. 2002.
11) William J. Perry, "Defense in an Age of Hope," *Foreign Affairs*, vol. 75, no. 6, 1996.
12) Richard Hass, "Military Intervention : A Taxonomy of Challenges and Responses," in The Aspen Strategy Group, ed., *The United States and the Use of Force in the Post-Cold War Era* (Maryland : The Aspen Institute, 1995), p. 23.
13) Gerald B. Helman and Steven R. Ratner, "Saving Failed States," *Foreign Policy*, NO. 89 (Winter 1992-93), pp. 3-20.
14) ブッシュ政権は QDR2001で, 軍事力行使にあたり保障, 抑制, 抑止, 撃破の4つのステップの考えを示していて, 最終段階の撃破までいく可能性もある.
15) Henry A. Kissinger, Hearing before the Committee on Foreign Relations United States Senate, Thursday, September 26, 2002 (http://foreign senate gov/ hearings/ hrg020926a.html).
16) ウェストファリア体制とは, 民族, 主権, 領土の3つの要素が一致して初めて成立した国家が社会のアクターとなって成立した状況を言う.
17) Philip Windsor, "Superpower Intervention," in Hedley Bull, ed., *Intervention in World Politics* (Oxford : Clarendon Press, 1984), p. 45.
18) Bruce Russett, *Grasping the Democratic Peace : Principles for a Post-Cold War World* (Princeton : Princeton University Press, 1993).
19) Hendley Bull, *The Anarchical Society : A Study of Order in World Politics* (New York : Columbia University Press, 1977).
20) US Department of Defense, *Report of the Quadrennial Defense Review*, (Washington DC : US Department of Defense, 2001).
21) President George W. Bush, "Address to a Joint Session of Congress and the American People," United States Capital, September 20, 2001 (http://www.whitehouse.gov/news/releases/ 2001/09/).

22)　最大のパラダイム的シフトは脅威基盤戦略（Threat-Based Strategy）を能力基盤戦略（Capable-Based Strategy）に転換したことであった．
23)　Statement by Deputy Secretary of Defense, Paul Wolfowits, Before the House Armed Service Committee, U. S. House of Representatives, *Hearing on U.S. Military Presence in IRAQ: Implications for Global Defense Posture*, June 18, 2003.
24)　Paul Wolfowits, Before the House Armed Services Committee, United States House of Representatives, *Hearing on U.S. Military Presence in IRAQ : Implications for Global Defense Posture*, June 18, 2003.
25)　National Defense University, Institute for National Strategic Studies, *Strategic Assessment* 1998 (Washington DC : US Government Printing Office), 1998.
26)　Transformation Planning Guidance 2003 p. 1 "Secreatry's Foreword".
27)　Ibid, p. 3.
28)　Ibid, p. 1.
29)　CRS Report for Congress "Defense Transformation : Background and Oversight Issues for Congress". Feb. 24 2004, pp. 4-5.
30)　*Transformation Planning Guidance 2003*, p. 3.
31)　Background and Oversight Issues for Congress, pp. 4-5.
32)　*Transformation Planning Guidance 2003*, pp. 5-6.
33)　たとえば，レポート提出の重複や予算権限，DOD が専門家を雇えるようにするなどがあげられる．
34)　*Transformation Planning Guidance 2003*, p. 7.
35)　これは過去の改革でも生じたジレンマであり，乏しい予算で改革をするために避けては通れない投資の問題である．
36)　Ibid, p. 9.
37)　これは QDR2001で明確に打ち出された目標である（*Transformation Planning Guidance,* p. 10）．
38)　CRS Report for Congress "Defense Transformation : Background and Oversight Issues for Congress," Feb. 24 2004, p. 7.
39)　NSS1990（90年3月）で米国の脅威認識がソ連から第三世界へと転換された．
40)　北朝鮮や中国という脅威が残っていたが，前者は米国にとってはソ連と比べれば極めて小規模なものであったし，後者に対しては，潜在的な脅威であって日本とも脅威認識の温度差があった．
41)　Chalmers Johnson and E. B. Keehn " The Pentagon's Ossified Strategy," *Foreign Affairs*, July/August, 1995.
42)　「新防衛大綱」では，①日米安保体制が我が国周辺の地域の平和と安定を確保していること，②日米安保の再確認でアジア太平洋地域の安全に寄与すると意義づけ

ていること，③「限定的小規模侵略の独自排除」を放棄して最初から日米共同作戦を前提にしている．

43) 76年の旧大綱では「限定的かつ小規模な直接侵略に対しては，原則として独力で排除する」と安保条約第5条の日本有事に力点があった．これに対して95年の新大綱では「直接侵略に対しては，米国の協力の下，防衛力の総合的・有機的運用で排除する」として，日米間の防衛協力の強化を全面に打ち出すとともに，「我が国の周辺地域」における「平和と安全」のために，「日米安保体制の効果的運用」により具体的に対処する，とした．これは安保条約第6条重視への転向を目指すものでもあった．

44) EASR-I でアジアへの10万人米軍駐留を BUR に続いて再確認した．これは，92年の米軍のフィリピンからの全面撤退が起こる中，アジア諸国の間に米国のアジア離れの懸念と不安が高まったからである．米政府はこれを払拭するためにも米軍のこれ以上の削減はアジア各国が「力の真空」を埋めようとして軍拡を始めて当該地域が不安定化することを恐れたからである．

45) 92年秋に，北朝鮮が核廃棄物処理施設に対する国際原子力機関（IAEA）の「特別査察」に抵抗し，さらに93年3月12日に核不拡散条約（NPT）からの脱却を表明したことから，朝鮮半島の情勢が緊迫し，朝鮮半島の緊張は94年10月21日に「米朝枠組み合意」が締結されるまで続いた．

46) 北岡伸一『「普通の国」へ』中央公論新社，2000年，292頁．

47) 78年のガイドラインは，51年に日米安保条約が署名され，60年に改定されて以来初めて日米間の防衛協力を具体的に検討したものであった．

48) 久江雅彦『9.11と日本外交』，講談社，2002年，24頁．

49) 同時に政府は9月19日に自衛隊派遣を含む7項目支援策を発表している．

50) 法案作成は，官房副長官補の下で外務・防衛庁から出向している「有事法案チーム」が行った．

51) テロ対策特別措置法の中心は同3条の，①米軍など諸外国の軍隊への協力支援活動，②戦闘行為で遭難した戦闘参加者の捜索救援活動，③被災民救援活動の3つである．

52) 国連決議1368が採択されたことでテロ特措法は容易に成立したとも言えよう．

53) 産経新聞，2001年10月30日．

54) ①補給：艦船による艦船用燃料等の補給，②輸送：a）艦船による艦船用燃料等の輸送，b）航空機による人員及び物品の輸送，③その他：a）修理及び整備，b）医療，c）港湾業務．

55) 平成15年3月20日，首相官邸ホームページ（http://www.kantei.go.jp/jp/koizumuspeech/2002/03/20danwa.html）．

56) 2002年3月19日の小泉純一郎首相の国会答弁．

57) 安保理決議1483はイラクに対する経済制裁解除が主な目的ではあったが，国連加盟国に対してイラクの安定のために貢献するように呼びかけたものである．
58) 外務省ホームページ（http://www.mofa.go.jp/mofaj/kandan/s-koi/us-gh.html）．
59) その後，2004年2月9日に参議院本会議で「イラク人道復交支援のための自衛隊派遣」が可決された．
60) 米国からの日本への「国際治安支援部隊に自衛隊を派遣して欲しい」という象徴的言葉で，ウルフォウィッツ国防副長官が言い出したとされる．（『朝日新聞』2003年6月25日）．
61) Interviewed with Michael Green, NSC Staff, Tokyo, January 17, 2001.

8章　中台関係とアメリカ
―― グローバル化と米中関係の変容 ――

滝　田　賢　治

はじめに

　1979年1月の米中国交樹立以来四半世紀の間，両国関係を規定してきた主要な要因は台湾・経済・軍事・人権問題と，米中が相互に認識する相手国の国際政治上の影響力の度合い（の変化）であったが，そのうち最もクリティカルで一貫した問題が台湾問題[1]であったことはいうまでもない．経済・軍事・人権問題や国際政治上の相互認識は妥協可能であったり可変的であったが，台湾問題だけは中国にとって妥協不可能な問題だったのである．それは台湾を中国固有の領土としてその解放を建国以来一貫して国家的課題としてきた中国共産党にとって政権の正統性そのものに関わる問題であったからである．中国にとって台湾はサーヴァイヴァル・インタレストとはいわないまでもヴァイタル・インタレストであったのである[2]．他方アメリカにとって「国民党の台湾」は，両者の歴史的関係から心理的な拘束要因であり，それ故に国内法としての台湾関係法[3]が成立したのであるが，ヴァイタル・インタレストではなくせいぜいのところメジャー・インタレストであった．台湾に対する米中の認識・国益は非対称的であった．

　1979年1月アメリカと中国が国交を樹立したことは「1つの中国」[4]を受け入れたことを意味したが，同時にアメリカ議会が圧倒的多数で可決しカーター大統領が署名した台湾関係法は台湾の存在を保障することも意味した．この相矛盾する政策を現実の外交政策として機能させるために，アメリカは台湾海峡

における軍事的バランスを維持しつつ中台双方に対話を促進させ，この地域の安定を確保することであった．台湾関係法は台湾への防御的兵器の供給を規定していたが，中国はこの防御的兵器の性格や数量ばかりか，台湾への兵器移転そのものに強く反対し，1980年代以降米中関係はしばしば緊張したのであった．アメリカの対中接近と国交樹立が対ソ戦略から敢行された側面を色濃く持っていたため，冷戦終結以前のアメリカは中国との妥協により緊張を緩和させ，天安門事件以後の対中経済制裁も湾岸危機から湾岸戦争の過程で実質的に解除していったのである[5]．

ソ連崩壊により対ソ戦略的配慮に基づく中国政策から解放されたアメリカは，冷戦後新たな状況に直面した．即ち第1に，アジア太平洋地域における中国の国際政治的影響力が増大しつつある事実を認識しなければならなかった．第2に，1996年以降の台湾における民主化の進展の結果を制御しなければならなかった．台湾の民主化はアメリカの歴代政権がかねてから強く要求していたことであったが，この民主化はアメリカにとって「両刃の剣」であり，民主的選挙の結果，民意が独立指向を示し始めると，それが台湾海峡のバランスを崩し米中関係を破綻させかねないものと深刻に危惧するようになった．中国が国際政治における影響力を強め，中国市場がアメリカ経済にとって大きな意味を持ち始めつつある状況下では[6]，台湾問題を「問題化」させることはアメリカ外交の幅を狭めることを意味したからである．とりわけ9・11テロ後，中国を「国際反テロ戦線」に巻き込むことに成功し（たと認識し）[7]，イラク戦争によりイラク・パレスチナ情勢が混迷を深める中で北朝鮮の非核化を目指す「6者協議」を主導する中国との緊張はブッシュ政権にとって是が非でも避けたいことであった．

だが現実には，ブッシュ政権成立の5年前から始まっていた台湾における民主化のプロセスの進展は，台湾問題を巡る米中間の慢性的な緊張を一挙に高めることになったのである．1996年3月台湾初の総統直接選挙で独立指向の強い国民党内台湾独立派が勝利する可能性が高かったため，中国は3月23日の選挙日を挟みミサイル発射訓練，海空洋上演習，陸海空上陸演習を同時に行い台湾

の選挙を中止に追い込もうとした．アメリカも空母を台湾海峡に派遣しにわかに緊張が高まった．結果的には台湾独立派は75％の支持を得て事態は一応収まっていった．しかしこの選挙で圧勝して総統となった李登輝は，7月中台関係を「特別な国と国との関係」と規定して中国の激しい反発を買った．さらに1997年7月の香港返還に際しては「台湾はすでに徹底的に民主化され，大多数の住民は大陸が主張する統一モデルに賛成しない」と中国の「一国両制」による統一に反対したため，台湾問題が今日あらためて米中関係ばかりでなく，東アジア国際政治における焦眉の問題となったのである．

この問題をさらに先鋭化させたのが陳水扁の登場と彼の政策であった．2000年3月台湾史上初めて野党候補として総統に当選した民主進歩党の陳水扁は，2002年8月中台関係を「一辺一国」と規定し，憲法改正により台湾独立について民意を測るための住民投票を行う可能性に言及したため，中国側はこれを阻止するためには「武力行使も辞さぬ」との強硬姿勢を示したのであった．その後も陳総統は2006年に新憲法制定を目指す意向を表明し（2003年9月），次期総統選挙に合わせ「台湾の主権と安全を守る住民投票」を実施すると発表したためブッシュ政権は中台衝突を深刻に危惧しなければならなかった．

確かに2001年1月の政権発足時に中国を「戦略的ライバル」[8]と規定し，4月には「台湾が攻撃されたら台湾が自衛できるようあらゆる援助を行う」と述べて「1つの中国」政策を明らかに逸脱したブッシュ政権は，2001年の9・11テロ以降は従来のバランス政策に回帰しつつあるように見える．2003年12月ブッシュ政権はNSCのモリアティ・アジア上級部長を台湾に派遣し，陳水扁総統の住民投票や新憲法制定構想に対し「台湾の現状を変えるいかなる単独行動にも反対する」という同政権の強い意思を伝え，その直後訪米した温家宝・中国首相との共同会見でブッシュ大統領は台湾の単独行動に釘を刺し，台湾関係法に基づき売却方針が決まっていた台湾への武器移転のプロセスにブレーキをかけている．本章ではまず，冷戦終結と9・11テロがアメリカ外交に与えた影響を確認し，それが中台政策にいかなる変化をもたらしたかを検討する．次に冷戦後の中国外交の変容を概観し，最後に米中双方の外交の変化を踏まえ，ブ

ッシュ政権期の中台政策に関する議論を分析する.

1 アメリカ外交の変容と中国政策──冷戦終結と9・11テロのインパクト

「緩やかな二極構造」(M.カプラン)であった米ソ冷戦構造の解体はアメリカ外交とアメリカの中国政策にどのような変化をもたらしたのであろうか.

第1に,冷戦終結は「平和の配当」を求める議会内外の圧力によって軍事予算の削減[9]をもたらしたが,現実には冷戦終結は大量破壊兵器の拡散と地域紛争としての民族紛争・宗教紛争やテロの激化を引き起こしたため,アメリカは軍事費削減という厳しい現実の中でこれらの脅威からアメリカ本土及び海外のアメリカ人の生命・財産,そして同盟国を防衛する必要に迫られた.

第2に,冷戦期の対ソ封じ込め政策,核抑止戦略,同盟網の構築によるアメリカ軍の前方展開戦略が根本的に見直しを迫られた[10].

第3に,軍事予算の削減にもかかわらず,ソ連の崩壊によりアメリカのみが突出した軍事力(power projection capability)(世界の軍事費の約30〜40%)を有する国家となったが,単に数量的に他を圧倒していたばかりかハイテク技術を駆使した兵器システムにおいてもNATO同盟諸国との相互運用性(interoperability)が不可能になるほどの突出振りであった.この圧倒的に優越的な軍事力と同時にその経済力(世界のGDPの約25〜30%)によってアメリカでは自国を"solo-superpower"とか"only one remaining superpower"と表現する認識も出てきた.それは,新保守主義者(ネオコン)に特徴的な傾向であった.

第4に,ソ連の脅威を大前提にしたアメリカ議会内外の「冷戦コンセンサス」が崩壊し,議会内外の対外関心がグローバル・イシュという認識に見られるように多様化したため,それぞれの問題に関係した「族議員」や利益集団,NGOが対外政策決定過程に今まで以上に積極的に影響力を行使し始めた.かつてアメリカの対外政策決定過程を特徴づけていたエリーティズムはプルーラリズムにとって代わられたのである[11].それ故,R.サッターは冷戦後のアメ

リカ外交政策に関してコンセンサスは，少ないコストで大きな効果を上げるべきであるというコンセンサス（Doing More With Less Cost）[12]であるという．

　第5に，冷戦期には軽視ないしは敵対すらすることのあった国連を，アメリカ議会はともかくホワイトハウスは重視せざるをえなくなった．冷戦終結期に発生した湾岸危機に際しブッシュSr.政権が冷戦後の世界を国際法と国連が重視される世界秩序を「新世界秩序」と規定したことも要因となって国連を重視せざるをえなくなった．

　このようなアメリカ外交の変化が，冷戦後初めての政権ともいうべきクリントン政権の外交に方向性を与えることになった．第1に国連を重視しつつ多国間協調主義に基づいて地球環境問題や疫病，麻薬などのグローバル・イシュに取り組まざるをえなかった．第2に軍事的脅威が世界的に拡散しつつある状況の下で，冷戦遂行の装置であったNATOや日米安保の「再定義」を行うとともにアメリカ軍の「再編」を行っていこうとしているのである．ヨーロッパではNATOの東方拡大を図るとともに設立50周年にはNATO戦略の再定義を行い[13]アジアでは日米安保の「再定義」[14]を行ったが，グロバリゼーションの波に乗り凄まじい勢いで拡散している軍事的脅威への対応策は明確には打ち出せず，アメリカ軍の「再編（トランスフォーメーション）」を巡る議論が展開されただけであった．この間に世界貿易センタービル地下駐車場爆破事件，イエメン沖でのイージス艦爆破事件，ケニア・ナイロビにあるアメリカ大使館爆破事件をはじめアメリカを標的とする爆破事件やテロが次々に発生したのであった．第3にアメリカ議会内外における「プルーラリズム」と「新しいコンセンサス」により，内政・外交課題に対する予算配分が拡散・分散するとともに，政策決定のプロセスが長期化したのである．

　このようなアメリカ外交の方向性や拘束条件の下で編み出されたクリントン政権の外交政策の原則が「拡大・関与政策（enlargement and engagement）」[15]（1993年9月）と「ならず者国家（rogue state）」論[16]（1994年春）であったといえる．軍事費が削減され，「コスト対費用」を重視する新しいコンセンサスの下で，大量破壊兵器やテロ，地域紛争ばかりか地球環境問題や疫病・麻薬の蔓延

というグローバル・イシュに対応していくためには，許容範囲を広げできる限り多国間協調主義によって外交コストを下げつつ，許容範囲外の国家（「ならず者国家」）や脅威（「国際テロ組織」など）には国連の場での理解をえながらも力による解決を図ろうとしたのである．

この国務省の影響の強い原則は東アジアと中国に対する政策にも適用されることになったが，本章後半で確認するように国防総省には違和感のあるものであった．クリントン政権発足直後の1993年3月31日，上院外交委員会の公聴会で証言を行ったウィンストン・ロード国務次官補はアジア・太平洋政策に関連し「中国との強固な協力関係の基礎を構築し，中国の開放的政治が経済改革に適合するようにする」と協調的中国政策を明らかにしていた[17]．

しかし実際には，中ソ提携を阻止するという戦略的発想から解放され，中国そのものと直接的に対峙することを余儀なくされたクリントン政権とアメリカ議会は，「潜在的軍事・経済大国である中国はアメリカにとって脅威となるのか否か」を巡り激しい議論に巻き込まれていった．この議論は，台湾初の総統直接選挙が行われた1996年3月の台湾海峡危機を通して——7年前の天安門事件の記憶もまだ生々しく残っていたこともあり——最高潮に達し，アメリカ議会内外で中国脅威論が噴出した．1992年の大統領選挙でクリントンは，天安門事件から湾岸戦争に至るブッシュ政権の中国政策[18]を「中国の独裁者を甘やかすものである」と繰り返し激しく非難し，人権状況の改善を対中最恵国待遇更新[19]の条件にすべきであると主張していた．しかし就任1年目の1994年には対中最恵国待遇更新問題に人権問題をリンクさせないと対中姿勢を微妙に変化させ，その後もこの姿勢を維持したのであった．大統領選挙中の発言と大統領就任以後の実際の政策の間のブレはしばしば観察されることであるが，この微妙な変化の背景には「拡大・関与政策」と「ならず者国家」概念による外交原則の定式化と，米中ビジネス連合の政権や議会への凄まじいロビーイング活動があった．

中国を「ならず者国家」のカテゴリーには分類せず，「拡大・関与政策」の対象とした直接契機こそ台湾海峡危機であった．"Same Bed, Different Dreams"

の著者デイヴィッド・ランプトンは「この危機は，米中双方に両国関係は貿易や人権以上の関係，すなわち戦争と平和に関わる関係であることを想起させ」[20]，「米中関係の処理を誤った場合に生じる危険性とともに，台湾が米中紛争を引き起こす能力を持っている事実を双方に認識させた」[21]と，台湾海峡危機が米中関係に与えた意味を分析している．この認識は危機直後の1996年5月17日のクリストファー国務長官の演説に明確に反映しており，「米中は長期的視野に立って，対立ではなく関与によって相互の違いを克服すべきであり，（そのために）ハイレヴェルの定期的対話を行っていくべきである」[22]との立場を表明していた．クリントン政権はこの危機を契機に中国政策の基本的スタンスを明確にした．

従って1996年に「中国脅威論」が噴出し，この脅威に対処するための「中国封じ込め論」が議会内外で台頭したのは，危機に対する当然の反応ともいえるが，「変節」したクリントン政権に対する議会の反発という側面もあった．中国市場でのビジネス拡大を目指す米中ビジネス連合はクリントン政権の対中関与政策を支持し，AFL—CIO，宗教右翼，人権 NGO，台湾ロビーなどの反中連合は中国脅威論を支持した．この対立を背景に1996年と1997年の対中最恵国待遇更新を巡るアメリカ議会の審議は熾烈を極めたが，クリントン政権は必死の議会工作を展開した結果，両年とも緊迫した状況の中でなんとか更新を実現した．

第2期クリントン政権は，第1期の米中関係とこれを巡る議会内外の熾烈な議論を踏まえ「包括的関与政策」を前面に押し出した．人権や経済を巡る緊張ばかりか軍事を巡る緊張を，政府高官の対話と相互訪問によって解消していくことを重視したレイク補佐官は，中国との多くの分野で相互信頼醸成措置をとりあう「包括的関与政策」を重視した．そのパートナーとなったのが中国側の劉華秋・外務弁公室長であり，両者の努力により1996年末より両国の首脳レヴェルの相互訪問が活発化した．1996年12月遅浩田・国防相が初訪米し，台湾への武器売却の中止を要求し，台湾の武力解放の権利を繰り返し強調した．この訪問をきっかけに相互訪問が活発化し，97年3月にはゴア副大統領が訪中して

江沢民主席，李鵬首相と会談し，同年10月の江沢民主席の訪米につなげた．98年6月には返礼としてクリントン大統領の訪中が実現し，99年4月には朱鎔基首相が訪米した．とくに江沢民の訪米とクリントンの訪中は，その後米中間に発生する危機や緊張を抑制する効果を持ったといえる[23]．

江沢民の訪米に際して発表された「建設的なパートナーシップ」の樹立をうたった共同声明の実質的内容は必ずしも明確ではなかったが，米中が協調的関係を維持することによって東アジアの平和と安定を確保する意思を表明したことが重要であり，この訪問によって天安門事件以来緊張の続いた両国関係をトップレヴェルで清算したことを国際社会にアピールする効果を持った[24]．

確かにこの「建設的パートナーシップ」の概念は曖昧であったが，1998年6月のクリントンの訪中によって実質的意味づけがなされることになった．天安門事件以来初めてのアメリカ大統領の訪中は，閣僚5人を含む公式団員1000人が9日間も滞在するという異例ずくめのものであったばかりか，戦略ミサイルの相互照準解除を含む47項目で合意したのであった[25]．とくに台湾問題に関しては「3つのノー政策（三不政策）」（①台湾独立は支持しない，②「2つの中国」や「1つの中国，1つの台湾」政策は支持しない，③台湾が主権国家で構成する国連などの国際機関に加盟することは支持しない）を公表したことは，中国にとって「建設的パートナーシップ」を実質化する最大の成果であったはずである．台湾側はこれに激しく反発したため，大統領に同行したスーザン・シャーク国務次官補代理（中国担当）が台北駐米代表処代表にアメリカの台湾政策には変化がないことを説明するとともに，クリントンは在台アメリカ協会理事長のリチャード・ブッシュを台湾に派遣して同様の説明を行わせた．しかしアメリカ議会では野党共和党を中心にクリントンの「3つのノー政策」への反発が広がり，トレント・ロット共和党院内総務はこれを独裁政権への譲歩として批判し，上院は「アメリカの台湾に対する公約の確認」決議を全会一致で採択し（7月10日），下院もほぼ全会一致でこれを採択した．行政府の行き過ぎを立法府が修正し，結果的にバランスがとれた状態の中で初めて，台湾海峡危機以来中止されていた中台対話が3年半ぶりに再開されたのである．

台湾海峡危機以後の1997年から98年の米中間の信頼醸成措置の積み重ねがあったからこそコックス報告発表（1999年5月25日）やベオグラード中国大使館誤爆事件（同年5月7日），アメリカ下院の「台湾安全保障強化法案」可決（10月28日）があったにもかかわらず，中国のWTO加盟の前提としての米中合意が実現し（11月15日），翌2000年には1年毎に対中MFNを更新する必要のない正常通商関係恒久化法案（PNTR）が成立し（下院5月24日，上院9月13日，大統領署名10月10日），2001年12月1日中国のWTO加盟（同日に台湾の加盟も決定）が実現したのである．

　冷戦終結後の1990年代におけるアメリカの対中関与政策は，他の外交・通商政策と同様，最終的にはNSCでの議論を経て大統領が決断し，議会の承認を得る必要のあるものは議会での審議にかけられてきたことはいうまでもない．しかし議会で可決された法案でも，中国脅威論や中国批判論に基づく大量の反対票を抱えて成立したものも少なくなく，また国防総省の中国軍事力評価を基礎にした中国認識も国務省のそれとは若干の温度差のあるものであることが多かった．

　冷戦終結期以降，国防総省が作成した『東アジア戦略構想1・2（EASI 1・2）』（1990年4月・1992年7月）[26]や『東アジア戦略報告1（EASR 1）』（1995年2月）[27]は，それらが作成された時期の国際政治状況によってトーンに微妙な違いはあるものの，ほぼ一貫して中国と朝鮮半島に不安定要素が残っており，アジア太平洋における武力紛争の抑止と敵対勢力による支配権確立を阻止するために前方展開戦力が不可欠であり，これとの関連で日米同盟を重視すべきであるとの認識を示していた．しかし米中首脳級の相互訪問によって，アメリカにとっては「拡大・関与政策」，中国にとっては「戦略的パートナーシップ」が実質化しつつあった1998年頃になると国防総省の対中認識はクリントン政権のそれに一致したものになっていった．

　国防総省管轄下の国防大学の国家戦略センターが，クリントンが訪中した1998年6月発表した『中国の戦略トレンド』は，軍事戦略的観点からも米中間で信頼醸成を促進していく必要性を強調していた[28]．この観点から，台湾の

独立宣言が軍事紛争を引き起こしアメリカがこれに巻き込まれる事態に備えて，アメリカとしては台湾政策を再評価すべきであると提言し，中国・台湾関係の特使を設けることも提案していた．同年11月発表された『東アジア戦略報告2（EASR2）』も北朝鮮などの脅威を指摘しつつ，東アジア地域を「おおむね平和な状態」であると規定し，中国への「総合的関与」戦略を継続していく方針を確認していた[29]．

2　米中関係と台湾問題

2001年1月発足したブッシュ Jr. 政権（以下，ブッシュ政権）の中国政策を分析する場合，9・11テロと中国外交の「平和台頭」という2つの要因を考察することは不可欠であろう．

ブッシュ政権は発足直後から単独主義的外交を進め，京都議定書から離脱し，対人地雷全面禁止条約や生物兵器禁止条約への署名を拒否し，クリントン政権末期に共和党が中心になって批准を拒否したCTBTも議会に対して批准を求めない姿勢を固持し，国際刑事裁判所（ICC）設立条約への署名を撤回し，ABM制限条約からの一方的脱退を表明し，世界人種差別撤廃会議には代表を送らなかった．コンドリーザ・ライスは2000年初めの段階で，「アメリカの政策意図が曖昧だと，相手を誤解させ，結果的に双方に悪影響が出る」[30]と力説していたが，大統領安全保障担当補佐官に就任すると，この認識に沿って中国をクリントン政権期の「戦略的パートナー」ではなく「現状打破を目標としている戦略的ライヴァル」と規定した．2001年4月1日の米中軍用機接触事故後，米中関係が緊張する中で，台湾に約束していたイージス艦（艦隊防空用最新鋭ミサイル駆逐艦）の売却を破棄し，旧式のキッド級駆逐艦，対潜哨戒機P3C，ディーゼル潜水艦などを売却する方針を台湾に伝える一方，「台湾が中国に武力攻撃された場合，台湾が自己防衛できるようあらゆる手段をとる」と断言しアメリカ大統領として初めて中台紛争への介入の可能性に言及し，明らかに「1つの中国」政策を逸脱してしまった．

しかし2001年の9・11テロはブッシュ政権を対中関与政策に回帰させていった．同年10月19日上海で開催されたAPEC首脳会議でブッシュ大統領は，11月にWTO加盟を実現したい江沢民国家主席から反テロ戦争への支持を取り付けることに成功したのである．ラムズフェルド国防長官やウォルフォウィッツ国防副長官ら親台湾派の影響力の大きい国防総省が2002年7月発表した『中国報告書』[31]は，中国の軍事大国化に警鐘を鳴らしたが，それは必ずしもブッシュ政権が9・11テロ以前の対中強硬路線に戻りつつあることを意味したものではなかった．同報告書は，台湾に面した福建省に短距離弾道ミサイル（CSS6）350基がすでに配備済みで，2005年までに600基に増強されるであろうと予測するとともに，中国が台湾侵攻のためにロシアから攻撃型原潜を含む潜水艦を購入する計画を持っていると指摘している．これらの指摘は確かに同省首脳達の中国に対する軍事的警戒論の反映であったが，これがブッシュ政権そのものの対中スタンスということを意味するものではない．

中国も2003年3月以降のイラク戦争に対してはアメリカ批判の姿勢を堅持したが，フランスやドイツのような強硬姿勢ではなく抑制の効いたものであった．それは中国指導部が冷戦終結後，とりわけ湾岸戦争後，国際政治構造をアメリカを中心とする一超多強構造と認識し，アメリカの覇権性が強まりつつあると警戒心を強めていたからである．即ち1991年の湾岸戦争でアメリカの圧倒的な軍事的優越性を見せつけられ，それにより中国軍の近代化の遅れに対し深刻な認識を持つに至ったからである[32]．この認識はコソボ紛争へのアメリカ主導のNATO軍の軍事介入[33]や9・11テロ後のアメリカ軍によるアフガン攻撃によって強められていたといえよう．

人口では世界全体の4.3%しか占めていないのに，世界経済の約3分の1を産出し，軍事費は一国で世界の約40%を占めて軍事革命（RMA）を展開しているアメリカとの軍事的緊張は，「経済成長」を共産党独裁の正統性としている中国にとって絶対に回避しなければならないのである[34]．とりわけ冷戦終結後にグローバリゼーションが加速化しつつある中で「経済成長」を共産党独裁政権存立の根拠とした以上，平和な国際環境を維持していくことは絶対的条件

であり,「一超多強」「一極構造」の「一超」「一極」であるアメリカとの協調的関係を維持していくことは中国外交の基本となっていると考えてよいであろう[35]. 9・11テロ以降アメリカが結成を呼びかけた「反テロ同盟」に参加し,北朝鮮の核開発阻止のための「6者協議」をリードしてきたのもそのためである. これらの政策は「平和台頭論」[36]の具体化である. あるいはビスマルク外交化した中国外交といえる. 19世紀後半のドイツは,パクス・ブリタニカの主導国であるイギリスとの協調関係を重視してヨーロッパ国際政治の「公平な仲介者」の役割を担いつつも,軍備増強と同盟網の構築によりフランスの孤立化を図り自国の安全保障を確保しようとした. 中国も「一超多強」の一超＝アメリカとの協調を重視しつつ東アジアで「公平な仲介者」となり,軍の近代化・ハイテク化を推し進めるとともに周辺諸国との緊張緩和に努め,台湾問題とテロに対しては原則的立場を崩していない.「上海協力機構」設立を主導し,ASEAN諸国とのFTAを中心とした協力体制の構築を目指し,長年にわたって緊張関係にあったインドともデタントの過程に入った.

しかし2003年10月,中国は有人宇宙船「神船5号」の打ち上げに成功しその宇宙戦略の具体化に踏み出したが,これはアメリカのMD（ミサイル防衛計画）への対抗策の第一歩であることは明らかである. またアメリカ中心の世界的傍聴システムであるエシュロンに対抗してEUが構築しようとしている衛星ナビゲーション・システム「ガリレオ計画」の開発と投資への参加を決定した.「一超」のアメリカとの協調関係を維持しつつ,これに対する抑止力を整備しつつある.

米中両国は協調関係,相互依存関係を強めてきたため,両者の間に横たわる台湾,経済,軍事,人権という次元の異なる4つの問題のうち経済,軍事,人権問題の3つは緊張を孕みながらも妥協したり「棚上げ」したりしてきた. しかし台湾問題は台湾の民主化に伴って独立指向が強まったためかえって緊迫化してきている. 協調的米中関係の中で,ブッシュ政権は台湾問題をどのように「処理」しようとしてきたのであろうか.

3 ブッシュ政権と台湾問題

　米中関係における「台湾問題」とは，中国がその領土の一部であると一貫して主張してきた台湾に対してアメリカがどのような形で，どの程度コミットするのかという問題である．朝鮮戦争で米中が戦火を交えることによって，トルーマン政権が中国共産党政権を承認する含みを持たせた柔軟な姿勢を硬化させ，国民党が支配する台湾を中国として公的に承認したこと，そして1979年1月に台湾ではなく共産党支配下の中国を公的に国家承認したことの2つの歴史的事実が，この「台湾問題」発生の根本的原因である．さらにこの問題を複雑にしたのが，「台湾問題」についての認識を規定した文書や法律であった．
　それらは「3つのコミュニケ」と俗称されるものと，「台湾関係法」，それに「台湾への6つの確約」の5つである[37]．「3つのコミュニケ」とは，「米中共同コミュニケ（上海コミュニケ）：1972年2月27日」，「外交関係樹立に関する米中共同コミュニケ：1979年1月1日」，「（武器売却に関する）米中共同コミュニケ：1982年8月17日」である．これら3つのコミュニケに共通しているのは「1つの中国」という米中両国の認識であるが，「1つの中国」が何を意味しているのか明確にしていない．その結果，アメリカにとっては台湾の地位は明確になっておらず，歴代政権は台湾問題が「中国人自身によって平和的に解決されること」を期待するという立場を貫いてきた[38]．
　しかし米中国交樹立と時を同じくして成立した台湾関係法（1979年4月10日成立）も「（米中国交樹立は）台湾の将来が平和的手段により決定されるとの期待に基づく」（第2条(b)項(3)）ことを大前提として，「台湾に対し十分な自衛能力の保持を可能にするために必要とみなされる量の防御的兵器および防衛上の役務を供給可能なものとする」（第3条(a)項）ことを台湾に約束し，そのために「大統領と議会は法律上の手続きに従い，かかる防御的兵器および防衛上の役務の性質および量を，台湾の需要についての大統領および議会の判断に基づいてのみ決定しなければならない」（同(b)項）ことを明記していた[39]．国内法と

してのこの台湾関係法は台湾への防御的兵器と防衛上の役務の提供は規定してはいるが，中国の攻撃に対するアメリカの台湾防衛義務については何ら触れておらず曖昧にしている．中国に対し「1つの中国」の意味を曖昧にし，台湾に対し中台紛争が発生した場合の介入の可能性を曖昧にしつつ，中国に対し「台湾解放」のための武力行使を抑止させるために関与政策を継続し，同時に台湾へは防御的兵器の供給を行い，結果として台湾海峡の軍事的バランスを維持してきたのである．湾岸戦争以降加速化した中国軍の近代化・ハイテク化と1996年以降の台湾の民主化によって，このバランスが崩れる可能性がにわかに高まってきたことがアメリカの「曖昧戦略」「バランス政策」を危うくしているのである．

　9・11テロ以降，「テロとの戦争」を最重要課題としたブッシュ政権が，東アジア地域の相対的安定化を確保するため台湾海峡の安定化とビスマルク的外交を展開する中国との協調関係を重視し，「曖昧戦略」と「バランス政策」を維持するため，中国に対しては経済，軍事，人権の3つのイシュ・エリアでの関与政策を強め，台湾に対しては武器売却交渉を利用して両国に対話を促しつつあるのが実情であろう．台湾が独立へのプログラムを具体化しつつあった2003年12月9日，訪米中の温家宝・中国首相との共同会見で「アメリカは中国であれ台湾であれ現状を変更するいかなる単独主義的決定にも反対であり，台湾総統の発言や行動は現状を単独主義的に変更する決定を下そうとしているように見えるが，アメリカはこれには反対する」[40]と発言した．これは中国寄りの発言であり，ブッシュ政権はそれまでの「曖昧戦略」を修正しつつあるのではないかとの憶測を生んだが，この戦略や「バランス政策」を維持しようとしているとみるべきである．同年2月16日，国務次官補代理（東アジア担当）のランドール・シュライヴァー（Randall Schriver）は，テキサスで開かれていた米台防衛産業会議で「アメリカの台湾政策は20年以上一貫したものであった．台湾政策は変わってきていないし，今後も変わらない」ことを強調していた[41]．台湾の総統選挙で中台関係が緊張した後の2004年4月21日，国務次官補のジェームズ・ケリー（James Kelly）は，下院国際関係委員会で「中国が台湾問題の

平和的解決を追求するという義務を履行し，平和的解決を可能にするような軍事的対応とそのレトリックを一致させれば，論理的には台湾の防衛上の必要性は変化することになる」と慎重かつ微妙な表現を使い証言を行っていた[42]．

　国務省はこのように必死になって「曖昧戦略」を維持する姿勢をとっているが，国防総省はより現実的に中国の軍事力増強と台湾の軍事的弱体化による「バランス政策」の崩壊を危惧している．2002年7月に国防総省が発表した『中国軍事力報告書』はすでに述べたように必ずしも9・11テロ以前の対中強硬路線に戻った訳ではないが，中国の軍事力の増強に警鐘を鳴らし台湾が本格的に防衛力を強化すべきであることを主張したものといえる．2003年7月の報告書も，台湾の軍事費の相対的減少が台湾軍の近代化をますます遅らせていると懸念を表明している[43]．2004年4月21日下院国際関係委員会で，「台湾関係法：次の25年」をテーマとした公聴会で証言した国務次官補（国際安全保障担当）のピーター・ロドマンは，台湾の軍事費が縮小している傾向に懸念を表明し，アメリカとしては今後も台湾にコミットしていくが，台湾自身がその自由と安全のための軍事費を確保してミサイル防衛や対潜水艦システムなどを導入すべきであると強調した[44]．防衛産業と密接な関係にある国防総省が，防衛産業の利益のために台湾の防衛力強化を主張している面はあろうが，中国人民解放軍の過去10年間の飛躍的増強に比較して台湾の防衛能力の相対的弱体化を深刻に懸念している状況は外部のシンク・タンク独自の両国軍事力評価とも一致している[45]．台湾関係法に基づきアメリカから防御的武器を購入する方針を台湾の行政府が決定しても，民主化が進んだ台湾議会で武器購入予算が否決される傾向が強まってきていることがその背景にある（表1）．アメリカが台湾に民主化を要求し，これが実現すると独立指向が強まって中国の反発を引き起こして台湾海峡の緊張が高まるが，台湾議会はハイテク兵器購入予算の拡大を認めないというジレンマにアメリカは巻き込まれているのである．このように，中国軍の近代化の加速化と台湾の民主化に伴う独立指向の強まりによって「曖昧戦略」が機能不全化してきており，「バランス政策」にも細心の注意が必要になってきているのが現状である．このような中台関係の質的変化を前にブッ

表1　台湾の国防費

会計年度	国防費	GDP	対GDP比率	対政府予算比率
1994	9.8	244.5	4.0	24.3
1996	9.5	281.7	3.4	22.8
1998	8.2	267.4	3.1	22.4
2000	12.9	309.5	na	17.4
2002	7.5	282.2	2.7	16.4
2003	7.5	295.1	2.6	16.6

(出所)　Shirly A. Kan, 'Taiwan : Major U. S. Arms Sales Since 1990', "CRS Report for Congress", Updated May 5, 2004. p. 17.

シュ政権がとりうる，あるいはとるべき政策はどのようなものであるのか．

おわりに

「台湾問題」とは結局のところ台湾の主権をどのように規定するかということである．①台湾を中国の一部ととらえて中国に「回収」していくのか，②中国の一部ととらえるが香港・マカオのように当面は実際的に「一国両制」を採用するのか，③中国の一部ととらえるが，台湾が独立へ向かわなければ当面は現状を是認するのか，④台湾の独立を認めるのか，いずれの選択をするのかという問題である．①，②，③は台湾は中国の主権の下にあるが，③に関しては中国の主権を認めつつ実効的支配が及んでいないことを認めたものであり，④は台湾における中国の主権を一切否定したものである．

中国政府は①の立場を堅持し，暫定的に②を是認しつつ中国の影響力を強めていく政策を採用している．③については台湾が独立指向を強めない限りという条件付きで，「一超」のアメリカとの協調関係維持の観点から結果的に認めているので，アメリカの姿勢・政策如何では台湾に対する実効的支配を実質化させる可能性もある．④は経済成長政策とともに中国共産党政権の正統性に関わる問題であり論外である．

米中国交樹立以来，アメリカの歴代政権は「1つの中国」を公式に認めてき

たばかりでなく，中国そのものの大国化と中国外交の「ビスマルク外交」化による国際政治的影響力の増大のため，少なくとも④を支持することはありえない．しかし国内法としての台湾関係法が存在し，アメリカ議会内外で親台湾勢力が活発にロビーイングを展開しており，その上，国防総省には依然として中国の軍事大国化への警戒心が根強いため，アメリカの政権と議会が①はもちろんのこと②すらも受け入れる可能性はない．

　米中両国はそれぞれの国内・国際的拘束要因によって，台湾問題でとりうる選択の幅を制約されているので，選択の幅を広げようとすればその拘束要因を変化させる必要があるのである．中国は③が④になるという最悪のシナリオを阻止するために，アメリカが台湾へ影響力を行使するよう必死の外交的働きかけをしてきたが，中国にとってよりよいシナリオである③の②への転換を図るためにはアメリカとの協調関係が一層重要な意味をもってくるのである．このためには台湾問題以外の経済，軍事，人権問題での妥協と，その過程での信頼醸成が不可避となるため，江沢民政権は台湾海峡危機以降，必死になってこれら3つの分野での対米妥協を図ろうと譲歩をしたのである．これに対しアメリカが①と④を選択する可能性はなく，③を当面の政策としながら，対中関係の展開によっては②に向け台湾へ外交的働きかけをする可能性は残っている．

　このように考えてくると，米中関係の協調的維持を重視するアメリカがとりうる当面の選択肢は，従来からの政策である③ということになる．ただし「曖昧戦略」は「制度疲労」を起こしているので精緻化が不可欠である．即ち，この現状維持政策を精緻化させて機能させるためには，中国に対してアメリカの対中政策の原則は「1つの中国」であることを確認させつつ台湾関係も含め国内事情から台湾との一定の関係維持が不可避であることを説明し，台湾に対しては独立への動きの危険性を認識させつつ防御的兵器の供給を継続していくことが必要である．「(台湾の軍事能力の強化による)抑止政策と，(この強化は台湾独立への過程で中国の攻撃から台湾を防衛するためのものではないことを中国に理解させる)再保障政策の間のバランスのとれた行動」[46]が不可欠であり，「中国が同意しない限り，台湾の独立は実現しないことをワシントンは北京に保証する必要

がある」[47)]のである.

1) 38度線（厳密には DMZ）と台湾海峡を挟んだ対立・緊張は冷戦の遺構といわれることが多いが，その対立の構図には違いがある．38度線は確かに米ソ冷戦の遺構といえるが，中台対立は米ソ冷戦の遺構という性格もあるが，それ以上に冷戦をも背景として発生した朝鮮戦争の結果としての米中対立の遺構としての性格が中心である．そのため米ソ冷戦終結後は米中対立の遺構という性格が前面に出てきたのである.

2) Hans J. Morgenthau "Politics Among Nations," Fifth Edition, Revised, Alfred A. Knoff, 1978.

3) 1978年カーター民主党政権が米中国交樹立への動きを強めるにつれて議会では「台湾決議」が圧倒的多数で可決され，「台湾の平和・福祉に関するアメリカの利益・関心に対していかなる危険が生じた時も，これを速やかに議会に報告し，これに対処する時には議会の同意と支持を必要とする」義務が大統領に課せられたのであった．この議会の圧力を受け，政府提案の「台湾関係法」が議会で圧倒的多数（上院：85対4，下院：339対50）で可決されたのである（拙稿『太平洋国家アメリカへの道』227-228頁．1996年，有信堂）.

4) 上海コミュニケ（1972年）では，中国は「2つの中国」，「1つの中国，2つの政府」，「1つの中国，1つの台湾」に反対し，台湾はいかなる国家も干渉できない中国の内政問題であると主張し，アメリカは中国と台湾双方が「1つの中国」しか存在しないと主張していることを認識し（acknowledge），台湾問題の平和的解決に関心を寄せていることを確認した，と台湾問題については「不同意の同意（agree to disagree）」を確認するという国際コミュニケとしては異例の形をとった．米中国交樹立コミュニケ（1979年）では，アメリカは中華人民共和国政府を全中国を支配する唯一の正統政府と認め（recognize），「1つの中国」しか存在せず，台湾は中国の一部であるという中国の立場を認識した，という表現を使っている．第3次上海コミュニケと俗称される1982年のコミュニケでは，アメリカは「2つの中国」政策を追求する意思はなく，台湾問題を平和的に解決しようという中国の約束を評価するという表現を使ったが，同時に出された声明ではこのコミュニケは台湾関係法と完全に一致したものであるとも述べていた.

5) 1990年8月発生した湾岸危機に対し，ブッシュ Sr. 政権は国連安保理でイラク制裁措置を決定するため中国の支持，少なくとも棄権を取り付けることが不可欠であった．同政権は中国に対し外交を展開した結果，中国は国連決議678号の採決に棄権し（1990年11月29日），翌日ブッシュ政権は中国への制裁措置を解除したのである（拙稿「現代米中関係の変容」『国際政治』118号，112-113頁，日本国際政治

学会,1998年).
6) Harry Harding, "A Fragile Relationship: The United States and China since 1972" pp. 311-312. The Brookings Institute, 1992. Stuart Harris, 'China in the Global Economy' pp. 59-61. Barry Buzan and Rosemary Foot, "Does China Matter? A Reassessment," Routledge, 2004.
7) 2001年10月上海で開催されたAPEC首脳会議でブッシュ大統領は江沢民・中国国家主席から反テロ戦争への支持を取り付けたが,中国としては同年11月にWTO加盟を実現するためにはアメリカとの協調関係の維持が不可欠であることを最恵国待遇更新問題を通じて痛感していたためであるとともに,ウィグルをはじめとする少数民族の独立運動を抑制する効果があると判断したためであった(June Teufel Dreyer, 'Encroaching on the Middle Kingdom? China's View of Its Place in the World,' pp. 95-96. Christoper Marsh and June Teufel Dreyer, "U.S.-China Relations in the Twenty-first Century" Lexington Books, 2003).
8) Condolezza Rice, 'Promoting the National Interest,' "Foreign Affairs," January/February 2000, Vol. 79, No. 1.
9) アメリカ国防費の推移

年度	国防費(億ドル)	対歳出比(%)	年度	国防費(億ドル)	対歳出比(%)
1960	481	52.2	1993	2,911	20.7
1965	506	42.8	1994	2,816	19.3
1970	817	41.8	1995	2,721	17.9
1975	865	26.7	1996	2,658	17.0
1981	1,575	23.2	1997	2,705	16.9
1982	1,853	24.8	1998	2,685	16.2
1985	2,527	26.7	1999	2,767	16.0
1989	3,036	26.6	2000	2,945	16.4
1990	2,993	23.9	2001	3,055	16.4
1991	2,733	20.6	2002	3,486	17.3
1992	2,984	21.6	2003	3,763(推定)	17.6(推定)

(注) 国防費は退役軍人年金,エネルギー庁関連予算を含む広義の概念である。なお金額はカレント・ドルに換算したものである。
(出所) Statistical Abstract of the United States, 119th edition, 1999, p. 368 および op. cit., 123rd edition, 2003, p. 342 より作成。

10) 拙稿「ブッシュ外交の方向性」『海外事情』2001年2月号(拓殖大学海外事情研究所),43-45頁.
11) Robert G. Sutter, "U. S. Policy Toward China: An Introduction to the Role of Interest Groups," Rowman & Littlefield Publishers, Inc., 1998. pp. 10-11.

12) *Ibid.*
13) 米ソ冷戦の終結によりヨーロッパへの政治的影響力の減退を危惧し始めていたアメリカは，EUの自律性の高まりと東方への拡大により政治的影響力が一層減退していくという現実を認識しなければならなかった．この減退を阻止し，ヨーロッパにおけるアメリカのプレゼンスを維持する政策がNATOの東方拡大であったのであり，同時にNATO戦略の再定義であった．旧ユーゴにおけるコソボ紛争の激化に対し，NATO結成50周年記念会議でNATO戦略の再定義が行われ，NATO加盟国の合意を前提に，NATO域外へもケースバイケースでNATO軍を展開することができるとした．
14) 日米安保条約はソ連を潜在敵と規定していたので，ソ連が消滅し冷戦が終結した場合には論理的には同条約は解消されるはずであった．だが現実には日米両国政府は1997年4月から「日米防衛協力の指針（ガイドライン）」見直しの協議を開始し，日本政府はアメリカ政府の強い圧力の下で，1999年5月ガイドライン関連法案（周辺事態安全確保法，ACSA〔日米物品・役務相互提供協定：96年4月1改定協定，自衛隊法の一部改正〕を成立させ，さらに2000年11月船舶検査活動法を成立させてガイドライン見直しに伴う法整備を完了させた．
15) 1993年9月21日，クリントン大統領の国家安全保障担当補佐官であったアンソニー・レイク（Anthony Lake）が発表した同政権の外交政策の原則で，人権状況の改善の遅れた地域に民主主義と市場経済を根づかすよう辛抱強く対応していこうとするもの．この原則の前提にあるのは「民主主義国同士は戦争をしない」というデモクラティック・ピース論があるといわれる．
16) アンソニー・レイクが『フォーリン・アフェアーズ』（1994年春号）で提起した概念．この中でレイクは「ならず者国家」の特徴を，①権威主義的支配体制，②侵略的・挑発的行動様式，③外部世界と建設的関係を維持できない慢性的無能力，④大量破壊兵器を入手しようとする政策，と規定した（Robert S. Litwak, "Rogue States and U. S. Foreign Policy", pp. 2-3, Woodrow Wilson Center, 2000）．
17) Winston Lord, Assistant Secretary-designate for East Asian and Pacific Affairs, Statement before the Senate Foreign Relations Committee, Washington DC, March 31, 1993. http://www.state.gov/www/regions/eap930331.html
18) 注5)参照のこと．
19) 1979年1月1日の米中国交樹立後，1974年通商法402条(c)項の(2)に従い，大統領行政命令によって，1年毎に免除すること，すなわち「移住の自由を認めていない非市場経済国には最恵国待遇（MFN）を供与しない」という規定を適用しないことを議会が承認するよう求めた．議会がこれを承認したため，毎年5月から8月にかけてアメリカ議会は，中国にMFNを適用することが適当かどうかを審議することになったのである（拙稿「アメリカの中国政策と最恵国待遇―クリントン政権の

中国政策を中心にして」『拓殖大学海外事情研究所報告 第32号』拓殖大学海外事情研究所, 1998年3月31日).
20) David M. Lampton, "Same Bed Different Dreams : Managing U.S.-China Relations 1989-2000," University of California Press, 2001, p. 45.
21) *Ibid.*, p. 54.
22) *Ibid.*, p. 54.
23) *Ibid.*, p. 45 and p. 54. および Robert S. Ross, 'Engagement in US China Policy', A. I. Johnston and Robert S. Ross ed., "Engaging China," Routledge, 1999. pp. 200-202. および Robert G. Sutter, 'The U. S. Congress : Personal, Partisan, Political,' R. H. Myers, M. C. Oksenberg and David Shambaugh, ed., "Making China Policy," Rowman & Littlefield Publishers, Inc., p. 104.
24) 江沢民の訪米により米中が合意した主要な点は以下の通り. ①政治・安全保障に関してハイレヴェルの対話と協議を定期的に行い, ホットラインを設置する, ②中国の WTO 早期加盟のための貿易自由化交渉を促進する, ③1985年締結された原子力平和利用協定を凍結解除する, ④核不拡散のための核物資・関連技術の輸出規制を強化するとともに, ミサイル関連技術輸出規制 (MTCR) を尊重する, ⑤軍事交流を行い, 不慮の事故や誤解を防ぎ, 軍事面での安全性を高めるための信頼醸成メカニズムを構築する, などである. ③に関しては, 中国がイランへの核関連技術移転を行わないと確約したため, 高度経済成長に伴って膨大なエネルギー需要が生まれている中国に原発建設を加速させることになった. 同時にアメリカ国内では原発の新規需要が見込めないため, 対中輸出したい原発関連企業の利益にもかなうものであった.
25) この訪問で, 中国がミサイル関連技術輸出規制 (MTCR) に加盟することを検討していることが明らかにされたほか, 中国の WTO 加盟に向け交渉を継続することをアメリカ側が確約した.
26) U. S. Department of Defense, Office of International Security Affairs, "A Strategic Framework for the Asia Pacific Rim : Looking toward the 21st Century" April, 1990. および U. S. Department of Defense, Office of International Security Affairs, "A Strategic Framework for the Asia Pacific Rim : A Report to the Congress" July 1992. なおこれらはそれぞれ "East Asia Strategic Initiativ 1/2 (=EASI・1/2)" と略称される.
27) U. S. Department of Defense, Office of International Security Affairs, "United States Security Strategy for the East Asia-Pacific Region" Februay 1995. なおこれは "East Asia Strategic Report・1 (EASR・1)" と略称される.
28) 『世界週報』1998年11月10日号, 64-66頁.
29) U. S. Department of Defense, Office of International Security Affairs, " The United

States Security Strategy for the East Asia-Pacific Region", November 1998. なお，『東アジア戦略構想 1・2』と『東アジア戦略報告 1・2』の 4 本をまとめて『第 1 次～第 4 次東アジア戦略報告』と呼ぶ場合もある．

30) 注8)に同じ．
31) Department of Defense, "Annual Report on the Military Power of the People's Republic of China," July 12, 2002.「中国報告書」『世界週報』2002年．
32) James Mann, "About Face," pp. 256-257. Alfred A. Knopf, 1999. および David M. Lampton, "Same Bed, Different Dreams," p. 73. University of California Press, 2001. および James, R. Lilley and David Shambaugh ed., "China's Military Faces the Future," pp. 54-57.
33) Lampton, *op. cit.*, p. 74.
34) Christopher Marsh and June Teufel Dreyer, "U.S.-China Relations in the Twenty-First Century", pp. 20-23. Lexington Books, 2003.
35) *Ibid.*, pp. 93-95.
36) 船橋洋一「再び中国平和台頭論」『朝日新聞』2004年 4 月29日．
37) Shirly A. Kan, 'China/Taiwan : Evolution of the "One China" Policy Key Statements from Washington, Beijing, and Taipei,' "CRS Report for Congress", Updated May 12, 2004.
38) 米中国交正常化に関するアメリカ政府の声明（1978年12月）は「台湾問題は中国人自身により平和的に解決されるであろう」ことを期待する，台湾関係法（1979年 4 月）は「台湾の将来は平和的手段で決定されるであろう」ことを前提とし，台湾への武器売却に関するレーガン大統領の声明（1982年 8 月）は「台湾問題は台湾海峡の両岸の中国人が解決すべき問題である」と明言していた．
39) Kerry Dumbaugh, 'Taiwan : Texts of the Taiwan Relations Act, the U.S.-China Communiques, and the Six Assurances,' Updated July 13, 1998, "CRS Report for Congress".「資料：米国台湾関係法（全文）」『中華週報』（1995年6月22日）2-7頁．『中国総覧 1980年版』813-820頁，霞山会，1981年．
40) Kerry Dumbaugh, 'China-U.S. Relations : Current Issues for the 108th Congress,' "CRS Report for Congress", Updated May 20, 2004, p. 7.
41) *Ibid.*, p. 8.
42) Shirly A. Kan, *op. cit.*, p. 20.
43) Department of Defense, "Report on PRC Military Power," July 30, 2003.
44) Shirly A. Kan, 'Taiwan : Major U. S. Arms Sales Since 1990', "CRS Report for Congress", Updated May 5, 2004. p. 15.
45) 例えば Michael D. Swaine, "Carnegie Papers : Deterring Conflict in the Taiwan Strait", Carnegie Endowment for International Peace, No. 46, July 2004.

46) Michael D. Swaine, *op. cit.*, pp. 24-25.
47) マイケル・D. スウェイン「台湾をめぐる米中衝突を避けるには」『論座』2004年（Michael D. Swaine, 'Foreign Affairs' Spring 2004）.

9章　日米が両岸関係に与える影響と台湾の安全保障

楊　　永　　明

1　日本の対台湾政策

1.1　日本政府の基本方針

　日本政府の両岸問題に関する基本的方針は，1972年の日中共同声明に基礎を置き，当時のまま現在に至っている．米国が曖昧性を残した政策をとり，時代と共に微妙な調節を行ってきたのに対し，日本の政策は約30年の間，ほぼ変化がない．日本政府方針の中心となる同声明の重点内容は以下二点に集約される．

1．日本政府は「中華人民共和国が中国の唯一の合法政府であることを承認する．」
2．「中華人民共和国政府は，台湾が中華人民共和国の領土の不可分の一部であることを重ねて表明する．日本国政府はこの中華人民共和国の立場を十分理解し，尊重し，ポツダム宣言第八項に基づく立場を堅持する．」[1]

　声明文は，「承認，理解，尊重」という言葉を慎重に使い分け，日本の立場を示している．つまり，第一点目の「一つの中国」について，日本政府は「承認」を声明しているが，第二点目において，台湾が中華人民共和国の領土の一部であるかどうか，という問題について，中国の立場を「理解し，尊重」するという表現に止め，「承認」の表現を避けているのである．

　更に日本政府の台湾帰属についての立場を示す表現が，ポツダム宣言に関する部分である．ポツダム宣言第八項とは即ち，「『カイロ』宣言ノ条項ハ履行セ

ラルベク又日本国ノ主権ハ本州，北海道，九州及四国竝ニ吾等ノ決定スル諸小島ニ局限セラルベシ」[2)]という内容であり，更にここで言及されるカイロ宣言の内容とは，「満洲，台湾及膨湖島ノ如キ日本国ガ清国人ヨリ盗取シタル一切ノ地域ヲ中華民国ニ返還スルコトニ在リ」[3)]という部分である．つまり，日本はサンフランシスコ平和条約において台湾の領有を放棄し，その地位に関して規定する法的立場にはないことを改めて表明している[4)]．

　こうした日本の基本方針は，次節で詳説する米国政府の政策とは異なり，中国の立場を「理解し，尊重」しても「承認しない」，台湾独立の「支持も不支持もしない」という，一切の立場表明を避けているという点で，はっきりと一貫した傾向を示している．

　また，通常は政策面で米国との共同歩調をとる日本政府が，米国と異なった態度をとっている点が両岸関係において一点存在する．それは，クリントン大統領が1998年秋の訪中で言明したいわゆる「三不」政策の一つ，「国家を単位とする国際機関への台湾の加盟」反対についてだ．クリントン大統領の「米国は台湾独立を支持しない．また，二つの中国や一つの台湾・一つの中国は支持しない．台湾が国家を単位とする国際機関に参加するべきではないと考える」という上海での発言を受け，同年11月の江沢民国家主席訪日時に同様の内容を日中間の文書に盛り込みたいという中国の希望が伝えられた．しかし，「三つのノー」は，クリントン大統領が北京の公式記者会見で発表したものではなく，上海で行われた市民交流の場で口にしたものであり，日本側には，米大統領も文書にしていないものを，なぜ文書にしなければならないのか，という反発があった．外務省内部でも「米国はクリントン発言以降も政府要人が訪台しているが，日本は政府関係者の訪台には気配りしている．にもかかわらず，中国は外交以外の事情で，要求を突き付けてくる」という苛立ちが見られた．それ以外にも，「台湾関係法」を作って台湾の安全保障に直接関与している米国と違って，日本はポツダム宣言で台湾の領有権を無条件放棄しているとして，「三不」政策を文書化するのは適さないという見方が多数意見であった．その結果，「日中共同声明の立場を堅持する」との表現を盛り込むことで基本合意し，ク

リントン大統領の第三のノー，即ち「国家を単位とする国際機関への台湾の加盟」については，日本政府がポツダム宣言により，台湾の領有権を放棄していることを理由に「台湾の帰属について改めて明言する立場にない」とし，日本は反対という立場を取らず，不干渉の立場を維持している[5]．

台湾との外交関係については，外務省が台湾を国交断絶状態と位置付け，外交上の制限を設け，各省庁にも守るよう指示している．具体的には，大臣及び次官・局長クラスは台湾を公式に訪問はできないことになっている．同様に，台湾政府の閣僚・次官・局長クラスが日本の各省庁担当者と正式に会見することは制限されている．双方政府の次官同士，局長同士であっても正式会見は設定できないことになっているようである．こうした日本政府の外交的対応慣例には，特に具体的な法的根拠があるものではなく，ケースバイケースで，特に中国の反応を考慮しつつ決定されるケースもあるようだ．様々な禁止事項も，いわゆる日本政府による自粛だと言えよう[6]．日本と同様，台湾とは非公式の関係であると明言する米国の対応を比較すれば，それは明らかである．米国は，台湾政府閣僚級以上に関しても訪米ビザ支給には積極的である．

そうした意味で，日本政府の対応における混乱がはっきり露呈したのが，2001年の李登輝前総統の訪日・訪米問題であったと言えよう．米国が李氏にビザを発給したのは，日本の訪日ビザ発給とほぼ同時期であったが，米国は病気治療などの限定条件を付さない5年友好の数次ビザを淡々と発給した．それに対し，日本は当初，森喜朗首相(当時)が「人道的配慮」から発給を積極的に検討したのに対し，外務省が「対中関係への影響」を指摘，一旦，「李氏からビザ申請はなかった」という見解を発表することにより，ビザ発給問題を回避しようとした．ところが，衛藤征士郎外務副大臣(当時)が「李氏からビザ申請があった」と発言，「申請はない」とした政府見解と食い違う見方を示し，河野洋平外務大臣(当時)が「省内は一致していなければならないので注意する」と発言せざるを得ない事態に発展するなど，政府内部の混乱振りが露見した．その後も，中国への政治的配慮と政府内・国民世論のビザ発給支持意見の間を行き来した挙句，ビザ発給へ踏み切ったものの，ビザ発給への基本原則が示され

ず，最終的には中国の顔色をうかがっているような印象を外部に与えてしまった．その上，政権交代後，田中真紀子外相が，中国に対して今後は李氏の訪日を認めないかのような発言をしてしまった．また，病気治療に限定した一時ビザとしてしまったことも，再び李氏が訪日を希望した場合，同様の問題に再度直面する可能性を残した結果になった[7]．

このように，日本政府の両岸関連の外交政策に関しては，常に日中関係への配慮に基づき，ケースバイケースで決定されるのが現実である．

1.2 政党・国会議員

日本の政界が台湾と交流を行う際，最も重要な役割を果たしてきたのは，自民党議員を中心に構成される「日華関係議員懇談会」である．日中国交回復を受け，その翌年1973年に自民党のいわゆる親台湾派議員によって結成された．その後，自民党分裂に伴い，日華関係議員懇談会も分裂，新進党が新たに「日華議員連盟」を発足させたが，1997年2月，新党さきがけなど他党の親台湾派議員が合流する形で，改めて超党派の「日華関係議員懇談会」（日華懇）として300名規模の組織として再スタートした[8]．しかし，この「日華懇」メンバーもその多数が同時に親中国派議員の団体である「日中友好議員連盟」にも属している[9]．そうした意味で，いわゆる親台湾派議員による現在の「日華懇」も，1972年日中国交直後のような親中国派議員との政策的対立を目指すものではなく，議員による国際交流の一環として機能している．

この「日華懇」は，交流相手先として国民党を唯一の窓口としてきた．しかし，2000年3月の総統選では，これまで野党であった民進党の候補，陳水扁が当選，日本の議員とは交流が比較的薄い民進党が与党となった．これを受け，2000年4月25日，日本側では民主党が「日台友好議員懇談会」を設立した．「日台友好議員懇談会」の特色は，若手を中心に台湾の民主化・多元化に強い共感を寄せ，新しく与党となった台湾の民進党とのパイプ構築を目指す点である．5月陳総統就任式には，同会会長の民主党・中野寛成党副代表らが訪台・出席した[10]．

台湾政府は，台湾が安全保障環境や地域的機構へ参加することに日本の支持を得るため，日本との関係強化に努めている．陳水扁総統と日本の政治家の間には，これまでの台湾の政治家が持っていたような歴史的な連携関係はないものの，日台共同の利益を強調し，日米台三者間の協力ネットワークを構築することの重要性をアピールしている．もちろんその目的は台湾が地域的に関与を深め，安全保障においても相互連結を強化することにある．現在の台湾で言われているいわゆる「日本カード」とは，民進党と日本の政党の間で，FTAやセカンドトラックによる安全保障対話を提唱したり，民主同盟や日米台共同ミサイル防衛などの重要性を強調することによって次第に相互関係が育成されている点が特徴的である．しかし，Swaine及びMulvenonは，台湾の実務外交は日本に過大な圧力を与えるべきではないと指摘している．その理由として，日本はこの10年来経済不信に悩んでおり，もし日本に過大な圧力をかければ，台湾海峡で衝突が発生しても，日本が米国を支持する意欲を減退させる可能性があるからだとしている[11]．

　2001年7月のワシントンポストのインタビューで，陳水扁総統は，日米台が共同でミサイル防衛システムを発展させることを提唱した．インタビューで陳総統は，「台湾海峡の平和はアジア太平洋地域全体の安定にとって大きな鍵となる．よって，台湾海峡の平和を維持し，中国大陸が台湾に脅威を与えないようにすることは，米国・日本・台湾にとって共に直面すべき課題である．」[12]と語った．その直後，国防部長（大臣に相当）スポークスパーソンの黄穂生は，台湾はこれまで一貫して米国との軍事交流強化を希望しており，共同軍事演習の可能性も排除していないと発言し，国防部では台湾が日米と共同でミサイル防衛計画を研究するかどうかを検討するとも語った[13]．確かに台湾島上の主な都市をターゲットとして中国が数百弾のミサイルを配備しており，台湾当局は現在もミサイル防衛に予算を配分する意欲を持っており，陳水扁総統は日米と共同でミサイル防衛研究を行い，三者がその他の方面でも安全保障連携を進めることを希望しているのである．

　陳水扁総統は，しばしば日米台の関係の重要性を強調しており，三者間のコ

ミュニケーションルート構築に成功しつつあると言えるだろう．陳総統は第1期目から，台北・東京・ワシントンはアジア太平洋地域の安全，安定，平和において共同の利益を有していると指摘し，日米との実質的な関係強化に努めたいと明確に表明している[14]．

また，FTAについて，陳総統は日米台間のFTA締結を提唱し，中国に対する経済・貿易政策を再検討するよう日米に呼び掛けた．陳総統は，「三国がFTAを締結することについて意見を交換することで，アジア太平洋地域の民主国家が経済的に繁栄を共有する地域が生まれる脈動が促進される」と語り，「FTAを通じてこの三ヶ国がアジア太平洋地域の民主と反映を強化することができ，同時にこの動きが地域の対テロ戦争成功の鍵ともなりうる．」[15]と指摘している．

2 米国の台湾政策と米中関係

2.1 台湾安全保障問題に関する米国の「戦略的あいまい政策」

米国の台湾政策は「戦略的あいまい（strategic ambiguity）政策」と言われるが，それは米国が台湾の安全保障に関わるジレンマの解決方法や台湾安全保障やその将来に関する政策目標をはっきり表明しないということである．この「戦略的あいまい政策」の遂行は，台湾関係法と上海コミュニケのあいまい性と弾力性なしには有り得なかったであろう．米国が置かれた状況とは，台湾が独立しようとすることを支持することも，同時に中国が統一を強行することも許容できないものであった．なぜならこれら二つの動きはどちらも地域全体に不安定をもたらす結果になる可能性が非常に高いからだ．しかし，米国がもし中台両者に対し，あいまいで弾力的なスタンスを取れば，現状維持を促進することができる．そこで，現状の平和・安定を維持するこの政策は「現状維持政策」とも呼ばれる．

上海コミュニケと台湾関係法に基づく「戦略的あいまい政策」のフレームワークは，米国の台湾政策に関する限り「台湾の将来」と「台湾の安全保障」と

いう二つのキーポイントを持っている．「台湾の将来」に関して言えば，米国は台湾の地位に関する北京の見解を「認識」するが，必ずしも「受け入れる」訳ではないとしている．米国の立場としては，あくまでもこの問題は台北と北京の間で解決されるべきだとしており，両岸の問題について米国が干渉，調停を行うことはないとしている．ただ米国が強調している点は，台湾海峡における不安定や軍事的衝突は東アジア全体ひいては当該地域における米国の国益にも深刻な影響を与えるため，この問題が平和的方法により解決されるべきであるということだ．

「戦略的あいまい政策」の第二のポイントは台湾の安全保障だ．台湾関係法は，台湾の安定と安全保障は米国にとり重要な関心事であり，また米国は台湾が軍事的脅威や侵略から自らを防衛するための防衛性の武器を提供することが記されている[16]．しかし，日米安保条約のような同盟関係とは異なり，台湾関係法には米国が台湾を防衛するという明確な記述はなく，ワシントンにも台湾を防衛するオプションはあるということだけが記されている．台湾が仮に中国から攻撃を受けた場合，米国が取りうる行動が特定されていないということは，台湾海峡において実際に軍事的衝突が起こることを抑止するための戦略的デザインなのである．

米国の対中国・台湾政策の根底にあるものは，1972年に発行された上海コミュニケである．この文書で米国は「台湾海峡の両側のすべての中国人が，中国はただ一つであり，台湾は中国の一部分であると主張していることを認識している．米国政府は，この立場に異議を唱えない．米国政府は，中国人自らによる台湾問題の平和的解決についての米国政府の関心を再確認する」[17]と表明している．こうした上海コミュニケの言葉遣いは，慎重な配慮が払われ，あいまい性が残されている．例えば，「認識している」という言葉は，あいまい性を残すために慎重に選ばれた言葉で，米国が認識したことが将来的に必ずしも真実ではなくなる，という可能性を扱う用意は米国政府にはないことを暗示しているのである．

上海コミュニケには米国の中国・台湾政策の基本的原則を構成する三つの重

要な要素が含まれている．一つの中国政策，台湾問題の平和的解決，両岸問題は中国人自らによって解決されるべきだという態度，の三点である．この三原則が米国の両岸問題・台湾問題に対する政策の基本である．

この1972年の上海コミュニケは米国の対台湾安全保障政策の基礎であるが，1979年からはそこに台湾関係法が加えられた．台湾関係法では，米国は台湾と緊密ながらも非公式の関係を維持することを約束した．それに加え，同法には三つの主要原則が記されている．第一が，台湾の平和と安全は米国にとって深刻な関心事であるという点である．第二に，米国は台湾の住民の安全を保障するのに必要な防衛性の武器をどのようなものでも売却する用意があるという決意だ．最後が，台湾の将来は平和的に決定されるべきであるということである．

台湾関係法は，日米安保条約などと異なり二国間条約でないということは重要なポイントである．つまり，台湾関係法は必ずしも台湾の安全を保障するものではない．同法は米国が台湾を防衛する選択肢を提供するだけであり，更に米国が必ずしもその選択肢を選ぶ保証もない[18]．中国の威嚇及び台湾に対する武力行使への米国による軍事的反応は，軍事的介入，武器供与，または軍艦派遣などの軍事的ジェスチャーなど様々なオプションがある．つまり，米国のアジアにおける利益を保護するためであれば，どのような反応もありうるということだ．

1996年ミサイル危機におけるクリントン政権の反応は，台湾関係法に基づき，戦略的あいまい政策を堅持した最も明白な例であったと言えよう．空母2隻の派遣という決断は，台湾関係法の規定により，米国は台湾の安全に深刻な脅威が発生した場合には軍事的に介入する可能性を認めていることに発していた．国務省ニコラス・バーンズ報道官は，台湾関係法に基づき米国は台湾の安全に関与すると明言し，台北と北京の意見相違は必ず平和的方法で解決されるべきであるという米国の立場を強調した[19]．しかし，同時に米国のこうした措置も，無条件で台湾を防衛することを意味していたのではなかった．当時の国務省次官補東アジア・太平洋担当のウィンストン・ロードは議会証言で，台湾関

係法を米国の台湾安全保障へのコミットメントの基礎だと認めたが，北京が仮に台湾を攻撃した場合米国が取りうる具体的な行動については言及を拒否した[20]．こうした対応が，即ち「戦略的あいまい」政策である．つまり，台湾海峡間の軍事的対立への対応については故意にあいまいな態度を取ったのである．

2.2 「三つのノー」政策

　米国の戦略的あいまい政策は，1996年ミサイル危機を境に明らかな変容が見られ始め，1998年秋のクリントン訪中で「三つのノー」政策が発表されるという展開となった．クリントン政権発足当初2年は，前政権までの戦略的あいまい政策を維持し，台湾に対する政策には変化がなかった．しかし，1994年以降，米国・台湾・中国に関わる事件が発生すると，クリントン政権の台湾に対する態度が変化し始めた．第一の事件は，1994年，台湾が国連復帰を目指す活動を始め，米国内にこれを支持する動きが見られたことであった．その結果，北京政府は台湾の動きを「一つの中国，一つの台湾」や「二つの中国」を目指すものではないかという疑惑を深め，態度を硬化させた．第二は，1995年夏，李登輝総統が訪米を希望したことに対し，議会における支持が強く，クリントン政権としてもビザを発給せざるを得ない状況に追い込まれ，その結果，台湾海峡における中国のミサイル演習により両岸に緊張が走ったという一連の展開であった．このように両岸で対立の機運が高まる中，1996年3月台湾総統選が行われ，李登輝総統が再選されたことが第三の事件であった．

　クリントン政権の政策の変化が現れ始めたのは1995年であったと言えよう．両岸関係に関して態度を硬化させ始めた中国と，それ以上の対立を招かないため，戦略的あいまい政策からシフトすべきだと，政権内の中国専門家が主張したのである．中でも中国が，いわゆる「台湾問題」は米中間の大きな障害であると主張してきたため，クリントン政権の政策決定者の間では台湾海峡問題に対する新たな政策を組み立てようという機運が高まった．新たな対中政策の方針は，建設的戦略的関係に重点を置くものであり，1997年・1998年に双方の首

脳が相互訪問を行うという計画が政権内に浮上した．それに伴い，1995年夏以降，国務省は繰り返しコメントを発表し，米国の台湾安全保障に対するコミットメントは「一つの中国」政策の範囲を超えるものではないというメッセージを台湾に伝えようとしている[21]．その意図は，米国の台湾問題に対する態度を間違って予測し，その予測に基づいて北京・台北間が軍事的に対立するという可能性を最小限に抑えようとするものであった．

そして，最終的にクリントン政権の対台湾政策が戦略的あいまい政策から移行したことが公になったのが，1998年クリントン訪中であった．クリントン大統領は訪中時，次のような対台湾政策の詳細を公表した．即ち，上海での発言における「米国は台湾独立を支持しない．また，二つの中国や一つの台湾・一つの中国は支持しない．台湾が国家を単位とする国際機関に参加するべきではないと考える」という内容であった．この新たな対台湾政策は，中国への関与が米国の当該地域における長期的利益に一致する点を強調し，台湾問題に関しても，北京の希望を受け入れ，和解的政策を取るべきであると主張するため，一般に「中国関与」(engaging-China) アプローチ，または「和解」(accomodationist) アプローチと言われている[22]．このアプローチは，建設的な対中関係のためには台湾問題の影響を最小限にするべきであるとの主張に基づいている．

中国関与アプローチは，当時，台湾が米中関係におけるトラブルメーカーであると考える米国の大部分の中国専門家に支持された．更に，当時，より重要なのは，米中関係に悪影響を与えてきた問題に関して積極的な進展を実現するための良好な雰囲気作り，及び中国が国際社会において友好的・協力的な大国となるよう促すことだ，という認識が存在した．このアプローチの大綱とも言えるのが，ジョセフ・ナイがワシントン・ポストに寄せた論文で，ナイは文中，米国は1972年の上海コミュニケと1979年の台湾関係法による「計算高いあいまい」政策を放棄すべきであると主張した[23]．また，ケネス・リバソールも台北で発表した論文で，50年の両岸問題解決緩衝期間を設ける合意を形成するなど，七点の両岸問題解決要点を提示した[24]．

この「三つのノー」政策はクリントンの「中国関与」政策の延長である．関与政策の最終的な目標は，中国が現行の国際的規範を支持し，各国際機関システムに参加するよう仕向け，中国が国際システムで果たすべき役割を果たすよう働きかけることである．

2.3 ブッシュ政権

米国の対台湾政策は以前は「戦略的あいまい政策」と定義されていたが，しかし，台湾の民主化発展と両岸情勢の変化に伴い，米国の政策は次第に戦略的あいまい政策から「戦略的明確」政策に転換してきている．つまり，これまで米国は台湾海峡の軍事衝突に対してあいまいな態度を取り，関係者が行動に抑制をきかせるよう保ってきたが，台湾が法律的な台湾独立を目指したり，中国解放軍が武力で台湾を攻撃するようなことがあれば，米国は台湾の安全保障を維持するための介入を行うと明確にしてきているのである．1996年に解放軍がミサイル演習を行った時の米国の反応はその兆候が現れている．1996年3月9日から13日の間，つまり台湾初の総統直接選挙直前，中国は台湾北部基隆港沖東北約36キロの海域と台湾南部の高雄港沖南西約54キロの海域においてミサイル発射演習を行った[25]．このミサイル発射事件は中国が武力威嚇の方法で台湾の総統直接選に介入することで，台湾が中国の一部であることを内外に示そうとしたのであり，台湾内部の選挙プロセスにも影響を与えようとしていたのである．こうした中国の武力威嚇行為に対する国際社会の反応は，反対の意思表明ほぼ一色であった．地域国家も次々と両岸問題は平和的に解決するべきであると表明し，米国議会は台湾が中国に侵略されたり，ミサイル攻撃を受けたり，海上封鎖をされた場合，防衛協力を行うことを政府に要求する決議案を通過させた[26]．結局，当時のクリントン政権は航空母艦2隻を台湾付近の海域に派遣することで，情勢判断を誤ることがないよう予防し，同時に武力威嚇が武力行使に発展しないよう抑止の効果を意図した[27]．

GWブッシュ政権に入ると，戦略的明確政策は更に発展し，「2重の抑止」政策に転化した．すなわち，米国は台湾海峡を挟む両者が単独で現状の平和を

破壊するような行動を取ることは許さない，というものである[28]．ブッシュ政権発足当初は，台湾海峡の軍事バランスに変化が生じ，解放軍のミサイル配備及び制空権掌握に関して発展が見られ，早ければ2005年にも解放軍が台湾を越える優勢に立つことを認識したことから，台湾への武器売却を増加し，米台軍事交流・協力のレベルを引き上げることを決定した．この決断は，ブッシュ政権の戦略的あいまい政策放棄を明確に示唆し，米国が台湾防衛への決意を明確に示したという意味で戦略的明確政策であった．事実，2001年4月にはブッシュ大統領は代価不問で台湾の自己防衛を支援すると表明したのである．しかし，9.11事件発生後，特に中国経済の発展に伴い中国の国際的地位が上がってくると，米中関係は多層的な関係に転換していった．米国は両岸の軍事情勢変化，つまり台湾が近いうちに軍事的優勢を失うということをよく理解しているため，大量の武器売却と米台間の軍事的連携を強化することで，台湾の自衛能力・防衛抑止能力を強化しようとしているのである．しかし，現在の米国の政策は，一つの中国政策，台湾独立不支持，両岸問題の平和的解決，一方的に現状を変えることへの反対表明によって成り立っていると言えるであろう．

　民主主義を最大の価値観の一つとする米国にとっても，台湾の民主化が政策に与える影響は限定的なのである．実際，米国の歴代大統領を見るといずれも就任時にどのような見解を表明しようとも最終的には一つの中国政策に回帰するのである．クリントン然り，現在のブッシュ大統領然りである．なぜなら，これが米国の基本的な国家利益にかなっているからである．米台断交以来，最も親台的と言われたブッシュ大統領も，9.11事件発生によって，米国の国際安全保障戦略及び対外政策を変えざるを得ず，米中関係も北京が慎重に歩調を合わせたことも作用し，構造的な関係改善が図られ，国際・地域・二国間各レベルにおいてエンゲージメントが見られる．中国は米国が対テロ・対北朝鮮・貿易などの重要な議題における外交のパートナーとなったのである．その結果，ブッシュ大統領は，米国の国家利益と中国からのプレッシャーを考慮した上で，中国の温家宝総理の訪米会談時，台湾の防衛的住民投票と憲法制定のタイムテーブル設定は単独で現状を変える動きだとして牽制し，米国の反対を表明した

のであった.

3　日米安保と東アジアの安全保障

　日米安保は現代の経済・政治・軍事における二大国の間に締結された軍事同盟であるだけでなく，両国がアジア太平洋地区の安全保障と平和を維持するための政策的構造・メカニズムを共有するという意味で重要だ．日米安全保障条約の基礎は，相互の国家利益であり，両国が自国の利益全体を考慮した上で安全保障条約を締結し，維持する重要性を認知することにある．国家利益が影響を及ぼす範囲としては，一般に認知されるところの軍事・安全保障・経済面での利益の他，民主主義制度や価値観なども関連要素として挙げられる．

3.1　東アジア安全保障維持に対する日米安保の重要性
　日米安保が東アジアに対して持つ重要性及び焦点とは，下記三つの側面である．第一に，日米安保は，米軍が東アジアにそのプレゼンスを継続する上での主要な基礎を提供することであり，第二が，日本の地域安全保障維持における役割に相当の変化をもたらす点である．そして第三に，日米安保の「極東条項」或いは「日本周辺地域」の確定・未来に対する影響である．
(1) 米軍のプレゼンスの基礎
　第一に，日米安保条約は米国の東アジア安全保障戦略の重要な柱である．米国のアジア太平洋戦略は，軍事的プレゼンス・二国間自衛軍事同盟・中国への関与・多元的安全保障対話の四つから成り，複数の二国間同盟を通じて構築するアジア太平洋集団自衛システムの中でも，日本の経済・政治・軍事能力の規模から言って，ジョセフ・ナイが指摘する通り，日米安保は米国の東アジア・世界戦略において最も重要である[29]．米国は日米安保を通じて米国が東アジアの安全保障に関わることを明確に表現し，また米国が軍事的に東アジアに前方配備することを示す証拠にもなっている．軍事力という側面を考えると，日米安保は一つの二国間軍事同盟でありながら，NATOと同様に重要な軍事同

盟であると言えよう．

　第二に，日米安保条約の規定は，米軍に対し，日本の基地・設備を提供し，それを米軍前方配備の主要基地としている．また，在日米軍は日本本土を防衛する他，朝鮮半島・極東地域・南シナ海・東南アジアなどの地域において速やかに共同防衛措置を取ることができるとしている．米国が西太平洋において軍事行動を行うとすれば，日本の基地や関連後方支援なくしては軍事行動の継続は難しいであろう．また，在日米軍は西太平洋における前方配備主要基地である以上に，米軍の西太平洋及び世界規模での指揮・コントロール・情報ネットワークの重要な一環となっている[30]．今後のアジア・太平洋地域の不確定要因をなすロシア・朝鮮半島・中国と隣接する日本の地理的位置から言って，在日米軍基地から発進する情報収集機・偵察機・軍艦艇と日本域内の電波・電子情報収集基地の存在は，アジア太平洋地域の情勢分析には絶好の組み合わせである．中でも，三沢基地には人工衛星のコントロールと宇宙を監視する部隊，それに関連する施設が設置されており，偵察映像の中継も担当していると推測されている．また，横浜ノースドック（占有面積51万9000m^2，相模補給廠・横田基地への交通ルートを完備した米軍直轄施設），相模補給廠（敷地214万6700m^2，100万品目以上の物資貯蔵・搬出機能及び車輛・兵器修理施設），更に太平洋地域における米空軍輸送ルートの要である横田基地という枢軸補給ルートが存在し，米国はこれをアジア・太平洋地域或いはインド洋・中東方面を含めた非常時に活用しようと考えていることは明白である．このような大きな敷地と施設，輸送ルートが完備されている地点はアジア・太平洋地域においては希少な存在である[31]．

　第三に，日米安保同盟は米国と日本が共同で日本を防衛するものであるが，同時に東アジアの安定を目指すものでもある．その結果，東アジア地域各国間における軍備競争の発生，ひいては核兵器開発を進める国が出現する事態を避けることが可能になる．

　その他，日米安保条約という基盤に構築される両国の緊密な二国関係がその核とするのは軍事・安全保障面ではあるものの，同時に両国の経済・政治・文

化などの領域においても構造的な支柱となっていると言えよう．そこで，日米は両国関係のより一層の緊密化を図るため，1993年から「地球的規模に立った協力のための共通課題」(Common Agenda for Cooperation in Global Perspective, コモンアジェンダ) を発足させ，両国が世界規模の問題について将来的な協力の方向や構造について共同で研究を進めることを決定した[32]．1996年のクリントン訪日時も，日米安全保障共同宣言が発表されただけでなく，「日米コモンアジェンダ：21世紀に向けてのパートナーシップ」(The U.S.-Japan Common Agenda : A Partnership for the 21st Century) が発表され，1993年以来の現行計画に加え，新たな共同議題計画が設定された．新たに設定されたのは，「自然災害の軽減」，「市民社会と民主化」，「テロ対策」，「地球的な食料供給」，「21世紀のための教育工学」などの問題であった[33]．こうしたことから，米国が，安全保障問題以外の領域でも日本との両国関係緊密化を目指していることが読み取れる．

(2) 日本の役割の変化

日米安保が日本に与えた影響の最たるものとしては，日米安保条約により日本は自衛のための防衛支出負担が軽減され，経済発展と輸出強化に集中することが可能になり，世界第二位の経済大国に発展することができた，という指摘が定論である．日米安保条約がこのような効果を可能とした理由は，日米安保条約が片務的条約であり，冷戦期において日本は基本的に米国の政策に共同歩調を取ってきたことにある．経済力の向上に伴い，日本は徐々に独自の国防安全保障及び地域安全保障に関する政策を打ち出すようになったものの，依然として安全保障と経済の関係を結合させるといった側面が中心であった．日本は，自身の防衛能力強化と日米安保体制の維持に加え，経済援助・投資・貿易といった方法を通じて，世界及び日本が位置する東アジア地域の平和と安定の増進を図ってきたと言えよう[34]．

1978年，いわゆる日米安保ガイドラインが発効すると，日本の自衛隊が徐々に日本本土防衛という主要任務を担当すると同時に，自衛隊の装備及び予算の面で世界でもトップレベルに数えられるようになって行く．もう一方では，

1980年に大平首相が「総合安全保障」[35]という概念を提唱し，安全保障の概念を経済や非軍事面へも拡大する方向性を示した．これに呼応し，日本の安全保障政策も軍事面以外の安全保障問題，特に安全保障問題における経済面を強調した．その目的は，日本の防衛支出増を迫る米国に抵抗を示すことであり，また同時に軍事的安全保障と経済的安全保障を組み合わせ，日本の新たな形の安全保障政策を示すことにあった．当時，総合安全保障に対する認知とは，安全保障政策という概念だけではなく，国家の安全保障には政治・経済の要素が深く影響を及ぼしていることを強調するものであった．総合安全保障に基づいた政策とは，つまり，日米安保条約と世界市場に立脚する立場を基礎とし，外交と経済援助を通じて，近隣国家との政治経済関係を強化することで，日本の安全保障，及び日本が位置する地域・国際環境の安定を確保することであった[36]．

80年代以降は，日本国内の議論が，より自主的な安全保障政策を打ち出すべきか否か，特に日米間の軍事安全保障関係の将来に焦点があたるようになって行った．中でも注目されるべき主張は，現状維持・ナショナリズム傾向・新国際主義的色彩，の三つであろう．第一の現状維持が意味するのは，即ち日米安保条約と1978年のいわゆる旧ガイドラインによって構築されるシステムの維持である．第二のナショナリズム傾向とは，日本は完全に自主的な国際・地域安全保障政策を持つべきであり，いわゆる「普通の国家」としての対外政策を持ち，米国への依存もこの方向性で今後検討が必要な課題であると捉える考え方である．第三の新国際主義的色彩とは，日本は国際事情の舞台においてより重要な役割を果たすべきであり，地域安全保障に関しては日米安保軍事同盟を基本としつつも，日本の機能と地位については検討が必要だとする考え方である[37]．

湾岸戦争後，日本国内は自衛隊を国連の平和維持活動（U.N. Peacekeeping Operations, PKO）に派遣するか否かで激しい議論が行われ，最終的に「PKO協力法案」が可決されたものの，議論では日本の安全保障政策の構造的な問題が故意に回避され，憲法や関連法において自衛隊の人道的・平和的任務の平和維

持活動[38)]への参加が許されるかどうかに焦点が集中した．その結果，日本の冷戦後における安全保障政策の国内共通認識を達成するには結局至らなかったのである[39)]．日米軍事安全保障関係に関しても，結局，日本の政策的方向は米国との協調重視に変化は起こらなかった．従って，米国が改めて東アジア・アジア太平洋地域への関与を確認し，その支柱として日米同盟を指摘した時点で，日本国内の自主的安全保障政策志向も次第に消滅し，むしろ焦点は国連平和維持活動への参加と沖縄米軍基地問題へと移行していった．1997年の新ガイドラインにおける日本の役割の限界性も，日本憲法や法律による制限以外にも，一貫して非常に慎重な政策を取り続ける官僚・政治家の影響という要素も大きな原因であると考えられる．

　以上に基づき，日本の観点から考察すると，日米安保条約及びガイドラインの重要性には次のような側面がある．一つ目が北東アジア情勢への対応だ．冷戦終結後，ソ連による脅威は低下したものの，朝鮮半島情勢は日々複雑化し，危険性が増しつつある．日米安保条約や米韓軍事同盟の存在は，日本・韓国が独自で朝鮮半島情勢の危険性に対応しなければならない状況を避けると同時に，米国の強大な軍事力・核兵器能力により地域安全保障を有効に確保することができる．更に，中国・ロシアが依然として不確定要素であることから，米国のプレゼンスにより均衡抑制の効果を上げることが可能になり，更には大国間の協商により北東アジアの危機を安定化し，解決することができる[40)]．

　二つ目が中国の脅威という問題だ．中国が経済・軍事面において日増しに強大化し，且つ東アジア安全保障政策に関しても不明確な態度を取り続けるという状況にある中，日本が独自でこの状況に対応するのは非常に困難である．そのための法律的整備過程において激しい議論で国内民意が収拾不能になる危険性や軍備増強に地域諸国が反発する可能性は想像に難くない．しかし，実際には日米安保条約により米国がアジア太平洋地域にプレゼンスを置いているため，中国の潜在的脅威に対抗するためのリーダーシップは米国が取るという体制が可能になっている．

　第三は，日本がより国際的な大国の役割を果たすようになったことである．

世界第二の経済大国として，軍事安全保障に関しては日米同盟という基本が存在するため，日本の外交政策とは即ち対外経済政策であったと言えよう[41]．そこで，日本は日米安保条約という構造の下，国際経済・国際政治においてより重要な大国としての役割を果たせるようになり，経済援助や国連負担金，平和維持活動，人道的救援活動などで主要な参加国となっている[42]．

日米間では，安全保障協力や条約執行に関してより緊密な対話が進行しており，日本の役割も従来の受動的・消極的役割から，負担する責任をより重くしており，段々と対等のパートナーとなりつつある．冷戦終結後は直接的な脅威の存在しない日米同盟ではあるが，両国政府とも民意の支持・認知を高め，日米同盟体制の持続と拡張を図るであろう．

(3) 極東条項と周辺有事

1997年の新ガイドラインにおける日本の「周辺地域」(areas surrounding Japan) の定義問題に関しては，日本・米国両政府が「事態」という概念であり，「地理」的概念ではないことを強調している．日米双方の政府見解では，周辺地域とは一つの地理的概念ではなく，「事態の性質に着目したもの」[43]であるとしている．周辺事態が指すのは，日本周辺地域において発生し，且つ「日本の平和と安全に重要な影響を与える事態である」[44]としている．また，「日本の平和と安全に重要な影響を与える事態」という表現も，この条項の解釈を故意に回避しているのではなく，一つの戦略・軍事面での現実的常識である．両国政府がこうした見方を示す理由は，安全の維持とは一つのメカニズムを構築し，発生する可能性のある危機や事態を未然に処理することであり，このメカニズム自体が一種の抑止となるべきであるからだ．事態の種類や周辺の範囲を明確に列挙してしまえば，周辺の国家に緊張を引き起こすと共に，戦略的安全保障メカニズムの効果を喪失してしまう．

安保条約中の規定では，日米間の協議・協力は，日本本土防衛の際と同様，米軍が極東地域の国際平和・安全を維持する際にも行うことが並列して明記されている[45]．1960年の安保条約ではこの極東地域についての行動に対し，明確な定義がなされていない．しかし，一般用語として極東がフィリピン以北の

地域, つまり台湾・韓国を含むとされた. そのため, 米国は日米安保条約の条約義務とこの条約が米国内で有する法的地位という基礎に基づき, 極東地域という概念に含まれる地域を防衛する必要があるとしてきたのである[46].

なお, 果たして「日本周辺」が「台湾地域」を含むのかという問題に関してだが, 日本政府が1960年に発表した統一見解では,「一般的に言って」「極東」という認知は「中華民国の管轄下にある地域」即ち「台湾地域」を含む, とされた. また, 1969年, 佐藤栄作首相が訪米し, 沖縄返還合意を達成した際の日米共同声明においてはより具体的に,「台湾地域における平和と安全の維持も日本の安全にとってきわめて重要な要素であると述べた」と明記された. その後, 外務省の説明においても, 1997年日米安保条約新ガイドラインにおける「日本周辺」の解釈に関して, 再び1960年の政府統一見解を繰り返している. つまり, 日本政府が公式に新たな政策を発表しない限り, 1960年の統一見解が依然として日本の政府解釈であると考えられる. そこで, 推論として, 一般用語から言って, 日本周辺とは台湾地域を含むものであると考えられる. ただし, これは条文とそのロジックからの推論に過ぎず, 且つ一般に日常で使用される「極東」という用語のロジックからの推論である. 実は, 更に重要であると考えられる「事態」の観念による指導原則があり, 日本が米軍に後方支援を提供するかどうかを決定するに際しては, 当該地域内で発生した事態が日本の安全に重要な影響を与えるかどうかによって決まるのであり, いわゆる日本の安全に対する重要な影響というものも事態の性質により決まる. そこで, いわゆる「日本周辺」の認定に関し, 過度に狭義の地理的範囲の観念にとらわれると, 日米安保条約とガイドラインの核心的重要性を掌握することが不可能になろう. つまり, 周辺地域の範囲は事態の本質により決定されるものであり, 尚且つ戦略的観点から言っても, 事態の種類や周辺地域の確定範囲を明確に定義するのは誤りである.

3.2 日米安保の理論分析

(1) 予防性集団自衛同盟

地域安全保障組織或いは二国間・多元的安全保障協定という方式により国家間がその能力と決意を集結させることは，現状の平和と安定に対して挑戦する侵略コストを高めることになる．地域の平和と安全を維持する方法として，作者はこれを「予防性集団自衛」(preventive collective-defense) と呼ぶ．これは，単純な集団性武力自衛行為ではなく，地域の平和と安全を保障するため，破壊を受けないようにする予防性の集団処置である．国家間が相互に条約を締結し，地域安全組織或いは軍事同盟を構築する目的は，他国から侵略を受けた場合，第三国が共同防衛に参加することを可能にするだけでなく，更に重要な目的として，事前に共同で潜在的な軍事侵略を積極的に予防し，同時に将来実際に衝突が起こった時に「集団危機処理」(collective crisis management) を行う能力を向上することにある．特に冷戦後，直接的な軍事脅威は徐々に減少しているものの，地域的な衝突・危機の潜在性は依然として存在している．集団自衛の概念，予防防衛，平和維持，及び平和構築などの概念を相互に適応させることで，安定・平和という現状を確保し，国際・地域安全を維持することが可能になる．

その他，アジア太平洋地域では徐々に多元的安全保障対話メカニズムが出現しつつあるが，二国間条約に基礎を置く自衛体系がそのために重要性が低下するという状況は発生していない．その主な原因は，アジア太平洋の多元的安全保障メカニズムの不明確性と複雑性であり，中・短期的にヨーロッパの安全保障メカニズムのようなレベルに発展し，現存する二国間軍事同盟に取って代わり，アジア太平洋地域の安全保障構造の柱になる，という状況は予想できないからだ．

アジア太平洋地域にとって最も理想的なのは，二国間軍事同盟と多元的安全保障対話メカニズムが相補い，それぞれがアジア太平洋地域安全保障を維持する基盤 (building blocks) となる形だと言われる[47]．しかし，実際は二国間条約が多元的メカニズムの基礎となっているのが現状であり，特に日米安保システムについて見れば，より直接・具体的に米国と日本の軍事力が結合され，アジア太平洋の地域安全保障維持の橋梁となっている．多元的メカニズムは必ずし

も日米安保条約に取って代われる物ではないが，日米安保条約が提供し得ないチャンスをもたらすことは可能である．例えば，中国やロシアが多元的安全保障対話に参加し，協力的態度・政策を示すことが可能になろう．そうした場合，日本がアジア太平洋の安全保障面でより積極的な役割を果たすことが可能になり，米国にとってもアジア太平洋の安全を維持するためのルートが一つ増加することを意味する．また，同時に複数の国家が安全保障を議題とする議論・対話に参加することで，協力的安全保障の気運が生まれる長所があると筆者は考える．

(2) 脅威の均衡理論と現状の結合

「脅威の均衡」(balance of threat) 理論は「権力の均衡」(balance of power) 理論に修正を加えたもので，国家は必ずしも単純にシステム内の他の国家の権力の盛衰によりその対外政策を変更するとは限らず，その他の国家の外交政策により示される意図と行為を基に決定される，と指摘している[48]．

脅威の均衡理論に基づけば，一極システム構造は必然的にその他の国家との拮抗を生むとは限らず，覇権国の外交政策が示す行為と意図に基づき，地域内の強権が覇権国主導の国際秩序に従うかどうかを決定するのである．

現状のシステム・秩序に対し，明確な態度・政策を示していない不安定国家 (uncertain states) は，長期的には現状維持国家 (status quo states) 或いは修正主義国家 (revisionist states) のいずれにもなる可能性を秘めている．脅威の均衡理論に基づけば，覇権国のこの種の国家に対する政策は通常，容認・関与政策 (policies of accommodation or engagement) を用い，徐々に政策を明確なもの，且つ現状支持的なものに変換させるようにすると考えられている．即ち，平和的に現状維持国家に移行することへの期待がその背景にある[49]．現在の中国がこのケースにあたるため，米国・日本は中国に対する関与政策を拡大しているのである．

脅威の均衡理論の観点から分析すると，米国・日本は共通の文化・歴史的背景を持たないながらも，制度・経済・軍事・戦略など各側面で共通の利益を有しており，現存の秩序構造で最大の受益者である．そこで，両者は脅威の均衡

理論における現状国家であると言えよう．日米安保条約と関連の文書が構成する防衛軍事同盟は，日米両国という現状国家が相互に結合したものであり，アジア太平洋に現存する秩序と平和を維持する政策的決意と軍事能力を表現したものであると同時に，将来，現状維持に挑戦しようとする国家に対して，現状の秩序を乱そうとする行為に対しては日米両国及びその関連軍事同盟が共同で対抗するという警告を発しているものである．

4 台湾民主化と両岸関係

台湾の民主化の過程は国内政治が安全保障政策に影響を与える重要な要素であることを明確に示している．台湾の民主主義はまだ歴史が浅いものの，中国大陸による軍事的脅威と世界の主要国も政治的に台湾を承認していないという現状に直面しているため，台湾人民が台湾政治と両岸関係に対して持っている感情には複雑なものがある．国連を脱退後，台湾は国際的構造と北京の圧力という制限を受けたため，外交政策の主な目的は外交関係を維持している国家の数を一定に維持することに集中し，国際組織や国際会議に参加することができなくなった．その結果，外交関係の拡大と国際的承認獲得が台湾人が外交政策に期待するものの中心であった．安全保障という側面に関して言えば，両岸の軍事的対立と中国が武力による台湾統一を放棄していないという暗影が存在するため，台湾人民は両岸の軍事的均衡維持を支持し，中国に対する不信感を低くすることも不可能であった．こうした民意は台湾の政治家及び政党が外交問題・両岸問題・安全保障政策の制定に大きな影響を与えたのである．中国政府は中華民国の主要な，おそらく唯一とも言える脅威の根源である．しかし同時に中国は台湾にとって米国に次いで第二位の輸出先であり，すでに台湾の重要な貿易相手且つ資金・技術の流出先となっている．朱雲漢教授は大陸政策は台湾の政治エリートの主流派から三位一体と見做されていると分析している．つまり，国家構造過程を主導する政策手段，両岸政策政治的相互交流と交渉における駆け引きのカード及びてこの軸，制度化された両岸経済文化交流規模と速

度調整の調節点であるというものである[50]．この種の長期的な二重性は軍事的脅威と経済的相互依頼の二重性に基づいており，台湾国内の権力闘争の主な原因ともなっており，当然ながら両岸及び台湾の安全保障政策に直接影響を与える国内要素となっているのである．

そこで，台湾認識と両岸関係に関して異なる認識を持つ政党は，台湾の安全保障情勢に関しても異なる分析を持っており，どのように安全保障政策を運用すれば自党の国内的地位向上に有利かということに関しても異なる態度を持っている．特に与党が新たな分析あるいは定義を提出すると，台湾の安全保障環境や外在関係者の反応に必ず影響を与える．李登輝前総統が提出した「特殊両国論」も一つの象徴的な行為であった．国際社会及び台湾内部がこの発言で大きな衝撃を受けた．中国からの恫喝・脅威，米国の危機管理，地域国家の憂慮，台湾各党派による異なる主張と解釈などは「特殊両国論」が両岸関係と台湾の安全保障環境に構造的な変化をもたらしたことを示している．即ち，「特殊両国論」は単に一つの新たな解釈や表現方法にとどまらず，むしろ比較的正確な理解の仕方としては，両岸と台湾の安全保障環境の構造的関係を反映し，変化させたと言うべきであろう．ここで筆者が意図する構造的関係の変化とは，これらの新たな要素が両岸関係や台湾の安全保障に関するその他の重要な議題に大きな変化をもたらすと言う意味である．この種の構造的変化は，以下の三つの側面から分析することが可能であろう．第一は，「特殊両国論」は台湾が「一つの中国」政策の主張と同和を変えたと言うことである．第二は，「特殊両国論」が両岸関係の主権平等という事実と要求を浮き彫りにした．第三が，「特殊両国論」は台湾内部における両岸関係の定位についての主流的意見を変え，将来の両岸関係の政治的骨組みを設定しようと言う意図を持っていた．

民主進歩党は長年来，台湾独立を主張する立場を明確にしてきており，2000年に陳水扁総統が就任したため，国内政治及び両岸関係に大きな影響を与え，これも台湾の安全保障環境に構造的変化を与えることになった．李登輝前総統が「特殊両国論」を主張した後，当時総統選候補者であった陳水扁は更に踏み込んで「二つの国家の特殊な関係」という表現で両国論の意味するところと両

岸関係の現状を解釈した．陳水扁の中国政策白書では，中国が台湾を対等な立場を持つものと見做し，国連の紛争の平和的解決という精神を遵守し，両岸の未来の方向性については税低を設けないよう主張し，中国と基礎条約あるいは平和構築の締結を行うことを呼び掛けた[51]．陳総統は当選後，就任演説で「中国が台湾に対して武力を行使する意思がないと表明するのであれば，我々は独立を宣言しない」と発言し，いわゆる「四不一没有」を語った[52]．これによって北京政府は「聴其言，観其行」（発言と行動を注視する）態度を取る意思を見せ，両岸関係は軍事的緊張が一時的に緩和される結果となったのである．

しかし，陳水扁政府は任期2年目で，両岸政策が次第に当初の実務的立場から「一辺一国」（それぞれ別の国）路線という傾向を見せるようになった．陳総統に対立する陣営は「非中国化」(de-sinolization) という言葉で民進党政府が中国或いは中国人一切と連携を断ち切ろうとする政策を台湾独立を促進しようとしている明確な兆候であると批判した[53]．その後，陳水扁政府は一つの中国に関して，いわゆる「92合意」[54]についても否定し，「一辺一国」（それぞれ一つの国）論を展開し，最終的には2003年の2期目を争う総統選の過程において，防衛的住民投票と台湾憲法制定のタイムテーブルまで担ぎ出し，選挙戦の訴えと主張としたのである．こうした変化や主張の大部分は総統再選のための選挙戦略であると分析されているが，結果として北京政府を刺激し，ワシントン政府には両岸関係の現状に大きな変化が生じるのではないかという憂慮を与えることになったのである．それが最終的には2003年12月9日，中国温家宝総理・ブッシュ大統領の会談で，米中台三者間の関係に生じた新たな情勢につながったのである．ブッシュ大統領（？）はこの会談上で，台湾総統の行為と談話（防衛的住民投票と憲法制定）は単独で現状を変えようとする試みであり，これに米国は反対の意を表すると表明したのである．中国は，こうした動きを台湾独立と見做し，中国から永久的に分裂しようとの試みであると見做すため，北京が強制的且つ対立的行為で台湾の動きを回避することを厭わないと威嚇するであろう，と米国は感じ取り，最悪の場合には中国が米国と対抗したり，何がしか

の形で軍事衝突が起きかねない，という感触を持ったため，米国はこれだけ強い調子で陳総統を批判したのだと筆者は分析する．

　台湾内部環境の多様性は，ワシントン及び北京にとって台湾の行方がつかめないと感じさせる原因となっている．そこで，米国は様々なルートを通じて台湾の国内政治環境の変化を理解しようとしており，同時に米国政府の見方を伝達し，台湾が中国を刺激しようとしていると誤解を与えるような挙動を取らないよう自制させようとしている．米国の注目と言う圧力と国内政情安定維持という考慮の下，陳総統は2004年3月20日再選が決まると，5月20日の就任演説で再度「中間路線」に回帰し，台湾独立のタイムテーブルを進めないと表明し，同時に主権に関わるいかなる議題をも憲法修正に盛り込まないことを明らかにした．演説では，「取るべき責任と責務に基づき，私は国家主権・領土・統一独立問題に関わる議題について，現在の台湾社会には大多数の人々に共有される共通認識というものが形成されていないということをよく理解している．よって，私はこうした議題はこのたびの憲法改革の範囲内に収めることはふさわしくないと言うことをここに明確に表明するものである．」と語った．これにより，両岸関係は険悪化の危機から脱出したものの，北京とワシントンにとっては，今後の政策動向が陳水扁政府を判断するためのデータとなることになった．

　こうした経緯は，台湾の民主化発展がもたらしたものは，国内の議題が直接台湾安全保障に影響を与える重要な要素となったことを示す具体例である．政党の政治理念や政治家の政策アピールは民主社会の選挙民による投票行動を決める要素であるはずのものが，両岸関係の特殊な対峙情勢及び北京政府による台湾内部における台湾独立機運の行方の注視という状況下では，外部から新たに両岸関係を定義しようとするものであると読み取られやすいのである．それは，「特殊両国論」しかり，「一辺一国」しかり，「防衛的住民投票」・「憲法制定タイムテーブル」しかりである．即ち，北京・ワシントン・台北という三角関係においては，台湾内部の環境・情勢変化が現状改変や戦略混乱の意図があると受け取られるということである．台湾国内の環境や情勢が台湾内部の政治

情勢や民意の変化という意味だけでなく，台湾政府の政策や表明をも含むと受け取られているのである．よって，政府の政策や表明は主に国内政治情勢の変化によって発生するのであるが，国内政治情勢に影響を与えるアピールの手段であるとも言えよう．

しかし，台湾の民主化が進んだ結果，現在の台湾の地位への不満という国内政治の主張は，言ってみれば米国やその他の関係諸国にとっては大きな衝撃である．なぜなら，外交関係や両岸の定義と言う問題上で，台湾が現状に不満を持つ非現状維持国家（non-status quo state）[55]であるからだ．より具体的に見てみよう．台湾は，事実上主権独立国家であり，政治的に民主的で，経済も繁栄している国家でありながら，台湾が国家としての自己認識を強め，民主化を進めるにつれ，国際社会における生存を拡大しようとし，国際組織への参与も進めようとしているにも関わらず，東アジアの国家は一つも台湾を承認していないのである．この点では，問題性の程度とそのアピール力から言って台湾は他の非現状維持国家と完全に異なるのである．日米ともに台湾との適切なエンゲージメント及び漸進的な関係調整が必須であることは理解しているはずである．さもなければ，台湾民主化が進みながらも内部環境という要素が環境事態を破壊する爆薬自体にならないとしても，導火線になる可能性は否定できないからである．

台湾の民主化の過程において，両岸関係，特に「一つの中国」という前提とその内容に関する問題は常に国内の選挙及び政策弁論の議題であった．80年代〜90年代において台湾の経済発展と民主化が両岸関係や台湾海峡の軍事的対峙というマイナス面の影響を受けなかったのは，台湾政府がいわゆる「一中」に同意していたことが大きな原因であったことは否定できない．北京政府が一貫して「一つの中国原則」（One-China Principle）を主張してきたことに加え，米中関係の正常化の過程において，米国も上海コミュニケ及び外交関係樹立に関する共同コミュニケにおいて「一つの中国」を認知しており，ワシントンの「一つの中国政策」（One-China Policy）は米国の両岸政策の主軸となっている．台北に関して言えば，国民党政府は国家統一綱領を主要な内容とする「一つの

中国ビジョン」(One-China Vision) を主張していたものの，将来的に中国大陸が民主化された後の中国統一を排除するものではなかった．しかし，民進党の主張は党綱領で台湾独立を謳ってはいるものの，陳水扁政府は一つの中国問題は両岸交渉の中で討論できる議題の一つであるとしている．即ち，両岸は「一つの中国議題」について討論できると言う考え方である．

陳水扁総統は2004年の就任演説で，中国が「一つの中国原則」堅持を放棄できない理由は理解できると語り，台湾人民が同意さえすれば，両岸関係をいかなる形式で発展させることも排除しないと強調した．こうした表現は論理的には従来の「一中議題」から形式を問わない「一中選項」(One-China Alternative) へと転換したと言えるだろう．陳総統は両岸が「平和発展・自由選択」という前提の下であれば，いかなる形式の関係も排除しないと表明したが，これは即ち論理的には「一中選項」（当然そのほかの選択肢もありうるという意味であるが）であり，一中という表現を受け入れたものではないが，少なくとも法律的にも台湾独立を目指すと言う方向から決別したと言えるだろう．このように実務的に両岸問題を処理する土俵に戻り，民主国家の執政者が内部環境と外在環境の二重の圧力に直面しつつも慎重な態度を維持する点に回帰したと言えるだろう．

5　結び——台湾安全保障の三大戦略

台湾が以上のような国際環境・国内環境にある中，今後どのように安全保障政策を進めるべきかという問題に関して，筆者は以下三点が基本戦略となると考える．即ち，1．良好な対米・対日関係の維持，2．中国とのエンゲージメント，3．アジア太平洋地域の一員としての視点，の三点である．この三戦略が意図するところは，現実主義を基本とし，権力分配・権力均衡・地縁政治を主軸とし，現状維持・台湾海峡危機予防の戦略的デザインを構築することにある．これら三大戦略を執行するには，自由主義に基づく交流・コミュニケーション，民主的道徳，経済貿易上の共通利益を基点とし，孤立・不確定的情勢を

突破するという戦術的運用を追求するべきである．同時に，これらの戦略は平行して同時に推進されるべきである．それは，これら三項の中の単一の戦略だけで完全に台湾の安全保障を確保することはありえないからである．

5.1 良好な対米・対日関係の維持

まず，対米関係を掌握することが台湾安全保障にとって，最も有効な力点となる．冷戦後，米国は一極的に国際秩序維持を主導してきたが，中国の武力と良好な対中関係が持つ価値という二面的な挑戦を軽視することは不可能であった．そのため，権力均衡メカニズムが権威的政策制定過程に影響を与えることとなった．台湾海峡情勢は米中のアジア太平洋地域における権力均衡の盛衰に影響を与えるため，台湾関係法・817コミュニケどちらにおいても，米国は両岸問題の「平和的解決」を常に支持する態度を明確にした．しかし，台湾独立が引き起こす以外の台湾海峡危機に関しては，米国政府は何度にもわたり，台湾関係法に基づき適切な行動を取る義務を負うことを表明してきた．

また，地域の安定という観点から見れば，日米安全保障条約が潜在的な脅威を構造的に抑止する働きをしており，地域に権力均衡がもたらされている．日米安保は万一に備える「集団自衛」的システムの側面を持つ一方，同時に中国が地域の安定に挑戦するコストを上昇させることによる権力均衡メカニズムの働きも有している．そこで，日米安保条約はアジア太平洋地域の安全保障環境を支える主軸と言えよう．この種の権力均衡は $1+1=2$ という物理的均衡ではなく，一種の明確なコミットメント・軍事的優勢により現状維持を確保するという政策設計である．米国のペリー元国防長官が指摘するように，米国のアジア太平洋戦略設計とは日米安保条約を基礎とする「多層的予防性防衛」であり，日米安保同盟・安全保障協力・信頼醸成措置・実務的エンゲージメントという4項の戦略によりアジア太平洋の安全保障環境を構築することにある．台湾海峡情勢の変化によりアジア太平洋の権力均衡が消えれば，台湾問題が米・日・中三者の権威性政策制定過程・内容に影響を及ぼすことになる．よって，台湾は日・米両者と平均に関係を維持する必要があり，日米安保条約により日

本が台湾の安全保障問題において積極的役割を果たすよう働きかけ，台湾もまた，主体的に対日外交・交流を強化する必要があると言える．

5.2 中国とのエンゲージメント

現在，アジア太平洋地域では，各国間で二国間交流が進み，特に中国との二国間関係を改善する対中エンゲージメント政策が取られている．これは上記した現状の権力均衡維持の戦略運用を補強するためにはなおさら有効である．よって，日米両国の中国政策も，エンゲージメント拡大を政策の指標としており，アジア太平洋地域各国も軒並み建設的・実務的エンゲージメントの推進を対中外交政策としている．

こうした状況下，中国へのエンゲージメントは台湾安全保障における緊張を緩和するための最重要原則である．両岸関係において，「一つの中国」という前提の下，両岸分治分立が存在するという事実はどちらの主観によっても変えることはできない．しかし台湾にとって真の「民主主権」の実践は，台湾の憲法・法律体系や民主的選挙制度，国内管轄権，及び外部に対する独立自主，国際法における格，主権権利，海外管轄権の実践が実現できるかどうかにかかっている．これらの客観的実践により初めて国としての尊厳が真に得られるのであり，レトリックや政策で，中国と争う必要はない．むしろそうした争いで，中国の覇権的心理を刺激することの方が問題であろう．

5.3 アジア太平洋地域の一員としての視点

現状においては，中国の反対と地域各国の問題回避的態度により，台湾がアジア太平洋地域の多元的安全保障対話に参加する試みは不成功に終わっている．アジア太平洋地域各国は汲々として相互信頼・安全保障措置システムを構築しようとする傍ら，将来台湾海峡で起こり得る衝突がアジア太平洋地域に及ぼす影響を少しでも減少しようとしている．その結果，台湾がアジア太平洋地域において安全保障対話・安全保障措置参加への機会を得るのは非常に困難であるのが現状である．

こうした環境下における「アジア太平洋地域の一員としての視点」の追求には，地縁政治・経済貿易相互依頼を主軸とする「共同安全保障システム」を強調する必要がある．多元的地域集団安全保障対話を実践する上での困難は，二国間で多重な議題について建設的エンゲージメントと建設的コミュニケーションを強化することで解決できる．アジア太平洋地域の国家は互いに異質な場合が多いため，個別国家に対し積極的に交渉を行い，その交渉の積み重ねで集団的効果を上げるべきである．基本的に台湾海峡危機は西太平洋の安全保障と地域繁栄に必ず大きな影響を及ぼすので，アジア太平洋地域の国家はいずれも台湾海峡で衝突が発生することは望んでいないという事実は，こうした試みにとって有利である．

　多元的安全保障対話は，一般に政府間交渉を第一トラック，非政府間交渉を第二トラック，そして個人をベースとする交渉を第三トラック，としている．アジア太平洋地域では，「協力安全保障」という理念に基づき，地域の政治・安全保障問題を討議し，透明度と相互信頼を増強し，危機・戦争の発生を回避することを目指している．現在，「対話の慣例化」を構築している段階にあるアジア太平洋地域の安全保障における多元主義的メカニズムは，主にARF及びCSCAPを基盤としている．台湾は現在，後者のワーキングチーム会議に参加しているのみであるが，安全保障という議題の全面性・包容性に鑑みれば，台湾は地縁政治と経済貿易相互依頼という概念を強調し，アジア太平洋国家間の第二トラック・第三トラックレベルのネットワークへの参加を拡大するべきである．また，経済貿易面における台湾の長所を運用して，各国と個別に，或いは多元的に交流を拡大し，総合的国際効果を上げるべきである．

5.4　まとめ

　「平和」と「国としての尊厳」のどちらがより重要か，という争議があるが，実際，これは堂堂巡りの議論だと言えよう．どちらも主観的認識と客観的評価の問題に関わるものであり，しかも程度の問題がある．二者が一つの事柄の二面を表すと考えることは不可能であろうか．全体的戦略・戦術運用という側面

から言えば，事実上の存在があってこそ支持・同感が得られるのであり，同時に支持・同感を求めることによって我々の存在をアピールすることができよう．そこで，予防性の対中外交政策こそが台湾の戦略設計のテーマとなるべきであり，上記三項の戦略指標は平和と尊厳を同時に可能にするものである．台湾自身の実力・能力，及び現在の国際構造における地位とその限界を理解してこそ，台湾が単なる弱肉強食の世界に陥らないようにすることができるだろう．

1) 2項目ともに，日中共同声明（日本国政府と中華人民共和国政府の共同声明），1972年9月29日，『戦後日本政治・外交データベース』戦後国際政治の基本文書 日中関係資料集（http://www.ioc.u-tokyo.ac.jp/~worldjpn/ documents/texts/docs/19720929.D1J.html）．
2) ポツダム宣言，1945年7月26日，『戦後日本政治・外交データベース』戦後国際政治の基本文書（http://www.ioc.u-tokyo.ac.jp/~worldjpn/documents/texts/docs/19450726.D1J.html）．
3) カイロ宣言，1943年11月27日，『戦後日本政治・外交データベース』戦後国際政治の基本文書（http://www.ioc.u-tokyo.ac.jp/~worldjpn/documents/texts/docs/19431127.D1J.html）．
4) 田中明彦，『日中関係 1945-1990』，東京大学出版会，1996年，82頁．
5) 三つのノー受け入れの要求に対する日本側の反発に関しては，『毎日新聞』1998年11月16日「論説ノート」，『産経新聞』1998年12月22日「98外交一進一退」を参照．
6) 信田智人，『日本の対台湾政策アクター』，「危機管理分析手法に関する調査：台湾危機を事例として 報告書」，参議院調査室『危機管理』共同調査班委託研究，学校法人慶応義塾，2000年12月．
7) 『毎日新聞』2001年4月11日・17日，6月28日社説．『朝日新聞』2001年4月13日．
8) 『産経新聞』1997年2月6日．
9) 1986年初めの自民党議員の中で両団体に属している議員が60名いた．田中，前掲書，199頁．
　1996年夏訪中した自民党代表団にも多くの日華懇メンバーが参加した．『読売新聞』1996年7月26日．
10) 『産経新聞』2000年4月26日，8月9日夕刊．

11) Michael Swaine and James Mulvenon, *Taiwan's Foreign and Defense Policies: Features and Determinants*, RAND, 2001, p. 145.
12) *Washington Times*, July 17, 2001.
13) *Taipei Times*, July 31, 2001.
14) *Taiwan News*, Aug. 20, 2002.
15) *Taipei Times*, Aug. 22, 2002.
16) 台湾関係法 Section 3, http://ait.org.tw/ait/tra.html.
17) 日本語訳は,「戦後日本政治・外交データベース」, 戦後国際政治の基本文書, 上海コミュニケより抜粋 (http://www.ioc.u-tokyo.ac.jp/~worldjpn/documents/texts/docs/19720227.D1J.html).
18) Dennis Van Vranken Hickey, *Taiwan Security in the Changing International System* (Boulder, Co.: Lynne Rienner Publishers, 1997), p. 40.
19) 聯合報 (United Daily News) (Taipei), October 22, 1995, 2.
20) Testimony by Winston Lord before the Subcommittee on East Asia and the Pacific, Senate Foreign Relations Committee (February 7, 1996), pp. 2-7.
21) 1995年6月9日の定例会見で, 国務省クリスティーン・シェリー報道官は,「我々はいわゆる『二つの中国』や『一つの中国・一つの台湾』政策を追及する意志は全くもっていない. むしろ, 1979年米中国交回復以来堅持してきた政策に基づき, 中国との公式な関係, 台湾民衆との非公式な関係を維持することが我々の不動の意志である.」と表明した. また, 国務省ウォーレン・クリストファー長官も1996年5月17日の講演で,「台湾の指導者に対し, 我々は, 台湾関係法に基づき台湾が自衛するに十分な武器の供給を含め, 非公式の関係を維持する決意を繰り返し強調している. 同時に, 我々は一つの中国政策は台湾にとって利があることを強調し, 台湾が国際的役割を求める際にも, それが一つの中国政策と矛盾しない形式であるべきである, との見方を表明している.」と語っている (Warren Christopher, "American Interests and the U.S.-China Relationship," to the Asia Society, the Council on Foreign Relations and the National Committee on U.S.-China Relations on May 17, 1996).
22) テッド・G・カーペンター (Cato Institute) は台湾問題に関する新たな政策には, 和解的アプローチとタカ派的アプローチの二つの派が存在すると分析している. タカ派的アプローチは中国が武力という選択肢を選んだ場合, 米国が台湾を防衛すると明確に保障することを主張するものである (Ted Galen Carpenter, "Let Taiwan Defend Itself," Cato Policy Analysis, No. 313, August 24, 1998).
23) Joseph S. Nye Jr., "A Taiwan Deal," Washington Post, March 8, 1998. ナイによるアプローチは, 米国と台湾に台湾独立の可能性の除外を促すことで, 戦略的あいまい政策への誤った予測という危険性を最小化することを狙ったものであったが, 提

言内容が中国に台湾に対する武力行使の放棄を義務付けていないこと，及び台湾の将来を中国との統一に限定していること，などから台湾はもちろん米国内でも不評であった．

24) Kenneth G. Lieberthal, "Cross-Strait Relations," paper presented at the "International Conference on the PRC After the Fifteenth Party Congress : Reassessing the Post-Deng Political and Economic Prospects," February 19-20, 1998. リバソールの提言も実現性という観点から疑問を呈する声があがった．

25) 三月九日中国は M-9 型対地ミサイルを三発発射し，そのうち一発が基隆付近の海域に落下，残り二発が高雄西南海域に落下した．三月十三日中国は四発目のミサイルを発射，再び高雄西南海域に落下した．この他にも，三月十二日から二十日の間に中国は台湾海峡南端の大陸沿いの海岸地域において実弾演習を行い，十八日から二十五日の間には馬祖の大陸沿岸地域で実弾演習を行った．聯合報，民国85年3月9日・14日，中国時報，民国85年3月16日．

26) H. Con Res. 148 (Defense of Taiwan/Passage), *Congressional Quarterly Weekly Reports*, March 23, 1996, p. 834.

27) *U.S. Department of State Dispatch*, Vol. 7, No. 13, March 25, 1996, 151.

28) Bush, Richard, "The Ordeal of Dual Deterrence : the United States between Taiwan and China," paper presented at the Conference on the Military Balance and Decision Making across the Taiwan Strait," St. Antony's College, Oxford, February 27-28, 2004.

29) Joseph S. Nye Jr., "Strategy for East Asia and the U.S.-Japan Security Alliance," Defense Issue, Volume 10, Number 35, March 29, 1995.

30) 福好昌治，「冷戦後在日米軍基地」，東亞研究，第十三号，1996．

31) 江畑謙介『日本の安全保障』，講談社，1997年，153-168頁．

32) 関連議題としては，衛生・人口急増・災害防止と環境・経済的パートナーシップなどが提起された．U.S.-Japan Common Agenda, Fact sheet released by the Bureau of East Asian and Pacific Affairs, U.S. Department of State, July 31, 1997.

33) The U.S.-Japan Common Agenda : A Partnership for the 21st Century, Joint statement by the U.S. and Japanese Governments released during President Clinton's State Visit to Japan, April 17, 1996.

34) 平和・安全保障研究所編，『アジアの安全保障 1997-1998』，朝雲新聞社，1997年，157-162頁．

35) 内閣官房内閣審議室分室内閣総理大臣補佐官室編，『総合安全保障戦略』，大蔵省印刷局，1980年．

36) Peter J. Katzenstein and Nobuo Okawara, "Japan Security Issues," in Japan : A New Kind of Superpower? eds. by Craig Garby and Mary Brown Bullock (Baltimore : The

Johns Hopins University, 1994), pp. 53-76.
37) Eugene Brown, "Japan's Search for Strategic Vision : The Contemporary Debate," Strategic Studies Institute, U.S. Army War College, February 25, 1993, p. 1.
38) 国連の平和維持活動については筆者下記論文を参照. 楊永明,「聯合國維持和平行動之發展:冷戰後國際安全之轉變」,問題與研究,第三十六卷,第十一期,民国八十六年,十一月, 23-40頁.
39) Francis Fukuyama and Kongdan Oh, The U.S.-Japan Security Relationship After the Cold War (Santa Monica, CA : RAND, 1993), pp. 21-34.
40) U.S.-Japan 21st Century Committee, Third Plenary Conference Statement, December 15, 1997.
41) Roger Buckley, US-Japan Alliance Diplomacy : 1945-1990 (Cambridge : Cambridge University Press, 1992), pp. 138-154.
42) Kenneth B. Pyle, "Japan's Emerging Strategy in Asia," in Southeast Asian Security in the New Millennium, eds. by Richard J. Ellings and Sheldon W. Simon (London : M. E. Sharpe, 1996), pp. 123-148.
43) 日米防衛協力のための指針(ガイドライン), V. 日本周辺地域における事態で日本の平和と安全に重要な影響を与える場合(周辺事態)の協力.
44) 同上.
45) 日本国とアメリカ合衆国との間の相互協力及び安全保障条約(新日米安保条約) 1960年6月23日発効, 第4条・第6条.
46) Tanaka Hitoshi, "An Inside Look at the Defense Guidelines Review," Japan Echo, Vol. 24, No. 5, December 1997.
47) Ralph A. Cossa, The Japan-U.S. Alliance and Security Regimes in East Asia : A Workshop Report (Washington, D.C. : The Center for Naval Analyses, 1995).
48) 脅威の均衡理論については以下. Stephen M. Walt, The Origins of Alliances (Ithaca, N.Y. : Cornell University Press, 1987). その他, 権力の均衡理論と脅威の均衡理論の比較については, 以下に詳説されている. Michael Mastanduno, "Preserving the Unipolar Moment : Realist Theories and U.S. Grand Strategy after the Cold War," International Security, Vol. 21, No. 4 (Spring 1997), pp. 49-88.
49) Michael Mastanduno, "Preserving the Unipolar Moment : Realist Theories and U.S. Grand Strategy after the Cold War," op cit., p. 62.
50) Chu, Yun-han (1999), "The Political Economy of Taiwan's Mainland Policy," in Across the Taiwan Straits : Mainland China, Taiwan and the 1995-1996 Crisis, ed. by Suicheng Zhao, New York : Routledge, pp. 163-195.
51) 「陳水扁跨世紀中国政策白皮書摘要」,聯合報,民国88年11月4日.
52) 陳水扁総統は「中国が台湾に対して武力行使を意図しないのであれば」という点

を強調し，その場合，自分は1．独立を宣言しない，2．国の名称を変更しない，3．両国論を憲法に入れることを推進しない，4．現状を変えるような統一独立を問う住民投票を推進しない，5．国家統一綱領及び国家統一委員会を排除する問題も発生しないとした．原文は以下を参照．http://www.mofa.gov.tw/president/520speech.htm.

53) Lawrence Chung, "Win or Lose, Chen Gets What He Wants," Straits Times, Dec. 8, 2003, at http://www.taieansecurity.org/ST/2003/ST-081203.htm.

54) 陳水扁総統就任当初は，台北・北京間及び与野党間において一つの中国に関する舌戦が重要な論議及び分岐点であった．2001年10月22日，陳総統はいわゆる「92合意」(「一つの中国」についてそれぞれの解釈を述べ合うというコンセンサス)を拒絶し，「92合意」を受け入れることは台湾の国家としての地位を貶めることだと主張した．

55) 現状維持国家と非現状維持国家については以下を参照．Hans J. Morgenthau, *Politics among Nations* (New York : McGraw-Hill, Inc., 1993), chaps 4 & 5 , and Stephen M. Walt, *The Origins of Alliances* (Ithaca, N.Y. : Cornell University Press, 1987).

10章　グローバリゼーション時代の
　　　ロシアのアジア太平洋政策

斎　藤　元　秀

序　　論

　冷戦時代，ソ連の対外貿易依存度は5から6パーセント程度に過ぎず，主たる貿易相手国は社会主義諸国，とりわけ東欧のコメコン諸国であった．ソ連と西側の間には，チャーチル元首相が命名した「鉄のカーテン」が存在し，西側諸国の対ソ貿易はココム（対共産圏輸出規制委員会）の規制によって，きつく縛られていた．

　こうした分断状況に大きな変化をもたらしたのが，1985年春に登場したゴルバチョフ政権である．ゴルバチョフは，ソ連経済は危機的な状況にあり，ペレストロイカ（ソ連経済の建て直し）のためには，それまでソ連が敵視してきた西側先進諸国と経済関係を確立し，経済支援を受けることが不可欠であると判断した．そしてそのような判断のもとで，従来のマルクス・レーニン主義にとらわれない脱イデオロギー外交，すなわち，「新思考」外交を積極的に推進したのである．

　ゴルバチョフは，保守派の抵抗に遭遇しながらも，米国との関係改善を図り，冷戦の終結を実現する一方，西欧諸国に対しては「欧州共通の家」の建設を唱道した．さらにソ連極東の停滞した経済・社会状況を活性化させるため，経済発展の目覚しいアジア太平洋地域諸国との関係改善に努めた．1986年7月に行われたゴルバチョフ書記長の「ウラジオストク演説」は，その嚆矢といえる．同演説のなかで，ソ連はアジア太平洋地域の国家でもあると強調した上で，中

ソ関係正常化および日本，韓国などとの関係改善の用意があると述べた[1]．

　西側と関係改善を図り，経済を建て直すというゴルバチョフの政策は，1991年末のソ連崩壊後，後継国家ロシア連邦に引き継がれた．ロシア連邦のエリツィン大統領は，「ショック療法」を断行して一気に市場経済への移行を狙うとともに「ロマンティックな大西洋主義」の外交路線を推進し，大規模な経済支援を求めて欧米諸国に急接近していった．ソ連が崩壊し経済・流通システムが分断され，「ショック療法」断行により混乱が深まるなかで，新生ロシアは冷戦終結後のグローバリゼーションに拍車がかかる世界に身を投じた．

　しかし，エリツィンが期待するほどの大規模な経済支援を獲得することはできなかった．ロシア外交の基調は，その後，「修正大西洋主義」の外交路線や「ユーラシア主義」に立脚する外交路線へと変化し，さらにプーチン時代になってプラグマティックな外交路線が強調されるようになった．だが，ロシアが経済的実益を求めて外交活動を展開している点については，ソ連解体以来大きな差異はない．

　ロシアはグローバリゼーション（露語，グローバリザーツィア，globalizastiya）をどのようにみているのであろうか．ロシア人の間では，グローバリゼーションという言葉は元来一般にあまりなじみのない概念で，1997～98年になってマスメディアや学者によってようやく使われるようになった．ロシアの知的エリートの間では，米国主導のグローバリゼーションへの反感が強い[2]．

　1997年，ゴルバチョフ元大統領はロシアはグローバリゼーションを恐れる必要はないという見解を発表している．他方，プーチン大統領は，グローバリゼーションを肯定的に評価しつつも，グローバリゼーションは「富める国」と「貧しい国」の経済格差を拡大していると主張している[3]．第Ⅰ期プーチン政権で外相を務めたイーゴリ・イワノフもプーチンと同様な見解で，冷戦終結後，グローバリゼーションが進んだ結果，「南北問題」が一段と深刻化したという．事実，最富国上位5ヶ国と最貧国下位5ヶ国の所得格差が1960年は30対1だったのが，1990年には60対1となり，1997年には74対1まで広がった．イワノフは，グローバリゼーションによって世界は繁栄空間に変貌するという夢は実現

せず，代わって姿を現わしたのは，貧困空間と社会的退廃，国際テロリズム，組織犯罪，麻薬と武器の密輸，民族的・宗教的過激行動，環境破壊，伝染病の蔓延であると述べ，グローバリゼーションは国際システムに混乱をもたらしていると批判している[4]．ロシア側にとってとりわけ不満なのは，グローバリゼーションが米国主導で進められ，国際関係における米国の影響が高まり，「アメリカニゼーション」（Americanization）が顕著になってきている点である．

　本章の目的は，3点にまとめられる．第1の目的は，冷戦終結後，グローバリゼーションが一段と進むなかで，グローバリゼーションがソ連崩壊後ロシア極東にいかなる影響を与えているか分析する点にある．第2の目的は，ソ連崩壊後，ロシアがいかなるアジア太平洋政策を展開してきたか，グローバリゼーション視角から解明する点にある．第3の目的は，予見し得る将来におけるロシアのアジア太平洋政策を考察するとともに，グローバリゼーションの文脈からわが国の対露政策を提言することである．

　本論に入るまえに，グローバリゼーションという概念を定義しておくべきであろう．グローバリゼーションとは，通常国境を越えた経済・金融活動の意味で用いられることが多いが，本書の共通理解にしたがって，「ヒト・モノ・カネ・情報が以前の段階より，より速く，より大量に国境を越えて移動しあうようになる過程」と広義に規定しておきたい．本章では大量破壊兵器の拡散，国際テロ活動，犯罪の国際化，環境汚染問題の国際化などについても，グローバリゼーションという視座から検討することにする．

1　グローバリゼーションから取り残されるロシア極東

　ロシア連邦の国土の3分の2はアジアに存在しているのにもかかわらず，人口の約7割はウラル山脈以西のヨーロッパ・ロシア部に住んでいる．こうした事実から証左されるように，ロシアは基本的にヨーロッパの辺境に位置する国家なのである．1999年9月に実施された世論調査では，回答者のうち79パーセントが自分はヨーロッパ人であると考えており，アジア人とみなすのは21パー

セントに過ぎない．ロシア連邦中央にはアジア太平洋地域は世界経済・テクノロジー発展の強力なセンターの1つという認識がある．だが，ロシア科学アカデミー米加研究所ミハイル・ノソフ副所長が指摘しているように，ロシアとアジア諸国の経済的つながりは弱く，ロシアの対外貿易のなかでアジアが占める割合は10パーセントほどに過ぎない．他方，アジアの貿易のなかでロシアが占める割合は1パーセントにも満たない[5]．ロシアの主たる貿易相手は，ドイツを始めとする欧州連合（EU）諸国なのである．

　ソ連時代からソ連・ロシアの経済活動は，主としてヨーロッパ・ロシア部でなされ，ウラル山脈から以東のいわゆるシベリア，ロシア極東は，石油，天然ガス，ダイヤモンドその他の貴金属それに水産資源や森林資源を豊富に有する一種の植民地とされた．冷戦時代，ソ連はグローバリゼーションから孤立していたが，ソ連解体後登場したロシア連邦もグローバリゼーションの波に乗り遅れている感がある．日本に近いロシア極東は，ヨーロッパ・ロシア部に比べ，グローバリゼーションの波にさらに乗り遅れているといっても間違いあるまい．1997年12月に承認された「ロシア連邦の国家安全保障の概念」は，ロシアは「アジア太平洋地域で進行中の統合プロセスから一定の孤立状態に置かれている」と記している[6]．

　そもそもロシア極東の産業形態は，グローバリゼーションの時代にふさわしいものとはなってはない．IT産業や通信インフラも遅れているし，鉄道，道路なども老朽化している．ロシア極東には，米ソ冷戦や中ソ対立の遺産である軍産複合体が数多く存在している．ソ連時代にロシア極東といった首都モスクワから遠く離れた地に多くの軍産複合体が設けられたのは，軍事的機密を守る上で便利であったことや，ヨーロッパ・ロシア部が有事に直面した場合，兵器の生産が継続できるからである．冷戦時代，ハバロフスク地方や沿海地方には造船工場，船舶修理工場，軍用ヘリコプターやスホイ戦闘機の製造工場などがひしめきあい，多数の労働者を雇用していた．軍産複合体の中心都市は，ウラジオストク，ハバロフスク，コムソモーリスク・ナ・アムーレなどであった．ゴルバチョフ政権時代の1989年12月から軍民転換の試みが始まったが[7]，資金

やノウハウの不足がたたって首尾良くいってはいない．冷戦が終結し，ソ連邦が崩壊した今日，国家からの受注が激減し，さらに国家の助成金制度も廃止され，軍産複合体は苦境に立たされている．ロシア極東の軍産複合体は，軍民転換への努力を続ける一方で，中国などに兵器を輸出したりしながら，青息吐息で生き残りを図っている状況である．

　ところで，プーチン大統領にとって最も大きな頭痛の種は，ロシア民族の出生率の低下である．現在ロシアの人口は1億4千万人であるが，大統領としての初の「年次教書演説」（2000年7月）のなかで，プーチンは毎年平均75万人ずつロシア人の人口が減少しており，このまま放置しておけば，15年後には人口が2200万人少なくなる可能性が高く，ロシア民族そのものの生き残りが脅威にさらされると，警鐘を高らかに鳴らした．ロシアにとっての最も深刻な脅威は，「外からの脅威」ではなく，人口減少という「内からの脅威」なのである．人口減少現象はシベリア，ロシア極東で特に顕著に認められる．今日，バイカル湖以東のシベリア，ロシア極東には，約700万人あまりのロシア人が居住しているが，ソ連解体後，国家から支給されていた特別手当が廃止されたことや，厳しい自然条件や物価高などがたたって，若者を中心にシベリアやロシア極東からヨーロッパ・ロシア部への人口流出が続いている．ソ連時代，政府の後押しによってシベリアやロシア極東への移住が奨励され，移住者には補助金も給付されたという人為的な側面があったため，ソ連崩壊後，シベリアやロシア極東から他の地域に人口が流出しているのは，なんら不思議ではない．1993年，ロシア政府は国内パスポート制度を廃止し，ソ連時代から続いてきたロシア国内での転居制限を廃止した[8]．しかし，ロシアの他の地域からあえて生活条件の厳しいシベリアやロシア極東に移り住もうというケースは例外的である．ソ連崩壊以来，シベリアとロシア極東の人口は10年間で合計100万人ほど減った．シベリアとロシア極東は過疎地となっており，高齢化が進行している．乳児死亡率も高く，平均寿命もヨーロッパ・ロシア部に比べて短い．

　ロシアの人口は減少傾向にあるが，それとは対照的にロシア極東に隣接する中国の東北三省には1億3000人以上の中国人が居住し，しかも人口が増えてお

り，ロシア極東は中国から人口圧力を感じている．さらにロシア極東においては中国人不法移民問題も存在する．2000年7月，九州・沖縄主要国首脳会議に参加したおり，プーチン大統領は日本訪問の途中で中露国境の街ブラゴベシチェンスクに立ち寄り，「できるだけ早く本格的な地域振興を図らなければ，極東の住民は日本語，中国語，朝鮮語を話すようになる」と述べ，オブラートにつつみながら「中国の静かな膨張」に対する警戒感を明らかにした[9]．ロシアでは反中ロビー活動が盛んになってきているとする指摘もある[10]．

ロシア極東の人々は，ロシア極東の開発に本腰を入れない連邦中央に対し不満を持っている．ソ連崩壊当時，ロシア極東が極東共和国を旗揚げしロシアから分離独立するのではないかとの噂が流れたこともあった．だが，民族の異なるチェチェンの場合とは異なり，ロシア極東ではロシア人が多数を占めていることや「中国の脅威」があってロシア極東のロシア離れに歯止めをかけているのである．

ソ連崩壊後，ロシア極東でヴィザの規制が緩和されると，大挙して中国人がロシア極東に押し寄せロシア国内で政治・社会問題となった．そうした事態を受けて，1994年初頭，ロシア政府は，中国人に対するヴィザ規制強化に乗り出した．これにより，不法移民の数は減った．しかし，約4300キロメートルに及ぶ中露東部国境の警備はなかなか困難で，非合法に入ってくる中国人が後を絶たず，問題となっている．不法中国人の数は，200万から300万人とかあるいは10万人とか種々いわれているが，実態は正確には掌握されてはいない[11]．最近では少数ながら北朝鮮からの難民もロシアに入りつつあり，ロシア側は警戒している．

中露国境貿易に，中国人のマフィアが進出を図っているというニュースも流れている．中露国境地帯では，密輸，麻薬取引，売春などにロシア，日本，中国，韓国，中央アジアの地下組織が関与しているという情報もある．国際犯罪につながるこうした現象は，グローバリゼーションの陰の部分といえよう．

シベリア・ロシア極東からの人口の流出や不法中国人問題に加え連邦中央にとってさらなる頭痛の種は，シベリア・ロシア極東の開発がなかなか進まない

ことである.これまでに「ロシア極東ザバイカル地域長期発展プログラム」や「クリル諸島社会・経済発展のための連邦特別プログラム」を含むさまざまな開発計画が打上げられたが,いずれも効果を上げてはいない.その原因は,(1)シベリア・ロシア極東が広大で,気候条件も劣悪で開発コストが非常にかかること,(2)ソ連時代の開発行政が欠陥だらけであったこと,(3)連邦中央が本格的に開発するための資金を欠いていること,(4)ロシア人自身がロシア極東の大規模投資に消極的であること,さらに,(5)サハリンの石油・天然ガス開発プロジェクト以外に外資が思うように入ってこない点が挙げられる.有利な条件の揃っている世界各地へ資金が流れる傾向の強いグローバリゼーションの時代において,外資保護関連法律やインフラの未整備のためなどから,天然エネルギー資源以外はロシア極東が投資家にとって魅力を欠いている点が隘路になっているのである.

2 米国主導のグローバリゼーションとロシアの対中政策

グローバリゼーションの視点からロシアの対中政策を分析した場合,どのような点が明らかになるのであろうか.冷戦終結後,一段と拍車がかかっているグローバリゼーションのプロセスにおいて鮮明になってきているのは,唯一の超大国である米国の国際政治の舞台における影響力の増大である.ロシアは米国の影響力がさらに強力になることに対し懸念を覚えている.

すでに指摘したようにソ連崩壊後,エリツィン大統領は対欧米接近政策を推進したが,ポスト冷戦の国際関係における米国の影響力の強化,「アメリカニゼーション」に対してロシアが不満を抱いているという点は,エリツィン政権後半の1996年1月,プリマコフの外相就任後かなり鮮明になった.プリマコフ外相は,名指しを避けながら「一極支配反対」を叫んだり,「多極世界の構築」を盛んに唱道したりしたのである.プリマコフが主張した多極世界とは,ロシア,EU,インド,中国,日本などが政治的に影響力を持つ拠点となって米国の一極支配を牽制するというものであった[12].

中国も米国による「一極支配」の強化に対しては，快く思っていない．そうした事情から中露両国は，1996年の第二次エリツィン訪中の際に「戦略的パートナーシップ」の構築をうたった共同声明を発表して，名指しを避けながらも米国の外交姿勢に批判を加えた．具体的には，NATO東方拡大反対，「弾道弾迎撃ミサイル（ABM）制限条約」堅持，米国のミサイル防衛構想反対，チェチェン問題および台湾問題への干渉反対などを唱えて中露両国が連帯したのである[13]．

　しかし，ここで留意すべきは，「一極支配反対」を唱えながらも，(1)中露両国が軍事同盟の復活を目指していなかった点，(2)米国との決定的対立を回避した点，さらに(3)中露両国が米国との経済関係の発展をともに望んだ点である．米中貿易は中露貿易の10倍あまりに上っていた．こうした事情から，ワシントンの眼には中露の連帯は米国を脅かすものとは映らなかったのである．

　エリツィン大統領は1999年の大晦日に突如辞任し，プーチン時代が到来した．プーチン政権時代になって，ロシアは，エリツィン時代ほど強硬に米国による「一極支配」に反対を叫ばなくなった．米国による「一極支配」の強化に露骨に批判を加えることは，ロシアの国益に照らし合わせ望ましいことではないと冷静に判断しているからである．プーチン外交の更なる特色としては，エリツィン時代とは異なり，「中国カード」を使って米国を牽制するという外交戦術もあまり多用しなくなった点も指摘できる[14]．2003年春に勃発したイラク戦争の初期段階で，フセイン政権から付与されたイラクにおける自国の石油利権を守ろうと中露両国はフランス，ドイツとも連帯してブッシュ政権によるイラクへの軍事攻撃に反対したが，フセインの政府軍が劣勢とみるやプーチン大統領は対米協調政策に切り換えた．米露関係はウクライナ大統領選挙をめぐり2004年後半ギクシャクしたが，プーチンは2005年2月のスロバキアでの米露首脳会議で米露友好を演出した．米露関係はプーチン政権のもとで進められている中央集権化をめぐってさざ波が立ったりしている．しかし，プーチンの対米協調政策は，2001年の「9・11」米国同時多発テロ事件以後，基本的に継続しているといえよう．

さて，中露両国は，外資・技術の導入などによりグローバリゼーションの果実を獲得しようと努めているが，冷戦終結後，ブッシュ政権が主張している「人道的介入論」には「新帝国主義」の発露と考え，ともに批判的である[15]．中露両国の指導者は，1648年に登場したウエストファリア体制のもとで樹立された国家主権の尊重，内政不干渉という原則に自国の都合に合わせ言及している．ロシアはチェチェン問題を，中国は台湾問題をそれぞれ内政問題とする態度をとっており，欧米諸国がこうした問題に介入することに強い警戒感を覚えている．2003年春に実施された世論調査では，ロシア人の約85パーセントが米国が「人道的介入」の名のもとに他国の内政に干渉したり，国際政治の舞台において君臨しようとしたりしていると判断して反発した[16]．

中露両国は，重要な国際問題の解決を「単独行動主義」(ユニラテラリズム)に立脚して米国主導のもとで解決するのではなく，国連，特に中露がともに常任理事国を務める国連安全保障理事会を通じて政治的に平和的手段で国際法にのっとって解決すべきであるという論陣を張っている．ただし，北朝鮮やイラン問題については，事態を悪化させるだけだとして，中露が現段階では国連付託に反対している点は看過してはならない．

ロシアは国連の力の限界を実感しているが，国連の機能を強化するための具体的な提案は行ってはいない[17]．グローバリゼーションが進む国際情勢のなかで，ロシアは国連安全保障理事会の力が弱まっていると考えているのである[18]．

ところで，冷戦終結後のグローバリゼーションの波は，中央アジアでも確認することができる．たとえば，イスラム原理主義の台頭がそれにあたる．ソ連崩壊後の不安定な社会情勢のなかで，生活水準の低い中央アジア諸国においてタリバンに代表されるイスラム原理主義が人気を博した．ロシアはイスラム過剰勢力「アル・カイダ」がタリバンやチェチェン武装勢力を支援し，ロシアからの分離独立運動を応援しているとみて，イスラム原理主義勢力の台頭を警戒している．ロシア国内に2500万人以上のイスラム教徒が居住している点も，ロシアがイスラム原理主義の浸透に神経を尖らせている理由となっている．

一方，新疆ウイグル自治区にイスラム教徒を抱える中国も，イスラム原理主義運動の浸透に対し強い警戒感を覚えている．中央アジアのイスラム原理主義勢力と新疆ウイグル自治区のイスラム教徒が連帯して，新疆ウイグル自治区が中国から分離・独立を実現することを中国政府は危惧しているのである．
　2001年9月，同時多発テロが米国で発生するや，プーチン大統領は，タリバンを打倒するためブッシュ大統領に全面的に支援を表明した．自国が裏庭と考える中央アジアに米軍が軍事基地を創設することに対し中国は，不快に思ったが，タリバン打倒という観点からブッシュ大統領のタリバンへの軍事制裁行動に支持を表明した．米中露の3ヶ国は，中央アジアでイスラム原理主義勢力が勢いを増すことを望んではいない[19]．ムハンマドの教えへの回帰と厳しい宗教生活の実践を主張し，イスラム教徒による中東の支配を求め反近代化論を唱えるイスラム原理主義運動を国際テロリズムとみる点で，米中露の見解は一致しているといえよう．
　2001年6月，中露両国は「上海ファイブ」を発展させて，中央アジア諸国とともに「上海協力機構」(SCO) を設立した．その主な目的は，中央アジアにおいてイスラム過激勢力や分離主義勢力を制圧することにある．「上海協力機構」には，中露を始め，カザフスタン，キリギス，タジキスタン，ウズベキスタンが加盟し，国際テロ対策に乗り出している．しかし，「9・11」同時多発テロへの対応から明白な通り，脅威の認識が具体的なレベルで異なっていることなどから「上海協力機構」はイスラム原理主義運動取り締まりの点では，かなり限界性がある．
　グローバリゼーションの進む世界ではイスラム原理主義勢力が活動を活発化しているが，中露両国の指導者は，中央アジアの権威主義的指導者とともに，東欧を経てグルジアからウクライナに至った民主主義の波にも懸念を覚えている．2004年のウクライナ大統領選挙では，ロシア，中国，カザフスタンは親露派のヤヌゴィッチを応援し，親欧米派のコシチェンコが大統領に選出されないよう働きかけを行なったが，うまく行かなかった．
　経済関係に眼を転じると，2001年12月，世界貿易機関（WTO）に正式加盟し

た中国は，日本，米国，EUと同様にロシアのWTO加盟に支持を表明している．WTOの加盟国は147ヶ国・地域に上っており，プーチン大統領は2002年4月に行った「年次教書演説」において，「世界市場との統合を進めるかどうかという選択はない」と述べて，WTO加盟に強い意欲を示した[20]．しかし，ロシアのなかで国際競争力が弱い通信，金融，自動車その他の産業を中心に保護主義が台頭し，WTO加盟尚早論が力を強めている．こうした事情から，プーチン大統領はWTO加盟実現にむけて外交努力を続けながらも，2005年の加盟は困難と考えているようである．

安全保障の面では，ロシアは，グローバリゼーションが進むポスト冷戦の世界において，東方で中国が国力を増強している点も憂慮している．ロシアは自国の軍需産業の生き残りを図るため中国に対し積極的に武器を輸出する一方で，「東の勃興する大国」中国に対し不安を覚えているのである．急ピッチで兵器の近代化に努める中国が地続きの隣国でロシア最大の武器市場である点に，ロシアの安全保障政策のジレンマを読み取ることができる．プーチン大統領は，「中露戦略的パートナーシップ」の維持，つまり長期的な善隣友好関係の維持に努める一方，「インドカード」や「日米安保カード」などを組み合わせて，「中国の台頭」に牽制を加えている．

台湾問題についていえば，ロシアは「台湾は中国領土の不可分の一部である」とする中国の立場を支持しつつ，中国が台湾に対し武力解放することには反対の立場をとっている．その一方で，台湾の独立にも異議を唱えている．ロシアにとっての最善のシナリオは，両岸関係の現状維持で，ほどほどの両岸関係の緊張はロシアの対中武器輸出の見地から望ましいと考えているようである．ロシアにとって台湾問題の存在は，米中接近を阻止する上で，格好な素材となっているということも指摘しておきたい．

3　ロシアの朝鮮半島政策とグローバリゼーション

ロシアの朝鮮半島政策をグローバリゼーションの視点から検討した場合，い

かなることが導き出されるのであろうか．ゴルバチョフ政権以来のソ連・ロシアの北朝鮮政策をグローバリゼーションの視角から検討すると，まず第1に，「核拡散防止条約」(NPT) の加盟国たるソ連・ロシアが北朝鮮の核開発に否定的な点が明らかになってくる．ゴルバチョフ時代の1985年，ソ連は北朝鮮の要請に応じて複数の軽水炉を提供したが，北朝鮮が核開発に本格的に乗り出し，核の水平拡散が進むのを懸念して，北朝鮮に「核拡散防止条約」に加盟するよう圧力をかけた．北朝鮮は同条約に調印したものの，国際原子力機関（IAEA）の「査察協定」には調印を拒み，1992年1月になってようやく調印することに同意した[21]．

ところが，1993年春，北朝鮮が「核拡散防止条約」からの脱退の意向を表明し，「第一次朝鮮半島核危機」が発生した．「第一次朝鮮半島核危機」はカーター元大統領が仲介に乗り出して，1994年10月に「米朝ジュネーブ枠組み合意」を調印して終結した．しかし，2003年10月，ブッシュ大統領特使のケリー国務次官補が訪朝した際，北朝鮮側が密かに高濃縮ウラン型の核開発を推進してきたと発言し，「第二次朝鮮半島核危機」が発生した．その結果，米朝関係は緊張した．ブッシュ政権は北朝鮮への軍事的制裁をにおわせたりしている．他方，ロシアは軍事的解決に強く反対し，北朝鮮の核開発問題は平和的手段によって解決すべきだと主張している．ロシアは米朝が直接に対話して北朝鮮の核開発問題が平和裏に解決を図ることを望んでいるのである．「第二次朝鮮半島核危機」を解決するため，ロシアはどのような解決策を提唱しているのであろうか．2003年1月のロシュコフ提案から明らかなように，ロシアは北朝鮮が核開発を断念し，「米朝ジュネーブ枠組み合意」に復帰し，さらに「核拡散防止条約」からの脱退を撤回することを条件に，関係諸国が北朝鮮に重油を含む経済支援を再開すべきだとする立場をとっている．そして，北朝鮮の安全を保証するため，米国に加えロシア，中国それにEUなどが文書で北朝鮮の安全を多国間で保証することが望ましいと主張しているのである[22]．しかし，北朝鮮は自国の安全を保証するのは米国だと主張し，ロシュコフ提案に否定的な反応を示している．

ロシアが北朝鮮の核開発に反対している理由として，北朝鮮の核開発が引き金となって，日本が核武装に走る恐れのある点が指摘できる．日本の核武装化はロシアにとって悪夢のシナリオといえよう．加えて，ロシアは北朝鮮の核がテロリストなどの手に渡ることを危惧している．

　北朝鮮は核兵器のみならずミサイルも開発しているが，北朝鮮のミサイル開発に対し，ロシアはどのような態度をとっているのであろうか．まず指摘すべきは，核開発と同様にロシアは北朝鮮のミサイル開発に協力してはいないという点である．ミサイル技術管理レジーム（MTCR）参加国のロシアは，北朝鮮にミサイル開発技術を提供してはいない．ロシアは北朝鮮がミサイルを開発する権利があるという点は認めながらも，北朝鮮のミサイル開発に内心では反対している．というのも，北朝鮮のミサイル開発を逆手にとって，「北朝鮮の脅威」に言及しながら米国がミサイル防衛構想実現に向かって乗り出したという経緯があるからである[23]．

　プーチン大統領は北朝鮮との外交関係が悪化するのを危惧して北朝鮮に圧力をかけてはいないが，中国やヴェトナム，それに北朝鮮などと連携して米国の「ABM制限条約」の離脱を牽制するとともに，ミサイル防衛構想に対しても反対の声を上げた．しかし，反対の度合いは中国や北朝鮮の方がはるかに強硬であった．核大国のロシアは米国の「ABM制限条約」からの離脱やミサイル防衛構想は中国や北朝鮮ほど脅威とは考えていないのである．なお，2000年秋，米国とロシアはミサイル発射の早期ミサイル警戒データを交換するセンター創設に合意している[24]．北朝鮮のミサイル開発問題をめぐる米露の協力体制も無視してはならない．

　ロシアは自国の領土に隣接する朝鮮半島の緊張緩和，平和と安定の確保をロシアの国益にとって重要であると考えている．そしてプーチン大統領は，南北の縦断鉄道を再連結し，さらにシベリア鉄道と連結する，いわゆる「鉄のシルクロード構想」の実現を望んでいる．この構想実現の暁に，大量の物資を韓国，北朝鮮，ロシア極東を経て欧州にシベリア鉄道で運ぶことにより，多額の貨物通過料を徴収し，ロシア極東・シベリアの開発を振興させたいと皮算用をはじ

いているわけである．換言すれば，「鉄のシルクロード構想」実現によって，アジアと欧州の経済的相互依存関係を推進し，グローバリゼーションの恩恵に浴することをロシアは望んでいるといえる．

　北朝鮮は「鉄のシルクロード構想」にいかなる反応を示しているのであろうか．北朝鮮は「鉄のシルクロード構想」に興味を示しながらも，東海線経由でシベリア鉄道に連結するよりも，京義線ルートで中国の鉄道と連結してさらにシベリア鉄道と結ぶことに強い関心を寄せており，中国ルートを回避したいロシア側と思惑のすれ違い現象が起こっている[25]．

　「鉄のシルクロード構想」に加え，プーチン政権はサハリンやシベリアから北朝鮮を経由して韓国に至る天然ガスのパイプラインを敷設する構想，いわゆる「コーラスライン構想」も打上げている．しかし，同構想が実現するためには，「鉄のシルクロード構想」同様，北朝鮮の核開発問題解決や必要経費捻出など山積した問題を解決する必要があり，前途は多難である．

　ロシア自体グローバリゼーションの波に乗り遅れた感があるが，アジア太平洋地域の国家のなかで北朝鮮はグローバリゼーションの波に最も乗り遅れた国家であるといえよう．ゴルバチョフ政権時代から，ソ連やロシアは北朝鮮に対し，改革・開放政策をとるよう再三にわたって促してきた．2000年夏に北朝鮮を歴訪した際には，プーチン大統領は金正日総書記に北朝鮮の民主化，改革・開放政策を積極的に推進するよう求めた[26]．プーチンは北朝鮮が漸進的に改革・開放政策を促進することを願っており，もし，改革・開放政策を推進しなければ北朝鮮の体制は早晩崩壊する運命にあると考えている．ロシアは韓国の金大中政権の「太陽(包容)政策」にも支持を与えた．ロシアは北朝鮮のARF加盟も歓迎した．ロシアは責任ある国家として北朝鮮が国際社会に参画することを願っているのである．

　朝鮮半島では北朝鮮の核開発問題をめぐる6ヶ国協議が行き詰まっているが，ロシアは時は北朝鮮にとって有利に作用していると考えている．というのも，時間がたつとたつだけ北朝鮮は核開発を推進することができるからである．

朝鮮半島におけるプーチンの政策に関し，最後に指摘すべきは，朝鮮半島における中国の影響力の強化を望んでいないということである．朝鮮半島における平和と安定を望むロシアにとってのジレンマは，北朝鮮の核開発問題を平和的に解決するためには，米朝間の対立を解消するため中国の仲介が不可欠であるという点に求められる．6ヶ国協議の場における中国の仲介外交の活躍ぶりをみるロシアの胸中は，複雑なものがある．

4　ロシアの対日政策とグローバリゼーション

次に，グローバリゼーションの視点から，ロシアの対日政策を分析してみたい．ソ連が日本の経済の発展振りに注目したのは，1970年代初頭のブレジネフ時代に遡ることができる．ブレジネフ書記長は，米国，西欧とならぶ世界経済の中心に日本を位置づけた．ブレジネフが日本に求めたのは，シベリアやロシア極東の主として資源開発への協力であった．1985年に政権を手中にしたゴルバチョフは，シベリアやロシア極東の開発やペレストロイカを軌道にのせるため，日本に対し経済協力を要請した．ソ連時代からロシアの対日政策は，北方領土問題の解決より経済協力を重視する「政経分離の原則」に基づいて二国間関係を推進する方針で貫かれているのである．

ソ連解体後，ロシア連邦のエリツィン大統領は，市場経済移行，民主化路線推進を標榜しつつ，「ロマンティックな大西洋主義」に基づく外交政策を展開した．ヨーロッパではドイツを重視する一方，1992年には米国に赴き米露関係改善を図った．さらに，日本にも接近して経済協力を求めた．そして「米国カード」や「ドイツカード」などを巧みに駆使して，日本に外圧をかけ，経済支援を引き出すのに成功した．1993年4月，東京で開催されたG7外相・蔵相会議で日本が表明した対露経済支援の総額は，北方領土問題の存在にもかかわらず，ドイツ，米国に次ぐものとなっている．

1997年11月，シベリアのクラスノヤルスクで橋本首相とエリツィン大統領との間で日露非公式首脳会談が開催された．クラスノヤルスク会談では，西暦

2000年までの日露平和条約の締結を目指して日露首脳が最大限の努力を払うことが合意された．さらに「橋本・エリツィン・プラン」に基づき，日本が日露平和条約早期締結に向けた環境整備の一環として北方領土問題に直接からませることなく対露経済支援を行うことになった[27]．こうして，クラスノヤルスク会談を契機に，日本の対露経済支援に拍車がかかった．

「橋本・エリツィン・プラン」にのっとり，日本はロシア極東の天然エネルギー資源開発（特にサハリン沖の大陸棚の石油・天然ガス開発），シベリア鉄道の近代化，中小企業の育成などに支援の手を差し伸べた．ロシアの市場経済移行や軍民転換を支援するため，ユジノ・サハリンスク，ハバロフスク，ウラジオストク，モスクワなどに日本センターを開設して，経営学やマーケティングなどをロシア人に教えた．ロシア太平洋艦隊退役ロシア軍人のなかには経営のノウハウを学ぶ人物も出た．1998年には，日米両国の支持のもとでロシアはAPEC（アジア太平洋経済協力会議）に加盟した．

こうした日本の対露支援政策は，第一次NATOの東方拡大に対するロシアの反発を緩和する効果があった．そのため，米国のクリントン大統領は歓迎したが，ロシアの市場経済移行を支援する目的を持っていたという意味で，「橋本・エリツィン・プラン」は米露間の「ゴア・チェルノムイルジン・プラン」やEUの「対露TACIS経済・技術支援計画」に類似した側面がある[28]．ただし，米国やEUの場合とは異なり，日本の対露経済・技術支援はロシア極東に力点を置いているという点にその特色が求められよう．

エリツィン大統領は「橋本・エリツィン・プラン」をもろ手を挙げて歓迎したが，2000年になっても日露平和条約は締結されず，日露関係に停滞感が漂った．しかし，2003年1月，変化する北東アジアの国際情勢のなかで日露関係を改善する必要があるとの考えに立脚して小泉首相が訪露した．そしてプーチン大統領と首脳会談を行った後，「日露行動計画」に調印し活路が開かれた．

「日露行動計画」は，6つの柱から成立しているが，そのなかには，政治対話の深化，平和交渉の推進，ロシア極東・シベリア地域における石油・天然ガスの開発のための日露協力推進，ロシアのWTO加盟支持，国際テロ対策協力

などが明記されている[29]．ロシア側は「日露行動計画」に高い点数を与えている．パノフ前駐日大使に至っては，バイキング料理にたとえて「日露行動計画」を絶賛しており，領土問題に拘束されることなくロシア側が気に入った分野を発展させうるしくみになっていると力説している．ロシア側は日本側が北方領土問題に拘泥せずに，開発の遅れたシベリア・ロシア極東の開発を積極的に支援することを望んでいるのである．

日露平和条約の唯一の障害である北方領土問題についていえば，ロシアはグローバリゼーションの時代に日本は北方領土問題に拘泥すべきではないと主張する一方で，北方四島の実効支配にこだわり北方四島を日本に返還することにはきわめて消極的である．北方四島には現在1万5千人ほどのロシア人が住んでいるが，生活水準は概して低い．ギドロストロイという名の近代的水産加工場が択捉と色丹にあるが他に近代的産業がほとんど育っておらず，道路，下水道，電気などインフラ整備も不充分で，北方四島はロシア連邦中央から見放された島という感がある．

EU加盟諸国はロシアから天然ガスや石油を大量に輸入し，EUとロシアの間には「エネルギー分野における長期的パートナーシップ」（2000年10月，ロシア・EU共同声明）が存在している．それとは対照的に日露の間にはグローバリゼーション時代の特色である経済的相互依存関係はいまだ確立されてはいない．「日露行動計画」調印後，国際市場における原油の高値に裏うちされたロシア経済の好調に支えられ，自動車や家電を中心に日露貿易が大きく伸びた．しかし，それでも2003年は59億ドルに過ぎない．

日露経済関係で最も注目を浴びているのは，上記の小泉訪露で急浮上した「太平洋ルート」の石油パイプライン建設構想である．「太平洋ルート」は小泉訪露以前から中国が主張してきた「大慶ルート」のパイプライン構想と競合する関係にある．日本は石油の輸入のうち約85パーセントを中東に依存しているが，政情不安定な中東への依存を脱却してロシアからも石油を大量に輸入し，日本の「エネルギー安全保障」を確保するというのが小泉首相の謳い文句である．プーチン大統領は中国のみを対象にし大手民間石油会社ユコスが関与する

「大慶ルート」を選ぶのか，それとも，日本，韓国，中国，米国，それに東南アジアにもナホトカ港から輸出が可能な「太平洋ルート」を選ぶのか長い間明らかにせず時間稼ぎの戦術をとった．しかし，2004年12月プーチン大統領は，反プーチン的なロシアの大手民間石油会社ユコスを競売にかけた後，「太平洋ルート」(タイシェト～ナホトカ近郊の港湾ペレボズナヤ，全長約4200キロメートル)を選択すると「正式発表」を行なった[30]．「太平洋ルート」の石油パイプライン建設には，国営パイプライン建設会社トランスネフチが関与している．「大慶ルート」の場合，原油価格の決定が中国に牛耳られる恐れがある．他方「太平洋ルート」の場合，日本始めさまざまな国に輸出可能で，ロシア極東経済にも波及効果がある．ロシア側は「太平洋ルート」建設に好意的な発表を行なった後も，大慶に至る支線の優先着工案を出したりしており，事態は流動的である．さらに，日本側が希望している大量の石油を確保できるか，東シベリアに大規模な石油の埋蔵量があるかどうか，油田開発が採算に合うかどうか，現段階では不透明である．

　日本とロシアの間では，サハリン沖の大陸棚の石油・天然ガス開発も進められている．開発には米国系国際資本のエクソン・モービル，ロシアの大手石油企業ロスネフチ，それに日本の三菱商事や三井物産など参画する「新サハリン石油開発」などが参加している．「サハリンⅠ」の原油は05年，天然ガスは08年生産開始予定で，「サハリンⅡ」の原油は99年に生産が開始された．天然ガスは07年に生産開始の予定になっている．「サハリンⅠ」の天然ガスは，液化ガスにして日本に運ぶ予定であるが，「サハリンⅡ」の天然ガスは，日本経済の状態が芳しくなく，買い手がついていない．

　ロシアはイルクーツク州のコヴィクタ・ガス田の開発について，モンゴルから中国を経て韓国経由で日本に至るパイプライン構想への日本の参加に期待感を表明している．ロシア側は，2007年までに生産を本格化させる計画で，2010年から2012年に年間250億から300億立方メートル，2020年には1200億から1400億立方メートルの生産を見込んでいるようである．もしもこの計画が実現するとなれば，ロシアが一手に東アジアの巨大天然ガス消費市場を手中に収めるこ

とになるとする予測もある．

　グローバリゼーションの時代において，核テロや核兵器による環境汚染などが問題になっている．2002年5月,「米露戦略攻撃戦力削減条約」を締結し，向こう10年をかけて米露両国が戦略兵器を3分の1に削減することに合意した．そうした動きを受け翌年6月，カナダのカナナスキスで開催された主要国首脳会議ではロシアの核兵器の解体を支援するため，「グローバル・パートナーシップ」の旗印のもとで，G7を始め関係各国が財政援助することが決定された．

　「グローバル・パートナーシップ」の旗印のもとで，米国はロシアの戦略原子力潜水艦解体を支援し，ノルウェー，フィンランド，ドイツなどの欧州諸国は，ムルマンスクを本拠地とするロシア北方艦隊の通常型退役原子力潜水艦解体を支援している．日本はウラジオストクに司令部を持つロシア太平洋艦隊の通常型退役原子力潜水艦解体を支援している．ロシア太平洋艦隊の退役原子力潜水艦解体支援は，国際テロリストの手に放射性物質が渡るのを防止するとともに，日本海の環境汚染を防止するためにも重要である．しかし，ロシアの軍部の間には，西側に機密情報が流出するのを懸念して，西側諸国の支援のもとにロシアの原子力潜水艦を解体することに消極的な意見が存在している．日本の支援を得てウラジオストク郊外のボリショイ・カメニに建設された低レベル液体放射性廃棄物処理施設「すずらん」が予定よりかなり遅れて完成したのも，こうした事情による．

　ポスト冷戦のグローバリゼーションの進む国際情勢において，地球の温暖化も問題となっている．地球の温暖化防止のため「京都議定書」批准が求められた．しかし，CO_2排出量の36.1パーセントを排出する米国が批准に消極的で，米国に次いでCO_2排出量が多いロシアが議定書を批准しなければ，米国以外のすべての先進国が批准しても議定書発効に必要な55パーセントに達しないという状況に追い込まれた．そうした情勢のなかで，2004年5月，プーチン大統領はWTOに対するロシアの加盟をEUが支持することと引き換えに，付帯条件つきで「京都議定書」に調印することに同意した．付帯条件とは2008年から

12年までの第1段階はロシアは参加するが，第2段階以降は各国との交渉の上決定するというものである．プーチン政権内では「京都議定書」に拘束されることはロシアの経済成長にとってマイナスとする見解が存在したが，条件つき参加という方針を採用したことにより2005年2月，「京都議定書」は発効の運びとなった[31]．

5 ロシアの東南アジア政策と地域主義

東南アジアに対して，ロシアはいかなる政策を展開しているのであろうか．ロシアは北東アジアほど東南アジアを重視しているとはいえないが，東南アジア情勢に関心を寄せていることは確かである．

ロシアは1998年11月にアジア太平洋経済協力会議（APEC）に正式加盟した．1999年3月の「年次教書演説」で，エリツィン大統領は，「積極的政策によってアジア太平洋地域の多国間協議メカニズムのAPECに完全に参画することができた」と指摘している[32]．ロシアはAPECの「開かれた地域主義」を高く評価し，APEC加盟諸国がロシアのWTO加盟を支持していることに対し謝意を表明している．

ロシアは，APECをアジア太平洋地域の統合プロセスを推進する機関車とみなしている．先進国は西暦2010年，開発途上国は2020年を目標に貿易・投資活動自由化を実現すると規定した「ボゴール宣言」については，プーチン大統領は，同宣言が掲げる目標実現に向けて努力しているが，加盟国の特殊性ならびに特に各国の能力も考慮すべきだと主張し，牽制球を投げている[33]．

APECに正式加盟したもののロシアにとっての不満は，ASEAN（東南アジア連合）諸国がロシア市場に本格的な投資活動に乗り出そうとはしない点である．ロシアはASEAN諸国がシベリア・ロシア極東の開発に積極的に投資活動を行うことを求めており，2003年10月に開催されたAPEC首脳会議に先き立って，プーチン大統領は，ロシア東部から石油・天然ガスを搬出するパイプライン建設や液化天然ガスタンカー建造について，APEC側と協議する時期がきている

と力説した[34]．ロシアは天然ガスや石油を東南アジア諸国に売り込もうとしているが，いまのところ東南アジア諸国の反応は芳しくない．なお，近年ASEAN 諸国や中国，日本，韓国を中心とする「東アジア共同体構想」が浮上しているが，ロシアの存在感は小さい．

ところで，東南アジアでは，イスラム原理主義勢力が「9・11」米国同時多発テロ以後活発に活動しており，国際テロとの戦いは APEC の優先課題の1つとなっている．2003年10月にバンコクで開催された APEC 首脳会議で，プーチン大統領は，この分野における APEC の努力を強く支持していると述べるとともに，テロリストへの資金の供給の遮断，司法制度の改善，資金洗浄の撲滅にもロシアは真剣に取り組んでいると強調した[35]．

1998年東南アジアは金融危機に見舞われ，ロシアと東南アジアの間の貿易は4割も落ち込んだ．東南アジア諸国は金融危機に苦しみしばらく武器購入を控えていた．しかし，ASEAN 諸国のうち近年，金融危機から脱出に成功しつつある国家が，外国からの武器購入に対し積極的な姿勢を示すようになってきている．装備が老朽化し新規にする時期にきていることや「中国の台頭」に懸念を覚えていることもあって兵器の近代化に力を入れている国家が多く，東南アジアは，ロシアにとって重要な武器輸出市場になりつつある．ロシアは東南アジア諸国，特にマレーシア，インドネシア，ヴェトナムなどに，米国製の武器よりも安価である点を切り札にしながら，積極的に兵器の売り込みを図っている．たとえば，2003年4月，ロシアはインドネシアに4機のスホイ戦闘機を輸出する協定を締結した．同年8月には，プーチン大統領自身がマレーシアを歴訪して，18機のスホイ30MKM 戦闘機の売却協定（総額9億ドル）に調印した．同年前半，ロシアはヴェトナムとも地対空ミサイル S300 などの売却協定を結んでいる．東南アジアでは，米，露，仏，ドイツなどが入り混じって熾烈な兵器売り込み合戦を展開中である[36]．

ロシアは兵器輸出先の多角化を目指し東南アジアへの武器輸出にも積極的に努めているが，その一方でアジア太平洋地域における紛争の平和的解決に関心を寄せている．1996年，ロシアは米国，日本，中国と同格の アセアン地域フ

ォーラム (ARF) の「域外対話国」の地位を獲得した．ARF に対するロシアの参加は中国の牽制に役立つ効果を持つとして，東南アジア諸国から歓迎された．ロシアは東南アジアに核兵器が拡散するのを防止するため東南アジアにおける非核地帯創設を主張したり[37]，紛争の平和的解決を促すため紛争防止センターの設立を呼びかけたりもしている．

結　　論

　2003年5月，プーチン大統領は「年次教書演説」のなかで，国家戦略の基本目標として経済改革を促進して2010年までに国内総生産（GDP）を2倍に増やし，先進国の仲間入りをすることを掲げた[38]．こうした経済目標を達成するため，プーチンは外貨獲得の主要な源である石油や天然ガス輸出を積極化するとともに武器の輸出にも力を入れている．
　2004年3月，第II期プーチン政権が発足した．第II期プーチン政権の特色は，シロビキの勢力が一層伸びたことである．シロビキとは，旧 KGB，軍，内務省，検察，税務署などの出身者のことをいう．プーチン自身も KGB 出身のシロビキで，シロビキの側近や少数の大統領府の人間などと協議しながら，内政や外交の最終判断を下している．シロビキは，強硬派，中間派，穏健派の3派に分かれ，互いに勢力争いをしているが，強権派が優位を占めるようになってきた．シロビキは一般に国家主義と統制思考が強く，ロシアの領土の保全を重視する傾向も強い．
　第II期プーチン政権になって顕著になってきている点は，プーチンが中央集権化に力を入れたり，石油や天然ガスなどの天然エネルギー資源の分野を中心に国家戦略にとって重要な分野を中心に国家の管理を強化している点である．ロシア極東関連では，ロシアの大手民間石油会社ユコスを競売にかけ，国営ガス会社のガスプロムの子会社に売却した後，「太平洋ルート」を選択するとの「正式発表」を行なった．
　こうした国家管理の強化を嫌って，外資のロシア市場からの逃避現象が起き

ている．ロシア極東で外国資本が大規模な投資を行なっているのは，サハリン大陸棚の開発プロジェクトぐらいである．全長約4200キロメートルにおよび，建設費が160億ドルもかかるといわれる「太平洋ルート」のパイプライン建設には膨大な資本が必要だが，外国資本がどの程度投資するのか，現段階では未知数である．ロシア極東はインフラストラクチャーが弱く，サハリン以外は外資にとって魅力的なところとなってはいない．

　他方，ロシア，なかでもロシア極東ではグローバリゼーションを批判的にみる傾向が強い．「米国はグローバリゼーションを利用して世界を支配しようとしている」という見解がロシア極東では強い．また，ウラジオストクで実施した世論調査では，「米国はロシアの復活を助けている」という意見に賛成するのが30パーセントで，「ロシアを弱体化しようとしている」というのが56パーセントにも上った[39]．地域協力にもロシア極東の人々は概して懐疑的なのである．

　グローバリゼーション時代の国際協力の視点から，予見しうる将来におけるロシアのアジア太平洋政策を考察すると，プーチン大統領は大量破壊兵器の拡散，国際テロリズムとの戦い，麻薬の取り締まりなどの面で，ロシア1国だけの力ではきわめて不充分との認識を持っており，米国を始めとしてNATO，日本，中国，東南アジア諸国などともロシアは今後とも2国間協力や多国間協力を続ける確率が高い．

　中国とは国連，「上海協力機構」，6ヶ国協議などの場を活用して協調し，国際テロ対策や大量破壊兵器拡散阻止のためロシアは一定の協力を続けるであろう．

　朝鮮半島においては，ロシアは北朝鮮の核開発の阻止や非核化の実現を求め続けるであろう．しかし，北朝鮮の核開発問題の鍵は基本的に米朝が握っていると考えており，北朝鮮の核開発問題へのロシアの役割は副次的に留まるものとみられる．

　日露関係では，領土保全の見地から北方四島の返還になかなか応じようとせず，グローバリゼーションの進む国際情勢の流れのなかで，ロシアは経済協力

先行を日本に対し求め続けるであろう.

今後,日本はロシアとどのように付き合ってゆくべきであろうか.グローバリゼーションの視角から,以下の4点を提案しておきたい.(1)アジア太平洋地域の平和と安定を確保するため,同地域の国際政治のゲームへ関与を強めるようロシアを促すこと,(2)北朝鮮の核開発問題を含む大量破壊兵器拡散防止,国際テロとの戦い,麻薬取引取り締まりなどについては,ロシアと一層協調を図ること,(3)国連の機能強化を求めるロシアに対し,日本の常任理事国入りに反対している中国を説得するよう促すこと,最後に,(4)北方領土問題に関しては,「東京宣言」に基づき早期解決を促し,日露平和条約締結がロシアにとって国益上有益であるということを粘り強く説いてゆくこと.

流動化するアジア太平洋地域の国際情勢のなかで,米中露と今後どのように付き合ってゆくか,日本外交にとってきわめて重要な課題である.

1) 「ウラジオストク演説」の本文については,*Pravda,* 1986.7.29.
2) V. Lapkin, "Vyzovy globalizatsii i obshestvennoe mnenie Rossii," *Mirovaya ekonomika i mezhdunarodnye otnosheniya* (Oktyabr', 2002), str. 13 ; Mikhail Ilyin, "Studies of Globalization and Equity in Post-Soviet Russia," *Communist and Post-Communist Studies* (no. 37, 2004), p. 77 ; Zbigniew Brzezinski, *The Choice* (New York : Basic Books, 2004), pp. 156-157.
3) *Diplomaticheskii Vestnik* (no. 11, 2003), str. 53. なお,ロシアを「貧しい国」に分類している論文として,Andrei Kokoshin, "Novyi mezhdunarodnyi kontekst," *Nezavisimaya Gazeta,* 2000.5.26. を挙げておきたい.
4) Igor' Ivanov, *Novaya rossiiskaya diplomatiya* (Moskva, 2002), str. 66-75.
5) Mikhail G. Nosov, "Russia between Europe and Asia," in Gabriel Gorodetsky, ed., *Russia between East and West* (London : Frank Cass, 2003), p. 171.
6) *Krasnaya Zvezda.* 1997.12.27.
7) Katharine G. Burnes, "Security Implications of Defense Conversion in the Russian Far East," in Judith Thornton and Charles E. Ziegler, eds., *Russia's Far East* (Seattle : University of Washington Press, 2002), p. 268.
8) Fiona Hill and Clifford Gaddy, *The Siberian Curse* (Washington, D. C. : Brookings Institution Press, 2003), p. 121.
9) 『朝日新聞』2000年7月22日.

10章 グローバリゼーション時代のロシアのアジア太平洋政策　291

10) *The Siberian Curse, op. cit.*, p. 181.
11) 不法中国人移民問題については，多くの文献があるが，たとえば，V. G. Gel'bras, *Kitaiskaya real'nost' Rossii* (Moskva, 2001) および Alexander Lukin, *The Bear Watches the Dragon* (Armonk, New York : M. E. Sharpe, 2003) などを参照されたい．
12) Motohide Saito, "Russia's Policy toward Japan," in Gennady Chufrin, ed., *Russia and Asia-Pacific Security* (Stockholm : SIPRI, 1999), p. 68.
13) *Diplomaticheskii Vestnik* (no. 5, 1996), str. 16-21.
14) プーチンの対中政策については，斎藤元秀『ロシアの外交政策』勁草書房，2004年，71-93頁．また斎藤元秀「ロシアの国際環境とプーチン外交」『外交フォーラム』2005年2月号，31頁も参照されたい．
15) V. Lapkin, "Vyzovy globalizatsii i obshestvennoe mnenie Rossii," ukaz.soch., str. 14.
16) Paul J. Saunders, "Why 'Globalization' didn't Rescue Russia," *Policy Review* (February–March, 2001) (electronics), p. 6. なお，ロシアの知的エリートの約4割が米国をロシアの安全にとって脅威とみているという分析がある．William Zimmerman, *The Russian People and Foreign Policy* (Princeton : Princeton University Press, 2002), p. 104.
17) Vasiliy V. Mikheev, *North East Asia Globalization* (Moscow : Pamyatniki istoricheskoy mysli, 2003), p. 130.
18) Kokoshin, "Novyi mezhdunarodnyi kontekst," ukaz. soch.
19) 「9・11」米国同時多発テロに対するロシアの対応については，斎藤元秀「同時多発テロとロシア」，斎藤元秀他編『テロの時代と新国際秩序』時事通信社，2002年，47-75頁．
20) *Rossiiskaya Gazeta,* 2002. 4. 19.
21) V. P. Tkachenko, *Koreiskii poluostrov i interesy Rossii* (Moskva, 2000), str. 115.
22) ロシュコフ提案については，http:195.42.129.38/ru/message. asp？Lang = ru & Text ID = 877685 & Tape ID = 37421.
23) 前掲『ロシアの外交政策』，133-134頁．
24) *Diplomaticheskii Vestnik* (no. 10, 2000), str. 16-18.
25) 前掲『ロシアの外交政策』，149頁．
26) 『北海道新聞』2000年9月13日．
27) 「橋本・エリツィン・プラン」の内容・評価については Saito, "Russia's Policy toward Japan," *op. cit.*, pp. 70-71.
28) 新井弘一『モスクワ・ベルリン・東京』時事通信社，2000年，189頁および Motohide Saito, "Japan's Russian Policy and CFSP of the European Union on Russia," *Studica Diplomatica* (nos. 1-2, 2000), p. 197.
29) 「日露行動計画」の本文については，末澤昌二他編『日露（ソ連）基本文書・資

料集』(改訂版)ラヂオプレス, 2003年, 318-330頁.
30) 『北海道新聞』2005年1月1日. なお, ロシアの石油・天然ガス産業に対するプーチンの政策については, 田畑伸一郎・塩原俊彦「ロシア：石油・ガスに依存する粗野な資本主義, 西村可明『ロシア・東欧経済』日本国際問題研究所, 2004年, 1-27頁を参照されたい.
31) 前掲「ロシアの国際環境とプーチン外交」2005年2月号, 30頁.
32) *Rossiiskaya Gazeta,* 1999. 3. 31.
33) *Diplomaticheskii Vestnik* (no. 11, 2003), ukaz. soch.
34) 『日本経済新聞』2003年10月16日.
35) *Diplomaticheskii Vestnik* (no. 11, 2003), ukaz. soch.
36) *Izvestiya,* 2003. 8. 6.
37) M. E. Trigubenko (red.), *Vostochnoaziatskii vector vneshnei politiki Rossii v kontse 90-godov XX-go stoletiya* (Moskva, 2000), str. 49.
38) *Rossiiskaya Gazeta,* 2003. 5. 17.
39) Gilbert Rozman, *Northeast Asia's Stunted Regionalism* (Cambridge : Cambridge University Press, 2004), p. 160.

11章 グローバリゼーション下の言説をめぐる戦い
―― カシミール問題と印パ対立 ――

伊 藤　　融

1　西側の政治的価値観のグローバリゼーション

　冷戦終結を機に20世紀末以降，世界中のヒト・モノ・カネ・情報・サービスが，かつてないほど大量かつ瞬時に移動する現象が生じた．もはや地球上のどこにいようとも，ひとびとは押し寄せてくるその影響から逃れることができなくなった．「グローバリゼーション（globalization）」とよばれるようになったこの現象は，以前の「国際化（internationalization）」現象にくらべ，ひとりひとりの日々の暮らしが，世界の支配的構造と言説によって一層よく規定されるようになったことを意味している．それはグローバリゼーションにかんする多くの議論が言及する経済・社会領域の変容にとどまらず，政治，安全保障，文化，アイデンティティといったあらゆる領域において，個人，社会，国家がこれまで享受していた「主権（sovereignty）」に挑戦を突きつけるものであった．

　本章は，このように多領域に及ぶグローバリゼーション過程のなかでも，比較的注目されてこなかった政治的価値観とそれによって構成される言説を主題として取り扱う．ニオール・ファーガソンが指摘するように，政治面のグローバリゼーションには，特定の価値や制度を他者に強制するという帝国主義的な側面がある（Ferguson 2001）ことは否定できまい[1]．実際のところ，本章が事例として取りあげる南アジア地域のような非西欧の第三世界には，西側の一連の政治的価値観が，一層抗しがたい正当性を帯びて浸透しつつあり，いまや国

家の指導者はいうまでもなく，普通の市民でさえ，民主主義，人権，そして最近では「テロとの戦い」絡みの言説を受容するようもとめられている．

この背景には第一に，冷戦終焉に伴う社会主義イデオロギーの「敗北」がある．西側世界は「歴史の終わり」(Fukuyama 1992＝1992) などといった勝利感に酔いしれ，その価値の普遍性を一層確信するに至った．他方，自らの価値を否定された東側世界と，東側をモデルとみなし親近感を抱いていた多くの第三世界の国々とひとびとは，西側，とりわけ冷戦後の唯一の超大国としてのアメリカの価値こそが，グローバル・スタンダードとなったという現実の受け入れを余儀なくされたのである．

第二には，西側メディアと「知」の圧倒的支配力がある．衛星やインターネットをつうじて，その情報は世界の隅々にまで瞬時に流通し，そうした西側でつくられた画一的な情報が，各地元メディアによって再利用される．第三世界エリートの西側志向にも拍車がかかっており，グローバリゼーションの経済的恩恵を受けた中・上層階層が子弟を欧米各国に留学させる傾向が顕著になっている．

第三に，たとえ抵抗を受けたとしても，自らの価値を普及させうるだけの圧倒的な物理的強制力が背景にある．たんなる威嚇にとどまらない．それはユーゴスラビア (1999年)，アフガニスタン (2001年)，イラク (1991年と2003年) において，世界に誇示された．いずれにおいても，西側の価値観を否定する体制は力によって転覆させられ，アメリカを中心とした国際社会に歯向かう代償の大きさを思いしらせる結果になったのである．この意味において，グローバリゼーションは，全般的な「国家の危機」というよりも，アメリカのターゲットとして選択される国家にとっての危機を招来したというほうが正確であろう．

とくに2001年9月11日のアメリカ同時多発テロ後に，グローバルに流布された「反テロ」言説は，南アジア国際関係に大きな影響を及ぼした．テロの発信源とみなされ，米軍の作戦の舞台となったアフガニスタンに地理的に近接していたからばかりではない．核対峙するインドとパキスタン (以降「印パ」と表記) のあいだの最大の懸案事項とされるカシミール問題／紛争の展開に新たな局面

を生じせしめたからである．後述するように，インドはグローバルな「反テロ」の気運を利用して攻勢をかけ，パキスタンは防戦に努めるとともに反撃の新たな方法を模索することになる．むろん，一方的なアメリカの手法にたいする反発もあるが，アメリカが中心となって推進する西側の価値観自体を否定する声は大きなものにならなかった．

　西側からみた印パの問題状況は，その価値観を中心に形成されている．もちろん，西側が印パ対立に関心をもたざるをえないのは，印パの核管理・抑止体制がきわめて「危うい」ものにみえ，核戦争の危険性が高いと信じられているからである[2]．国際社会全体の平和と秩序に重大な影響を及ぼしかねない核戦争を阻止するために，印パの緊張緩和や信頼醸成が不可欠であると考えている．

　同時に西側は，この印パの厳しい対立状況が，カシミール問題と関連するものだと認識している．かつてのカシミール藩王国は，印パの分離独立（1947年）の結果，インド側とパキスタン側（および一部中国側）に分断されており，以来，国家間の領有権争いと，カシミール人の印パからの，とくにインドからの分離運動がつづいてきた．西側は，領土の変更は望ましいとは思っておらず，現状維持しかありえないとみているが，カシミールにおけるテロや疎外状況，民主主義の欠如，軍・治安部隊による虐殺，不当な拘禁こそを問題視している (Dixit 2002a)．

　イギリスやアムネスティ・インターナショナルなどは，インド側カシミールのジャンム・カシミール(JK)州における人権侵害に早くから懸念を示し，その改善をもとめてきた．たとえばイギリスは，2001年5月24日，当時のロビン・クック (Robin Cook) 外相が，「わたくしはカシミールにおけるインド治安部隊にたいし，人権を最大限に尊重する姿勢を示すようつよく要請する」(Foreign & Commonwealth Office 2001) と述べている．またアメリカをはじめとする西側諸国は，JK州において真に「自由かつ公正」な選挙が実施され，グッド・ガヴァナンスがおこなわれねばならないと主張し，02年秋の州議会選挙に事実上の選挙監視団を送り込んだり，州政府や分離勢力との会談のため代表団をつぎ

つぎと派遣したのである．

　他方，パキスタンにたいしては，2002年にはアメリカなどが，インド JK 州などを標的としたテロリストへの支援を停止するようつよく迫った（U.S. Department of State 2002b）．くわえて西側は，パキスタンの軍事政権を好ましいとは思っておらず，それが少なくとも形式上は民主化されるべきであるとみなしてきた．02年夏の印パ危機後，両国を訪問したイギリスのジャック・ストロー（Jack Straw）外相は，インドにたいして JK 州における人権状況を改善するよう促しつづける意向を表明する一方で，パキスタンにたいしては一層のテロ対策をとるようあらためてもとめた（The Hindu, July 20, 2002）．03年には，米英軍によるイラク攻撃開始から1週間後の3月27日，アメリカのパウエル（Colin L. Powell）国務長官とイギリスのストロー外相が共同声明を発表し，カシミールにおけるテロを非難し，パキスタンがインドへの越境侵入（infiltration）の停止と暴力の縮減に全力を尽くさねばならないとしながら，印パに即時の停戦をもとめた（U.S. Department of State 2003b）．また，02年末に成立したパキスタン文民政権にたいして，アメリカをはじめとする国際社会は評価をあたえるとともに，パキスタンの一層の民主化がテロとの戦いに寄与するとの立場を表明した（Dawn, Nov. 23, 2002）．

　西側から発せられる一連の政治的価値観に逆らってきた政治指導者とその体制の末路をみるかぎり，西側，とくにその中心的存在であるアメリカを敵にまわしたくない，あるいは可能であればその支持をえたいと考えるのは当然であろう．だからこそ，印パ双方とも，西側の重視する政治的価値観に沿う形で，カシミール問題と相手との関係にかんする言説を定義しなおすことになったのである．

2　インドの攻勢――「反テロ」言説の援用

　インドがパキスタンとのあいだで帰属をめぐって争っているカシミールは，ヒンドゥー教徒が8割を占めるインド全土とは異なり，ムスリムが多数を占め

る地域である．しかしパキスタンとは対照的にインドは，「政教分離主義（secularism）」を国是として，異なる宗教集団が「インド」のなかで共存しうると主張してきた．印パの分離独立のさい，旧藩王がインド帰属を選択したカシミールをムスリム多住地域であることを理由に放棄するとすれば，インドのそもそもの統合理念が疑われ，1億数千万にも及ぶインド全土のムスリムはもちろんのこと，多くの非ヒンドゥー・マイノリティに動揺をあたえずにはおかない．「ジャンム・カシミール（JK）[3]は，インドの不可分の一部である」というフレーズが公式の立場として繰り返されてきた所以である．

　印パ間のカシミール問題にくわえて，インド側が実効支配するJK州におけるカシミール問題がある．インド中央政府は，憲法上付与されていたJK州の特別な自治権を名目化するどころか，州政治への介入を繰り返し，州指導者と住民の疎外感，剥奪感，議会主義への幻滅を招いた．1980年代末からは分離・武装勢力が台頭し，政治的暴力が頻発するようになる（堀本　1993：114；Ganguly 1997）．しかし中央政府はそうした暴力について当初から，国境を接するパキスタンの関与を示唆してきた．それによれば，この暴力は「テロ」であり，また80年代半ばまでのパンジャーブ州への関与につづく，パキスタンによるインドへの「代理戦争（proxy war）」にほかならない．こうした主張は，JKの分離運動を治安問題として力で対処する政策を正当化するとともに，中央政府自身の責任を回避する意味があった（伊藤 2001：85）．

　しかしこのインドの戦略は国内では機能したものの，国際社会では長らく実を結ぶことはなかった．暴力が恒常化して10年を経た1999年，独立記念日における恒例の首相演説のなかで，A. B. ヴァジパイ（Atal Bihari Vajpayee）首相は，「テロリストがパキスタンで訓練を受けている」として，「反テロの世界的世論を動員する必要がある」と述べた（Prime Minister's Office 1999）．またそのころから，「越境テロ（cross-border terrorism）」という独特の表現が案出され，政治家やメディアのあいだで広範に用いられはじめた．

　しかしそのとき，「反テロ」の国際レジームはまだ確立されたものにはなっていなかった．「テロ」はいぜんとして，たとえば「核拡散」問題とくらべ

と，基本的にはごくかぎられた地域の特殊な局地的問題とみなされていた．それゆえ，カシミール問題についても，印パ間の旧来型の領土紛争として，あるいはまた，古くから確立された権利としての自決権をめぐる闘争の文脈でとらえられるほうが，国際社会では一般的であった．カシミール問題をテロ問題としてとらえるインドの見方は有力なものにはならなかったのである．

　むろん軍事的にいえば，カシミールをめぐる印パの綱引きは，三度の戦争（1948年，65年，71年）とカルギル紛争（99年）を経て，インドに圧倒的に分があることはあきらかであった．それでも，インドがインド支配下にあるカシミール人民の自決権を抑圧し，人権侵害行為をはたらいているというパキスタン側の言い分のほうが，正当であると受けとめられ，インド側はそれへの説得力ある反論をなしえなかった．

　この状況を転換する契機となったのが，2001年9月11日のアメリカ同時多発テロである．「9・11」の惨劇をまえに，ジョージ・W．ブッシュ（George W. Bush）大統領の宣言した「テロとの戦い」には，イスラム諸国を含む広範な支持が集められ，グローバルな「反テロ」言説が一気に拡大・強化された．たしかにブッシュは，「9・11」の首謀者とされるオサマ・ビン・ラディン（Osama bin Laden）を捕捉するという当初の目標を達成することはなかったものの，ラディンの組織であるアル・カーイダを匿ったとされるアフガニスタンのターリバーン体制を完膚無きまでに叩きつぶすさまを世界にみせつけた．その後もアメリカは，「テロとの戦い」の論理をイラクなど別の「テロ国家」にも適用する構えを示し，「やつら」にも「われわれ」にも[4]，アフガニスタンにおける破壊を想起させつづけた．

　インドにとっては，千載一遇の好機が到来したかにみえた．「9・11」から2カ月後，訪米したヴァジパイ首相は，国連総会の場でアフガニスタンでの対テロ作戦への全面的な支持を表明（Prime Minister's Office 2001a）するとともに，ブッシュ大統領とのあいだで「テロとの戦い」におけるインドとアメリカの団結を強調した共同声明（Prime Minister's Office 2001b）発出にこぎつけた．

　インドがテロにたいするグローバルな懸念の広がりを存分に利用して，カシ

ミールでの暴力を「テロとの戦い」のなかに位置づけるべく腐心したことは間違いない[5]．とくにパキスタンがターリバーン体制を創出し，擁護していたという歴史的事実は，インドにとって格好の攻撃材料であった．インドはパキスタンを「テロ（支援）国家」として描出し，またアル・カーイダといういまやだれもが認めるテロ組織が，カシミールの武装勢力と結びついていると強調した．くわえて，ラディンを含むアル・カーイダ幹部が，カシミール地域に潜伏している可能性があるとまでほのめかし，カシミールにおける「テロ」問題にグローバルな注目を向けさせようとしたのである．

2001年12月13日にインド国会議事堂がテロリストの襲撃を受けた事件は，インドによって，パキスタンの関与する「テロ」の決定的証拠とみなされた．国会および政府はこの事件を，パキスタンのテロ組織，ラシュカレ・エ・トイバ（ＬｅＴ）とジャイシュ・エ・ムハンマド（ＪｅＭ）の共謀によるものと断定し，つよく非難した．インドは政治権力の中枢が攻撃されたこの事件を「9・11」になぞらえ，インドもアメリカ同様，「テロ」の犠牲者なのだと国際社会に印象づけることを狙った．さらに政治家やマスコミは，テロの温床とみなすパキスタンを攻撃するという主張——まさにアメリカがアフガニスタンにたいしてとったものと同じ行動——をもはや隠すことはなかった．パキスタンがテロリストの「越境侵入」を停止するとともに，テロリスト訓練キャンプを解体し，過激派や武装勢力に厳しい措置をとることで「越境テロ」への支援をやめなければ，軍事攻撃をかけると迫ったのである．いわゆる「威圧的外交（coercive diplomacy）」はこうして開始された．インド側は，パキスタンとの外交・交通関係をただちに全面的に遮断し，軍を印パ国境付近，およびカシミールにおける管理ライン（ＬｏＣ）沿いに結集させる措置をとった（Raja Mohan 2003a：195-203；Sood and Sawhney 2003）．

「12・13」後のインドの「威圧的外交」は，もちろん直接的にはパキスタンに向けられたものであったが，それと同時に国際社会，とりわけアメリカの印パ関係ならびにカシミール問題についての認識の変更をもとめるためのものでもあった（Cohen 2002＝2003：483）．すなわち，インドはカシミールにおける

「抑圧者」ではなく，テロの「犠牲者」なのであり，パキスタンの仕掛けてくる「越境テロ」こそが問題の本質なのだ，というメッセージだったのである．

アメリカを中心とした国際社会にとって，このインドの要請にまったく耳を傾けず，傍観している余裕はなかった．それはなによりも前節で述べたように，いまや印パが事実上の核保有国となっており，核戦争が懸念されたからである．くわえて，当面の事情としては，アフガニスタンで遂行中の米軍の作戦行動に支障がでないようにしておく必要があった．米軍はアフガニスタンに隣接するパキスタンの軍事的協力を前提に作戦を展開しており，「第四次印パ戦争」の勃発によってパキスタン国内が混乱するような事態は回避しなければならなかったからである．「12・13」後，アメリカとイギリスは，パキスタンのP.ムシャラフ（Pervez Musharraf）大統領にはたらきかけ，2002年1月12日の演説をひきだした．演説のなかでムシャラフは，カシミールの名のもとのものであっても，テロを許さないとの方針を示すとともに，ＬｅＴ，ＪｅＭの存続禁止をはじめとする過激派・武装勢力の取り締まり強化策，マドラッサ（イスラム宗教学校）への規制等を発表した（Ministry of Foreign Affairs 2002a）．

にもかかわらず，インド側からみれば，ムシャラフの約束は「履行」されなかった．JK州では冬の終わりとともに，パキスタン側からの「越境侵入」のレベルが上昇し，テロ事件が毎日のように報じられるなど，JK州情勢は悪化に向かっているようにみえた．こうした経緯のなかでおこったのが，2002年夏の印パ危機である．

引き金となったのは，5月14日，JK州ジャンムのカルーチャックでおきたインド陸軍駐屯地への襲撃事件であった．インド首脳部は，この事件もやはり，パキスタンに基盤をもつＬｅＴ，ＪｅＭの犯行だとみなし，いまや「堪忍袋の緒が切れた」とか，「決定的な戦いをおこなうときが来た」という発言を繰り返すようになる．こんどこそ，インドが戦端を開く決断をするのではないか，それはたとえＬｏＣの向こう側のキャンプを攻撃するという限定戦争としてはじまったとしても，全面戦争，核戦争にエスカレートするのではないか．国際社会の懸念は深まった．

最終的に危機を終息へと向かわせたのは，やはりアメリカとその最も忠実な同盟国たるイギリスであった．両国は印パからの「退避勧告」を発出して，とくにインドにたいして戦争に突入しないよう圧力をかけた（Cohen 2002＝2003：485-486；Kalyanaraman 2002：482）．その一方で，6月6日から8日にかけてパキスタン，ついでインドを訪問したアメリカのアーミテージ（Richard Armitage）国務副長官は，ムシャラフから「越境侵入の恒久的停止」という言質をえたことをインド側に伝えた．インド側はこれを歓迎し，軍事的・外交的な緊張緩和措置を発表することで応じた．

インドの「威圧的外交」の意図が，もし実際の「越境テロ」の終結にあったのであれば，アーミテージのえた言質だけではいかにも頼りなかった．それは1月12日のムシャラフ演説同様，「口先」だけのものにすぎないかもしれず，少なくともほんとうに現場でその「越境侵入の恒久的停止」という約束が履行されていることを確認するまでは，強硬な姿勢を貫きつづけるべきであったろう．インド国内では，当然そうした批判もでた（Chellaney 2002）．しかし，おそらくはインド中央政府が当初から最も重要だと考えていた目的は，すでにある程度達せられていた．すなわち，国際社会にたいして，カシミール問題をテロ問題として投影し，パキスタンに責任を押しつけ，問題の国内的要因を「外部化」するという目的である．インドは，パキスタン－テロ－カシミールを連結する言説を，いまや国内にとどまらず，グローバルに普及させることに成功したのではないかとの満足感を抱き，その成果を強調した．

とはいえ，その後もインドは手を緩めることはなかった．つねにアメリカをはじめとする国際社会がとった行動を引き合いにだして，パキスタン－テロ－カシミールという連鎖に国際社会がじゅうぶんな注意を払うよう喚起しつづけたのである．ヴァジパイ首相は，当面の危機が遠のいてからも，パキスタンのテロ支援に変わりがないことを強調した[6]．その年の独立記念日演説においても，JK州におけるこれまでの中央政府の過ちを一部認める姿勢を示したものの，パキスタンによる「越境テロ」には断固立ち向かうとの決意をあらためて表明している（Prime Minister's Office 2002）．

さらにその後，アメリカがイラク・フセイン体制打倒を視野に入れた「先制行動（pre-emptive action）」論を展開しはじめたとき，インドの政治・戦略エリートの内部には，この概念をインドのパキスタン攻撃に援用しようと考える者もいた[7]．むろん，こうした議論にたいしては，パキスタンはいうまでもなく，国際社会も賛意を示さなかった．アメリカのアフガニスタン攻撃を「正戦」として正当化した政治哲学者，マイケル・ウォルツァー（Michael Walzer）は，インド有力紙のインタヴューのなかで，カシミールのテロの場合には，パキスタンの直接の関与が明確ではないうえ，核戦争にエスカレートする恐れがあるとして，インドのパキスタン攻撃は慎重であるべきだと警告した（*The Indian Express*, Dec. 21, 2002）．同様の慎重論がインド国内においてさえ，支配的な論調となっていた．しかし，たとえ実際の行動にまでは至らなくとも，「アメリカがアフガニスタンやイラクを攻撃できるのであれば，インドにもパキスタンを攻撃する権利がある」という理屈が，インドの本音を体現するとともに，一定の道理があったのも事実である．「テロとの戦い」においてダブル・スタンダードは許されない，とインドは国際社会に釘をさしたのである（伊藤　2002）．その主張は，「支持」は受けなくとも，「理解」はされたといってよい．

このようにインドは，カシミール問題を，グローバルな「反テロ」の言説のなかに位置づけるべく努力しつつ，しかしパキスタンがしばしば主張する「テロの根本原因」にかんする議論にまで立ち入ることは回避する必要があった．カシミール人民の自決権に立脚したカシミール問題の解決こそが，インドのいう「テロ」の終結につながるというパキスタンの主張にたいし，インドのシンハ外相は内外での講演で，パキスタンの軍事体制，宗教過激主義に起因する国家政策としてのテロこそが問題なのだとして，「根本原因」などと称してテロを正当化することは許されないと強調した（Ministry of External Affairs 2002, 2003）．ヴァジパイ首相も非同盟諸国首脳会議（NAM）などの場で同様に「根本原因」論を一蹴している（Prime Minister's Office 2003）．インドとしての関心はあくまでも，カシミールでおきているテロの「現象」に国際社会の目を向けさせることにあったからにほかならない．

結局のところ,「9・11」と「12・13」後のインドの国際社会にたいする言説戦略は,つぎのように要約できよう.すなわちそれは,「反テロ」のグローバルな気運が高まるなかで,パキスタン支援による「越境テロ」の存在に焦点をあてることによって,JK州においては「自決権」が奪われ,「人権」が侵害されているというこれまでの強力な批判をかわそうとするものであった[8].そしてそれをつうじて,カシミール問題についてこれまでの守勢から転じ,有利な立場を確保することを意図していたのだといえよう.

3　パキスタンの新しい反撃

パキスタンにとっては,カシミール問題は元来,インド以上に死活的な問題であった.英領統治下における「インド」として歴史を共有しながらも,パキスタン建国の指導者たちは,ムスリムはヒンドゥー教徒とは異なる「民族」であるという「二民族論 (two-nation theory)」を掲げて,インドとの分離独立を選択した.それゆえムスリムの国としての自己アイデンティティをもつパキスタンの場合には,隣接するムスリム多住地域のカシミールをその領域に包含しないかぎり,国民国家の完成はありえない.ましてや,その要求を放棄するとすれば,建国理念の否定にひとしい.

実際,パキスタンは,インドよりも積極的にインド支配下のカシミール領を奪取する意図をもって行動してきた.とくに1980年代末以降,インドJK州での分離・武装運動が台頭してから,パキスタンが政治的,外交的,道義的にはもちろん,物理的にも,軍統合情報部 (ISI) をつうじて,インドJK州での運動を支援してきたことは,公然の秘密であった.

しかし軍事力でインドに劣るパキスタンは,JK州へのそうした介入と,それ以前の三度にわたる戦争に訴えるだけでなく,当初から国際社会への政治的アピールを重視してきた.パキスタン側によれば,カシミールについて国連決議のさだめた,帰属にかんする「住民投票」をインド側が拒否していることが問題の発端ということになる.そのうえでパキスタンは,カシミールのひとび

との「自決権」にもとづく「解放闘争 (freedom struggle)」としてカシミール問題の言説を構築した[9]．またとりわけ1980年代末以降は,「インド支配下の (Indian Held) カシミール」における「インド占領軍と準軍隊」による「人権侵害」の非道性を晒しだそうとしてきた．

ところが,「9・11」にはじまるグローバルな「反テロ」のうねりは,このパキスタンの戦略の見直しを迫るものであった．パキスタンは前線国家として,アフガニスタンにおけるアメリカの「テロとの戦い」への協力をいちはやく表明していたが，他方では，前節で述べたインドの攻勢が，巧みにアメリカをはじめとする国際社会を動かし，パキスタンへの過激派取り締まりとJK州への介入の停止をもとめる圧力を強化していたからである．もはや,「解放闘争」や「人権侵害」を叫ぶだけでは不充分なことは，あきらかであった．「9・11」が,「反テロ」の世界的世論を喚起し，「テロとの戦い」が他のいかなる目標よりも重視される環境が生じていた．くわえて，その後の「12・13」によって，パキスタンとテロとの連関が国際社会から疑われているなかでは,「テロ」への厳しい姿勢を示すとともに，パキスタンは「テロ（支援）国家」だとのインド側のレッテルにたいする正面からの反論，すなわち，「反テロ」の前提にもとづいた，説得力ある反撃の言説を構築し提示する必要があったのである．

国際社会に向けたパキスタンの新しい言説の萌芽は，「9・11」から2カ月後の国連総会におけるムシャラフ大統領演説にみてとることができる．演説のなかでムシャラフは,「テロとの戦い」への支持をあらためて表明しながら，インドを7万5千人以上のカシミール人を虐殺してきた「国家テロ (state terrorisim) の加害者」だと位置づけ，「世界は自由をもとめて闘い，国家テロによって抑圧を受けているひとびとの権利，熱望，要請を蹂躙してはならない（傍点筆者）」と強調した (Pakistan Mission to the United Nations, New York 2001)．インドがカシミールでおこなっている行為は，「国家テロ」にほかならないとの表現は，これ以降，パキスタン首脳によって頻繁に用いられる (Ahmed et al. 2001: 20-25)．

ところがその後の「12・13」を，インド側がパキスタンの関与するテロの動

かぬ証拠だとして突きつけたため,パキスタンとしては,その国内に疑われるテロの源泉に厳しい姿勢をとっているのだということを国際社会に明示せざるをえなくなった.2002年1月12日のムシャラフ演説で,パキスタンはいかなるテロも許さないとして,LeT,JeMを含む過激派組織を禁止し,マドラッサの規制強化を発表したのがそれである.このとき特徴的だったのは,従来きまって用いられてきた「自決権」と「解放闘争」という表現が,まったく使われなかったことである (Ministry of Foreign Affairs 2002a).国際社会がこぞって非難した「12・13」の直後に,「自決権にもとづく解放闘争はテロではない」といってみても逆効果であることを,ムシャラフは熟知していたように思われる.実際,「12・13」を含むテロを非難し,具体的なテロ対策に焦点をあてたこの演説は,インドからの一定の評価だけでなく,国際社会からひろく称賛を受けた[10].

そのかわりに登場したのは,ここでも「国家テロ」という表現であった.ムシャラフはとくにアメリカを中心とする国際社会に向けたメッセージだと前置きしたうえで,「カシミール人は,あなたがたがインドにたいして国家テロと人権侵害を停止するようもとめることを期待している.アムネスティ・インターナショナルや国際メディア,国連平和維持部隊にインド占領軍の行為を監視させようではないか(傍点筆者)」と述べた (Ministry of Foreign Affairs 2002a)[11].グローバルな「反テロ」言説が最高潮に達し,またアフガニスタンにおけるターリバーン体制の諸々の「人権侵害」行為にたいする批判がつよまっていた状況をじゅうぶん計算に入れた発言であったといえよう.

しかし前述したように,実際にカシミール「解放闘争」への支援を停止することは,カシミールのひとびとにたいしてだけではなく,パキスタン国民全体からみても,裏切り行為ととられかねない.国内での権力維持の見地からは,そのような印象を国内的にあたえることは避けねばなるまい.また,軍やISIも既得権を守るため,カシミールへの介入をつづけたいと思っている[12].ムシャラフが1月12日演説にもとづいていったん取り締まったはずの過激派の大半を釈放したこと,LeTやJeMが実質的には存続したこと,インド側が要

求した20名のテロリスト引き渡しを拒否したこと，また「5・14」後，一層勢いを増したインドの「威圧的外交」にムシャラフがひるまず立ち向かう姿勢をつづけたことは，その文脈のなかでとらえられよう．

　2002年5月27日，インドと国際社会からの圧力がつよまるなかでおこなわれたムシャラフ演説は，1月12日の演説とは対照的にインドと国際社会を大いに失望させた．そこでは，テロにたいする具体策はなんら提示されなかった．かわりにムシャラフは，インド側カシミールでおきているのは「解放闘争」であるとの表現を復活させ，それへの支持を表明したほか，カシミールにおけるインドの残虐行為に国際社会が目を向けるよう要請した（Ministry of Foreign Affairs 2002b）．当然ながら，演説はインド側の失望と怒りを買い，戦争の危機はかえって高まったように受けとめられた．

　なるほどムシャラフは，6月6日のアーミテージ米国務副長官との会談において，「越境侵入の恒久的停止」を約束したとされる．この言質をえたとの情報とアメリカがその保証人となってくれたことが，戦争に突き進もうとするインドを説得し，当面の危機緩和に貢献したことは間違いない．しかしムシャラフは直後の米誌インタヴューにおいて，カシミールではテロではなく，「解放闘争」がつづいているのだとの認識を再度示すとともに，かれがアーミテージに保証したのは，「現在LoCを越えた動きはない」という事実であり，「今後何年間もなにもおこらないという保証をあたえるつもりはない」（*Newsweek*, July 1, 2002）と述べている．パキスタンは，カシミール問題の主張についてなんら後退したわけではないのだと国内を安心させるのと同時に，JK州における暴力と混乱の責任がパキスタンにあると認めたわけではないとして，国際社会を牽制したものとみられる．

　またパキスタンはインドとは対照的に，テロの「現象」よりも，その「根本原因」に取り組むことの必要性を国際社会に訴えつづけた．たとえば，2002年秋の国連総会でのムシャラフ演説によれば，「自決権」とそれにもとづく「解放闘争」が，「国家テロ」によって抑圧されていることが暴力の原因なっている，という．さらに，インド側が「テロとの戦い」の原理を悪用して，カシミ

ールでの正当な「解放闘争」を脱正当化するとともに，パキスタンを「テロ」のイメージで傷つけようとしている旨主張している（Ministry of Foreign Affairs 2002c）．

こうして，2002年夏の危機が終わるころには，パキスタンのカシミール言説の改訂版があきらかになった．それはすなわち，インド軍・治安部隊による「国家テロ」が，カシミールのひとびとの「自決権」にもとづく正当な「解放闘争」を抑圧し，大規模な「人権侵害」行為に組織的に関与しているという見方である[13]．こうした見解は，国内の宗教勢力や軍，世論の「ジハード」要求を満足させると同時に，「9・11」後に広がったグローバルな価値観に合致する言説であった．

軍人で軍の最高指導者でもあるムシャラフ大統領が，2002年10月に総選挙を実施し，ジャマリ（Mir Zafarullah Khan Jamali）文民政権の発足を認めたことも，国際社会を意識した，インドとの言説の戦いという側面があろう．この点では，「世界最大の民主主義国」であることを自他ともに認めるインド側からの攻勢を受けてきたからである．むろん，文民政権への権限委譲は表面的なものにすぎず，カシミール政策を中心としたパキスタンの実権をいぜんムシャラフが握ることに変わりはなかったが，第1節で述べたように，国際社会がこの制度上の「民主化」措置を歓迎したことはたしかである．

くわえて，国際社会を震撼させた2002年夏の印パ危機が，結果的に，カシミール問題への国際社会の関与を長年もとめてきたパキスタンに新たな機会を提供してくれていた．たしかに国際社会は——まさにインドが描いたシナリオどおり——パキスタンとテロとカシミールの結びつきに懸念を抱き，ムシャラフに圧力をつよめてきた．しかしパキスタンは，「テロ」に起因するこの「危険な」両国の対立の根底には，未解決のカシミール問題があるのだと国際社会に認識させることにある程度成功した．こうしてカシミール問題は——まさにパキスタンが長年追求してきたように——じゅうぶんに「国際化」し，グローバル・イシューとなったのである．そしてその恒久的解決のためには，「戦争」——パキスタンにとっては勝ち目のない——ではなく，「対話」が必要なのだ

というパキスタンの主張は，核戦争を懸念とする国際社会の望むとおりの正論として受け入れられた[14]．

4　グローバリゼーション下のカシミール問題と印パ関係

これまでに述べてきたように，カシミール問題は，印パ両国にとってたんなる領土問題にとどまらず，おのおのの「国民国家」としての存在意義——「政教分離主義国家」のインドと「ムスリム国家」のパキスタン——を賭けた紛争である．そして南アジアの平和と安定に決定的な影響を及ぼしうる地域覇権国インドと，挑戦国パキスタンの国家間関係の大部分は，この厄介なカシミール問題と関連づけて語られ，また実際上も連動してきたといってよい．だからこそ，カシミール問題にかんする言説をどのように構築するかという課題が，印パ双方にとって，その領土，アイデンティティ，二国間関係，安全保障を規定するうえできわめて重要なテーマとなるのである．

　この言説をめぐる戦いは，1990年代初めからのグローバリゼーションの急速な進行によって，一層重要性を増すことになる．冷戦に「勝利」したアメリカを中心とする西側の価値観が，その圧倒的な経済力，軍事力，通信手段に支えられて，他の価値観を凌駕し，いまや普遍性を帯びるに至ったのである．

　この普遍性に個別性を主張して対抗することは，なるほど支配される側の当然の反応かもしれない（Robertson 1992: 100；高柳 1999: 145）が，少なくとも主権国家の理性的な指導者は，その選択肢のもつ危険性を承知していよう．民主主義と人権にかんする「グローバル・スタンダード」からのあからさまな逸脱は，ますます一体性をつよめた世界経済において，経済援助の停止や，貿易規制，投資の見合わせといった形で国内経済にはねかえる．結果的にグローバリゼーションの経済的果実を享受できないどころか，「第四世界」に転落し（滝田 2001: 30-31），固定化される恐れがある．とくにグローバリゼーションによって依存状況が一層深まった周辺国にとっては，そのコストは大きい（Olzak and Tsutsui 1998）．さらには，圧倒的軍事力による武力介入を招く口実

をあたえ，最悪の場合には，「正戦」としての強制的な「体制転換」がはかられるやもしれない．それゆえ，冷戦期には世界大国の思惑から比較的自由に，自らの論理にもとづいてカシミールをめぐる対立状況を形成してきた印パといえども，いまやその政策が，西側でつくられたグローバルな政治的価値観と矛盾するものではなく，矛盾しているのは相手のほうである，ということを立証しまた説得しなければならなくなったのである．

　このグローバルな政治的価値観のリストに「反テロ」という新たな項目をつけくわえたのが，「9・11」であった．これによりインドは，旧藩王のインド併合への同意，領土保全の国際原則，インドの民主主義とパキスタンにおけるその欠如等にくわえ──いや，それ以上に──，「反テロ」の広がりに乗じて，これまでは孤独に叫ぶほかなかったパキスタンからの「越境テロ」の問題を，ついに説得力をもって国際社会にアピールする機会をえた．実際，国際社会はようやく，インドの苦しむ「テロ」に共感を示してくれるようになったのである．他方，インドによる国連決議の無視と「自決権」の否定，インド側カシミールにおける「人権侵害」と「解放闘争」抑圧を主要な攻撃材料としてきたパキスタンの場合には──インドほどには力点を移行させなかったが──，それらだけでなく，インドこそが「国家テロ」をおこなっているのだとの言説を構築し，インドの「越境テロ」言説に対抗することになった．こうして，「テロ」という共通の言葉が，カシミールをめぐる印パの言説の戦いの重要な要素として組み込まれることになったのである．

　この変化は，カシミールおよび印パ間の暴力のレベルにいかなる影響を及ぼしているのであろうか．答えは微妙で，相反するものになろう[15]．一方では，グローバルな「テロとの戦い」に勢いをえたインド側が，JK州での武装勢力や「越境侵入者」を「テロリスト」として，暴力で対決する傾向がつよまっている．国家の側が──アメリカがアフガニスタンやイラクでみせつけたほどの──圧倒的な暴力によって掃討し，かれらを「封じ込める」ことに成功しないかぎり，こうした手法は新たなテロを生み，「暴力の連鎖」がつづく恐れもある．

しかし他方では，体制への異議申し立てをおこなう側にとってだけでなく，国家の側にとっても，安易に暴力に訴えにくい環境が創出されつつある．「12・13」や「5・14」のような「テロ」は確実に糾弾を受けたし，パキスタンはテロ組織への厳しい措置を迫られた．インドJK州内の分離勢力のいくつかは武器を捨て，対話に応じる兆候もみられる[16]．同時に，JK州での軍や治安部隊によるあからさまな人権侵害や虐殺も，いまや隠蔽はきわめて困難である．そうした事実があれば，メディアやNGOによってグローバルに瞬時に伝えられ，世界のひとびとの批判に晒されよう．2002年10月のJK州議会選挙について，インド側が「自由かつ公正」な選挙となったことをしきりにアピールし，新しい州政権が「対話」や「癒しの政策」を掲げたことも，インドが暴力ではなく，民主主義の枠組みをつうじて問題を解決しようとしているのだと国際社会に印象づける意味合いが含まれていた．

インドはグローバルな「テロとの戦い」のなかで，とくに「12・13」以降は，自らがパキスタンとの言説の戦いにおいて有利な立場に位置づけられたと確信した (Katyal 2002)．しかしアメリカを中心とした国際社会は，インドの期待ほどにはパキスタンへの圧力を徹底せず，むしろインド側に対話開始などの譲歩をもとめてきているとの幻滅感が，2002年夏の危機後には広がっていることも事実である (Raja Mohan 2003b)．パキスタンにおいても，国際社会はインドの「越境テロ」論に安易に乗ってパキスタンを非難しながら，インド側カシミールでの人権侵害をじゅうぶんに糾弾していないではないかとの不満が広がっている (*The Nation*, Apr. 28, 2003)．03年のイラク攻撃は，その対応をめぐって印パ双方を苦悩させるとともに，国際社会は印パ間のテロ問題にもカシミール問題にもすでに関心を失ったのではないかとの印象をあたえずにはおかなかった (伊藤 2003)．もし印パの，カシミールにおける暴力，また国家間の暴力の使用を抑制しようとするのであれば，こうした幻滅感と不満に国際社会がどのように応えるのかが問われることになろう．

1998年の核実験，99年のカルギル紛争，2002年夏の全面戦争の危機を経て，カシミール問題と印パ対立が，国際社会にとって無視しえない課題となったこ

とは間違いない（Dixit 2002b : 332-333）．印パはそれぞれにとって都合のよい言説だけが支配的になることを期待していたが，両国の言説の戦いの結果はそうはならなかった．国際社会は，「越境テロ」も「人権侵害」も同様に改善すべき問題であるとみなし，停戦や対話の開始と信頼醸成措置をもとめている[17]．この現実を印パは——とくにカシミール問題自体の「国際化」に抵抗してきたインド側は——，まず認識する必要があろう（Mattoo 2002）．

　もちろん，カシミール問題とそれを中心とする印パ対立が，これまで述べてきたように領土と存在意義を賭けた戦い[18]であるかぎり，その「解決」は容易なことではないし，国際社会がそれを強制することはできまい．しかし印パがそれぞれ訴える「越境テロ」や「人権侵害」にたいして真摯に返答したとみなされなければ，国際社会は2002年夏の危機のような核戦争の脅威にふたたび直面し，厄介な「危機管理」を迫られる可能性がきわめて高い．さらに悪ければ，グローバリゼーションの進展のなかでその政治的価値観を強制してきた西側世界にたいする疑念が——B. バーバー（Barber 1995＝1997）が「マックワールド」への対抗として鮮やかに描いてみせたように——，「ジハード」として表面化してくるというシナリオも覚悟しておかねばなるまい．

1) ただし同氏は，この政治的グローバリゼーションという新しい帝国主義を肯定的にとらえる立場に立っている（Ferguson 2001）．
2) しかし2002年夏から03年にかけて筆者が印パでおこなったインタヴューによれば，印パの戦略エリートは概して，国際社会の懸念にくらべて楽観的な見方がつよい．印パ間でも米ソ同様の核抑止が可能であるとの認識が支配的であった．
3) パキスタン支配下におかれているアーザード・ジャンム・カシミール（AJK）と北方地域を含む．
4) 「われわれ」と「やつら」の二分法の広がりについては，藤原（2001）参照．
5) パキスタン有力紙は社説で，「テロとの戦い」が，イスラエルやインドのような国がテロにたいするグローバルな懸念を利用して，パレスチナ，カシミールにおける解放闘士をテロリストとよばわりし，かれらを残虐に抑圧するきっかけをつくったと批判した（*Dawn,* May 31, 2002）．
6) 米ニューズウィーク誌によるインタヴューにおいて，ヴァジパイ首相はつぎのように述べている．「越境侵入にかんするかぎり，パキスタンの政策になんら変化は

ない．(中略)パキスタン占領下のカシミールとパキスタン国内には，50から70の
テロリスト訓練キャンプが存在する．」(*Newsweek,* July 1, 2002)
7) アドバルーンをあげたのは，政権筋に近いとされるジャーナリストのラージャ・モハン(Raja Mohan 2002a)であり，その後ジャスワント・シン(Jaswant Singh)蔵相(前外相)が，訪米中に「いかなる国にも先制行動の権利がある」(*The Hindu,* Oct. 1, 2002)と発言したほか，イラク攻撃後もヤシュワント・シンハ(Yashwant Sinha)外相が新聞のインタヴューのなかで，イラク攻撃の論理はパキスタンにたいしてこそあてはまるとの趣旨の発言をした旨報じられた(*Hindustan Times,* Apr. 6, 2003).
8) インド外務省のカシミール問題にかんする公式ウェブサイト (http://meaindia.nic.in/jk/kashmirissue.htm：2003年9月13日アクセス)では，パキスタンによる「越境テロ」支援という表現が何度も用いられるとともに，パキスタンのいう「自決権」論は，「領土的野心の隠れ蓑」にすぎず，また「人権侵害」の問題については，「JKのひとびとの人権は，パキスタンの支援するテロ戦術によって組織的に侵害されてきた」と反論している．全体として，JK州での暴力と混乱の責任をパキスタンに帰する内容である．しかしだからといって，インド側が自らの矛盾についてなにも対応しなかったとまではいえない．ヴァジパイ首相は，前述のように02年の独立記念日演説において，過去の中央政府の過ちを認める発言をしたし，同年10月にJK州で誕生したムフティ・モハンマド・サイード(Mufti Mohammed Sayeed)州政権は，分離勢力との「対話」と「癒しの政策」を掲げた．
9) パキスタン側の「アーザード・ジャンム・カシミール(AJK)」とは，解放された＝自由なジャンム・カシミールの意である．
10) ムシャラフ演説の直後，1月16日にパキスタンを訪問したアメリカのパウエル国務長官は，記者会見でつぎのように演説を高く評価し，発言内容を再確認している：「テロリストならびにその組織と戦おうとするムシャラフ大統領の意思表明は，勇気とリーダーシップを示すものだ．かれは，カシミールを含め，どこでおころうが，パキスタンとしてはテロに反対するということを明確に述べた．」(U.S. Department of State 2002a)
11) 興味深いことに，演説の他の部分はウルドゥー語でおこなわれたが，国際社会向けというこの一連のくだりのみ，英語で演説された．
12) 広瀬(2003)によれば，「9・11」以降，パキスタンでは過激なイスラーム主義が台頭してきたが，軍はそれを組織防衛のために利用してきている．
13) パキスタン外務省のカシミール問題にかんする公式ウェブサイト (http://www.forisb.org/kashmir.html：2003年4月23日アクセス)，前述した02年9月12日のムシャラフ国連演説，03年1月29日に訪米中のカスーリ(M. K. M. Kasuri)外相がおこなったパウエル米国務長官との共同記者会見(U.S. Department of State 2003a)，

03年2月24日の非同盟諸国首脳会議（NAM）でのムシャラフ演説（Pakistan Mission to the United Nations, New York 2003）は，一貫してこうした主張を展開している．
14) 対照的にインド側は，「越境侵入，越境テロが終わるまでパキスタンとの対話はしない」との立場をとっているが，このかたくなな姿勢は国際社会に受け入れられていない．国際社会がインドにたびたび「対話」を促すことに，インドでは苛立つ声（Rasgotora 2002）がつよまっている．
15) むろん，グローバリゼーションの物質的側面に目をやるならば，それがカシミールにおける暴力化の一因となっていることはあきらかである．たとえば，武器供給，テロリストへの資金供給，テロ組織ネットワークの強化などがそれである．
16) 複数の分離勢力のフォーラムである全党自由会議（APHC）内の穏健派が，その代表格（http://www.satp.org/satporgtp/countries/india/states/jandk/terrorist-outfits/Hurriyat.htm：2003年10月28日アクセス）．
17) インド有力紙は社説で，人権侵害が指摘されるインドについては，JK州の州都スリナガルにおいてテロと人権にかんする大規模な国際会議を開催し，人権侵害行為がおきていたのなら，インドは謝罪して犯人を処罰すべきであると述べ，その見返りにパキスタンが，その国内のテロリスト訓練キャンプを監視する国連査察団を受け入れてはどうかと提案している（*The Times of India,* May 5, 2003）．
18) N・C・ベヘラ（Behera 2002）は，カシミール問題を脱領域化して，政治的問題として取り扱う必要性を指摘している．

参考・引用文献

伊藤融，2001，「エスニック紛争における国際的ファクター」『国際政治』127：79-94.
―――，2002，「同時多発テロ1年とインド国内の論調」『インド季報』34(2)：34-38.
―――，2003，「イラク危機と印パの同床異夢」『海外事情』51(5)：16-27.
高柳先男，1999，「グローバリゼーションと『政治』の危機」中央大学社会科学研究所研究報告第19号『世界化と平和の問題状況』143-149.
滝田賢治，2001，「グローバリゼーションと国際関係」『中央評論』238：23-32.
広瀬崇子，2003，「パキスタンの民主化とイスラーム勢力」『海外事情』51(5)：42-54.
藤原帰一，2002，「アメリカの平和―中心と周辺」藤原帰一編『テロ後―世界はどう変わったか』岩波書店，222-247.
堀本武功，1993，「南アジアの地域紛争―1970年代以降のカシミール問題」『南アジア研究』5：102-125.
Ahmed, Rafiuddin, Fasahat H. Syed, Zafar N. Jaspal, Ahmed I. Malik, Faisal S. Cheema and Huma A. Shah, 2001, *Terrorism* (IPRI Paper), Islamabad Policy Research Institute.

Barber, Benjamin R., 1995, *Jihard vs. McWorld,* Times Books (＝1997, 鈴木主税訳『ジハード対マックワールド』三田出版会).
Behera, Navnita Chadha, 2002, "Colours of azadi," *The Hindu,* Oct. 12.
Chellaney, Brahma, 2002, "Learnung from a dud," *Hindustan Times,* Nov. 22.
Cohen, Stephen Philip, 2002, *India : Emerging Power,* Brookings (＝2003, 堀本武功訳『アメリカはなぜインドに注目するのか―台頭する大国インド』明石書店).
Dixit, J. N., 2002a, " Through a looking glass," *Hindustan Times,* July 24.
―――, 2002b, *India's Foreign Policy : Challenge of Terrorism,* Gyan.
Ferguson, Niall, 2001, "Welcome the new imperialism," *Guardian,* Oct. 31.
Foreign & Commonwealth Office, 2001, "Press Releases," May 24.
Fukuyama, Francis, 1992, *The End of History and the Last Man,* Simon & Schuster (＝1992, 渡部昇一訳『歴史の終わり』三笠書房).
Ganguly, Sumit, 1997, *The Crisis in Kashmir : potents of war, hopes of peace,* Cambridge.
Kalyanaraman, S., 2002, "Operation Parakram : An Indian Exercise in Coercive Diplomacy," *Strategic Analysis* 26 (4).
Katyal, K. K., 2002, " The third thorny phase," *The Hindu,* July 31.
Mattoo, Amitabh, 2002, " The endgame over Kashmir," *The Hindu,* June 24.
Ministry of External Affairs (India), 2002, "Address by H. E. Shri Yashwant Sinha Minister of External Affairs of the Republic of India at the International Institute for Strategic Studies, London," Oct. 30.
―――, 2003, " The Second Rajendra Mathur Memorial Lecture delivered by Shri Yashwant Sinha Minister of External Affairs under the auspices of the Editors Guild of India," Apr. 19.
Ministry of Foreign Affairs (Pakistan), 2002a, "English rendering of President General Pervez Musharraf's address to the nation," Jan. 12.
―――, 2002b, "English rendering of President General Pervez Mushrraf's address to the nation," May 27.
―――, 2002c, "Address by the President General Musharraf at the 57th Session of the UN General Assembly," Sep. 12.
Olzak, Susan and Kiyoteru Tsutsui, 1998, "Status in the World System and Ethnic Mobilization," *Journal of Conflict Resolution,*" 42(6) : 691-720.
Pakistan Mission to the United Nations, New York, 2001, "Address by the President of Pakistan, General Pervez Musharraf at the Fifty-Sixth Session of the United Nations General Assembly," Nov. 10.
―――, 2003, "Address by the President of Pakistan, General Pervez Musharraf, at the inaugural session of the 13th Summit of the Non-Aligned Movement (NAM-XIII) in

Kuala Lumpur, Malaysia," Feb. 24.

Prime Minister's Office (India), 1999, "Prime Minister Shri Atal Bihari Vajpayee's Independence Day speech," Aug. 15.

―――, 2001a, "Prime Minister Shri Atal Bihari Vajpayee's Address to the 56th Session of the UN General Assembly," Nov. 10.

―――, 2001b, "India-US Joint Statement on the Occasion of the Official Working Visit of Prime Minister to Washington DC," Nov. 10.

―――, 2002, " Text of Prime Minister Shri Atal Bihari Vajpayee's Independence Day speech," August 15.

―――, 2003, "PM's Statement at the XIIIth NAM Summit," Feb. 24.

Raja Mohan, C., 2002a, "Vajpayee and pre-emptive war," *The Hindu*, Sep. 12.

―――, 2003a, *Crossing the Rubicon : The Shaping of India's New Foreign Policy*, Viking.

―――, 2003b, "India and the war on terror," *The Hindu*, Sep. 12.

Rasgotora, M. K., 2002, "Indo-Pak dialogue : the General is the full stop," *The Indian Express*, Dec. 9.

Robertson, R., 1992, *Globalization : Social Theory and Global Culture*, Sage.

Sood, V. K. and Pravin Sawhney, 2003, *Operation Parakram : The War Unfinished*, Sage.

U.S. Department of State, 2002a, "Joint Press Availability with Pakistani Foreign Minister Abdul Sattar," Jan. 16.

―――, 2002b, "Press Statement : President Speaks to Leaders of India and Pakistan," June 5.

―――, 2003a, "Remarks with Pakistani Foreign Minister Mian Khursid Mahmud Kasuri Following Meeting," Jan. 29.

―――, 2003b, "Joint United States-United Kingdom Statement on the Violence in Kashmir," March 27.

* 以上のほか，事実関係については，インドの主要紙 *The Times of India, Hindustan Times, The Hindu, The Statesman, The Indian Express, The Pioneer, The Asian Age, The Economic Times,* ならびにパキスタンの主要紙 *Dawn, The Nation, The News* を参考にした．

12章　イスラーム世界とグローバリゼーション
―― イメージの相剋 ――

鈴　木　規　夫

1　ワールド world と グローブ globe ―― 性格としての空間

　グローバル，グローバリゼーション，グローバリズムなどの用語の定義をめぐり，現在さまざまな議論が存在する．とはいえ，グローブを基軸としたこうした用語群が20世紀後半の，とりわけ冷戦後の状況に頻出してきたという点については，何人も異論はないであろう[1]．しかし，グローブやグローバルなどがどのような空間表象であるのかと問われると，現在どこでどのような共通了解が成り立つのか，はなはだ疑わしい．

　いうまでもなく，それは確かに〈地球〉として存在しているのではあるが，「どこ」であると明確に指差せるような空間表象ではない．また，それらはメタフォリカルにはポジティヴにもネガティヴにも作用し，特定の政治社会における文脈に応じて，言語行為上のさまざまな概念がすでにある程度構築されているコトバでもある．「グローバルに考える」という表現が成り立つという事実は，それがどのように価値序列化されているのかとは別に，このコトバがわれわれの日常性へ浸透していることをよく示している．

　イスラーム世界とはどこかと問うことにもまた，同様のあやしさがともなっている[2]．それはいわゆる中東地域の代名詞ではない．イスラームを信仰しているムスリムの世界総人口のうち中東地域におけるムスリムはその約3割を占めるに過ぎない．逆に，欧米地域のムスリムたちの生活空間をこそイスラーム世界と呼ぶ論者がいてもおかしくはない．現代では，たとえば情報発信機能の

点から考えれば，人口比率では数パーセントを占めるに過ぎないにもかかわらず，かれらのグローバルな影響力は無視できないからである[3]．

　この場合の「世界」は，「現代世界」という場合のように，かつて全体的表象として機能してきた「ワールド」によって表現されている．一般に，そのワールドとの対照においてネイション・ステイトが想像され，ネイション・ステイト間の空間表象として「国際」（インターナショナル）が構築されていたことから類推して，イスラーム世界をイスラーム諸国会議機構（OIC）のような存在であるとも考える「立場」もありうる[4]．

　ここでなぜ「立場」と敢えて表現するのかといえば，ネイション・ステイトの制度的枠組みを解体することなく構成される，このイスラーム諸国会議機構のイスラーム性を批判するイスラーム主義者が多いからである．「イスラーム諸国会議はイスラームとは無縁である」というかれらは，明らかに「世界」を別の視座から眺めていることになる．

　ところで，ワールドによっては収束不能な現象を指示するコトバとしてグローブを基軸とした用語群が登場してきたのだと仮定したとしても，ワールドとグローバルとの用語法上の混在状態は現在でもなお続いているといえよう．実際，「ワールド・ポリティクス」と「グローバル・ポリティクス」との差異を明確に定義する「国際政治」の教科書は書きにくい．そこで言説を構築しているのは確かに新しい「何か」であろうが，「世界化」と「全球化（グローバリゼーション）」とを区別する厳密な概念定義を行うには，なお判然とはしないものが横たわっている．ネイションに関連づけられるエスニック概念の混乱などにも見られるように，グローブを基軸とした用語群はそもそもそうした曖昧性を内包したものであった[5]．

　ただ，このグローブを基軸とした用語群には，「世界資本主義への賛成反対という議論へのいわば現代版として，現代社会科学を埋め尽くそうとしている」（藤原 2000：5）ような，それによって何か事態を認識しなければならないという強制力を持った「シンボル」としての機能が予め付与されている．つまり，この「シンボル」は〈現代世界〉の空間の性格の変動それ自体を操作的に規定

するのに都合のよい表象として機能するのである.

したがって，グローバリゼーションと対抗してイデオロギー的に配置されるべき何かがあるとすれば，それはとにもかくにも「世界資本主義」との差異によって性格づけられるものであることになる.「イスラーム世界とグローバリゼーション」という表現が，何がしかの対比性を喚起するのは，おそらくそのためであろう.

ところで,「解釈され変革されるべき現代世界」において，ワールドからグローブへとその用語法の転換を決定づけるものは，いったい何であったのか．それを考えるには，グローバリゼーションをめぐる議論が，国際政治学における認識論的ないし存在論的転換をそこに求める傾向があるという点（小林・遠藤 2000：ギル/ガルトゥング）を看過すべきではない．その場合，しばしば文明論的な議論に還元されてしまってかえって見え難くなることであるが，もともとワールドは，キリスト教にいうところの「現世性」によって特徴づけられていたことを想起すべきであろう．少なくとも19世紀国際政治世界においては，文明化された「クリスティアン・ネイションズ」によって構成される「現世」がワールドに他ならず,「別世界」とは，文字通りかれらの意味する〈人間〉の生存領域としてのワールドとは別の空間であった．その「別世界」はワールドと等価ではありえず，ワールドによる啓蒙と開拓を必要とされるフロンティアに他ならない．これをめぐって，丸山真男はかつて次のように指摘している（丸山・加藤 1998：135-138）．

　……当時，Christian nations にしか国際法が妥当しなかったのも事実なのです．それは福沢が何べんも書いています．国際法なんて，いかにも世界中に通用するようにいうが，西洋人が東洋人にどんな扱いをするかを見るがいい，と．彼は香港とインドで実際に見てきている．奴隷のごとく扱いながら，人類普遍の法なんてとんでもない．あれはキリスト教国のあいだでだけ通用するのだと力説する．これは福沢の国権論の非常に大きな背景になっている．だから，Christian nations というのは，当時としては大事な表現ではあるの

です．だんだん現実がみえてくるわけね，Christian nations のあいだでのみ妥当する契約だということが．……文明と未開とか段階的な区分はホイートンにかぎらず，進歩史観のなかの一般的な用法です．福沢がウェーランド（Francis Wayland. アメリカの教育家．一七九六一一八六五）の *The elements of political economy* やなんかから学んで書いたのも，未開（野蛮），半開，文明という三段階で，そこでは，日本は半開と位置づけられた．西欧の進歩思想のなかの世界史の発展段階という考えが，一八世紀末からの一般の観念だった．それにさっき言った国際法の背景がある．グロチウス以来，ヨーロッパのキリスト教国のあいだで，元来，ローマ法・ゲルマン法とか，ギリシア・ローマの古典とか，長い神聖ローマ帝国の支配とか，共通の伝統をもつ国民国家のあいだに発達した国際法を，文化も伝統も違う地域にまでグローバルに広げてしまったところが，現代では問題なのですね．……

　つまり，Christian nations の現世の存在秩序形態としてあるワールドは，「文化も伝統も違う地域にまで」「広げてしまったところが，現代では問題」となり，グローブを基軸とした用語群を必要とするようになっていたのである．「喜望峰より東のクリスティアンはクリスティアンにあらず．白人にあらざるクリスティアンはクリスティアンにあらず」という19世紀帝国主義の不文律もそのまま抱えつつ，これは二重の意味で実に興味深い問題を惹起している．それは，西洋近代が拡張した空間の性格とは西方キリスト教的現世空間に他ならず，ワールドはキリスト教的「来世」に対する「現世」を表象してきたのだということである．

　他方，グローブを基軸とした用語群は，「地表」，「地平」の広がりや天体の物理的な空間的位相としての地球を表象する．ワールドだけでは収束しきれなくなった〈現代世界〉は，ある意味でバラバラの「来世」イメージを混在させたまま存立することになったといえる．それは一方で〈現代世界〉において「現世性」についての共通了解が拡張していることを示している．と同時に，逆にそれは一定の「来世」のイメージを共有することのないまま流

れる〈現在〉が生成しているということでもある．

さらにこれを厳密に考えてみれば，キリスト教が前提としているように，時間が始原から終末への流れの分節化過程であるとすれば，〈現代世界〉はすでに〈現在〉の時間性を共有できないまま存在していることになる．むろん，エーテルに代わる「グローバルな」時空の繋がり方が「光のネットワーク」に他ならない以上[6]，グローブも実際のところ「神の唯一性」によって担保されてきた「世界の唯一性」のイメージに他ならないのだが，キリスト教の時間性が表象している「人間の限界」のイメージからは次第に切り離されていくのである．

したがって，〈現代世界（コンテンポラリーワールド）〉とは一つの仮装された表現に他ならない[7]．ワールドではコンテンポラリーであることは可能であったが，グローブにおける時間性は同時代性を共有しているわけではない．したがって，〈コンテンポラリー・グローブ〉という表現は親和性のある表現とはなりえない．この空間の性格における歪みは，本来現世において限界づけられ〈死すべきもの〉であった人間が，現代に到ってその自らの死を忘却し，神の如き生の永遠性への幻想に支配されることになって生じるのである．

イスラーム世界とグローバリゼーションとのコントラストは，まずこうした空間の性格の歪みの問題から探られるべきである．そして，もし，イスラーム主義者たちの主張するように現代世界の諸矛盾と「無明性」（ジャーヒリーヤ）とに対して「イスラームが解決である」のならば，それはグローバリゼーションの進行する「国際社会（インターナショナルソサイエティ）」なる世界秩序観念を超えて，新たな秩序イメージを創出させるものでなければならない．

2 世界の唯一性

そこでまず，かつて「国際的無政府状態」としての〈国際社会（インターナショナルソサイエティ）〉を喚起したヘドリー・ブルの議論の最も重要な前提，すなわち〈国際社会（インターナショナルソサイエティ）〉という観念そのものの存在を想起しておこう．この観念の生成こそが国際社会

なるものの現出を基礎づけるのであり,その逆ではない.

世界政治秩序の概念の意義が与えられたのも,世界政治秩序が存在することが立証されたのも,どのようにしてその秩序が維持されているのかに関する説明が提起されたのも,この〈国　際　社　会〉（インターナショナルソサイエティ）という観念を通じてはじめて可能なのであり,世界政治秩序研究自体は「一つの知的認識活動（an intellectual activity)」に他ならない[8]．

「一つの知的認識活動」とは,自分自身が属する世界の全体像を自分でいかに描きうるのかを問う活動である．いわゆる一神教文明圏において,その問いは世界の統一性を示す伝統的なコトバである神に依拠している．同じ一つの世界に存在しているという認識に到るには,その世界そのものの一なる創造主が措定されなければならないからである．

逆にいえば,異なる創造主は異なる世界を創りだす．むろん,そこには異なる世界を支配征服することで自らの世界に組み込むという認識論的転換もありうる．たとえば,オリエンタリズムはそうした異なる世界を組み込む方法の一つの典型である．オリエンタリズムが創りだしたオリエントは,支配の対象として確立されてはじめて世界の一部となるのであって,それ以前には存在すらしない空間なのである．

さらにいえば,人間理性の普遍性において世界を構築する,すなわち,"World of Our Making"（Onuf 1989）を為しうる理性の唯一性そのものも,実は神の唯一性に由来している．「語りえぬものについては沈黙しなければない」（Ludwig Wittgenstein）としても,その理性の唯一性の出自は唯一の神であることが自明であるとすれば,世界政治秩序研究はその唯一の神をめぐるさまざまな言説を前提に成り立ってきたものに他ならない[9]．したがって,本来一神教の神学上の用語法に慣れない言説空間では,ブルの言うような「一つの知的認識活動」としての世界秩序は語りえず,沈黙しなければならないことになってしまう．なぜなら,その「一つであるはずの世界」についての言語をそもそも持たないからである（cf. 鈴木 1999）．

現代世界への思考において「いかにどの程度なおキリスト教に繋ぎ止められ

支配されているのか」を問うジャン=リュック・ナンシーにとって，一神教とは，複数の神々の措定と対立した或る一つの唯一神の措定からなるのではなく，神的なるものをまったく別の仕方で措定すること，あるいは神的なるものについてのまったく「別の視線」を意味している（ナンシー〔2001〕: 14）．そして，「なぜこの社会が現在ある社会になったのかは，この社会がキリスト教から遠ざかったからであろうという理由以外に，人々はまったく知らず」，「現代世界がそれ自身キリスト教の生成変化であることを内的に忘却ないし否認」することは，結局「現代世界の自己理解を阻む」ことになる（ナンシー〔2001〕: 127-128）．逆にまた，「キリスト教の信仰箇条の内実を脱構築することで，外部から世界を閉じ込めるなんらかの神の無限性と再び結びつく必要をもたずに，有限性の内部で無限性を思考することができるようになる」（ナンシー〔2000〕: 56），かもしれない[10]．

すでに触れたように，ワールドとは異なりグローブはこうした世界秩序をめぐる議論の神学的側面をある程度緩和してしまう機能も持っている．したがって，現代世界を思考するにはこのキリスト教性への必要な認証と配慮が，欠くことのできない視座なのである．「現代世界を思考する」には，常に「外部から世界を閉じ込めるなんらかの神の無限性と再び結びつく」危険が横たわっているからである．原理主義化する〈宗教的なるもの〉のさまざまな形態は，そうした「無限性」を人為的に仮構するプロセスに他ならない．ある意味で，「現代世界がそれ自身キリスト教の生成変化であることを内的に忘却ないし否認」することによって，かえって，ユーゴ紛争をはじめとした一連の1990年代以降のヨーロッパ内部で起こった不用意な〈宗教的なるもの〉の旺盛なる回帰や皮相な〈文明の衝突〉論の跋扈などという惨憺たる知的状況を許してしまったのである．

3 グローバリゼーションはアメリカニゼーションか
―― グローバリゼーションのパラドクス

　ここで，さらにグローバリゼーションとアメリカの一国覇権主義との関係，そして，「グローバリゼーションとはアメリカニゼーションである」といった議論の孕むイデオロギー的機能が検討されなければならない．アメリカの政治指導層が「現代世界」をイメージする際に，自らの力能の無限の拡大をそこに結びつけようとする「別の視線」が措定されていたとしても何の不思議もないからである．

　ヨーロッパに〈宗教的なるもの〉の旺盛なる回帰を不用意に呼び起こした〈コソボの教訓〉を踏まえながら，ノーム・チョムスキーは，アメリカ政府大統領の発言に繰り返し登場する〈国　際　社　会〉(インターナショナルコミュニティ)が，「技術的な意味では，アメリカとその同盟国・従属国を示すものとして使われるのが普通」になってきており，論理上「アメリカにとって国際社会を無視することは〔自分を無視することになり自己矛盾をきたすので〕」不可能であるような「別の視線」に他ならないことを喝破している（cf. チョムスキー 2000-1）．

　このアメリカの「別の視線」に立てば，「アメリカとその同盟国・従属国」以外による「世界」は構成されえず，「アメリカとその同盟国・従属国」以外の諸地域は，「別世界」ないしは一種の未開のフロンティアでしかない．それを〈国際社会〉に組み込むかどうかは，「別の視線」の「恩寵」に拠る他ないのである．

　たとえば，その典型的一例として，チョムスキーはパレスティナ問題を挙げている．アメリカがイスラエルとパレスティナの境界をめぐる紛争を外交的手段で解決する努力を長期にわたり妨害してきたことはつとによく知られているからである．パレスティナ解放機構を含めアラブ諸国は，1976年1月の国連安保理事会の決議を支持し「国際社会」に参加して以来，繰り返しイスラエルの存在を認め，中東地域における総ての国家の主権・領土・政治的独立，正当で

あると認められた国境の中で安全かつ平和に暮らせる権利を,適切な協定で尊重することを認めて,国連安保理決議242が決議上の「総ての国家」の中にパレスティナ国家を含むよう広義に解釈されてきたにもかかわらず,アメリカ政府はこの決議に拒否権を使い,以後同様の提案を絶えず拒んできた.それは中東諸国とアメリカとの関係が〈国際社会〉においてどのように位置づけうるのかについて安定がなく,同盟国とも従属国ともいえない曖昧さが常に存在するためである.イスラエルとの関係においてすらそれは曖昧である.イスラエルが時々の情勢に応じてアメリカ政府の意向を意図的に無視し,中東情勢を一定の方向へ誘導しようとしてきたことは周知のことであり,アメリカ政府のコントロールは効かないのである.

　最大の問題は,「アメリカ政府の今までしてきたことをアメリカ国民が知らない,知らされていない」ということである.それは「歴史からの抹消」に他ならないというチョムスキーは,どのような歴史も同じようないかなる出来事も,テロリズムに対するアメリカ政府の態度には何の影響も与えてはいないという[11]．

　さらにチョムスキーは,1990年代におけるいくつかの事例をめぐってもさらに興味深い検討を加えながら,「文明諸国が教条的喧伝を厳密に維持しなくてはならない理由は,それに囚われない人にはすぐに明らかになる.例えば,冷戦下で行われた犯罪行為は,上級内部文書で述べられているように,冷戦の東西対立とはほとんど無関係であり,冷戦前も冷戦後も,宣伝用の理由付けと抑止効果の有無から来る相違の他は異なるところのないパターンが続いている」(チョムスキー 2002-2：69)と指摘している.

　一般に,「グローバリゼーションとはアメリカニゼーションである」といわれる根拠は,〈国際社会〉における軍事的優位性や経済システムの問題ばかりでなく,マクドナルド,コカ・コーラ,ハリウッド映画,ディズニーランド,IBM,マッキントッシュなどといった商品消費のカタチで入り込んでくる「アメリカ的生活様式」の世界的流布にある.もっとも,それは何も20世紀後半になって突如として現象したものではない.

「グローバル」な諸々の用語法は，ただ単にそれまであった「アメリカの世紀」（ヘンリー・ルース）への説明方法を変えただけだというわけではない．その逆に，「アメリカの世紀」をめぐる説明方法を反復して，グローバリゼーション現象の説明に充てるという手法は，かつて存在した「アメリカの世紀」そのものの歴史的位置づけやグローバリゼーションとの関係などを曖昧にしてしまう．

「1941年にルースが指摘したように，その意味での「世界のアメリカ化」は，つとに，1920年代に開始されていた」という古矢は，アメリカが「世界」に売っている「私的ユートピア」（トッド・ジトリン）について，次のように指摘する（古矢 2002：308-309）．

　……広い意味でのアメリカのパワーは，今日にいたるまでなお世界支配をつづけているといってよい．いなそれどころか，世界に撒布されているアメリカ産の技術，アイデア，製品は質量ともに，その後も重要性を増しつづけ，国際共産主義体制が崩壊し，グローバルな市場経済が隆盛をみる今日，それはますますその世界支配を強化しつつあるとさえいえよう．テイラーイズムやフォーディズムの伝統に立脚する大量生産方式，モータリゼーション，種々の電化製品，スーパー・マーケット，ファースト・フード・レストランなどの生活文化，ジーンズにはじまり，Ｔシャツ，スニーカーなどの服飾文化，子供用玩具，コカ・コーラやマルボロに象徴される嗜好的食品文化，ディズニーランドなどのテーマ・パーク，ジャズ，ロック，ポップスなどの音楽，野球やバスケットやボクシングなどの巨大スポーツ産業，そしてなによりもハリウッド映画に象徴される娯楽文化等々といったアメリカの大衆文化，大量消費文化は，今日にいたるまで，広範な世界を転変ただならぬ流行現象のうちに巻きこんできた．そのことは，なによりも第二次大戦後の世界におけるアメリカの圧倒的な文化的ヘゲモニーを象徴する現象にほかならない．

　しかも，最近は同じく合衆国に端を発し，その結果アメリカ標準が当然の

ごとく国際標準とされるコンピューター文明やケーブル・テレビ，ミュージック・テレビといった新しいメディアの登場によって，地球上の人びとの生活と意識におよぶアメリカ文化の影響はますます拡大深化しつつあるかにみえる．1996年の時点で，アメリカ産のテレビ，映画，音楽，コンピューターなどに関連するソフトウェアの対外売り上げ総額は，602億ドルに達している．/多くの文化史家が指摘するように，そうした大衆文化商品をとおして合衆国が世界に売っているのは，モノだけではない．それは同時に，個人主義，富，進歩，寛容，楽観主義といったアメリカ的価値やアメリカ性をとおしてのみ実現可能なさまざまな自由（移動や運動の，家族からの，伝統社会や地域からの，社会的な地位や役割からの，そして歴史からの）を，すなわち「私的ユートピア」を売っているのである．

　古矢はさらに，「現下の問題は，はたしてこの「アメリカ化」の趨勢がどこまで継続してゆくのかという点」にあるという．これは同時に，「アメリカ標準による以外に，文化や意識の国際的相互依存の手段はないのであろうかという点」，「多様な文化のなかにあるはずの人びとの意識が，「アメリカ文化」の影響によって，どこまで平板化され平準化され均質化されていくのだろうかという点」をも問うことになり，ひいてはグローバリゼーションそのものが，このアメリカの趨勢によっては断絶する可能性はあるのかどうかということにもなっていく．「グローバリゼーションとはアメリカニゼーションである」という命題を否定し，それを証明するには，このアメリカの趨勢如何にかかわらず現象する〈グローバル〉な何かをそこに見出さなければならないのである．

　「アメリカの世紀」の限界をめぐって，古矢は「アメリカの世界化」の限界と「世界のアメリカ化」の限界という二つの側面から考察を加え，「豊かさのアメリカ標準」を地球大に普遍化することが不可能だという冷厳な事実があることを指摘する（古矢 2002：309-314)[12]．つまり，この「アメリカの世紀」の終焉をめぐるファクターを，「グローバリゼーションとはアメリカニゼーションである」という命題にそのまま導入するならば，グローバリゼーションはす

でに終焉を迎えつつある現象なのだということになる．

その一方で，「グローバリゼーションとはアメリカニゼーションである」とは，グローバリゼーション自体の導入部を説明しているに過ぎないとする議論もある．「現代グローバリゼーションとは，冷戦終結過程でアメリカが商業用に解放・開放したIT技術により実現した情報通信・運輸手段の高速化・大容量化が，経済過程（生産・流通・金融過程）の同時化・即時化を引き起こしたために，主権国家の主権性および国民経済が縮小し，民族文化の欧米化が短時間で進行しつつある過程」（滝田 2003：27）であり，アメリカニゼーションとして始まったグローバリゼーションは，その後独自に運動展開している現象となっているのだとされる．

その独自に展開されるグローバリゼーションは，かつての「第三世界」概念を空洞化させ，「南北問題」概念も有効性を喪失させて，アメリカニゼーションとしてよりはむしろ国際社会の「極端な分裂」によって特徴づけられるような現象として表象される．インドにおけるように，路上では飢餓に喘ぐ都市で発行されている新聞が肥満に悩む中産階級向けにダイエット特集を組むといったことが，皮肉にもごくあたりまえの日常的な光景となって世界各地で繰り広げられるのである．

その場合，「グローバリゼーションとはアメリカニゼーションである」という命題が暗に内包していた自由な競争社会としてのアメリカン・ライフへの一定のポジティヴなイメージは完全に一掃され，多くの近未来サイエンス・フィクションが描いてきたような，富める者と貧しき者とに極端に二極分解された〈分裂した世界〉が立ち現れる．それはもはやグローバルとローカルなどといった地域性の問題を融解させ，さまざまに歪んだ空間的連続性と非連続性によって性格づけられるような問題を構成し，そうした空間の歪を表象するイメージがさまざまに産出されるようになる．

ここに，ローカルやナショナル，リージョナルといった，ある意味でグローバルの下位概念に属するような表象とは別に，位相の異なる〈分裂した世界〉の歪みの表象としてのイスラーム世界が，かつての東西冷戦下〈国際社会〉に

とっての「東側世界」のような機能と役割とをもって立ち現れるのである．それは，東西冷戦といった表象と同様に，明らかに空間的地域的な指標ではない．単純に，「アメリカとその同盟国・従属国」の別名である〈国際社会〉とは切り離された，「別の世界」の存在を表象するのである．

4 イスラーム世界のロケーション

グローバリゼーション下の〈分裂した世界〉を表象するイスラーム世界は，そのように歪んだ空間の切断面にこそ現象するため，当然さまざまなレベルが存在し，その様態も状況に応じて異なってくる．それはまた，アンチ・グローバリゼーションのさまざまな動きと相関していく．

たとえば，アンチ・グローバリゼーションの代表的なものとして，「アンチ・WTO運動」(Cockburn/Clair/Sekula 2000：118) と呼ばれる1999年11月28日から12月3日にかけてのシアトルにおける出来事は，その後さまざまな新たな形態の運動へと拡張展開し続けている．フランスにおけるムスリム市民運動と世界的なアンチ・グローバリズム運動である「市民援助のために金融取引税を求める連盟」(ATTAC)[13]との連携模索に見られるように，アンチ・グローバリゼーションの動きはイスラーム世界と交錯する領域を構築していく可能性も持っている．

なぜそれが可能なのか．多様なアンチ・グローバリゼーション現象に共通する運動の基本的性格が，まさに進行するグローバリゼーション現象それ自体への，さまざまなレベル，さまざまな主体，さまざまな領域の投げかける「懐疑」に他ならないからである[14]．そして，その「懐疑」こそ，現代世界におけるイスラーム現象の主要な動機を構成している．

とはいえ，アンチ・グローバリゼーションの諸運動と〈9・11〉との文脈上の関係は複雑なものがあり，「世界は売り物ではない」という懐疑主義者による運動が〈9・11〉の打撃によって運動それ自体の性格の方向転換を迫られるようになったこともまた事実である．グローバリゼーションの象徴的な存在で

もあった世界貿易センタービルが攻撃目標とされたことと，アンチ・グローバリゼーションの諸運動の主張とを短絡させ，グローバリゼーションへのさまざまなレベルでの「懐疑」を，〈9・11〉実行犯である「テロリスト」の〈意味するもの〉と意図的に混濁させていくような議論が横行し（中山 2002：93-100），現在でもその傾向は続いている．

　実際，アンチ・グローバリゼーションが「テロリスト」に意味変換されてしまうのは，それらがともに〈分裂した世界〉を表象しているという意味において，同じロケーションに現象しているからに他ならない．いうまでもなく，誰がどのような定義を与えるのかによってそのロケーションの性格は大いに異なる．そして，どのような定義が優勢となるのかは世界政治における総合的な力関係に左右される[15]．サイバースペースの拡張によって，メディア戦略の趨勢が物理的な優位性によってのみ決定されるわけではないという単純な事実に即せば，イスラームが，かつての「プロレタリアート」や「解放のためのナショナリズム」などのように，徐々に現代世界における「被抑圧者」，「被搾取者」を表象する集合表象となっていく傾向が拡大していく可能性は大きい（cf. 鈴木 2004-1, 2004-2）．

　その場合，「大義と価値」「正義」などについてどのように定義していくのかについては，未だに多くの議論の余地を残されている．さらに，生み出された「絶望」から「テロリズム」が組織され，実行されていく過程に，いかなるメカニズムが働くのかについて誰も十分な説明はできないままであることも事実である．逆に，説明できない事実や現象を処理する実に便利な用語法として，「宗教」や〈分裂した世界〉を表象する「イスラーム」などが最大限活用されているのが現実である．とりわけ，「宗教」というコトバ自体に仕組まれている罠についても慎重な考慮が必要である（cf. 鈴木 2004-2）．

　何れにせよ，このようにアンチ・グローバリゼーションの諸運動の多くは，〈9・11〉を契機にグローバルに展開されるアメリカによる対「テロ」戦争の実態への反対運動へと力を注ぐようになった．その結果，2003年3月19日22時15分（ワシントン時間）に実際の攻撃が開始されたことになっている．アメリカに

よる対イラク戦争への反対運動が，全世界規模で展開されたことは記憶に新しい．アメリカにおいて，この種の対外戦争が公式の開戦以前に，これほどまでアメリカ内外の反対にさらされたのは初めてであった．反対運動の主体をみれば，それがアンチ・グローバリゼーションの世界的拡大と連動していることがわかる．

　2004年夏現在，アメリカの始めた戦争状態はイラクでもアフガニスタンでも継続し，秩序再形成に到るには程遠い状況が続いているが，それはまるでアンチ・グローバリゼーションが〈懐疑〉するように，〈次の戦争〉を常に待ち望むかのような，恒常的な戦争状態が，グローバルに展開している状況の反映であるといってよい．問題は，こうしたグローバリゼーションへの〈懐疑〉にさまざまなアスペクトが存在しうるため，この一種の恐怖をともなうアンチ・グローバリゼーションの流れが，単純な反米イデオロギーに短絡されて，皮相で偏狭なナショナリズムにも転換しうるということである．

　周知のように，従来さまざまなカタチで形成されてきたナショナルな文化の分裂を促すグローバリゼーションには，特定の場所と結びついたアイデンティティを突き崩し，集合的な記憶の忘却を進めていく力が働く．すると，郷愁をともなってむくむくと立ち現れナショナル・アイデンティティ再生を志向する「国民」としての集合的な記憶へと，歴史を再構成しようとする反作用をもたらす場合がある．

　たとえば，不安定な雇用に対する不安が外国人流入への恐怖を訴えるナショナリズムを支え，人々の日常生活を脅かす存在として外国人に対するバッシングを煽り，常に守られるべき対象を自国民・市民として限定することによって他者を排除して，自らのナショナルな動きがグローバリズムとして他者を侵害していることについては無感覚であり，アメリカニゼーションに対する批判には敏感であるが，ジャパナイゼーションがグローバリゼーションの一つであることは看過されてしまう（伊豫谷 2002：186-189）．

　その奇妙な思考上の看過と転倒が，日本におけるアンチ・グローバリゼーションとしてのニューライト的なナショナリズムを台頭させる．第一次世界大戦

を起点とし冷戦期の1950年代，60年代に最も安定を見る，アメリカを基軸とする国際的な政治経済システムとしての，いわゆる『20世紀システム』（東京大学社会科学研究所）の最大の受益者であった日本型経済システムの終焉が決定的となり，それを支えていた中間的共同体が陥没する中にあって，公共空間の規律を貫徹する国家の再生が最後の拠り所となってきたからである（姜・吉見 2001：156）．

そして，日本におけるそうした「思考上の看過と転倒」に相似した現象は，さまざまな意匠を持つナショナリズムの過程がグローバリゼーションの展開に組み込まれ，イスラームの名のもとに表象される場合にも起こりうる．次節では，この点についてさらに検討していくことにしよう．

5 グローバリゼーションのイスラーム化──〈ヴァーチャル・ウンマ〉の新たな可能性

さまざまなレベルの文化の分裂を促すグローバリゼーションには，集合的な記憶の忘却を進めていく力が作用する．集合的な記憶とは，何もナショナルな集合ばかりを意味するわけではない．再構築しようにも，そもそもナショナルな集合的記憶など持ちえない人間集団の方が現代世界では圧倒的に多いという事実を看過すべきではない．そういった人々に生じたグローバリゼーションへの〈懐疑〉を収束させるには，ネイションとはまた別の集合的な記憶が必要なのである．

いわゆる「宗教」は，ネイションと相即しながらそれに代替するような新たな集合的記憶の基盤となってきた．むろん，それはネイションと同様に構築されたものであるから（cf. 鈴木 2004-2），同語反復になってしまう「宗教的ナショナリズム」（ユルゲンスマイヤー）といった表現を生むような現象も惹起してきた[16]．冷戦後世界のロシアにおける正教会やインドにおけるヒンズー教など，明らかにネイションに代替される集合的記憶の役割を果たしている事例は多い．

ただ，世界各地においてさまざまなパタンでそうした役割を急激に担うことになったイスラームは，クリスティアニティと同様に，グローバリゼーションが創り出していく「唯一の世界」の拡張という空間認識をもともと有しているため，他の「宗教」とは大いにその位相を異にしている．グローバリゼーションの進行にともなってイスラームが回帰していこうとする「ネイション」の集合的記憶は，それ自体が一つの世界に他ならないからである．したがって，グローバリゼーションからもナショナルな記憶の再構成プロセスからもはじき出され，ムスリム信徒共同体である〈ウンマ〉に自己回帰の磁場を求めようとする動きが出てくるのは一種の論理的必然であるといってよい．

　こうしたグローバリゼーションの文脈を踏まえながら，イスラーム世界におけるナショナリズム後のさらなる「想像の共同体」としての〈ウンマ（ムスリム信徒共同体）〉の再検討が，現在盛んに行われている．もっとも，ベネディクト・アンダーソンが「想像の共同体」を論じる際にその重要性が強調されたメディアは〈出版資本〉(Anderson 1991)であったのとは対照的に，現代における集合的記憶の再構成にとってより重要なメディアは，〈電子資本〉の存在に他ならない (Appadurai 1996)．

　この〈電子資本〉は，グローバリゼーションの賜物としてのインターネットをはじめとしたメディアの高度化によって，地縁や血縁，そして共通の文字で想像されるナショナルな特定の地域的空間的呪縛性を超え，よりグローバルなムスリム信徒間コミュニケーションを可能にしている．もともとグローバルに多様な広がりを持っているムスリム信徒共同体は，こうしたメディアの高度化によりネットワークの自己拡張可能性をより高めているのである．

　そればかりでなく，クルアーンとハディースというメタ・テキストを予め信徒共同体として共有していることによって[17]，ムスリムは，相互に，これまでより以上の統一的〈想像の共同体〉イメージを構築している．ムスリム信徒共同体はそのもともとの成立において差異性を前提としているので[18]，その〈想像の共同体〉ももちろんそれぞれの人間集団の現状における差異を前提にしていることはいうまでもない．

この広義の〈電子資本〉にアクセス可能な大多数のムスリムが持っている現代におけるネットワーク・イメージについて，たとえば，パリ・モスク館長のダリル・ブーバクールは「アル・カーイダなどによるジハードへの呼びかけにどう対応するのか」という質問に応えつつ，次のように述べている（ブーバクール 2001）.

　フランス以外のイスラーム世界でこの「ジハード」の呼びかけに応じる者があるかどうかを考える際には，フランスを含めてイスラーム世界が今日2つに分離しているということを念頭におくべきであろう．1つは我々のように寛容なイスラームを希求し，文明的・ヒューマンな伝統に則り，時代に合わせ，モダニズムを受け入れ，オープンな政教分離に至ろうという一派である．もう1つは挑発的，政治的イスラームである．ただし「政治的」なイスラーム過激派もそうでないイスラームも，イスラームとして私は区別しない．

　イスラーム過激派，急進的ワッハービスムがパキスタンやアフガニスタンで急速に勢力を伸ばしているし，我々フランスのイスラームはマグレブ（モロッコ・アルジェリア・チュニジア）諸国由来で，寛容過ぎるかもしれないが，政教分離を受け入れている流れもある．それに世界中のイスラームが，従来のウラマー等の知的権威や国家でないもの，つまり，同じチャンネルのマスメディアで繋がるようになったという変化も指摘できる．現在誕生しつつあるのは，アラブ人ムスリムが共有する考えを超えている．なぜならインドネシアやパキスタンや，その他のアジア・イスラーム諸国も，こうしたイスラーム情報網のグローバリゼーションに関係しているからである．世界規模でのウンマ（ムスリム信徒共同体）的思想の形成が進行している．ウンマとは，我々にとってはユートピア的なものであり，世界の最後に約束された現世救済的なものである．パレスティナ人やイラク人の苦しみ，アルジェリアで，エジプトで，アフガニスタンでテロに苦しむ人々，そういった現実の問題に取り込もうという，全体の動きなのである．むろん，その結果が吉か凶かは

分からない．

　現実的な世界情勢の展開において，必ずしも均質ではないが，それぞれの繋がっている統一的〈想像の共同体〉イメージが常に喚起されるような環境が構築されつつある．そうした環境の持つさまざまな可能性を無視して，現代世界におけるムスリムをめぐる問題は論じえないのである．

　かつて帝国主義時代に，ジャマール・ッディーン・アル・アフガーニーは，帝国主義諸国の植民地被占領民になりはててしまった世界各地のムスリムたちが相互に連携して戦うべく，『固き絆』という雑誌をパリで発行していたが，情報技術のグローバリゼーションに支えられた〈ヴァーチャル・ウンマ〉の新たな可能性には，アフガーニーの意図すらさらに超えたものが秘められているかもしれない．

　たとえば，サイバースペース上でいったい誰がこの〈ヴァーチャル・ウンマ〉を制御していくのかという問題である．

　現在では，パリ・モスクやイスラーム諸国会議など，旧来のネイション・ステイトの枠組みを前提とした既存ムスリム組織の〈電子資本〉によって，ネットワーク・システムを構築しているケースが多い．つまり，ムスリムにとってはかえって自己解放への阻害要因ともなるかもしれない既存の「公式」機関が，オンライン上に登場して，〈ヴァーチャル・ウンマ〉においてもある種の覇権を握ろうとしているのである（Mandaville in Mohammadi ed. 2002：86-87）．これは体制政治権力としては当然の動きである．しかし，インターネットのメディアとしての基本的な性格は，ネイション・システム自体などと同様，そうした「体制」がいつまで続くかわからない危うい状況を生み出している．

　こうした〈ヴァーチャル・ウンマ〉の構築過程などに，「一つのイスラーム宗教改革の兆し」（Eickelman 1998）を見る研究者もいる．なぜなら，情報技術のグローバリゼーションによってさまざまな情報が大量に交錯するため，従来のように，ある特定の地域の信徒共同体に馴化して，簡単にムスリムになったり，ムスリムとしての六信五行を曖昧な認識のままに適当に行っていればよい

というわけにはいかなくなり，ある意味で正確にイスラームの教えを反映し，それを防御しなければならないようになっているからである．イスラームは，再び，個々人によってより主体的に確実に獲得される信仰システムとなってグローバルに拡張しているということもできる．

第2節において述べたように，現代世界を思考するには，常に外部から世界を閉じ込める何らかの神の無限性と再び結びつく危険が横たわっており，原理主義化する〈宗教的なるもの〉のさまざまな形態は，そうした「無限性」を人為的に仮構するプロセスに他ならない．その意味において，〈ヴァーチャル・ウンマ〉を構築可能な環境が形成されているという事実は，果たして「危険」な事態なのであろうか．

イスラームのロジックからすれば，それは否である．イスラームにおける〈ヴァーチャル・ウンマ〉の構築は，本来「神の無限性」と隔絶した現世性においてのみ成り立つからである．これはクリスティアニティと決定的に異なっている．この神との絶対的断絶の世界認識が十分に理解されていないと，それはまさしく「無限性」を人為的に仮構するプロセスそのものとなって，危険極まりない事態を惹起することになる．欧米における「イスラーム＝全体主義」であるといった脅威を煽るさまざまなキャンペーンには，そうした認識のズレにより生じる錯誤が巧みに利用されている．

そのような錯誤を防ぎ，ワールドの有していた近代的世界の唯一性という空間の性格をいったん相対化し，グローブとして世界を認識し直すためには，そもそも「イスラーム世界はいまや世界全体に他ならない」(板垣 2001)，という視座を確立していくことが有効であろう．アメリカもそのイスラーム世界の一部分でありヨーロッパはむろんそうであって，そのような，いわばグローバル化してしまったイスラーム世界において，イスラームをあたかも単一の体系の如きものとして見る見方それ自体が，世界の誤認であり，世界を見る見方における決定的間違いだということになるに違いない．

そうした視座転換を主張する板垣雄三は，これから米国の取り組み方如何によっては，つまり判断や選択を誤れば，世界各地域で，さまざまにコントロー

ルが困難な不安定状況や政治変動が起こってくることは避けられず，そうなってきたときに，イスラームあるいはイスラーム世界の表層だけに興味本位に関心を集中していた議論の仕方に対する，遅すぎる反省が出てくるに違いないとして次のように述べている（板垣 2001）．

　米国主導のグローバリゼーションの方は，はなはだ皮肉な事ですが，世界貿易センターのトゥイン・タワーの崩壊の劇的な映像に象徴されたように，バードケージ（毛沢東的な言い方では張り子の虎）だったことが見え始めてきた．しかし，マンハッタンのあの廃虚のイメージは，私には一九七〇年代後半のベイルートの姿と重なりあって見えます．「ここでもまた」という感慨に打たれるのです．ソドムとゴモラの滅亡以来の「都市の滅び」の姿を暗示するものでもあるでしょう．
　考えてみると西暦七世紀からのイスラーム文明が実現してきたグローバリズムとは，人類性を土台として，その上に個人主義，合理主義，普遍主義を展開させ，それらが都市化，商業化，政治化によって推進されるものでした．イスラームのグローバリズムを，ある種のオルタナティブとして，アメリカ主導のグローバリズムに対置するという考え方でいくと，アメリカのグローバリズムに対して今やイスラームの反逆が始まったという話になりかねません．しかし人類の生き残りが可能かどうかが問われるこれからの時代，むしろ「近代」の土台にあるイスラームのグローバリズムないし普遍主義がかかえる問題性や限界性をも改めて検討課題としなければならなくなっているのだと思います．

ここで板垣が主張する，「西暦七世紀からのイスラーム文明が実現してきたグローバリズム」，「「近代」の土台にあるイスラームのグローバリズムないし普遍主義がかかえる問題性や限界性」などといった検討課題の存在は，現代におけるグローバリズムの抱える課題の，通時的かつ構造的な側面とを端的に表出している．

複雑系理論では解きえぬほどに複雑な「グローバルな複雑性」（Urry 2003）に直面しているわれわれは，西欧近代を構築した資本主義システムの現局面におけるプロセスとしてグローバリゼーションを理解しているのだが，その批判的反応として対抗的なアンチ・グローバリゼーションの諸形態に組まれるという単純な思考形式から解放される必要があるという自覚も生じさせている．その自覚が，〈もう一つの世界を実現しよう〉という世界社会フォーラムのスローガンも示すような〈可能世界〉の意思的選択の方向へとスムーズに展開されるには，イスラームのグローバリズムの限界性と可能性への再検討が不可欠であり，そのためには，「一つであるはずの世界」という力学的な一神教的思考からすら解放されて，世界の複数性について語り始められなければならない．その場合，イスラームのタウヒードをめぐる認識への深化は，「一神教のパラドクス」を超えるさまざまな手掛かりを与えるに違いない．

1) 人口によく膾炙しているところであるが，すでに1960年代には環境保護運動のThink globally, act locally（地球全体のことを考え，地域で行動を起こせ）というスローガンや，マクルーハンの「グローバル・ヴィレッジ」というコンセプトは登場している．しかし，これがよりホーリスティックな用語法となるのは，冷戦構造的〈世界秩序〉の再構築過程においてであった．それが環境と情報が資本に飲み込まれていく過程でもあったという意味で，その1960年代における登場も示唆的であるといえよう．
2) イスラーム世界の定義をめぐっては，鈴木規夫 1998 参照．
3) たとえば，1988年に出版されたサルマン・ラシュディの『悪魔の詩』がイスラームを侮辱するものとして喧伝され，世界中のムスリムを巻き込んだいわゆる「ラシュディ事件」の発端となったのも，英国のムスリム・コミュニティにおける反応にあったことは，よく知られている．1989年2月14日にイランのアーヤトッラー・ルーホッラー・ホメイニー師によって死刑のファトワ（法的判断）を受けたことにより，それをめぐる問題はさらに拡大したのだが，「イスラーム世界」に生きるホメイニー師自身や多くのムスリムたちがスタイリッシュな文体の英語で書かれたその小説を丹念に読んで，独自な判断を下すような状況であったかどうかは疑わしい以上，この小説に対する第一次的評価は英国のムスリムたちによって為され，それが世界大に広がったと考える方が合理的であろう．
4) 2003年現在57カ国が参加し，ボスニア・ヘルツェゴビナ，中央アフリカ，タイの

3カ国がオブザーバーとなっている．Cf. http://www.oic-un.org/home.htm
5) そのごくありふれた混乱の一例を示しておこう．「……グローバリゼーション，すなわち世界的なアイデア，資本，技術，財及びサービスの急速かつ加速しつつある流れをともなう複雑なプロセスは，我々の社会に既に大きな変化をもたらした．それは，我々をかつてない程に結びつけた．一層の開放及ダイナミズムは，生活水準の広範な改善及び貧困の大幅な減少に貢献してきた．統合は，効率，機会及び成長を刺激することにより，雇用の創出に役立ってきた．情報革命並びに文化及び価値観の更なる相互交流は，創造と革新に拍車をかけつつ，民主化への刺激，人権及び基本的な自由のための闘いを強化してきた．しかし同時にグローバリゼーションは，世界中にある程度の労働者，家庭，及びコミュニティーにとって，混乱及び金融面での不確実性のリスクの増大を伴ってきた．……」（「ケルン・サミット8カ国コミュニケ」（1999年6月）冒頭部分）．藤原帰一は，「周到に準備された無意味な文章として，役所の作文のなかでも，これは一種の傑作」であり，「ケルンに集まった各国政府指導者は，この，まるであいまいな「グローバリゼーション」が，現在の政策課題であるという認識を共有したのである」（藤原 2000：3-4）と皮肉っている．
6) エーテル（Aether）とは，19世紀以前の物理学で空間に充満していると考えられていた仮想の物質であるが，これをイーサー（etherまたはaether）ともいい，コンピュータネットワークのイーサネットの語源にもなっている．
7) ネグリ＝ハートの〈帝国〉概念の基本要素の一部である空間の拡張性と時間の無時間性とは，グローブを基軸とした用語群の流通によって表現されているともいえよう（cf. Michael Hardt and Antonio Negri, *Empire*, Harvard University Press, 2000）．
8) 「主権国家からなる社会が有する今なお活力を維持している伝統的な規則や制度を通じて，どのような現代主権国家システムが秩序づけられているのか」，「さまざまな種類の主権国家システムにかわる選択肢が一般論として存在するにもかかわらず，そのシステムの一部である国際社会の要素」が，「維持・強化されうるかぎり，主権国家システムが衰退しているとか，人間の基本的目標に関連して機能不全に陥っているとかいうようなはっきりとした証拠」はなく，国際社会が衰退しつつある現代において，「世界政治秩序にとってありうるそのような見通しはその衰退を早めようとする試みの形ではなく，むしろそれを阻止しようとする試みの形」で国際社会は存在しており，第一に，それは世界政治における一要素に過ぎないこと，また，この国際社会という要素は，戦争ないし衝突という要素，人類共同体という要素とともに，世界政治の舞台を共有していること，さらに，国際社会の規則と制度と名づけられてきたものの働きは，国際社会に関連してばかりでなく，それら二つの別の要素との関連においても見てみなければならないこと，第二に，全人類から成る大社会内での秩序は，国際秩序あるいは国家間秩序よりも広範なものであるば

かりか，それよりも根本的かつ原初的な秩序であり，道徳的にもそれに優先する秩序であること，第三に，世界政治秩序は，国際的正義，人間的正義，世界市民的正義といった正義の諸目標と衝突するため，世界政治秩序研究は正義の研究によって補完されるべきことにも言及している（Bull 1977：318-320〔383〕）．
9) あるいは，次のようにも語りうる．「……ニュートン力学によって世界が記述されうることは，世界について何ごとも語りはしない．他方，ニュートン力学によって世界が事実そうあるとおりに〔完全に〕記述されうるということ，このことは世界について語るものとなっている．あるいはまた，さまざまな力学のうち，ある力学によって世界がもっとも単純に記述されるとすれば，そのことも世界について何ごとかをかたるものとなろう」（ウィットゲンシュタイン 1933〔2003〕：138-139）．
10) ナンシーとは異なって，私が「かもしれない」とするのは，本来ならば，ルジャンドルが試みているように，クリスティアニティの一神教としての不完全状態についての考察も不可欠であると考えるからである．
11) チョムスキーはさらに，「人道的介入」をめぐる〈国際社会〉による歴史の改竄についても次のように述べている．「現代の主要なテーマは，"Intcom"すなわちアメリカ政府が90年代に遂行したとされる規範革命である．残虐な犯罪を終わらせるために人道的介入という義務を遂に引き受けたわけである．しかし，次のようなことは報道されず，したがって人は，そのような記事を目にすることはほとんどない．すなわち，国際社会が「いわゆる人道的介入の'権利'を拒絶している」ことや，強圧政治の別の形態すなわち新しい衣を装った伝統的な帝国主義を拒絶していること，特に西洋の教義ではグローバリゼーションと呼ばれる経済統合形態が拒絶されていることなどである．そのような結論は2000年4月の南側サミットで苦労して練り上げられ宣言されているのだが，その宣言はいわゆる「一流紙」では非難めいた数言の批評を得たのみであった．この会議は世界人口の80％を占めるG77（以前は非同盟諸国と呼ばれていた国々）の首脳たちが初めて集った記念碑的会議だったにもかかわらず」（チョムスキー 2000）．
12) すなわち，まず，「アメリカの世界化」の限界の問題では，普遍文明としてのアメリカ文明の内在的限界に着目し次の四点を挙げている．第一に特定人種や民族に対する差別や隔離や排斥という現象であり，アメリカ国内の人種差別の歴史と現状ほどアメリカの理想主義的対外政策に対する〈国際社会〉からの信頼を損なってきた事実はないということ．第二にマルチカルチュラリズムに見られるように，アメリカ文明の普遍性が当の被差別集団の自己主張によって重大な批判にさらされてきており，その帰結するところは，多元的な特殊主義的諸集団の併存と競合，すなわち「アメリカの分裂」を指向する以外にないこと，第三に本来は大衆デモクラシーを前提としてすべての個人に中産階級の地位を保障する「豊かな社会」の実現を意味した「アメリカの世紀」のアメリカ経済自体における，社会的セーフティーネッ

12章　イスラーム世界とグローバリゼーション　341

トも不備な状況で社会全体にわたる貧富の格差の拡大が繰り返されているというパラドクシカルな実情があること，第四にアメリカ文明の普遍的傾向は，アメリカ政治社会の伝統に根強い地方主義的偏向によってもある程度抑制されていることである．そして，「世界のアメリカ化」の限界の問題では，第一に西欧による「近代化」は植民地社会もしくはポスト植民地社会の物質的領域の改良を促しはしたものの「精神的領域」には及ばず，その「近代化」を継承した「アメリカ化」へも，国家にかぎらず，土着の生活様式に執着する民族主義的，宗教的，地域的集団などの抵抗主体が組織されていること，第二にそうした溶解困難な民族性に起因する民族紛争ほど，アメリカの対外政策が扱いかねてきた領域はなく，世界各地における民族紛争の噴出に唯一の超大国アメリカがほとんど一方的な力の行使を実行したにもかかわらず，当の紛争はいずこにおいても最終的な決着をみることのない状況であること，第三に最も深刻な限界は，地球資源，地球環境要因にあり，「アメリカの世紀」の最も顕著な諸相であった大量生産大量消費に立脚した画一的な生活様式とそれによる富裕社会の実現，そしてそれらを可能にする過剰なエネルギー，環境資源投入による効率化といったまさしく同じ条件を，いわゆる発展途上国が「アメリカ化」していく上においては，およそ適用不可能であるという結論に到るのである．

13) ATTACに関しては，ATTAC 2004 参照．
14) ヘルドとマクグリューはアンチ・グローバリゼーションの主体を総称的に「懐疑主義者」*sceptics* と呼んでいる（Held & McGrew 2002: ix）．
15) 例えば，中山によれば，ATTACは，テロリズムがATTACの唱える大義と価値に反するものであると明確に自己定義し，9月11日の事件の前の世界が，不平等で，不正が増大する世界だったこと，絶望を生み出して，絶対的な権力を求めるすべての種類の新興宗教のボス，専制的な支配者，アヤトラたちの勢力を強めていたことを指摘してきた，その文脈からすれば，ATTACはテロリズムについては平和主義者ではありえず国際的な正義の装置を作り出す必要があるが，その一方で戦争の論理にはあくまで反対していくというポジションをより明確にするようになった（中山 2002: 99）．
16) この概念の生成とその擬似的な位相の問題については，鈴木 1996 参照．
17) 〈言語ゲーム〉としてのイスラームと政治社会の原イメージをめぐっては，鈴木規夫 2002 参照．
18) つまり，ウンマ・イスラーミーヤとは，ムスリムだけの共同体なのではなく，ユダヤ教徒やキリスト教徒など啓典の民の存在を予め事実として承認した共同体なのである．この点については，マディーナ憲章など多くのテクストがよく物語っている．鈴木規夫 2002-1 参照．

参考文献

Alexander Cockburn/Jeffrey St. Clair/Allan Sekula, 2000, *5 Days That Shock the World : Seattle and Beyond*, Verso.
Anderson, Benedict, 1991, *Imagined Communities*, revised ed., Verso.
Appadurai, Arjun, 1996, *Modernity at Large : Cultural Dimensions of Globalization*, University of Minnesota Press.
―――― ed., 2001, *Globalization*, Duke University Press.
ATTAC, 2004, http//www.attac.org/indexfla.html.
Eickelman, Dale, 1998, Inside the Islamic Reformation, *Wilson Quarterly*, vol. 22, Winter, 80-9.
Eickelman, Dale and Anderson, Jon W. eds., 1999/2003, *New Media in the Muslim World : The Emerging Public Sphere, second edition*, Indiana University Press.
Hardt, Michael and Negri, Antonio, 2000, *Empire*, Harvard University Press（水嶋一憲他訳『帝国』以文社，2003年）.
Bull, Hedley, 1977, *The Anarchical Society : A Study of Order in World Politics,* Macmillan（臼杵英一訳『国際社会論』岩波書店，2000年）.
Held, David & McGrew, Anthony, 2002, *Globalization/Anti-Globalization*, Polity.
Mohammadi , Ali ed., 2002, *Islam Encountering Globalization*, Routledge Cuzon.
Onuf, N. G., 1989, *World of Our Making : Rules and Rule in Social Theory and Inter-national Relations*, University of South Carolina Press.
Ramadan, Tariq, 2003, *Les musulmans d'occident et l'avenir de l'Islam*, Sindbad.
Urry, John, 2003, *Global Complexity*, Polity.
板垣雄三，2001,「日本の文明戦略とイスラーム世界」『現代思想』第29巻第13号（臨時増刊号『これは戦争か』），所収.
伊豫谷登士翁，2002,『グローバリゼーションとは何か―液状化する世界を読み解く―』平凡社新書.
ウィットゲンシュタイン，1933〔2003〕，野矢茂樹訳『論理哲学論考』岩波文庫.
エマニュエル・トッド，2003，石崎晴己訳『帝国以後―アメリカ・システムの崩壊―』藤原書店.
小林誠・遠藤誠治編，2000,『グローバル・ポリティクス―世界の再構造化と新しい政治学―』有信堂.
ジャン＝リュック・ナンシー，2000，西谷修訳編『侵入者』以文社.
ジャン＝リュック・ナンシー，2001，大西雅一郎訳『神的な様々な場』松籟社.
鈴木規夫，1996,「宗教的ナショナリズム論―世界政治の構造変動における宗教をめぐる諸問題―」『平和研究』第20号.
――――, 1999,「日本人は日本語で世界を考えうるか―〈翻訳と日本の近代〉の政治学

―」愛知大学国際コミュニケーション学会編『文明21』第3号，所収.
―――，2002，「イスラームにおける法と政治とのあいだ―政治社会の原イメージの形成と機能―」愛知大学国際コミュニケーション学会編『文明21』第9号，所収.
―――，2004-1，「イスラームとナショナリズム」成蹊大学アジア太平洋研究センター『アジア太平洋研究』第26号，所収.
―――，2004-2，「宗教と平和」藤原修・岡本三夫編『いま平和とは何か―平和学の理論と実践』法律文化社，所収.
滝田賢治，2003，「グローバリゼーションと国際関係」『中央評論』第238号，所収.
ダリル・ブーバクール，2001，「ダリル・ブーバクールに聞く」2001年10月13日付『ル・モンド』紙（http://www.geocities.co.jp/SilkRoad-Desert/5911/WTC_Boubakeur.html）．
ノーム・チョムスキー，2002-1, The Crimes of 'Intcom', (http://terasima.gooside.com/essay0209intcom.html　http://www.foreignpolicy.com/issue_septoct_2002/chomsky.html).
―――，2002-2，益岡・大野・クープ訳『アメリカの「人道的」軍事主義―コソボの教訓―』現代企画室．
中山元，2002，『新しい戦争？　9.11テロ事件と思想』冬弓舎．
藤原帰一，2000，「グローバル化の二つの顔―相互依存と覇権秩序」，日本比較政治学会編『グローバル化の政治学』早稲田大学出版部，所収.
古矢旬，2002，『アメリカニズム―「普遍国家」のナショナリズム―』東京大学出版会．
吉見俊哉・姜尚中，2001，『グローバル化の遠近法―新しい公共空間を求めて―』岩波書店．

著者紹介 （執筆順）

滝田　賢治 （たき　た　けん　じ）	中央大学法学部教授
臼井　久和 （うす　い　ひさ　かず）	中央大学法学部教授
岩崎　育夫 （いわ　さき　いく　お）	拓殖大学国際開発学部教授
近藤　健彦 （こん　どう　たけ　ひこ）	浜松学院大学学長
前田　利光 （まえ　だ　とし　みつ）	元日本大学国際関係学部・大学院教授，現在講師
李　廷江 （り　てい　こう）	中央大学法学部教授
高橋　正樹 （たか　はし　まさ　き）	新潟国際情報大学情報文化学部助教授
川上　高司 （かわ　かみ　たか　し）	北陸大学法学部教授（2005年4月拓殖大学国際開発学部教授就任予定）
楊　永明 （よう　えい　めい）	台湾大学政治学系副教授
斎藤　元秀 （さい　とう　もと　ひで）	杏林大学総合政策学部教授
伊藤　融 （い　とう　とおる）	中央大学法学部兼任講師（2005年4月島根大学法文学部助教授就任予定）
鈴木　規夫 （すず　き　のり　お）	愛知大学国際コミュニケーション学部教授

グローバル化とアジアの現実
中央大学法学部政治学科50周年記念論集Ⅳ

2005年3月31日　発行

編著者　滝田　賢治
発行者　中央大学出版部
代表者　辰川　弘敬

東京都八王子市東中野742-1
発行所　中央大学出版部
電話 0426(74)2351　FAX0426(74)2354

© 2005

大森印刷・法令印刷

ISBN4-8057-1134-5